ORGANISATION UND KOOPERATION
IN ENTWICKLUNGSLÄNDERN

Band 19

Veröffentlichungen des Instituts für Kooperation
in Entwicklungsländern
der Philipps-Universität Marburg/Lahn

herausgegeben von Prof. Dr. Eberhard Dülfer

Organisationsstruktur und Führungsstil in tunesischen Industriebetrieben

von
Dr. rer. pol. Jamil Chaabouni

GÖTTINGEN · VANDENHOECK & RUPRECHT · 1980

CIP-Kurztitelaufnahme der Deutschen Bibliothek

Chaabouni, Jamil:
Organisationsstruktur und Führungsstil in tunesischen Industriebetrieben / Jamil Chaabouni. –
Göttingen, Zürich: Vandenhoeck & Ruprecht, 1980.
(Organisation und Kooperation in Entwicklungsländern; Bd. 19)

ISBN 3-525-86100-1 - D 4

ISBN 3-525-86100-1 - D 4

Gesamtherstellung:
Druck- und Verlagsgesellschaft Symon und Wagner OHG, 3550 Marburg, Biegenstraße 5

Vorwort des Herausgebers

In der internationalen entwicklungspolitischen Zusammenarbeit der Gegenwart, die an die Stelle der früheren "Entwicklungshilfe" der Industriestaaten (vor der ersten Ölkrise) getreten ist, spielt der Transfer von Know-how eine größere Rolle als der einfache Kapitaltransfer. Nach wie vor steht das Angebot von Technologien im Vordergrund, doch hat sich gezeigt, daß langfristige Wirkungen nur bei einem ausreichend qualifizierten Management zu erwarten sind.

Management ist zwangsläufig mit der Ausübung von Autorität, also der Anwendung von "social power", verbunden. Aus diesem Grunde stößt der Einsatz von Auslandsmitarbeitern der bilateralen Programme entwicklungspolitischer Zusammenarbeit in zunehmendem Maße an Grenzen und es muß versucht werden, das eigene Management-Potential der Länder der Dritten Welt so schnell wie möglich zu erweitern.

Diese Aufgabe würde sich als rein quantitatives Kapazitätsproblem der zuständigen Ausbildungsstätten darstellen, wenn nicht die Management-Funktion in stärkerem Maße, als es früher erkannt wurde, umweltbezogen auszuüben wäre. "Umwelt" bedeutet in diesem Zusammenhang die Gesamtheit aller betriebsexternen Einflußfaktoren, die als Bedingungsrahmen für die Entscheidungstätigkeit des Managers in den Entwicklungsländern andere Restriktionen (bzw. andere Chancen) als in den klassischen Industrieländern setzen. Darüber hinaus umfaßt der Begriff auch betriebsinterne Variablen, insbesondere im Zusammenhang mit dem Verhalten der Mitarbeiter.

Aussagen über die daraus resultierenden Erfordernisse des Managements in Ländern der Dritten Welt zu machen und Empfehlungen für seine Handhabung zu geben, gehört zum Aufgabenbereich der Lehre vom Internationalen Management; und zwar nicht nur hinsichtlich unternehmerischer Aktivitäten auf übernationaler Ebene, sondern vor allem auch für das nationale Management in fremden Kulturbereichen. Diese Art der komparativen Betrachtung ist in der Bundesrepublik noch kaum entwickelt; eine literarische Basis fehlt im deutschsprachigen Bereich fast völlig und ist im amerikanischen Bereich noch relativ schmal. Es müßten zunächst entsprechende Felduntersuchungen durchgeführt werden.

Dazu liefert die vorliegende Schrift einen interessanten Beitrag für den Bereich mittlerer tunesischer Industriebetriebe, die nach Größe und Eigentumsverhältnissen unserem Betriff des "mittelständischen" Betriebes entsprechen. Mit der Konzentration auf Fragen des Führungsstils und der Organisationsstruktur kann die Arbeit auch als Beitrag zur neueren empirischen Organisationsforschung bezeichnet werden. Trotz großer Anstrengungen auf diesem Gebiet in den USA und in der Bundesrepublik ist bisher keine vergleichbare Arbeit für afrikanische Entwicklungsländer bekannt geworden.

Schon die praktischen Probleme einer derartigen Untersuchung sind erheblich; so mußte die Befragung weitgehend in arabischer Sprache erfolgen, während die sonstige Kommunikation in der französischen Amtssprache geführt wurde. Die Übersetzungsarbeiten zwischen den drei Sprachen wurden vom Verfasser selbst geleistet. Im Resultat beweist die Arbeit trotz einiger Beschränkungen, die mit einem solchen Ein-Mann-Feldprojekt verbunden sind, besonders durch einige, bisherigen Annahmen widersprechenden Ergebnisse die Ergiebigkeit derartiger Felduntersuchungen in fremden Umwelten.

Eberhard Dülfer

Vorwort des Verfassers

Die vorgelegte Arbeit wurde im Juli 1980 von dem Fachbereich Wirtschaftswissenschaften der PhilippsUniversität-Marburg/L. als Dissertation angenommen. Für die Drucklegung wurden lediglich redaktionnelle Änderungen vorgenommen.

Bei Konzeption und Niederschrift der Arbeit habe ich von vielen Seiten Unterstützung und Anregungen erhalten. Es ist mir daran gelegen, zunächst meinem sehr verehrten Lehrer, Herrn Prof. Dr. E. Dülfer, für vielseitige Förderung und kritische Stellungnahme herzlich zu danken. Desweiteren bin ich den Herren Prof. Dr. B. Schiemenz, Dr. E. Bauer, Dr. R. Pohling sowie Herrn Dipl.-Volksw. M.L. Hamzaoui, Herrn Studienrat Dipl.-Psych. D. Krowatchek und Frau Dr. R. Zghal für zahlreiche Hinweise zu Dank verpflichtet. Weiterhin danke ich an dieser Stelle Herrn Dipl.-Math. P. Zöfel für die Programmerstellung und -bearbeitung im Rechenzentrum der Philipps-Universität. Meinen besonderen Dank möchte ich auch allen Unternehmungsleitern, die meinen Fragebogen ausgefüllt und den Zugang zu ihren Unternehmungen ermöglicht haben, aussprechen. Den Mitarbeitern, die sich mit großem persönlichem Engagement haben interviewen lassen, danke ich recht herzlich. Dem Office des Oeuvres Universitaires (Tunis) und der Friedrich-Naumann-Stiftung möchte ich für ihre finanzielle Förderung danken.

Marburg, im Oktober 1980 Jamil Chaabouni

I n h a l t

Verzeichnis der Abbildungen

Verzeichnis der Diagramme

Verzeichnis der Tabellen

0. Problemstellung und Gang der Untersuchung

Aus zahlreichen theoretischen und empirischen Studien geht hervor, daß die Leistungs- und Wettbewerbsfähigkeit von Unternehmungen der verschiedenen Größen weitgehend von der Betriebsorganisation und -führung abhängen.[1)]
In dem Maße, in welchem zunehmend die Bedeutung der Organisation für die Erhaltung der Leistungsfähigkeit der Betriebe[2)] erkannt wird, wächst die Ansicht, daß auch die Betriebsführung hierfür als wichtige Determinante anzusehen ist.

Während nun in der Managementlehre - auch international - Führungsmodelle, -konzeptionen, -stile und -methoden und Organisationsmodelle, -konzeptionen und -strukturen in großer Anzahl entwickelt worden sind, die sich aber auf Großunternehmungen beziehen und deren Relevanz auch in der Bundesrepublik Deutschland für Klein- und Mittelbetriebe als gering zu beurteilen ist[3)], fehlen andererseits sogar deskriptive Analysen, welche sich mit dem Stand der Organisationsstrukturen und der Führungsstile in einheimischen Unternehmungen in Entwicklungsländern beschäftigen.

Darüber hinaus werden die vorliegenden Organisations- und

---

1) Vgl. Steiner, J., unter Mitwirkung von Reske, W., Aufgaben und Bedeutung von Führungspersonen in mittelständischen Betrieben, in: Beiträge zur Mittelstandsforschung Heft 36, Göttingen 1978, S.1 und die dort angegebene Literatur, sowie Thürbach, R.P., unter Mitwirkung von Hutter, E., Zum Stand der Organisation in mittelständischen Betrieben, in: Beiträge zur Mittelstandsforschung, Heft 11, 2.Aufl., Göttingen 1976, S.1. Vgl. auch Grochla,E., Unternehmungsorganisation, Reinbek bei Hamburg, 1972, S.14.

2) Die Begriffe 'Betrieb' und 'Unternehmung' werden synonym verstanden und verwendet.

3) Vgl. Steiner,J., Aufgaben und Bedeutung ..., a.a.O., S.3.

Führungskonzeptionen in ihrer praktischen Anwendung durch die herrschenden situativen Bedingungen in den verschiedenen Entwicklungsländern eingeschränkt.[4)]

Vor dem Hintergrund dieser Überlegungen wurde ein Forschungsprojekt konzipiert, das sich auf das Entwicklungsland Tunesien beschränkt. Es basiert auf einer eimpirischen Untersuchung mit der Zielsetzung,

a) ein Bild vom Stand der Organisationsstruktur in tunesischen Industriebetrieben zu gewinnen,

b) die in diesen Betrieben praktizierten Führungsstile zu erfassen und zu beschreiben und

c) zu überprüfen, inwieweit die beiden Phänomene in tunesischen Industriebetrieben miteinander harmonieren.

Die Relevanz dieser Fragestellung für die tunesischen Industriebetriebe resultiert aus ihrer veränderten Situation, die sich in Folge der gesamtwirtschaftlichen Entwicklung des letzten Jahrzehnts ergab.

Nach einer konzeptionslosen Entwicklungspolitik, die von 1956 bis Anfang der 60er Jahre andauerte, konzipierte die tunesische Regierung eine dirigistische Entwicklungspolitik und setzte sie durch. Es wurden in verschiedenen Wirtschaftssektoren Genossenschaften, teilweise durch dirigistische Maßnahmen, gebildet, die dazu dienen sollten, die gesamte

---

4) Vgl. Thürbach,R.P., Zum Stand der Organisation..., a.a.O., S. 3-7. Hier bezieht sich der Autor auf Unternehmungen in der Bundesrepublik Deutschland. S.auch Dülfer,E., Zum Problem der Umweltberücksichtigung, in: Internationales Management, Hrsg. Pausenberger,E., Wiesbaden 1980.

Volkswirtschaft zu lenken. Während bis 1969 in Tunesien die Industrie durch staatliche Maßnahmen geschützt war (es ging vorrangig darum, die Arbeitslosigkeit z.B. durch staatliche Arbeitsbeschaffungsmaßnahmen zu beheben), müssen sich die tunesischen Betriebe seit 1970 in einer marktwirtschaftlich orientierten Volkswirtschaft behaupten.

In der ersten Entwicklungsphase (1960-69) wurden mehrere Betriebe teilweise ohne vorherige gründliche Studien gegründet; in einer 'freien' Marktwirtschaft hätten diese Unternehmungen keine Überlebenschance gehabt.
Heute gewinnen die ökonomischen Gesichtspunkte im Betrieb angesichts der Zunahme von Privatinvestitionen und steigenden Wettbewerbs an Bedeutung, obwohl die Arbeitslosigkeit noch hoch ist. Die Postulate sind:

- die Qualität der produzierten Ware muß ausländischen Normen entsprechen, um sowohl auf dem Binnen- als auch auf dem internationalen Markt konkurrenzfähig zu sein;
- ein Mindestgewinn muß das Überleben der Organisation sichern;
- die Unternehmungen müssen in der Lage sein, einen Beitrag zur Entwicklung des Landes gemäß den staatlichen 4- und 10-Jahresplänen zu erbringen.

Die Erreichung dieser an einen Industriebetrieb gestellten Anforderungen bedingt die Herstellung eines organisatorischen Rahmens, der es zuläßt, betriebswirtschaftliche Ziele der Unternehmung mit denen der Organisationsmitglieder in Einklang zu bringen.[5]

---

5) Vgl. Cyert,R.M./March,J.G., A Behavioral Theory of the Firm, Englewood Cliffs/N.J., 1963, S. 28.

Ausgehend von der Überlegung, daß die tunesischen Industriebetriebe diesen Anforderungen nur dann gerecht werden können, wenn sie struktur-organisatorische und Führungsmaßnahmen ergreifen, die miteinander harmonieren, stehen die Entscheidungsträger vor der Frage, welche Organisations- und Führungsstrukturen für dieses spezifische kulturelle Milieu die geeignetsten sind.

Um diese Frage beantworten zu können, bedarf es zunächst einer Analyse der in diesen Industriebetrieben praktizierten Organisationsstrukturen und Führungsstile, die im folgenden angestellt werden soll.

Der Gang der Untersuchung ist der folgende: Um die Organisationsstrukturen und Führungsstile in tunesischen Industriebetrieben erfassen zu können, sollen im <u>ersten Teil</u> die Begriffe "Organisationsstruktur" und "Führungsstil" theoretisch abgegrenzt und ihre Beziehungen zueinander erläutert werden. Es sollen in einem ersten Schritt die Begriffe "Organisationsstruktur" und "Führungsstil" operationalisiert werden. Es spiegeln sich dann in der in diesem Zusammenhang dargestellten und untersuchten Literatur Hypothesen über die Beziehungen zwischen den beiden Begriffen wieder, die wir in einem zweiten Schritt darstellen.

Im <u>zweiten Teil</u> wird auf die Technik der Datenerhebung eingegangen. Hierbei werden statistische Methoden sowie Techniken der Datensammlung dargestellt. Anschließend werden die Durchführung der Untersuchung und die Auswertung des Erhebungsmaterials erläutert.

Im <u>dritten Teil</u> werden Erhebungsergebnisse hinsichtlich der Organisationsstruktur dargestellt. Diese Darstellung erfolgt anhand der operationalen Indikatoren für die Strukturdimensionen, die in dem ersten Teil ausgearbeitet worden sind.

Zwei Grunddimensionen - arbeitsteilige Aufgabengliederung und Koordination der Aufgabenfüllung -und eine abgeleitete Strukturdimension - Konfiguration -werden mit Hilfe der operationalen Indikatoren gemessen.

Im vierten Teil der Arbeit werden die empirisch erforschten Führungsstile in tunesischen Betrieben anhand der im ersten Kapitel ausgearbeiteten Stildimensionen dargestellt. Die Untersuchung der Führungsstile wird in zwei Schritten durchgeführt:

- Im ersten Schritt wird eine Itemanalyse über sämtliche Führungsstildimensionen in den verschiedenen Betriebsgrößen und für die Gesamtstichprobe durchgeführt.
- Im zweiten Schritt werden Führungsstil-Typen nach der Profil-Cluster-Methode in den verschiedenen Betriebsgrößen und für die Gesamtstichprobe gebildet.

Im letzten Teil der Arbeit werden die im ersten Kapitel herausgearbeiteten Hypothesen bezüglich der Beziehungen zwischen Organisationsstruktur und Führungsstil den empirisch gewonnenen Ergebnissen gegenübergestellt. Die Überprüfung der Hypothesen erfolgt nach folgendem Schema: Die Strukturdimensionen werden in Beziehung zu den verschiedenen Führungsstil-Typen in sämtlichen Betriebsgrößen und für die Gesamtstichprobe gesetzt. Kulturelle Einflußfaktoren, die für die tunesische Umwelt spezifisch sind, werden bei der Interpretation der empirischen Ergebnisse herangezogen.

1. Organisationsstruktur und Führungsstil - terminologische Aussagen und theoretische Hypothesen in der Literatur

1.1 Begriff und Dimensionen der Organisationsstruktur

1.11 Darstellung ausgewählter Ansätze

Die Betriebswirtschaftslehre hat im Laufe ihrer Entwicklung verschiedene Definitionen des Begriffes Organisationsstruktur erarbeitet. Da unsere Fragestellung eine klare Definition benötigt, werden wir bestimmte Ansätze der Organisationstheorie kritisch darstellen und für unsere Untersuchung ein operationales Konzept erarbeiten.

1.11.1 Der Begriff der Organisationsstruktur bei Max Weber

Man kann sich nicht mit der theoretischen Behandlung des Begriffes Organisationsstruktur befassen, ohne auf Max Weber zu stoßen. Das Untersuchungsziel Webers war es, die Herrschaft und Verwaltung in industriellen Großunternehmungen und Behörden zu analysieren. Neben der charismatischen und der traditionellen Herrschaft befaßt er sich mit der legalen, deren reinster Typus die bürokratische Herrschaft ist und die durch vier strukturelle Merkmale zu kennzeichnen ist:[1)]

- Es besteht eine feste Arbeitsteilung. Jedes Organisationsmitglied hat seinen festgelegten Aufgabenbereich

---

1) Vgl. Weber,M., Wirtschaft und Gesellschaft, Tübingen 4.Aufl., 1956, S.551. Zu der charismatischen Herrschaft s. S. 555 und zu der traditionellen Herrschaft s.S. 552.

(Kompetenzabgrenzung). Es verfügt über Weisungsbefugnisse. Die Kompetenzabgrenzung erfolgt nicht personenspezifisch, sondern sachbezogen. Die Regeln sind generell festgelegt. Es erfolgt dann eine personelle Aufgabenzuordnung. Dadurch entsteht eine Struktur, die sich auch bei einem Aufgabenträgeraustausch nicht ändert.

- In dieser Struktur besteht eine vertikale Amtshierarchie, die im weitesten Sinne eine Koordination zwischen den verschiedenen Aufgabenbereichen bewirken sollte. Befehlsgewalt und Appellationsweg sind Koordinationsinstrumente in dieser Struktur.
- Die Kommunikationswege bzw. Dienstwege bei der Aufgabenerfüllung sind durch Regeln festgelegt.
- Die Aufgabenerfüllung stützt sich auf Schriftstücke (Akten), die zwei Zwecke erfüllen sollen:
  - Kontrolle
  - Kontinuität (bei Wechsel von Stelleninhabern).

Diese 4 Merkmale bilden den reinen Typ der bürokratischen Herrschaftsform.
Dem Modell Webers fehlen behavioristische Faktoren[2] sowie eine dynamische Betrachtung der Organisationsstruktur, die die Wechselwirkungen zwischen der Struktur und dem Verhalten von Organisationsmitgliedern veranschaulicht. Sein Modell bildet einen Idealtyp, der der Realität der Industriebetriebe nicht entspricht. Es ist für unsere Zwecke nicht geeignet.

---

2) Vgl. Kieser,A., Zur wissenschaftlichen Begründbarkeit von Organisationsstrukturen, in: ZO 5/1971, S. 244.

1.11.2 Der Begriff der Organisationsstruktur in der betriebswirtschaftlich-pragmatischen Organisationslehre

Die betriebswirtschaftlich-pragmatischen Ansätze der Organisationslehre haben sich damit beschäftigt, organisatorische Gestaltungsrichtlinien zu erarbeiten, die darauf hinzielen, die Effizienz von Organisationsstrukturen zu erhöhen.[3] Sie finden ihren Ursprung bei Taylor in seinem "Scientific Management". Der Grundgedanke Taylor's ist es, ein System von Regeln auszuarbeiten und durchzusetzen, damit die Produktivität und die Effizienz der Arbeiter erhöht wird.[4] Der Ausgangspunkt seines Ansatzes ist es, jede Aufgabe bzw. Arbeitsverrichtung in ihre Teilelemente mit Hilfe von Zeit- und Bewegungsstudien zu zerlegen, damit die Arbeitsabläufe und die Leitungsfunktionen der Meister rationell gestaltet werden können.[5] Die Prinzipien der Aufgabendifferenzierung von Taylor stützen sich auf die Trennung zwischen körperlicher und geistiger Arbeit und auf die Trennung zwischen Arbeitsvorbereitung und Arbeitsausführung. Seine aufbauorganisatorischen Vorstellungen konzentrieren sich in erster Linie auf die Analyse der Meisterposition im Betrieb; daraus hat er das Funktionsmeistersystem entwickelt. Dieses System dehnt den Gedanken der Spezialisierung auf die Leitungsfunktionen im Fertigungsbereich aus und stellt die Grundlage des Mehrliniensystems dar. Es werden mehrere Instanzen geschaffen, die einer untergeordneten Stelle gegenüber weisungsberechtigt sind. Für die Leitung einer Werkstatt sieht er acht

---

3) Kieser,A.,/Kubicek,H., Organisation, Berlin-New York 1977, S. 28.

4) Vgl. Taylor,F.W., Die Grundsätze wissenschaftlicher Betriebsführung, München und Berlin 1922, S. 7.

5) Die Hauptinteressen von Taylor richten sich auf den Fertigungsbereich.

Instanzen oder "functional foremen" vor. Während sich der "route clerk", der "instruction card clerk" und der "cost and time clerk" mit der Arbeitsvorbereitung im Betriebsbüro befassen, haben der "gang boss" der "speed boss", der "inspector" und der "repair boss" ihre Tätigkeit in der Werkstatt; der "disciplinarian" sorgt für die Aufrechterhaltung der Disziplin in der Werkstatt [6]. Wie wir schon erwähnt haben, sind alle "functional foremen" den Arbeitern gegenüber mit Weisungsrechten ausgestattet.

Das Mehrliniensystem hat sich in seiner reinen Form nicht durchsetzen können, steht jedoch nach wie vor in der Diskussion (z.B. bei der Matrixorganisation) [7].

Dem Ansatz von Taylor fehlen verhaltenswissenschaftliche Elemente, deshalb wird er häufig als "Maschinen-Modell" bezeichnet. [8]

In der deutschsprachigen betriebswirtschaftlich-pragmatischen Organisationslehre stellt die Gesamtaufgabe der Unternehmung, die nach bestimmten Kriterien zerlegt wird, den Ausgangspunkt der Überlegungen dar. [9] Es wird hier ausschließlich auf die Arbeiten von Kosiol eingegangen, da sein Beitrag die Entwicklung der deutschen Organisationslehre ent-

---

6) vgl. Taylor,F.W., Die Betriebsleitung - insbesondere der Werkstätten - (Shop management), Berlin 1914, S. 49f. Derselbe, The Principles of Scientific Management, New York/London 1923, S. 123-125. Vgl. auch Seubert,R., Aus der Praxis des Taylor-Systems, 4. Aufl., Berlin 1924, S. 53-137.

7) Vgl. Grochla,E., Einführung in die Organisationstheorie, Stuttgart 1978, S. 117.

8) Vgl. March,J.G/Simon,H.A., Organisation und Individuum, Wiesbanden 1976, S. 19ff. Grochla,E., Einführung in die Organisationstheorie, a.a.O., S. 115.

9) Vgl. Grochla,E., Einführung in die Organisationstheorie, a.a.O., S. 124-125.

scheidend geprägt hat. Kosiol bezeichnet Organisation als Formalproblem [10)] und geht bei der Behandlung des Organisationsphänomens von der Trennung in eine Aufbau- und eine Ablauforganisation aus. Während die Aufbauorganisation als Gebildestruktur von Teilaufgabenkomplexen (Stellen) also als Bestandsphänomen, das sich auf die Gliederung des Betriebes in aufgabenteilige Einheiten und ihre Koordination bezieht, anzusehen ist, "handelt es sich bei der Ablauforganisation um die raum-zeitliche Strukturierung der Arbeits- und Bewegungsvorgänge". [11)] In dieser Betrachtungsweise wird die Struktur des Betriebes als eine "gefüghafte Ordnung eines Ganzen" [12)] bezeichnet.

Der Ansatzpunkt für die organisatorische Gestaltung, die Kosiol grundsätzlich in einen analytischen und synthetischen Akt trennt, ist das in Teilaufgaben gegliederte Sachziel (verstanden als Oberaufgabe der Unternehmung). Die Aufgabenanalyse, die als Akt der eigentlichen Strukturierung vorgelagert ist, bezieht sich auf die Zerlegung der Gesamtaufgabe nach bestimmten Kriterien in Teilaufgaben. Kosiol unterscheidet folgende Kriterien: [13)]

a) Verrichtung: die Verrichtungsanalyse führt zur Aufgliederung der Gesamtaufgabe nach einzelnen Verrichtungszielen.

b) Objekt: die in der Gesamtaufgabe enthaltenen Verrich-

---

10) Kosiol,E., Organisation der Unternehmung, Wiesbaden 1962, S. 33.

11) Kosiol,E., Aufbauorganisation, in HWO, Sp. 173.

12) Kosiol,E., Organisation der Unternehmung, a.a.O., S.19.

13) Vgl. Kosiol,E., Organisation der Unternehmung, a.a.O., S. 49ff; ders., Grundlagen und Methoden der Organisationsforschung, 2.Aufl., Berlin 1968, S. 33ff; ders., Die Unternehmung als wirtschaftliches Aktionszentrum, Hamburg 1972, S. 74ff.

tungsvorgänge erstrecken sich auf Objekte, daher ist das Kriterium 'Objekt' als Gesichtspunkt für eine Teilanalyse anzusehen.

c) Rang: die Ranganalyse bringt die Unterscheidung zwischen Entscheidung und Ausführung zum Ausdruck. Die Trennung in Entscheidung und Ausführung läßt zunächst die Aufgabenbestandteile in ein sachlich bedingtes Rangverhältnis bringen, greift aber auf die Aufgabenträger über und führt somit zu einem persönlichen Rangverhältnis.

d) Phase: Die Phasenanalyse gliedert den Gesamtaufgabenkomplex nach den Phasen: Planung, Realisation und Kontrolle.

e) Zweckbeziehung: Die Zweckbeziehungsanalyse hebt die zu verwaltenden Teilaufgaben (sekundäre Aufgabe) von dem Sachprozeß der Güterproduktion (primäre Aufgabe) ab.

An die Ergebnisse der Aufgabenanalyse, der eine vorbereitende Funktion zukommt, knüpft die Aufgabensynthese an. "Sie (die Aufgabensynthese, der Verf.) umfaßt das Problem der Vereinigung analytischer Teilaufgaben zu aufgaben- und arbeitsteiligen Einheiten, die in ihren Verknüpfungen die organisatorische Aufbaustruktur der Unternehmung entstehen lassen."[14] Die synthetischen Aufgabenkomplexe (Stellen) werden dann den Aufgabenträgern zugeordnet (Aufgabenverteilung). Der sich zwischen den einzelnen Stellen ergebende organisatorische Zusammenhang kann von verschiedenen Blickwinkeln aus betrachtet werden. Kosiol konstruiert folgende Zusammenhänge:[15]

a) Der "Verteilungszusammenhang" bezieht sich auf die

---

14) Vgl. Kosiol,E., Organisation der Unternehmung, a.a.O., S. 76.

15) Ebd., S. 76-79.

Bildung von Stellen und ihren sachlichen Zusammenhang.

b) Der "Leitungszusammenhang" betrifft die Einordnung der Stellenaufgaben in ein Rangstufensystem. Ein Leitungsverhältnis besteht, wenn Entscheidungs- und dazugehörige Ausführungsaufgaben verschiedenen Personen zugeordnet werden. In den Unternehmungen, in denen mehrere Instanzen bestehen, rückt die Koordination der Leitungsentscheidungen in den Vordergrund. Sie wird u.a. durch die Bildung einer abgestuften Instanzengliederung gewährleistet.

c) Der "Stabszusammenhang" ergibt sich aus der Schaffung von Hilfsstellen (Stabstellen) und umschließt die Beziehungen zwischen Stabs- und Leitungsstellen. "Erst die Betrachtung der drei Zusammenhänge ergibt ein in sich geschlossenes Aufgabengliederungssystem", [16] das die Aufgabenstellung, Rangordnung und Beziehungsgestaltung der organisatorischen Einheiten umfaßt.

d) Im "Arbeitszusammenhang" und

e) "Kollegienzusammenhang" , die sich aus der ständigen Zusammenarbeit einzelner organisatorischer Einheiten ableiten lassen, werden die kommunikativen Beziehungen zwischen den Aufgabenträgern sichtbar. Der Kollegienzusammehang ist als Sonderfall des Kommunikationssystems zu betrachten und stellt ein Teilsystem der zeitlich begrenzten Kommunikationsbeziehungen dar.

Obwohl die Forschungsergebnisse der betriebswirtschaftlich-pragmatischen Ansätze teilweise in der Praxis angewandt wurden, genügen sie den praxeologischen Anforderungen nicht. Ihnen fehlt eine empirische Bestätigung, "da sie statt auf systematischen empirischen Untersuchungen auf spekulativen Überlegungen, analytischen Ableitungen oder allenfalls sin-

---

16) Ebd., S. 78.

gulären praktischen Erfahrungen einzelner ihrer Vertreter basieren."[17)]

Ferner weisen Kieser/Kubicek[18)] darauf hin, daß die deutschsprachige Organisationslehre Strukturierungsalternativen[19)] herausgearbeitet hat, aber für den Anwender die Frage offen läßt, unter welchen Bedingungen diese Alternativen zur Zielerreichung führen.[20)] Bei der Herausarbeitung von Gestaltungsalternativen wurde ein System von Regelungen zur Steuerung der Aktivitäten von Organisationsmitgliedern dargestellt - also die formale Struktur. Erst in einer späteren Phase wird für diese Organisationslehre das menschliche Verhalten relevant, "wenn es darum geht, das so geschaffene System an die Realität anzupassen."[21)] Diese Betrachtungsweise spiegelt sich in der Trennung von Stellenbildung und Stellenbesetzung wieder. Die Betrachtungsweise der betriebs-

---

17) Vgl. Grochla,E., Einführung in die Organisationstheorie, a.a.O., S. 129.

18) Vgl. Kieser,A./Kubicek,H., Organisationstheorien, Bd. 1 Stuttgart 1978, S. 137f.

19) Als Strukturierungsalternativen nennt Grochla neben den funktionalen und divisionalen Gestaltungsformen die Matrixorganisation und die teamorientierte Organisationsform. Vgl. Grochla,E., Organisation und Organisationsstruktur, in: HWB, Stuttgart 1975, Bd.2, Sp. 2846-2868, hier: Sp. 2854ff.

20) Zur Frage der Effizienz von Organisationsstrukturen s. Grochla,E./Welge,M.K., Zur Problematik der Effizienzbestimmung von Organisationsstrukturen, in:Elemente der organisatorischen Gestaltung, Reinbek bei Hamburg, 1978, S. 203ff; Fuchs-Wegener,G./Welge,M.K., Kriterien für die Beurteilung und Auswahl von Organisationskonzeptionen, in: ZO,2/1974, S. 71-82, 3/1974, S. 163-170. Budäos,D./Dobler,C., Theoretische Konzepte und Kriterien zur Beurteilung der Effektivität von Organisationen, in:Management International Review, 3/1977, S. 61-75.

21) Kieser,A./Kubicek,H., Organisationstheorien, a.a.O., S. 138.

wirtschaftlich-pragmatischen Organisationslehre scheint für die Untersuchung von realen Organisationsstrukturen und ihren Beziehungen zu Führungsstilen in Tunesien weniger geeignet, da sie keine operationalisierbaren Merkmale für eine empirische Forschung liefert.

1.11.3 Der Begriff der Organisationsstruktur in den verhaltenstheoretischen Ansätzen

Während die betriebswirtschaftlich-pragmatische Organisationslehre "die Organisation als eine Struktur ohne Menschen konzipierte, sah der Human-Relations-Ansatz Organisationen als Ansammlungen von Individuen und Gruppen ohne Organisationsstruktur".[22] Gegenstand des Human-Relations-Ansatzes, dessen Entstehungsphase an die Hawthorne-Experimente anknüpfte und der durch die Beiträge von Elton Mayo und Roethlisberger markiert wurde, sind vor allem Individual- und Gruppenverhalten. Die Fragestellung dieses Ansatzes, welche anhand von Feldexperimenten untersucht wurde, bezog sich auf die Zusammenhänge zwischen Leistung und Arbeitsbedingungen, wie z.B. Beleuchtung und Arbeitsplatzgestaltung.[23] Die Ergebnisse der Feldexperimente waren überraschend: wie immer sich auch die Bedingungen änderten, so stieg doch die Arbeitsleistung während der gesamten Untersuchungsperiode permanent an. Dies veranlaßte die Forscher, ihre Konzeption zu revidieren: sie konzipierten einen Fragenkatalog, dessen Beantwortung von den Organisationsmitgliedern eine Klärung des Arbeitsverhaltens erbringen sollte. Sie kamen zu dem Schluß, daß eine Erklärung des Verhaltens von Arbeitern als sozioemotionalen Wesen ihre Gefühle und Empfindungen einbeziehen

---

22) Vgl. Kieser,A./Kubicek,H., Organisationtheorien, Bd. 2, Stuttgart 1978, S. 31.

23) Vgl. Roethlisberger,F.J./Dickson,W., Management and the Worker, Cambridge 1939, S. 19ff.

muß. Roethlisberger und Dickson schrieben: "The study ... showed that their behavior at work could not be understood without considering the informal organization of the group and the relation of this informal organization to the total social organization of the company. The work activities of this group, together with their satisfactions and dissatisfactions had to be viewed as manifestations of a complex pattern of interrelations. In short, the worksituation of the ... group had to be treated as a social system; moreover, the industrial organization of which this group was a part also had to be treated as a social system".[24] Die Testergebnisse der Forschergruppe machten es deutlich, daß neben der formellen Organisation eine informelle Organisation in der Unternehmung entwickelt wird. Die informelle Organisation wird definiert "als derjenige Komplex von formell nicht geplanten und beabsichtigten sozialen Abläufen und Phänomenen im Betrieb, die aus der Tatsache entstehen, daß die Betriebsangehörigen soziale Wesen und in ihrem Verhalten nicht von den Anforderungen der Betriebsleitung, sondern auch von ihrer Herkunft, ihren Sitten, Wünschen und Erwartungen bestimmt werden".[25]

Die organisatorische Relevanz der Human-Relations-Bewegung ist darin begründet, "daß sie auf die sozialen Bedingungen und das soziale Wirkungsfeld organisatorischer Maßnahmen hinweist".[26] Durch die Untersuchung von Verhalten und Motivation (der Organisationsmitglieder), welche nach diesem Ansatz in erster Linie durch das Verhalten von Vorgesetzten, durch die Beziehungen in der Arbeitsgruppe und durch materi-

---

24) Roethlisberger,F.J./Dickson,W., Management and the Worker, a.a.O., S. 551.

25) Mayntz,R., Die soziale Organisation des Betriebes, Stuttgart 1966, S. 13.

26) Vgl. Grochla,E., Einführung in die Organisationstheorie, a.a.O., S. 146.

elle Anreize zu beeinflussen sind, hat dieser Ansatz einen begrenzten organisationstheoretischen Bezug, weil er die Eigenschaften der Organisationsstruktur als Beeinflussungsfaktor eher ausklammert.

Auch neuere verhaltensorientierte Studien (z.B. Maslow,Herzberg, Vroom, Argyris, McGregor, Hickson u.a.) beziehen nur einzelne Eigenschaften der Organisationsstruktur in ihre Betrachtung (wie z.B. Kompetenzverteilungsformen) mit ein.[27) "Eine umfassende Definition der Organisationsstruktur erarbeiten sie nicht".[28)
Eine Darstellung der verschiedenen Studien würde über den Rahmen dieser Arbeit hinausgehen.

Die Betrachtung der Organisationsstruktur in der Literatur soll noch die Beiträge der verhaltenswissenschaftlichen Entscheidungstheorie miteinbeziehen.[29) Die verhaltenswissenschaftliche Entscheidungstheorie - unter anderen vertreten durch Barnard, Simon, March, Cyert und Kirsch - richtet ihren Blick in erster Linie auf den Entscheidungsprozeß[30) in Organiationen im Hinblick auf die Organisationsziele und deren Anpassung an veränderte Umweltkonstellationen.[31) Die organisatorische Relevanz dieser Beiträge ist darin zu sehen, daß sie auch organisatorische Aspekte als Einflußfakto-

---

27) Vgl. Kieser,A./Kubicek,H., Organisation, Berlin, New York 1977, S. 31.

28) Ebd., S. 31.

29) Grochla nennt diese Beiträge 'Entscheidungsverhaltensorientierte Beiträge'; vgl. Grochla,E., Einführung in die Organisationtheorie, a.a.O., S. 181 ff.

30) Vgl. Kirsch,W./Meffert,H., Oreganisationstheorien und Betriebswirtschaft, Bd. 1, Wiesbaden 1970, S. 11. Kirsch,W., Betriebswirtschaftslehre: Systeme, Entscheidungen, Methoden, Wiesbaden 1974, S. 171.

31) Vgl. Kirsch,W./Meffert,H., Organisationstheorien, a.a.O., S. 33.

ren für die Gestaltung von Entscheidungsprozessen einbeziehen. Sie untersuchen bestimmte Beziehungen zwischen Organisationsstruktur und Organisationsmitgliedern im Hinblick auf die Steuerung ihres Verhaltens hinsichtlich der Erreichung der Organisationsziele und im Hinblick auf die Akzeptanz der Organisationsziele.

Simon [32] analysiert z.B. Bedingungen, durch welche Entscheidungen der Organisationsmitglieder beeinflußt werden und unterscheidet dabei folgende:

a) Im Zuge der Arbeitsteilung und -verteilung werden die Aufgabenträger mit Programmen oder Verfahrensrichtlinien zur Erfüllung ihrer Aufgabe ausgestattet;
b) zusätzlich werden bestimmten Organisationsmitgliedern Entscheidungsprämissen in Form von persönlichen Weisungen vorgegeben;
c) die Organisation stellt Informationen als Entscheidungshilfen zur Verfügung;
d) die Organisation versucht zu erreichen, daß ihre Ziele von den Organisationsmitgliedern internalisiert werden.

Diese Entscheidungsprämissen zielen darauf hin, eine "begrenzte Rationalität" [33] in sozialen Systemen zu gewährleisten. Die zugrunde liegende Annahme lautet: die Entscheidungen werden unter unvollkommener Information, unter Zugrundelegung eines unvollständigen Umweltbildes getroffen; diese Entscheidungen beziehen sich auf die Erreichung mehrerer zu bildender veränderlicher Ziele.

---

32) Simon,H.A., Administrative Behavior, 2.Aufl., New York 1957, S. 102 f.

33) Vgl. Grochla,E., Einführung in die Organisationstheorie, a.a.O., S. 183.

Die Antwort auf die Frage der Herkunft dieser Ziele leiten Cyert und March aus der Multipersonalität eines sozialen Systems ab. In ihrem Buch "A Behavioral Theory of the Firm" betrachten sie die Unternehmung als eine sich verändernde Koalition von Managern, Mitarbeitern, Kapitalgebern, Lieferanten, Kunden etc. Das Zielsystem dieser Koalition wird durch einen Verhandlungsprozeß (bargaining process) gesetzt, da jeder Organisationsteilnehmer eigene Ziele hat und durch seinen Eintritt und Verbleib in der Organisation seine Ziele zu fördern glaubt.[34] Danach tritt ein Prozeß der Stabilisierung von Zielen ein. Die Organisationsstruktur u.a. stellt hierbei einen Stabilisierungsmechanismus dar, der die Handlungsfähigkeit der Organisation trotz der Quasi-Lösung der Zielkonflikte ermöglicht; diese Quasi-Lösung drückt sich darin aus, daß Maximierungs- oder Minimierungsziele aufgegeben und statt dessen satisfizierende Ziele angestrebt werden.

Kirsch erweitert die Zielanalyse von Cyert und March um ein Machtkonzept:[35] Die an der Zielbildung beteiligten Gruppen verfügen über unterschiedliche Machtpositionen[36]. Die Machtbasen lassen sich in fünf Typen einteilen:[37]

---

34) Cyert,R.M./March,J.G., A Behavioral Theory of the Firm, Englewood Cliffs/N.J. 1963, S. 34.

35) Kirsch,W., Entscheidungsprozesse, Bd. 3, Entscheidungen in Organisationen, Wiesbaden 1971, S. 110 und S. 154ff.

36) Vgl. Kirsch,W., Betriebswirtschaftslehre: Systeme, Entscheidungen, Methoden, a.a.O., S. 130f. Krüger, der die Machtstruktur und die Organisationsstruktur untersucht, kommt zu dem Schluß, daß sich Organisationsstruktur und Machtstruktur nur teilweise decken. Vgl. Krüger,W., Organisationsstruktur und Machstruktur, in: ZO, 3/1977, S. 126 - 132.

37) Vgl. French,J.R.P./Raven,B., The Basis of Social Power, in: Cartwright,D. (Hrsg.), Studies in Social Power, Ann Arbor 1959, S. 150ff.

- Macht durch Belohnungsmöglichkeiten (reward power)
- Macht durch Bestrafungsmöglichkeiten (coercive power)
- Legitimierte Macht (legitimate power)
- Macht durch Indentifikation (referent power)
- Macht durch Informationsvorteile oder Expertenmacht (expert power).

Auf eine weitere Darstellung der verhaltenswissenschaftlichen Entscheidungstheorie wird verzichtet, da es hier in erster Linie darum geht, darauf hinzuweisen, daß bestimmte Faktoren bei der Analyse der Auswirkungen von Organisationsstrukturen zu beachten sind. Es wird jedoch in der verhaltenswissenschaftlichen Entscheidungstheorie nicht präzisiert, welche Auswirkungen der Organisationsstruktur in realen Situationen festzustellen sind.[38)]

Entscheidend ist, daß ein Bezugsrahmen, "der strukturelle, technologische Variablen und Variablen der Persönlichkeit in ihrem Zusammenwirken zumindest begrifflich darstellen kann"[39)], hergestellt wird.[40)]

---

38) Kieser,A./Kubicek,H., Organisation, a.a.O., S. 32.

39) Kieser,A./Kubicek,H., Organisationstheorien, Bd. 2, a.a.O., S. 70.

40) Auf den entscheidungslogischen Ansatz wird nicht eingegangen, da hier die Definition der trad. Betriebswirtschaftslehre von Organisationsstruktur für die Erarbeitung von Entscheidungsmodellen hinsichtlich der Effizienz von Organisationsstrukturen zugrunde gelegt wird. Zum entscheidungslogischen Ansatz s. Kieser,A./ Kubicek,H., Organisation, a.a.O., S. 32ff; Hoffmann,F., Entwicklung der Organisationsforschung, 2.Aufl., Wiesbaden 1976, S. 124ff; Ansoff,H.I./Brandenburg,R.G., A Language for Organization Design, in: Management Science, Part I, Vol.17, 1971, S. B 705ff; Szyperski,N./ Winand,U., Entscheidungstheorie - eine Einführung unter besonderer Berücksichtigung spieltheoretischer Konzepte, Stuttgart 1974, S. 28f.

1.11.4 Der situative Ansatz

Der situative Ansatz geht davon aus, daß die Effizienz von Organisationsstrukturen von den spezifischen Bedingungen der Unternehmung abhängig ist.[41] Er unterscheidet sich von den klassischen Ansätzen dadurch, daß er keine allgemein gültigen Gestaltungsalternativen liefert. Er versucht vielmehr, die Beziehungen zwischen Organisationsstruktur und Situation sowie Organisationsstruktur und Verhalten der Organisationsmitglieder empirisch zu ermitteln.[42]

Die auf diesem empirischen Ansatz erarbeiteten Forschungsergebnisse berücksichtigen bis jetzt nur Teilaspekte. Die Integration der verschiedenen empirischen Untersuchungen läßt sich kaum vollziehen, da sich die verschiedenen Ergebnisse auf unterschiedliche Objekte (Unternehmungen, Verwaltung, Schulen, Krankenhäuser etc.) beziehen und die angewandten Forschungsmethoden unterschiedlich sind.[43]

Obwohl der situative Ansatz auf allgemeingültige Aussagen über Gestaltungsformen verzichtet, geht er davon aus, daß die Gestaltungsform von der Ausprägung der Determinanten

---

41) Vgl. Bühner,R., Zum Situationsansatz der Organiationsforschung, in: ZO 2/1977, S. 67ff.

42) Besonders wichtig für die Untersuchung der Organisationsstruktur und des Verhaltens der Organisationsmitglieder sind Umweltgegebenheiten (z.B. rechtliche, politische, religiöse Restriktionen etc.), welche als Einflußgrößen bei der Bestimmung der Organisationsstruktur auftreten. Diese Umweltgegebenheiten sind als länderbezogen anzusehen. Vgl. Dülfer,E., Zum Problem der Umweltberücksichtigung, a.a.O.

43) Staehle gibt einen Überblick über die verschiedenen Untersuchungsergebnisse. Staehle,W.H., Organisation und Führung sozio-technischer Systeme - Grundlagen einer Situationstheorie, Stuttgart 1973, S. 65 ff.

oder unabhängigen Variablen abhängen.[44] Aussagen in Form von "Wenn - dann" Komponenten werden auf der Basis von empirischen Ergebnissen formuliert. Die Tatsache, daß bei den verschiedenen, aus empirischen Untersuchungen abgeleiteten Ergebnissen unterschiedliche unabhängige Variable (Wenn - Komponente) ausgewählt worden sind, erschwert weiterhin die Integration von Forschungsergebnissen, da keine Vergleichsmöglichkeiten bestehen.[45]

1.12 Dimensionen der Organisationsstruktur

Für unsere Zwecke ist es erforderlich, um reale Organisationsstrukturen beschreiben zu können, den Begriff Organisationsstruktur unter dem Gesichtspunkt einzugrenzen, daß er eine Beziehungsanalyse zwischen Organisationsstruktur und Führungsstil ermöglicht. Merkmale der Organisationsstruktur müssen in einem ersten Schritt ermittelt werden, anhand derer die Eigenschaften von Organisationsstruktur beschrieben werden können. In einem zweiten Schritt sollen skalenmäßig meßbare Indikatoren für diese Merkmale angegeben werden.

1.12.1 Definition von Strukturdimensionen

Fassen wir zunächst die Organisationsstruktur als ein Bündel von Regelungen auf, die darauf hinzielen, Verhalten von Organisationsmitgliedern bei ihren Handlungen im System zu steuern. Durch ihre Institutionalisierung bilden diese Rege-

---

44) Vgl. Pfohl, H. C., Problemorientierte Entscheidungsfindung in Organisationen, Berlin-New York 1977, S. 240.

45) Zur Frage der Integration von Forschungsergebnissen in der situativen Theorie vgl. Bühner, R., Zum Situationsansatz in der Organisationsforschung, a.a.O., S. 71 f.

lungen die Struktur einer Organisation und bewirken damit eine zielgerichtete Verhaltenssteuerung, indem sie einen Handlungsrahmen für den einzelnen Aufgabenträger darstellen. Hierbei stellen sich zwei Fragen:

- Worauf beziehen sich die organisatorischen Regelungen?
- Worauf sind Unterschiede in Organisationsstrukturen zurückzuführen?

Das Ausgangsproblem besteht darin, diese organisatorischen Regelungen nach Arten oder Subsystemen von Regelungen zu klassifizieren. Die Frage, die sich nun stellt, ist die, nach welchen Kriterien das System oder die Menge von Regelungen gegliedert werden kann, damit konkrete Organisationsstrukturen beschrieben werden können.

Knüpfen wir hier an den in der Organisationslehre und Organisationsforschung neu eingeführten Begriff 'Dimension' an; eine Strukturdimension wird als das Subsystem oder als die Teilmenge von organisatorischen Regelungen verstanden, die Art und Ausmaß organisatorischer Regelungen erfaßt. Die Strukturdimensionen können unterschiedlich kombiniert werden, und dadurch ergeben sich unterschiedliche aufbauorganisatorische Strukturen.

Die empirische Organisationsforschung hat zahlreiche Beiträge zur Herausarbeitung von Dimensionen geliefert, welche aus dem Bürokratie-Ansatz Weber's abgeleitet und detailliert betrachtet worden sind. Im folgenden wird auf die von Grochla herausgearbeiteten Dimensionen Bezug genommen, da sein Ansatz nicht nur die von der empirischen Organisationsforschung gewonnenen Dimensionen beinhaltet, sonder auch 'Merkmale' - wie er sie nennt - aus der traditionellen betriebswirtschaftlichen und Management-orientierten Organisationslehre berücksichtigt.[46] Sein Ansatz kann daher als integrierend angesehen werden. Grochla geht davon aus, "daß organisatorische Probleme nur in sozialen und soziotechnischen Systemen, d.h. in arbeitsteiligen Systemen, auftreten".[47] Durch die arbeitsteilige Aufgabengliederung (nach Grochla arbeitsteilige Aufgabenerfüllung) entsteht die Notwendigkeit, die Einzelhandlungen mehrerer Aktionsträger auf die festgesetzten Ziele hin zu koordinieren. Aus den o.g. Grundsätzen entstehen die zwei Grunddimensionen der Organisationsstruktur:

- Arbeitsteilige Aufgabengliederung und
- Koordination der Aufgabenerfüllung[48].

Die arbeitsteilige Aufgabengliederung läßt sich durch ihre Art (qualitativ) und ihr Ausmaß (quantitativ) kennzeichnen. Die Koordination der Aufgabenerfüllung umfaßt die organisatorischen Regelungen, welche die Teiltätigkeiten der Aktionsträger im Hinblick auf die Gesamtaufgabe zielausrichtend steuern sollen.

Aus den zwei Grunddimensionen ist noch eine zusätzliche Dimension, nämlich die 'Konfiguration', abzuleiten. Diese "abgeleitete Strukturdimension" entsteht aus der Festlegung der zwei Grunddimensionen und "beinhaltet Globalaspekte der Struktur der organisatorischen Einheiten sowie des hierarchischen Aufbaus".[49] Die Konfiguration ist also die Schnittmenge von Regelungen, die sich sowohl der ersten Dimension

---

46) Vgl. Grochla,E., Einführung in die Organisationstheorie, a.a.O., S. 31.

47) Ebd., S. 31.

48) Grochla nennt die zwei Grunddimensionen Arbeitsteilung und Koordination. Ebd., S. 31 f.

49) Grochla,E., Einführung in die Organisationstheorie, a.a.O., S. 32.

als auch der zweiten Dimension nicht exklusiv zuordnen lassen.

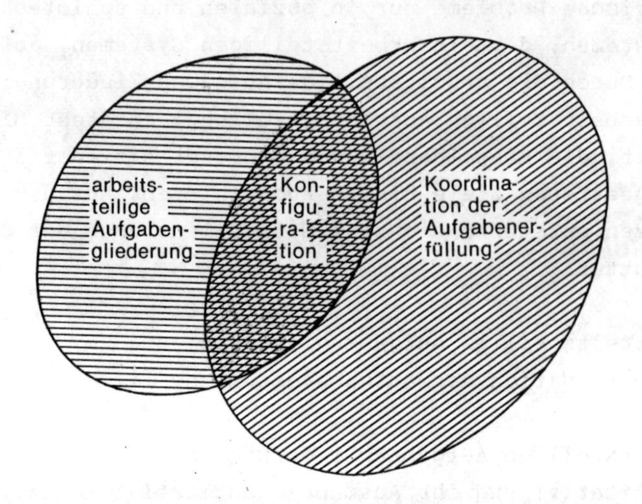

Abb.1a Darstellung der Dimensionen der Organisationsstruktur

Im folgenden soll auf die zwei Grunddimensionen und die abgeleitete Dimension eingegangen werden, mit dem Ziel, diese Dimensionen anhand von Teildimensionen oder konkreten Merkmalen zu präzisieren. Diese auch von Grochla [50] als erforderlich bezeichnete Konkretisierung muß für den Zweck empirischer Erfassung realer Organisationsstrukturen dadurch bewirkt werden, daß skalenmäßig meßbare Indikatoren angegeben werden. Wir bezeichnen dies als die Operationalisierung der organisatorischen Strukturdimensionen. Somit ergeben sich folgende kategoriale Beziehungen:

---

50) Grochla weist darauf hin, daß die Grunddimensionen zum Zweck der Konkretisierung in untere Teilaspekte aufzugliedern sind. Ebd., S. 32.

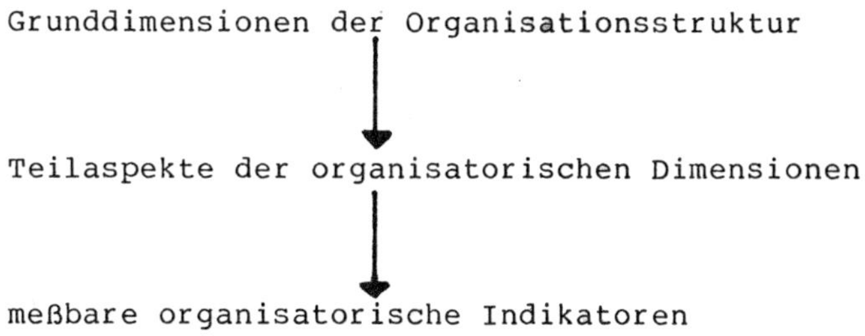

Grunddimensionen der Organisationsstruktur

↓

Teilaspekte der organisatorischen Dimensionen

↓

meßbare organisatorische Indikatoren

1.12.2 Arbeitsteilige Aufgabengliederung

Die arbeitsteilige Aufgabengliederung läßt sich als die Zerlegung von größeren Aufgabenkomplexen in Teilaufgaben und die Übertragung dieser Teilaufgaben auf bestimmte strukturelle Teileinheiten definieren.[51] Die Dimension arbeitsteilige Aufgabengliederung bezieht sich nicht nur auf die Bildung von organisatorischen Einheiten, sondern auch auf die Arbeitsverteilung innerhalb der organisatorischen Einheiten. Sie enthält die Zerlegung der Gesamtaufgabe in Teilaufgaben und sowohl ihre Zusammenfassung zu niedrigeren bzw. höheren Aufgabenkomplexen als auch ihre Zuordnung zu bestimmten Aktionsträgern. Primär umfaßt die arbeitsteilige Aufgabengliederung das Ergebnis der Bildung spezialisierter, struktureller Aufgabenbereiche.[52] Diese Dimension läßt sich inhaltlich (qualitativ) und mengenmäßig (quantitativ) erfassen. Die qualitative arbeitsteilige Aufgabengliederung wird

---

51) Vgl. Grochla,E., Einführung in die Organisationstheorie, a.a.O., S. 32.

52) Vgl. Grochla,E., Einführung in die Organisationstheorie, a.a.O., S. 33.

anhand der folgenden zwei Kriterien vorgenommen:

- Verrichtung
- Objekt.[53]

Eine Verrichtungszentralisation liegt vor, wenn in der organisatorischen Einheit gleichartige Verrichtungen vollzogen werden. Dagegen läßt sich die Objektzentralisation dadurch kennzeichnen, daß die Bildung von organisatorischen Einheiten an das Objekt anknüpft, d.h. verschiedenartige Verrichtungen werden in derselben organisatorischen Einheit vollzogen.

Die Bildung von innerbetrieblichen Kooperationseinheiten aufgrund der zwei o.g. Kriterien führt zu einem hierarchisch strukturierten Stellengefüge, das evtl. auch die Art der Willensbildung und -durchsetzung beeinflussen kann.

Nach dem bei der Strukturbildung jeweils angewandten Kriterium (Verrichtung oder Objekt) wurden in der Organisationstheorie die funktionale bzw. die divisionale Organisationsstruktur als Strukturtypen formuliert. Diese beiden Strukturtypen sind allerdings für unsere Untersuchung wenig geeignet, da sie Umfang und Art der arbeitsteiligen Aufgabengliederung in der gesamten Unternehmung nicht vollkommen kennzeichnen. Sie beziehen sich nur auf die oberste Leitungsebene und sagen nichts über die qualitative arbeitsteilige Aufgabengliederung in den organisatorischen Teileinheiten

---

53) Vgl. Grochla,E., Organisation und Organisationsstruktur, a.a.O., Sp. 2851; Gutenberg,E., Grundlage der Betriebswirtschaftlehre, Bd.1, Die Produktion, 18.Aufl., Heidelberg, New York 1971, S. 96; Mellerowicz,K., Betriebswirtschaftslehre der Industrie, 6.Aufl., Freiburg i.B. 1968, S. 339; Dülfer,E., Nouvelles Formes de l` Organisation de Travail dans l`Entreprise Industrielle, Sfax 1977 (unveröffentlichtes Manuskript).

aus. In der Realität werden die Kriterien Verrichtung und Objekt besonders ab der 3. Hierarchie-Ebene nebeneinander angewandt, was zur Entstehung von Mischformen führt.

Damit wir die arbeitsteilige Aufgabengliederung quantitativ in den verschiedenen Betrieben vergleichen können, müssen wir einen Maßstab zugrunde legen. Das Ausmaß der arbeitsteiligen Aufgabengliederung läßt sich durch die Anzahl gleichrangiger Stellen messen (dabei wird der Inhalt der Stelle unabhängig von divergierenden Bezeichnungen zugrunde gelegt).[54] Dieser Maßstab ermöglicht es uns, die arbeitsteilige Aufgabengliederung von Betrieben derselben Größe quantitativ zu vergleichen, da er zum Ausdruck bringt, inwieweit überhaupt eine Aufgabengliederung vorgenommen worden ist. Vorteilhaft scheint es zu sein, daß sich die Zahl für fast alle Betriebe ermitteln läßt, selbst wenn kein Stellenplan vorliegt.

Die quantitative Relation der beiden Prinzipien der arbeitsteiligen Aufgabengliederung soll durch den Quotienten

$$V = \frac{A_o}{A_v}$$

erfaßt werden, wobei A_o die Anzahl der Aktionseinheiten des gesamten hierarchischen Gefüges angibt, die auf der Basis des Objektprinzips, und A_v die Anzahl derjenigen, die auf der Basis des Verrichtungsprinzips gebildet wurden. Diese Kennzahl gibt allerdings für sich allein noch keine Auskunft

---

54) Vgl. Pugh,D.S./Hickson,D.J., Eine dimensionale Analyse bürokratischer Strukturen, in: Bürokratische Organisation, (Hrsg. V.Mayntz), 2.Aufl., Köln-Berlin 1971, S. 82-93, hier: S. 84; Pugh,D.S./Hickson,D.J. Organizational Structure in its Context, Westwood, Farnborough, Hants 1976, S. 30 f.

über die Anzahl (N_h) der hierarchischen Stufen. Insbesondere besagt sie nicht, auf welcher Stufe (Z_i^h) Verrichtungszentralisation, Objektzentralisation oder beide zugleich angewandt wurden. Diese Daten sollen deshalb für jeden Betrieb in der Form einer einzeiligen Datenmatrix (D) zusammengestellt werden. Die Matrizenzeile lautet dementsprechend in allgemeiner Form:

$$D = \left[V;\ N_h;\ Z_1^h;\ Z_2^h \dots\ Z_i^h \dots\ Z_n^h\right]$$

wobei $i = 1,2,\ \dots\ n$ die jeweilige Hierarchieebene bezeichnet.

Über die drei genannten Möglichkeiten der jeweiligen Zentralisation hinaus wurden in der empirischen Untersuchung auch Fälle festgestellt, in denen auf einer Hierarchiestufe ein bestimmtes Zentralisationsprinzip nur teilweise festgestellt werden konnte; das muß in der Kennziffer zusätzlich zum Ausdruck gebracht werden. Somit ergeben sich für die Kennziffer des Zentralisationsprinzips insgesamt 3 x 2 = 6 verschiedene Varianten, die in der Matrizenzeile für die einzelnen Hierarchiestufen von i = 1 bis i = n durch die folgenden Symbole gekennzeichnet werden:

Im Falle der Verrichtungszentralisation	Z_i^h	= I
Im Falle der Objektzentralisation	Z_i^h	= II
Im Falle einer Mischung beider Prinzipien	Z_i^h	= III
Bei teilweiser Verrichtungszentralisation	Z_i^h	= (I)
Bei teilweiser Objektzentralisation	Z_i^h	= (II)
Bei teilweisem Auftreten beider Zentralisationsprinzipien	Z_i^h	= (III)

Die auf diese Weise für die einzelnen Betriebe formulierten Matrizenzeilen können bei überbetrieblicher Betrachtung leicht zusammengefaßt werden.

Ein Beispiel soll diese Handhabung verdeutlichen:

Abb. la läßt 6 hierarchische Stufen erkennen, wovon die Betriebsleitung, die in diesem Beispiel aus einer Person besteht, als hierarchische Stufe bei der Berechnung von V außer acht gelassen wird. Dabei sind 4 Aktionseinheiten nach dem Objektprinzip gebildet und 22 nach dem Verrichtungsprinzip. Die Anzahl der Stellen auf der 6. Ebene lassen wir bei der Berechnung der Kennzahl außer acht, weil in manchen Betrieben die Arbeiter "sont bons à tout faire".

$$V = \frac{4}{22}$$

$$D = \left[\frac{4}{22} ; 6; -; I; II; III; I; (I) \right]$$

Abb. 1: Kombination der zwei Kriterien (Verrichtung und Objekt) in einem Nahrungsmittelbetrieb mit 2 Produktgruppen (Limonade und Bonbons)

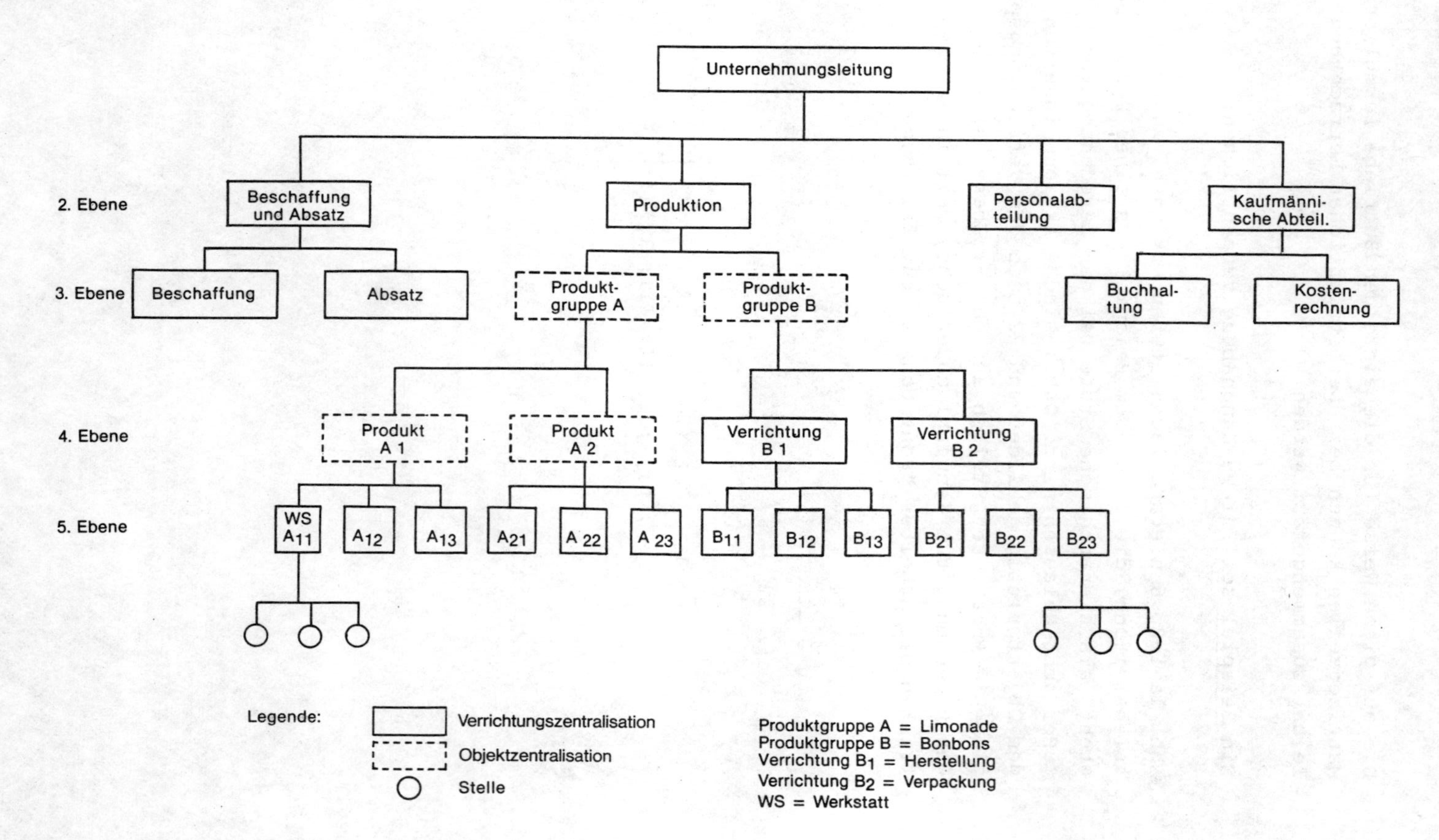

Diese Matrix besagt nun, daß von 26 Aktionseinheiten 22 nach der Verrichtungs- und 4 nach der Objektzentralisation gebildet sind, wobei die 6. Ebene unberücksichtigt bleibt. In dieser Unternehmung besteht die Hierarchie aus 6 Stufen, wobei auf der 2.Ebene das Verrichtungskriterium (I an 4. Stelle in der Matrix), auf der 3.Ebene das Objektkriterium (II an 5. Stelle), auf der 4. die beiden Kriterien (III an 6. Stelle) und auf der 5.Ebene wieder das Verrichtungskriterium Anwendung findet. Die geklammerte I an 8.Stelle in der Matrixzeile bedeutet, daß auf der 6.Hierarchie-Ebene eine arbeitsteilige Aufgabengliederung nicht überall in der Unternehmung vorhanden, jedoch dort wo sie auftritt, überwiegend verrichtungsorientiert ist. Mit anderen Worten: Es werden die Arbeiter da eingesetzt, wo sie gebraucht werden. Sind z.B. die Produktionsmittel bei der Produktion von Limonade nach dem Werkstattprinzip geordnet, werden dieselben Arbeiter nach Bedarf für Flaschenfüllung, -sortierung oder -waschen eingesetzt.

1.12.3 Koordination der Aufgabenerfüllung

Die Interdependenz der zu verschiedenen Aktionseinheiten zugeordneten Teilaufgaben bringt einen Koordinationsbedarf mit sich, damit sichergestellt werden kann, daß die Aktionseinheiten im Sinne des Zielsystems der Unternehmung handeln. Die Regelungen, die zur Bewältigung der Koordinationsaufgabe geschaffen werden, stellen die Koordinationsinstrumente dar. Wir unterscheiden zwischen ex-ante und ex-post Koordination. Die ex-ante Koordination erfolgt durch eine im voraus erzielte Abstimmung, welche die globalen Unternehmungsziele in konkrete Handlungsanweisungen umwandelt, unter der Bedingung, daß keine Störungen eintreten. In diesem Fall erfolgt die Abstimmung auf höherer Ebene und der Informationsfluß läuft von oben nach unten. Sollten Störungen auftreten, läuft die Information zuerst von unten nach oben und so werden Koordinationsprozesse ausgelöst (ex-post Koordination), um eine Abstimmung der Einzelleistungen bzw. -handlungen zu ermöglichen.

Frese unterscheidet zwischen drei Koordinationsinstrumenten:[55)]

a) Koordination durch die Zielkomponente: das Koordinationproblem wird dadurch gelöst, daß die Sach- und Formalziele die Handlungsbereiche der Entscheidungseinheiten eingrenzen; es wird hier unterstellt, daß die Entscheidungseinheiten ihre Sachziele unter Beachtung der Formalziele erfüllen,
b) Koordination durch die Feldkomponente: hier wird besonders die Budgetierung angesprochen; sie sollte eine Harmonie zwischen den verschiedenen Bereichen ermöglichen,
c) Koordination durch die Programmkomponente: durch die Programmkomponente werden Verhaltensnormen vorgegeben; diese Verhaltensnormen sollten das Verhalten von Entscheidungsträgern bei ihren Entscheidungen stabilisieren.

Die Klassifizierung von Frese läßt sich auf die Fragestellung der Arbeit nicht direkt anwenden, da sie bestimmte Koordinationsregelungen, die im folgenden erläutert werden, nicht berücksichtigt.
Die koordinativen strukturorganisatorischen Regelungen lassen sich in zwei Teildimensionen oder Untergruppen zerlegen:

---

55) Frese,E., Die Hierarchiestruktur des Entscheidungssystems in der Unternehmung, unveröffentlichte Habilitationsschrift, Köln 1970, S. 71-75, zitiert nach Zepf,G., Kooperativer Führungsstil und Organisation, Wiesbaden 1972, S. 138. Vgl. Frese,E., Kontrolle und Unternehmungsführung - Entscheidungs- und Organisationstheoretische Grundfragen, Wiesbaden 1968, S.103ff.

- Die erste Untergruppe umfaßt die organisatorischen Regelungen, die die Kompetenzverteilung betreffen;
- auch wenn alle behandelten Aspekte der Kompetenzverteilung berücksichtigt sind, bleibt noch die Frage offen, in welchem Ausmaß die gesteuerten Prozesse situationsbezogen ad hoc gestaltet (Gutenberg spricht von fallweisen Regelungen) [56] oder nach festen Schemata abgewickelt werden. Dieser Aspekt wird in der Literatur teils als "Formalisierung" teils als "Standardisierung" gesehen. In jedem Fall geht es zwar um Vereinheitlichung, jedoch mit unterschiedlichem Ausmaß formaler Regelungen.

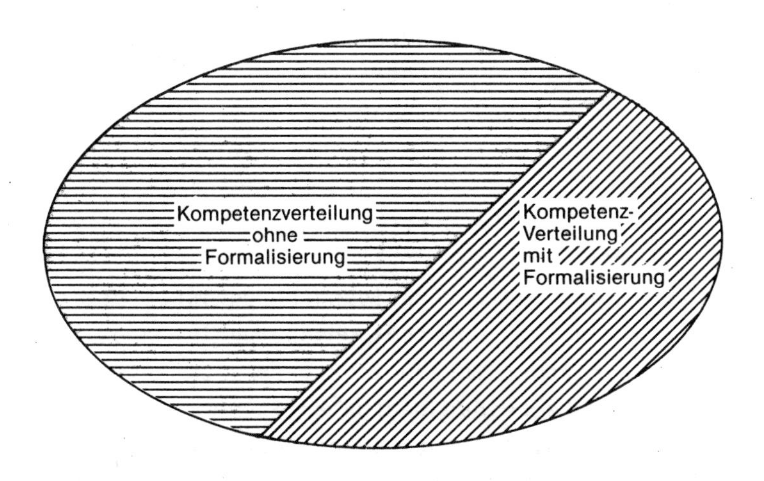

Abb. 2: Darstellung der koordinativen Regelungen

56) Vgl. Gutenberg,E., Grundlagen der Betriebswirtschaftslehre, Bd. 1, Die Produktion, a.a.O., S. 175.

Im Hinblick auf unsere empirische Erhebung verzichten wir auf eine entsprechende Differenzierung und fassen beide Teilaspekte - in Anlehnung an Grochla[57] unter dem Begriff "Formalisierung" zusammen.

1.12.31 Kompetenzverteilung

Bei dieser organisatorischen Teildimension geht es darum, daß Ausmaß der Zuständigkeit von Aktionsträgern im Hinblick auf Entscheidung, Weisung und Beschluß festzulegen.[58] Sie deckt sich nicht mit dem Begriff "Zentralisation" bzw. "Dezentralisation", weil letzterer sich nur auf die Verteilung von Entscheidungsbefugnissen bezieht. Die Kompetenzverteilung wird mittels dreier Merkmale erfaßt:

a) Verteilung der Entscheidungsbefugnisse
b) Personale Struktur der Entscheidungsbildung
c) Verteilung von Weisungsbefugnissen.

zu a) Verteilung der Entscheidungsbefugnisse

Das Merkmal "Verteilung der Entscheidungsbefugnisse" bezieht sich auf die Verteilung von Entscheidungsbefugnissen über die Hierarchieebenen. Ein hoher Entscheidungszentralisationsgrad liegt vor, wenn die Entscheidungsaufgaben in der Hierarchiespitze konzentriert sind. Dagegen ist ein geringerer Entscheidungszentralisationsgrad dadurch gekennzeichnet, daß Aufgabenträger unterer Hierarchieebenen Entscheidungen fällen. Die Verteilung der Entscheidungsbefugnisse kann zusätzlich

---

57) Vgl. Grochla,E., Einführung in die Organisationstheorie, a.a.O., S. 41f.

58) Vgl. Grochla,E., Einführung in die Organisationstheorie, a.a.O., S. 37.

qualitativ gekennzeichnet werden; d.h. es wird geklärt, welche Arten von Entscheidungen auf welchen Hierarchieebenen getroffen werden dürfen.

Die Messung der Verteilung der Entscheidungsbefugnisse bereitet Schwierigkeiten, weil die bis jetzt erarbeiteten Maße noch im Entwicklungsstadium stecken. Ein konkretes Maß sollte nach Dale folgende Größen enthalten: [59)]

- die Anzahl der Entscheidungen, die auf unteren Ebenen gefällt werden,
- die Wichtigkeit der Entscheidung, welche an der Höhe der in Geldeinheiten ausgedrückten Beträge gemessen werden kann,
- die Reichweite der Entscheidung,
- die Abstimmung mit übergeordneten Stellen.

Die Frage ist, ob bei einer direkten Messung vom Entscheidungsträger oder von der Entscheidung selbst ausgegangen werden soll. Im ersten Fall werden die durch die Befragung der Entscheidungsträger gewonnenen Informationen keine genauen Maße für Strukturdimensionen abgeben können, weil die Probanden in ihren Antworten ihre perzipierten Entscheidungskompetenzen einbringen.

Im zweiten Fall läßt sich die Vielfalt der Entscheidungen nicht erfassen, obwohl Pugh u.a. [60)] eine Liste von 37 generell zu fällenden Entscheidungen ausgearbeitet haben. Bei einem solchen Verfahren kann die Aufstellung einer Entschei-

---

59) Vgl. Dale,E., Planning and Developing the Company Organization Structure, American Management Association, Report No. 20, New York 1952, S. 107.

60) Pugh,D.S.u.a., Dimensions of Organization Structure, a.a.O., S. 77.

dungsliste das gewonnene Maß verfälschen, da eine solche Checkliste nach bestimmten Kriterien ausgewählte Entscheidungen voraussetzt.

Weil eine solche Checkliste vor der Durchführung der vorliegenden Untersuchung nicht ausgearbeitet worden ist, kann das Ausmaß der Verteilung der Entscheidungsbefugnisse nicht genau ermittelt werden. Unsere Aussagen werden sich auf ausgewählte Items, die die Entscheidungsdelegation in einigen Bereichen behandeln, und auf Einzelbeobachtungen und Gespräche mit Unternehmungsmitgliedern stützen.
Es werden hierbei drei Indikatoren benutzt:

- die Haltung der Betriebsleitung zur Entscheidungsdelegation,
- die Gegenüberstellung von Antworten der Betriebsleiter und der Mitarbeiter,
- die Verteilung der Entscheidungsbefugnisse in ausgewählten Entscheidungsbereichen.

Während die beiden ersten Indikatoren als eher quantitative Indikatoren anzusehen sind, beschreibt der dritte Indikator die Verteilung der Entscheidungsbefugnisse in einer mehr qualitativen Weise.

<u>zu b):</u> Personale Struktur der Entscheidungsbildung

Ein wichtiges Merkmal der Kompetenzverteilung ist die personale Struktur der Entscheidungsbildung. Dabei geht es zunächst darum, ob die Entscheidungen unipersonal oder multipersonal getroffen werden. Dieser Aspekt der Koordination wird nicht davon berührt, auf welcher Hierarchieebene die Entscheidungen getroffen werden. Er bezieht sich ferner nur auf die in der Organisationsstruktur formal verankerten Regelungen, die ein solches Zusammenwirken von Aktionsträgern ermöglichen.

Weitere Aspekte der personalen Struktur der Entscheidungsbildung lassen sich schwer aufdecken, da

- dafür noch keine genauen Maßstäbe entwickelt worden sind und
- bezüglich dieses Gesichtspunktes kein ausreichendes empirisches Material vorliegt.

Von Interesse ist es insbesondere festzustellen, ob die Personen, die an multipersonaler Entscheidungsbildung beteiligt sind, im eigenen Namen oder als Repräsentanten anderer (Gruppen) tätig werden. Im Hinblick auf die Personenmehrheit, die die Entscheidung bildet, kann im ersten Fall, von unmittelbarer Beteiligung gesprochen werden. Im zweiten Fall handelt es sich hinsichtlich der eigentlichen (vertretenen) Entscheidungssubjekte um mittelbare Beteiligung an Entscheidungsprozessen. Diese zwei Fälle werden unter folgenden Bezeichnungen behandelt:

- Koordination durch unmittelbare Beteiligung an Entscheidungsprozessen; sie läßt Aussagen über Trends zu, da sie auf eine Befragung von Aktionsträgern bezüglich ihrer Beteiligung an Entscheidungsprozessen basiert.
- Koordination durch mittelbare Beteiligung an Entscheidungsprozessen; in diesem Zusammenhang wird vorrangig die Entscheidungsbildung in organisatorisch gebildeten Gremien und Ausschüssen behandelt.

zu c): Verteilung von Weisungsbefugnissen

Die in der Unternehmung getroffenen Entscheidungen können in Weisungen umgesetzt werden. Die organisatorischen Regelungen, die das Weisungsrecht festlegen, werden als drittes Merkmal der Kompetenzverteilung betrachtet. Hierbei werden folgende Indikatoren herangezogen:

- das Leitungssystem,
- die persönlichen Weisungen (Gliederungstiefe und Leitungsintensität).

Das Leitungssystem gibt die äußere Form des Stellengefüges wieder[61] und wird durch das Organigramm dargestellt. Es legt die Kommunikationsbeziehungen zwischen den Aufgabenträgern fest. Die Gestaltungsalternativen sind Einlinien- oder Mehrliniensysteme, wobei das erstere (nach Fayol)[62] eine klare Zuordnung von Verantwortung und eine reibungslose Koordination bewirken sollte. Es muß aber darauf hingewiesen werden, daß dieses System ursprünglich für Verwaltungstätigkeiten gedacht war. Das Mehrliniensystem zielt dagegen darauf hin, eine qualifizierte Entscheidung und fachliche Weisung durch Spezialisierung zu erreichen.[63] In diesem Fall sind Weisungsbefugnisse und Verantwortlichkeiten auf verschiedene Instanzen

---

61) Vgl. Lehmann,H., Leitungssysteme, in: HWO, Sp. 928-939, hier: Sp. 929.

62) Fayol,H., Administration industrielle et générale, deutsche Übersetzung: Allgemeine und industrielle Verwaltung, Berlin 1929, S. 21.

63) Das Mehrliniensystem ist auf Taylor zurückzuführen. Taylor,F.W., Die Betriebsleitung insbesondere der Werkstätten, 3.Aufl., Berlin 1914, S. 47.

verteilt. Dies wirft das Problem der Kompetenz- und Machtverteilung bzw. der Kompetenzkonflikte auf. Erwähnt werden sollte auch das Stabliniensystem, das eine horizontale Kommunikation zwischen Stäben und Führungsstellen beinhaltet, wobei die ersten als Hilfsorgane generell ohne Entscheidungsbefugnisse auftreten. In tunesischen Betrieben tritt dieses System jedoch kaum auf; es spielt daher bei der Auswertung der empirischen Ergebnisse keine Rolle. In der Praxis werden die beiden Grundalternativen -Einlinien- bzw. Mehrliniensystem - nicht separat angewandt; Mischformen sind häufig.

Ein Organigramm läßt eine Gliederungstiefe erkennen, welche die Anzahl der hierarchischen Ebenen angibt. Da die Abteilungen eine unterschiedliche Gliederungstiefe aufweisen, und da wir bei unserer Untersuchung uns auf den Produktionsbereich konzentriert haben, wird nur die "maximale Gliederungstiefe" in diesem Bereich ermittelt.

Die Leitungsintensität (L) wird folgendermaßen ausgedrückt:

L = Anzahl der Instanzen/Anzahl der ausführenden Stellen

Die beiden letzten Indikatoren können nicht getrennt betrachtet werden, da in Klein- und Mittelbetrieben, in denen die Belegschaft klein ist, die Leitungsintensität hoch sein kann.

1.12.32 Formalisierung

Formalisierung enthält - wie oben erwähnt - alle koordinativen Regelungen, die in dem Aspekt "Kompetenzverteilung" nicht erfaßt werden. Unsere Auffassung von Formalisierung geht über die in der organisationstheoretischen Literatur vorherrschende Meinung hinaus, wonach die Formalisierung sich ausschließlich auf die schriftliche Fixierung organisatorischer Regelungen bezieht. Formalisierung liegt jedoch auch vor, "wenn Regeln gezielt festgelegt werden und hinsichtlich der Art ihrer Festlegung 'objektiv', d.h. vorzeigbar und unabhängig von einzelnen Personen übertragbar sind".[64]

Nach Grochla wird die Formalisierung durch drei Merkmalskomplexe erfaßt:

a) Programmierung von Aufgabenerfüllungsprozessen
b) Dokumentation von Aufgabenerfüllungsprozessen
c) Einsatz spezieller Steuerungssysteme

zu a): Programmierung von Aufgabenerfüllungsprozessen

Die Programmierung von Aufgabenerfüllungsprozessen betrifft spezifische und allgemeine Anforderungen der Aufgabenerfüllung und die Anwendung bestimmter Verfahrensweisen für die Handlungsabläufe. Beide Aspekte hängen miteinander zusammen, da sie eine Routinisierung von Verhaltensweisen und eine Objektivierung von Bewertungsprozessen zum Ziel haben.

Die spezifischen und allgemeinen Anforderungen werden z.B. in Organisationsbüchern und Stellenbeschreibungen dokumentiert. Dieser erste Aspekt, der im folgenden "Strukturformalisierung" genannt wird, soll von der arbeitsteiligen Aufgabengliederung getrennt betrachtet werden. Er legt lediglich die Form fest, die die anderen Merkmale der Organisationsstruktur annehmen. Stellenbeschreibungen oder Arbeitsplatzbeschreibungen z.B. grenzen die Entscheidungs- und Weisungsbefugnisse ein, indem sie die Aufgaben und Rechte der Stellen-

---

64) Grochla,E., Einführung in die Organisationstheorie, a.a.O., S. 42.

inhaber festlegen.[65] Organigramme geben z.B. an, welche qualitative arbeitsteilige Aufgabengliederung vorhanden ist.

Für unsere Untersuchung ist es wichtig, festzustellen, ob solche Schriftstücke in tunesischen Betrieben vorhanden sind, da sich durch eine solche Feststellung eine Aussage über das Entwicklungsstadium der Organisation gewinnen läßt.

Der zweite Aspekt der Programmierung von Aufgabenerfüllungsprozessen bezieht sich auf die Anwendung spezieller Verfahrensweisen bei der Aufgabenerfüllung (z.B. Methoden der Lagerhaltung); dieser Aspekt wird im folgenden als "Koordination durch Programme" bezeichnet, da Programme Methoden zur Bewältigung sich wiederholender Probleme enthalten.

Die empirische Erfassung der Koordination durch Programme scheint problematisch zu sein, weil sich die Aktivitäten in den verschiedenen Betrieben unterscheiden und weil eine Befragung der Aufgabenträger die Trennung zwischen den in der Organisationsstruktur verankerten Programmregelungen von den

---

65) Schwarz sieht in der Stellenbeschreibung ein praktisches Hilfsmittel zur zweckmäßigen Eingliederung von Aufgabenträgern in organisatorische Beziehungszusammenhänge. Schwarz,H., Arbeitsplatzbeschreibung, 3.Aufl., Freiburg 1970, S. 16. Hill,W./Fehlbaum,R./Ulrich,P., Organisationslehre, Bd.1, 2.Aufl., Bern-Stuttgart 1976, S. 122: "Als Ansatzpunkt zur Formalisierung wurden in erster Linie Gebilde- und Prozeßstrukturen genannt. Diese Strukturen lassen sich aus einigen Bausteinen aufbauen, die als formale Elemente bezeichnet werden können. Zu den formalen Elementen gehören Aufgaben und Aktivitäten, Kompetenzen und Verantwortlichkeiten, Stellen und Stellengruppen sowie Verbindungswege zwischen Stellen." Vgl. auch Hogentobler,W., Personalführung im Klein- und Mittelbetrieb. Personalplanung, Stellenbeschreibung, Qualifikationssysteme, Lohnpolitik, Bern 1977, S. 65f. Zur Formalisierung s. Pugh,D.S. u.a., Dimensions of Organization Structure..., a.a.O., S. 76.

selbstgeschaffenen nicht hätte klären können.[66] Wir beschränken unsere Untersuchung hier deshalb auf zwei Bereiche, nämlich auf die Regelung der Lagerhaltung und die Regelung der Leistungserfassung und -beurteilung.

Der Bereich der Lagerhaltung wird hier herangezogen, da er in allen Industriebetrieben auftritt und im Hinblick auf die Sicherung von Produktionsprozessen besonders wichtig erscheint.

Der Bereich der Leistungsbewertung und -beurteilung scheint zunächst eher von der Führung als von der Strukturgestaltung her relevant zu sein. Er wird hier aber berücksichtigt, um untersuchen zu können, inwieweit die Organisationsstruktur objektive Bewertungsmaßstäbe zur Erfassung und Beurteilung der Leistung von Organisationsmitgliedern für das Führungspersonal liefert. Dazu gehören u.a. Zeitkarten, Klassifikationsschemata für die analytische Arbeitsbewertung, Noten etc. Wir werden uns zusätzlich besonders mit der Frage der Beförderung der Organisationsmitglieder auseinandersetzen, weil diese normalerweise nach Maßgabe der Leistung erfolgen sollte; die Praxis der Beförderung läßt Schlußfolgerungen darüber zu, ob objektive d.h. vom Dritten nachvollziehbare Leistungsmaßstäbe dabei benutzt werden.

zu b): Dokumentation von Aufgabenerfüllungsprozessen

Die Dokumentation von Aufgabenerfüllungsprozessen erfaßt "... die schriftliche Bindung... der Aufgabenerfüllungsprozesse, die Form und Intensität der Speicherung von Informationen,

---

66) Vgl. Pugh,D.S./Hickson,D.J./Hinings,C.R./Turner,C. Dimensions of Organization Structure in ASQ, Vol. 13, 1968, S. 65-105, hier: S. 69ff.

sowie die aktenmäßige Festlegung der Geschäftsvorgänge, d.h. die Techniken der Fixierung".[67]

Aus der obigen Definition ist zu entnehmen, daß kraft organisatorischer Regelungen Informationen fixiert und gespeichert werden sollen. Diese Bindung der Information erfolgt zwecks Kontrolle und Kontinuität bei Personenwechsel. Im Hinblick auf tunesische Betriebe kann die Fixierung nur schriftlich erfolgen, da eine Speicherung auf Lochkarten, Magnetbänder etc. noch nicht verbreitet ist.

Die Dokumentation von Aufgabenerfüllungsprozessen wird als "Formalisierung des Informationsflusses" bezeichnet und enthält die Relation zwischen schriftlich formalisiertem und mündlichem Informationsfluß zwischen Organisationsmitgliedern bzw. Vorgesetzten und Mitarbeitern. Eine Kennzahl läßt sich schwer berechnen, deshalb wird eine Ordinalskala mit den Endpunkten "eher mündlich/eher schriftlich" benutzt.

zu c): Einsatz spezieller Steuerungssysteme

Unter das Koordinationsmerkmal "Einsatz spezieller Steuerungssysteme" subsumiert Grochla u.a. das Management by Exception, Management by Objectives oder Management by Results sowie die Lenkpreissysteme.[68]

Da diese Steuerungssysteme in tunesischen Betrieben kaum anzutreffen sind, wird hier auf eine Berücksichtigung dieses Merkmals verzichtet. Stattdessen greifen wir auf das allgemeine Lenkungsinstrument "Planung" (als Koordinationsinstrument) zurück.

---

67) Grochla,E., Einführung in die Organisationstheorie, a.a.O., S. 44.

68) Vgl. Grochla,E., Einführung in die Organisationstheorie, a.a.O., S. 44.

Während der Durchführung der Felduntersuchung hatten wir keinen Zugang zu (den nur in seltenen Fällen vorhandenen) betrieblichen Plänen, deshalb lassen sich keine Aussagen über die in den Plänen berücksichtigten Entscheidungsgrößen und über die Präzision dieser Pläne machen. Das einzige Maß, worüber Informationen vorliegen, ist der Zeitraum, auf den sich die Pläne erstrecken (lang-, mittel- und kurzfristige Pläne), so daß nur die Fragen beantwortet werden können, ob und - wenn ja - für welche Periode dieses Koordinationsinstrument benutzt wird.

1.12.4 Konfiguration

Die aus den zwei Grunddimensionen "arbeitsteilige Aufgabengliederung" und "Koordination der Aufgabenerfüllung" abgeleitete Strukturdimension "Konfiguration" wird als die individuelle Art der horizontalen und vertikalen Gliederung einer Organisation definiert.[69]

Sie wird anhand der folgenden Merkmale beschrieben:

a) Anzahl der Hierarchieebenen oder Gliederungstiefe
b) Leitungsspanne
c) Stellenrelationen

zu a): Anzahl der Hierarchieebenen

Das Merkmal "Anzahl der Hierarchieebenen oder Gliederungstiefe" beschreibt die Tiefe der vertikalen Gliederung in einer Unternehmung und wird i.d.R. durch die Unternehmungsgröße und die Verteilung von Weisungsbefugnissen be-

---

69) Vgl. Grochla,E., Einführung in die Organisationstheorie, a.a.O., S. 49.

stimmt.[70] Dieses Merkmal wird hier nicht gesondert behandelt, da es schon bei der Behandlung der beiden Grunddimensionen erläutert worden ist.

zu b): Leitungsspanne

Einen zweiten Indikator zur Kennzeichnung der Konfiguration stellt die Leitungsspanne (span of control) dar, die über die Anzahl der einer Instanz unterstellten Ausführungsstellen Auskunft gibt.[71] Hierbei stellt sich die Frage, ob eine durchschnittliche Leitungsspanne eines Betriebes aussagekräftig ist. Die Frage ist zu verneinen, da die Unterschiedlichkeiten in den Teilbereichen verdeckt bleiben. Sinnvoller erscheint es, die Leitungsspanne einzelner Teilbereiche eines Betriebes zu ermitteln und für zwischenbetriebliche Vergleiche zu benutzen.

Es werden zwei "spans of control" ermittelt:

- Die Leitungsspanne (L_1) der obersten Instanz, weil sie die weiteren Untergliederungsmöglichkeiten prägt, und
- Die Leitungsspanne der untersten Instanz (L_2), da sie es ermöglicht, die Relationen in verschiedenen Betrieben, insbesondere in Betrieben derselben Branche, zu vergleichen.

zu c): Stellenrelationen

Den dritten Indikator stellen die Stellenrelationen dar; sie

---

70) Ebd., S. 41.

71) Vgl. Bleicher,K., Span of Control, in: HWO (Hrsg. Grochla,E.), Stuttgart 1973, Sp. 1531-1536, hier: Sp. 1531.

geben den Koordinationsaufwand wieder [72]. Es werden zwei Stellenrelationen ermittelt:

I. $S_1 = \frac{G}{I}$, wobei I die Anzahl der Linieninstanzen und

G die Gesamtanzahl der Organisationsmitglieder wiedergeben. Diese Relation sagt etwas darüber aus, in welchem Ausmaß bei der Koordination das Instrument "persönliche Weisungen" eingesetzt wird.

II. $S_2 = \frac{G}{G_1}$, wobei G_1 die Anzahl der nicht im Produktionsbereich (Verwaltung) tätigen Organisationsmitglieder darstellt. S_2 gibt an, inwieweit eine Aufgabenteilung schon vorhanden ist und drückt daher auch das Ausmaß des Koordinationsbedarfs zwischen Produktionsbereich und anderen Bereichen aus.

1.2. Führungsstil

Die Fülle der Veröffentlichungen über "Führungsformen, -stile, -konzepte, -arten etc." erfordert zunächst eine begriffliche Abgrenzung des Führungsphänomens.

---

72) Vgl. Kieser,A./Kubicek,H., Organisation, a.a.O., S.160.

1.21 Ansätze in der Literatur zur "Führung"

Die Auseinandersetzung mit dem Führungsphänomen behandelt keinen neuen Gegenstand, sie geht bis auf Aristoteles zurück.[73]

Ein bekannter Ansatz ist die Eigenschaftstheorie, die sich zur Aufgabe macht, Persönlichkeitsmerkmale aufzulisten, die führende Persönlichkeiten aufweisen müssen. Bewerber müssen sich dann den entwickelten Testverfahren unterziehen.[74]

Es ist nicht zu leugnen, daß die Persönlichkeit des Führers Einflüsse auf die Leistung und Zufriedenheit des Geführten haben kann; dieser Einfluß darf aber nicht überbewertet werden. Führer und Geführte stehen in einem wechselseitigen Beeinflussungsprozeß, der durch eine Vielfalt von Bedingungen (Situation, Aufgabe, Umwelt etc.) bestimmt wird.

Ferner sind die Eigenschaften einer Person keine "stabilen

---

73) Auch Aristoteles hat schon die Führungsproblematik in seinen Schriften behandelt. Er schreibt: "Vor allem ist es eine Notwendigkeit, daß, was nicht ohne einander bestehen kann, sich paarweise miteinander vereint, einerseits das Weibliche und Männliche um der Fortpflanzung willen..., andererseits das von Natur Regierende und das von Natur Regierte um der Lebenserhaltung willen; denn was vermöge eines Verstandes vorauszuschauen vermag, ist von Natur das Regierende und Herrschende, was aber nur vermöge seiner körperlichen Kräfte das vorgesehene auszurichten imstande ist, ist von Natur das Regierte und Dienende daher denn auch Herr und Sklave das nämliche Interesse haben." Aristoteles, Politik 1252 a, 26ff, Rowohlts Klassiker, Bd. 171/73, Reinbek bei Hamburg 1965, S. 8f, zit. nach Bleicher,K./ Meyer,E., Führung in der Unternehmung-Formen und Modelle, Reinbek bei Hamburg 1976, S. 31.

74) Zum methodischen Ansatz der Eigenschaftstheorie s. Neuberger, Führungsverhalten und Führungserfolg, Berlin 1976, S. 21ff.

und dauerhaften Bestimmungsstücke"[75]), die sich im Laufe der Zeit nicht ändern können.

Demgegenüber richtet sich das Interesse der klassischen Organisationstheorie[76]) auf die Erhöhung der Rationalität bei der Aufgabenerfüllung. Im Mittelpunkt der Betrachtung des Führungsphänomens steht die Erarbeitung von Regeln zwecks optimaler Arbeitsorganisation. Führung wird daher als die Anwendung dieser Regeln verstanden.[77]) Menschliche Motive und Interessen werden daher nur insoweit beachtet, als sie der Steigerung der ökonomischen Rationalität dienen. Hierbei berücksichtigt die klassische Organisationstheorie nur finanzielle Anreize, weil ihre Vertreter davon ausgehen, daß der Arbeitende ein monovariables Zielsystem hat.

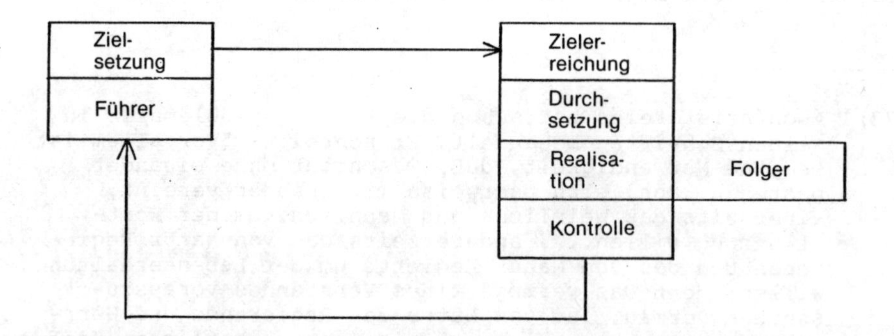

Abb.3: Entscheidungsorientierter Ansatz (entnommen aus Steinle,C., Führung..., a.a.O., S. 18)

75) Ebd., S. 48.

76) Zur klassischen Organisationstheorie vgl. Hoffmann,F., Entwicklung der Organisationsforschung, a.a.O., S.70-86.

77) Vgl. Steinle,C., Führung - Grundlagen, Prozesse und Modelle der Führung in der Unternehmung, Stuttgart 1978, S. 15.

Die entscheidungsorientierte Betriebswirtschaftslehre untersucht das Führungsphänomen unter dem Gesichtspunkt der Zielerreichung des Gesamtsystems Unternehmung. Es wird zwischen Zielsetzungs- und Zielerreichungsphase unterschieden, wobei die Entscheidungsfindung und -durchsetzung die Grundelemente des Führungsphänomens darstellen.

Der entscheidungsorientierte Ansatz vollzieht seine Analyse unter dem Aspekt der Rationalität von Entscheidungsprozessen, die der Zielerreichung des Systems dienen sollen. Motivationale Gesichtspunkte des Führungsphänomens werden außer Acht gelassen. Über die Intentionen der Systemmitglieder gibt der entscheidungsorientierte Ansatz keine Auskunft. [78)]

Die personellen Momente bleiben auch in dem kybernetischen Ansatz außer Betracht, sie werden nur als Störgröße erfaßt. Führung wird als Steuerungsfunktion verstanden, wobei sich die Beziehungen zwischen Führer und Geführten in Form von Informationsprozessen (Vor- und Rückkoppelung) vollziehen. [79)] Dieses Konzept kann kybernetisch durch einen Regelkreis dargestellt werden, wobei der Führer als Regler fungiert:

---

78) Steinle weist darauf hin, daß nur in einzelnen Ansätzen wie z.B. bei Heinen Unvollkommenheitsfaktoren in die Modellvorstellungen einbezogen sind. Steinle,C., Führung..., a.a.O., S. 19. Vgl. auch Heinen,E., Grundfragen der entscheidungs-orientierten Betriebswirtschaftslehre, München 1976, S. 222 ff. Eine Ausnahme macht Dülfer,E., Die Aktienunternehmung, - Eine betriebswirtschaftlich-morphologische Betrachtung der Aktiengesellschaft und ihrer Ordnungsprobleme im Hinblick auf eine Reform des Aktienrechts-, Göttingen 1962, S. 54-121, der als erster "Zielabsichten" der verschiedenen Organisationsmitglieder erläutert.

79) Vgl. Wild,J., Führung als Prozeß der Informationsverarbeitung, in: Macharzina (Hrsg.), Führungswandel in Unternehmung und Verwaltung, Wiesbaden 1974, S. 153-168, hier: S. 157f.

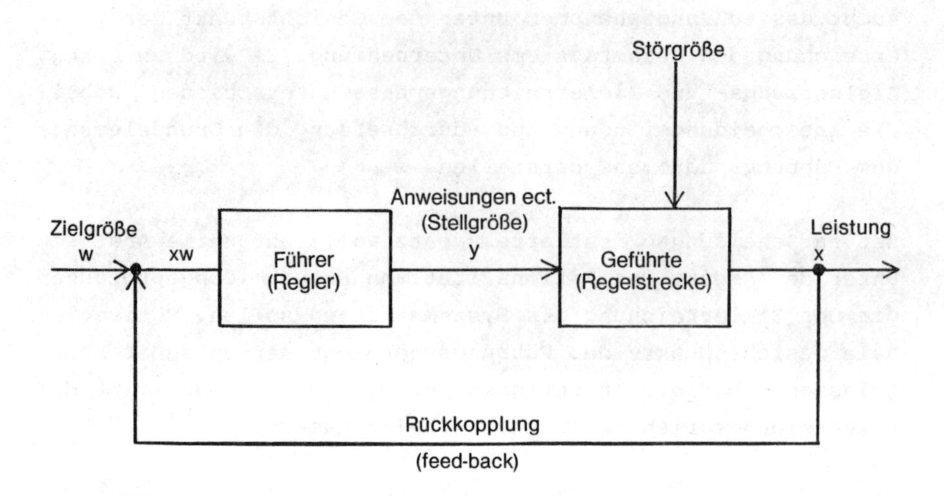

Abb.4 Kybernetischer Führungskreis [80)]

Die Betrachtung des Führungsphänomens aus systemtheoretischer Sicht stellt die Koordination und Integration der Handlungsprozesse von Organisationsmitgliedern in Subsystemen und von Subsystemen zur Erhaltung des Gesamtsystems in den Vordergrund. [81)] "Unternehmungen bedürfen ... der Integration und

---

80) Die Blöcke charakterisieren Verhalten, die Pfeile Ergebnisse dieses Verhaltens. w ist die Zielgröße, x_w die korrigierte Zielgröße. Vgl. zu dieser Anwendung des Regelkreises Dülfer,E., Zielsysteme, Entscheidungsprozeß und Organisationsstruktur im kooperativen Betriebsverbund, in: Weisser,G. (Hrsg.), Genossenschaften und Genossenschaftsforschung, Göttingen 1968, S. 171-195, hier S. 180 f.

81) Vgl. Szyperski,N., Unternehmungsführung als Objekt und Adressat der Betriebswirtschaftslehre, in: Wild,J. (Hrsg.), Unternehmungsführung. Festschrift für Erich Kosiol zu seinem 75.Geburtstag, Berlin 1974, S. 15 ff. Kosiol,E., Zum Stand der Systemforschung im Rahmen der Wissenschaften, ZfbF 1965, S. 337-378.

Koordination aller Handlungsprozesse sowohl innerhalb des Gestaltungsfeldes 'Zielsetzung' als auch im Gestaltungsfeld 'Zielerreichung'".[82)]

Führungstechniken und -stile sind dann das Ergebnis von Systemanalyse und Systemsynthese:
Während durch die Systemanalyse (Analyse des Systemkontextes, der Systemelemente und Systembeziehungen) Erkenntnisse über das Systemverhalten gewonnen werden, sind die Beziehungen zwischen Basissystemen, Zwischensystemen und Gesamtsystemen Gegenstand der Systemsynthese, wobei der Koordination und Integration besondere Beachtung gewidmet wird.[83)]

Hierbei bleibt bei dem Systemansatz die Frage der Zielbildung und die Herkunft der Systemzwecke offen: auf die Bildung des Zielsystems können verschiedene Gruppen (Kapitaleigner, Manager, Belegschaft etc.) entsprechend ihren Motiven Einfluß nehmen.[84)]

In den bis jetzt skizzierten Ansätzen wird der Schwerpunkt auf den sachlichen Aspekt der Führung (Zielsetzung und Handlungsintegration und -koordination) gelegt, während die sozialen und humanen Aspekte vernachlässigt werden.

Im Gegensatz dazu wurde schon in den sozialpsychologischen

---

82) Bleicher,K./Meyer,E., Führung in der Unternehmung ..., a.a.O., S. 16.

83) Ebd., S. 24 ff.

84) Dülfer nennt 3 Einflußgruppen (Typsubjekte) - Kapitalgeber, Unternehmungsleitung und Mitarbeiter -, deren Motive er in einem Kombinationsschema graphisch veranschaulicht. Dülfer,E., Die Aktienunternehmung ... a.a.O., S. 104. Daran anknüpfend Seiwert,L., Mitbestimmung und Zielsystem der Unternehmung. (Schriftenreihe Organisation und Management, Bd. 2), Göttingen 1979, S. 68 und 284 ff.

Arbeiten von Elton Mayo[85] und Roethlisberger und Dickson[86] dem Interesse an sozialen und humanen Aspekten im Industriebetrieb höchste Priorität eingeräumt. Das Führungsphänomen erfährt durch die sozialpsychologische Forschung eine inhaltliche Verschiebung, indem das Forschungsinteresse sich auf Fragen der Gruppenstruktur, der Stelle des Vorgesetzten und der Einbettung der Gruppe in ihre Umwelt richtet.[87]

Der sozialpsychologisch-situative Ansatz ist dadurch zu kennzeichnen, daß darin die Aussagen über Führung durch die situativen Bedingungen wie Gruppenstruktur, Arbeitsumwelt relativiert sind: die Ausübung von Führungsfunktionen wird als abhängige Variable von den im Einzelfall gegebenen situationalen Bedingungen angesehen.[88]

---

85) Mayo,E., The human problems of an industrial civilization, Havard Business School, Division of Research, 1946.

86) Roethlisberger führt aus:
"...management has two major functions:
1. the function of recuring the common economic purpose of the total enterprise; and
2. the function of maintaining the equilibrium of the social organisation so that individuals through contributing their services to this common purpose obtain personal satisfactions that make them willing to cooperate. These functions are interrelated and interdependent. If the enterprise is to survive, the effective performance of these two functions is necessary".
Roethlisberger,F./Dickson,W.J., Managment and the worker, Havard University Press, Science Edt., New York 1964, S. 569.

87) Vgl. Steinle,C., Führung ..., a.a.O., S. 20, Aschauer,E., Führung - Eine soziologische Analyse anhand kleiner Gruppen, Stuttgart 1970, S. 28 ff.

88) Fiedler nennt z.B. 3 Faktoren zur Beschreibung der Führungssituation:
-Machtfülle der Führungsposition (the leaders's position power)
-Strukturierung der Aufgabe (the structure of the task),

Im Gegensatz zur situativen Führungstheorie rückt die psychologische Betrachtungsweise die spezifischen Persönlichkeitsmerkmale in den Vordergrund: der Ausgangspunkt ist die Eigenschaftstheorie [89], die später durch den motivationsorientierten Ansatz von Argyris, Barnard, Likert, McGregor, Herzberg, Maslow u.a. erweitert wird. [90]

Im motivationsorientierten Ansatz wird der Versuch unternommen, bestimmte Verhalten von Organisationsmitgliedern durch die sie verursachenden Faktoren zu klären. Motivation wird hier als ein Bündel von Variablen verstanden, das die Verhaltensaktivitäten hervorruft, unterhält und lenkt. [91] Das Führungsphänomen wird in ein Verhaltensphänomen transponiert: Ziel der Motivationsforschung ist es festzustellen,

- welche Ursachen/Wirkungszusammenhänge im Verhalten zu beachten sind und
- daraus Verhaltenshypothesen zu bilden, die sich später als Führungsmittel anwenden lassen. [92]

Anhand dieser Analyse werden Führungsempfehlungen bzw. Führungsmodelle erarbeitet, die für die Praxis anwendbar sein

---

-Verhältnis zwischen Führer und Mitarbeitern (the interpersonal relationship between leader and members). Fiedler,F.E., A Theory of Leadership Effectiveness, New York, London, Sydney u.a., 1967, S. 22 und S. 22-32; Fiedler,F.E., Situational Factors Related to Leadership, in: Fleishman,E.A., Studies in Personnel and Industrial Psychology, Rev. Ed., New York 1967, S. 426-427.

89) S. S. 47 f.

90) Zur Darstellung des motivationsorientierten Ansatzes vgl. Hoffmann,F., Entwicklung der Organisationsforschung, a.a.O., S. 87-122.

91) Vgl. Steinle,C., Führung ..., a.a.O., S. 22.

92) Vgl. Vroom,V.H., Work and Motivation, New York-London, Sydney 1967, S. 278.

können. Dieser Forschungsweg zielt darauf hin, aus wissenschaftlich-theoretischen Ergebnissen praxiologische Schlußfolgerungen zu ziehen.

Durch die Ergebnisse des motivationsorientierten Ansatzes im Hinblick auf das Führungsphänomen konnten Ursachen und Wirkungszusammenhänge geklärt werden; "die Ausformulierung entsprechender Führungsfolgerungen ist aber noch weitgehend unterblieben".[93] Macharzina weist darauf hin, daß bedürfnisorientierte Modelle "vom Grundsätzlichen her bedenklich" sind: der Universalitätsanspruch der Erkenntnisse ist vom Standpunkt der Unterschiedlichkeit von Menschen und Situationen her in Frage zu stellen.[94]

1.22 Eigene Abgrenzung des Begriffes Führung

Die oben kurz skizzierten Führungsbegriffe lassen deutlich erkennen, daß das Führungsphänomen von verschiedenen Teildisziplinen behandelt worden ist, wobei man an das Führungsphänomen aus unterschiedlichen Blickwinkeln herangegangen ist. Es darf nicht geleugnet werden, daß dadurch wichtige Teilaspekte erfaßt worden sind; es ist aber auch feststellbar, daß die daraus gefolgerten Schlüsse in den verschiedenen Ansätzen divergieren. Eine geschlossene Theorie des Führungsphänomens, die den Anspruch auf eine ausgereifte Integration der Teilaspekte zwecks Erarbeitung von für die Praxis relevanten Modellen erhebt, läßt sich noch nicht feststellen.[95]

---

93) Steinle,C., Führung..., a.a.O., S. 23.

94) Macharzina,K., Neuere Entwicklungen in der Führungsforschung - Eine kritische Bestandsaufnahme und Vorschläge zur Blickänderung, in: ZO, 2/1977, 2.Teil, S. 101-108, hier: S. 101.

95) Vgl. Steinle,C., Führung..., a.a.O., S. 23.

Für die Behandlung unseres Themas erscheint es daher zweckmäßig, unsere Auffassung von "Führung" darzustellen und zu erläutern.

Führung ist durch folgende Merkmale zu kennzeichnen:

a) sie intendiert Einflußnahme auf Personen
b) sie erfolgt durch Kommunikationsprozesse
c) sie ist zielgerichtet (und daher ist sie zukunftsorientiert)
d) sie will koordinieren und integrieren
e) sie vollzieht sich als gegenseitiger Beeinflussungsprozeß
f) sie ist situationsspezifisch.

zu a) Führung intendiert Einflußnahme auf Personen

Durch die arbeitsteilige Aufgabengliederung ist die Führung durch eine Rollendifferenzierung zu kennzeichnen. Führer und Untergebenen werden unterschiedliche Funktionen zugeordnet. Die Führerrolle zielt auf die Beeinflussung des Verhaltens und damit auf die Handlungen des unterstellten Mitarbeiters ab. Für die Erzielung der intendierten Einflußnahme stellen Motive, Bedürfnisse und Erwartungen des Mitarbeiters sowie seine Fähigkeiten wichtige Determinanten dar.

zu b) Führung erfolgt durch Kommunikationsprozesse

In Anlehnung an Bartram wird Kommunikation als "ein an interpersonalen Beziehungen und erstrebten Wirkungen orientierter Prozeß der ein- oder wechselseitigen Informationsübermittlung zwischen einem Sender und einem oder mehreren Empfängern"[96] definiert.

---

96) Bartram,P., Die innerbetriebliche Kommunikation - Ihre organisatorische Gestaltung und ihre ungeregelte Entwicklung im Betriebsgeschehen, Berlin 1969, S. 44.

Die Kommunikation nimmt verschiedene Formen wie Befehl, Überzeugung, Tadel, Lob, Empfehlung, Anregung etc. an und bewirkt auch damit Verhaltensbeeinflussung. Die Kommunikation stellt das Mittel dar, durch welches die Verhaltensbeeinflussung erfolgt. "Durch die Festlegung der Kommunikationskanäle... wird die Führung entscheidend geprägt".[97)]

zu c) Führung ist zielgerichtet

Die mittels Kommunikationsprozesse intendierte Einflußnahme soll die Handlungen der Organisationsmitglieder, denen die Bewältigung eines Teiles der Gesamtaufgabe zugeordnet ist, zielausrichtend steuern. Die Führung wird daher inhaltlich durch die Unternehmungsziele bestimmt.

Die Bewältigung der Teilaufgaben erfolgt i.d.R. nicht reibungslos; Schwierigkeiten lassen sich in der Praxis feststellen. Da die Führung auf die Erbringung einer geplanten und erwünschten Leistung gerichtet ist, sind Kontrolle von Handlungsergebnissen und Korrekturmaßnahmen unentbehrlich.[98)] Die Korrekturmaßnahmen zielen darauf ab, die zukünftigen Ergebnisse in Übereinstimmung mit den erwünschten zu bringen. Dies wird durch Beeinflussung der (zukünftigen) Hand-

---

97) Baumgarten,R., Führungsstile und Führungstechniken, Berlin, New York 1977, S. 15.

98) Daß die Führung zielgerichtet ist, wird in der Literatur betont. Vgl. Häusler,J., Der Führungsprozeß in der industriellen Unternehmung, in: Unternehmungsführung auf neuen Wegen (Hrsg. Stöhr,R.W.) Wiesbaden 1967, S. 19-86; Gursel,R./Hofmann,M., Das Harzburger Modell - Idee und Wirklichkeit und Alternative zum Harzburger Modell, Wiesbaden 1976, S. 25; Steinle,C., Führung..., a.a.O., S. 91 und 98; Frese,E., Ziele als Führungsinstrumente -Kritische Anmerkungen zum Management by Objectives, in: ZO, 5/1971, S. 227-237, hier: S. 227.

lungen der Aufgabenträger induziert. Diese Beeinflussung ist mit Risiko behaftet, da die Wirkungen von Führungsakten auf zukünftige Handlungsergebnisse sowohl zieladequat als auch -inadequat sein können.

zu d) Führung will koordinieren und integrieren

Durch die Arbeitsteilung müssen die Teilaktivitäten aufeinander abgestimmt, die einzelnen in den Gesamtkomplex integriert werden. Diese Koordination [99] erfolgt zuerst durch organisatorische Maßnahmen [100], indem Handlungsprobleme im voraus planerisch und organisatorisch gelöst werden. Da die koordinative Aufgabe sich aber nicht allein organisatorisch und planerisch lösen läßt, erlangt die Führung als koordinativer (feed back) Prozeß eine zentrale Bedeutung.

zu e) Führung vollzieht sich als gegenseitiger Beeinflussungsprozeß

Führung ist ein gegenseitiger Beeinflussungsprozeß, der sich zwischen Führer und Geführtem abspielt, die sich in einer Interaktionsbeziehung befinden. [101] Obwohl die Einflußnahme

99) Koordination wird hier verstanden als "die Abstimmung mehrerer ranggleicher oder rangungleicher Einheiten (Stellen) zur Erfüllung voneinander abhängigen Aufgaben". Scheibler,A., Unternehmungsorganisation, Wiesbaden 1974, S. 193.

100) Zu Koordinationsinstrumenten s.Frese,E., Die Hierarchiestruktur, a.a.O., S. 71-75. Grochla,E., Organisation und Organisationsstruktur, a.a.O., Sp. 2853-54. Zu Koordinationsstrategien s.Fuchs-Wegener,G./Welge,M.K., Kriterien für die Beurteilung und Auswahl von Organisationskonzeptionen, a.a.O., S. 79.

101) Zur Interaktionstheorie vgl.Kunczik,M., Der Stand der Führungsforschung, in: Kunczik,M., Führungstheorien und Ergebnisse (Hrsg. Silbermann,A.), Düsseldorf Wien 1972, S. 270 ff.

vorwiegend vom Führer ausgeht, kann nicht geleugnet werden, daß auch der Führer in Folge gezielter Kommunikation - wenn auch in geringerem Maße - dem Einfluß seiner unterstellten Mitarbeiter unterliegt.

zu g) Führung ist situationsspezifisch

In der Situationstheorie wird die Führung in Abhängigkeit von der Gruppe und von der Führungssituation analysiert.[102] Jeder Manager geht bei seinem Führungsverhalten von bestimmten Annahmen über seine Mitarbeiter aus, wobei er hauptsächlich die Bedürfnis- und Motivationsstruktur miteinbezieht. Sein Führungserfolg ist eine Funktion von u.a. der Übereinstimmung seiner Hypothesen mit der Realität.

Als andere Situationsvariable muß die Motivations- und Bedürfnisstruktur des Führers selbst berücksichtigt werden. Darüber hinaus sind aufgabenspezifische Charakteristika wie Art und Strukturierung der Aufgabe sowie organisationsspezifische Eigenschaften wie Technologie mit einzubeziehen.

Definition:
Führung wird hier als eine zielgerichtete zukunftsorientierte und situationsspezifische Einwirkung auf Mitarbeiter definiert; sie erfolgt durch Kommunikationsprozesse und zielt ab auf Leistung und Zufriedenheit.

---

102) Vgl. Staehle,W.H., Organisation und Führung sozio-technischer Systeme,a.a.O., S. 15 und S. 96 ff.

1.23 Führungsstil

Wie bei dem Begriff "Führung" herrscht Begriffsunsicherheit auch bei dem Konzept "Führungsstil". Seidel hat festgestellt, daß siebzig literarische Definitionen bzw. Verwendungen einschlägiger Termini in der deutsch- und englisch sprachigen Literatur benutzt werden. [103] In diesem umfangreichen Begriffsspektrum läßt sich auch ansatzweise keine einheitliche Meinung herauskristallisieren, obwohl dasselbe Phänomen untersucht wird: "Inhalt/Benennungen ... klaffen ... weit auseinander." [104]

Während Bürgin unter Führungsstil "die praktische Gestaltung der institutionellen, funktionellen und instrumentalen Aspekte der 4 Führungselemente Planung, Entscheidung, Anordnung und Kontrolle (also Willensbildung und Willensdurchsetzung)" versteht [105], sieht Neuberger den Führungsstil als ein Verhaltensmuster des Führers an, "das mit hoher Konsistenz in den Interaktionen zwischen Führer und Geführten beobachtbar ist." [106]

Gauger untersucht den Führungsstil in Abhänigkeit von den Leitungsaufgaben: "... von einem Führungsstil ... spricht man, wenn sich die geistige Grundkonzeption der Führung mit den verwendeten Führungsmitteln und Führungstechniken zu einer organischen Einheit verbindet, bei der die einzelnen

---

103) Vgl. Seidel,E., Betriebliche Führungsformen, Stuttgart 1978, S.103.

104) Steinle,C., Führung ...,a.a.O., S. 161.

105) Bürgin,U.O., Der kooperative Führungsstil - Ansatz zu einem Führungsmodell, Bern 1972, S. 16.

106) Neuberger,O., Experimentelle Untersuchung von Führungsstilen, in: Gruppendynamik 2/1972, S. 192-219, hier: S. 200.

Elemente sinnvoll aufeinander abgestimmt sind."[107)]

Zepf grenzt den Führungsstil auf "die Art und Weise der Ausübung der genannten Führungsfunktionen im Prozeß der Entscheidungsbildung und der Entscheidungsdurchsetzung" ein. [108)] Seine Definition ist aus derjenigen von Bleicher abgeleitet, wobei letzterer präzisiert, daß Führungsstil die "allgemeine raum- und zeit- (epochen-)spezifische Art der Ausübung von Führungsfunktionen" ist. [109)]

Scheibler geht in seiner Definition von Führungsstil von der Unterscheidung zwischen Entscheidungsform und Führungsstil aus: Führungsstil ist eine Verhaltensweise in den einflußnehmenden Beziehungen zwischen Führern und Geführten, die auf eine geistige Grundhaltung aufbaut und durch das Charakterbild der Entscheidungsträger und den Zeitgeist einer Epoche bestimmt ist. [110)]

In der englischsprachigen Literatur sind ebenfalls unterschiedliche Benennungen und Auffassungen vertreten. Während McGregor der Auffassung ist, daß Führungsstil die Atmosphäre bzw. den Geist in einer Arbeitsgruppe umschreibt [111)],

---

107) Gauger,E., Führungsstile und Unternehmungspolitik, in: Die informierte Unternehmung, Berlin 1972, S. 257 f.

108) Zepf,G., Kooperativer Führungsstil und Organisation, Wiesbaden 1972, S. 25. In Anlehnung an Lukasczyk,K., (Zur Theorie der Führerrolle) unterscheidet er 2 Funktionen der Führung: eine Lokomotions- und eine Kohäsionsfunktion.

109) Bleicher,K., Führungsstile, Führungsformen und Organisationsformen, in: ZO 2/1969, S. 31.

110) Scheibler,A., Unternehmungsorganisation, a.a.O., S. 108. ders.: Entscheidungsformen und Führungsstile, in: ZfB 12/1975, S. 776 und 777.

111) McGregor,D., The human side of enterprise, New-York, London, Toronto 1960, S. 182 ff.

spricht Lewin vom sozialen Klima und unterscheidet zwischen autocratic-, democratic- und laisser-faire-leadership. [112)]

Nach der Beteiligung der Mitglieder an dem Willensbildungsprozeß unterscheidet Likert zwischen authoritative-, consultative- und participative systems. [113)]

Für Fiedler bezieht sich Führungsstil - den er als die zugrunde liegende Bedürfnisstruktur des Individuums, die sein Verhalten in alternativen Führungssituationen prägt, definiert - auf "the consistency of goals or needs over different situations" [114)].

Hier muß darauf hingewiesen werden, daß die meisten erwähnten Untersuchungen eine Typologisierung anstreben, die durch das Gedankengut von Max Weber geprägt ist; Weber unterscheidet, wie schon auf S.6 erwähnt, nach ihrer Legitimitätsgrundlage drei Typen von Führung (Führung ist hier der Herrschaft gleichgesetzt):

- charismatische
- traditionelle und
- legale Herrschaft.

Die legale Herrschaft bedingt den bürokratischen Führungsstil [115)]. Diesem Forschungsansatz sind auch die Untersu-

---

112) Lewin,K./Lippit,R./White,R.K., Patterns of aggressive behavior, in experimentally created social climates, in: Journal of Social Psychology 1939, No. 10, S. 271-299.

113) Likert,R., Neue Ansätze der Unternehmungsführung (New Patterns of Management), Bern/Stuttgart 1972, S. 185ff.

114) Fiedler,F.E., Theory of leadership effectiveness, a.a.O., S. 36.

115) Vgl. Weber,M., Wirtschaft und Gesellschaft, a.a.O., S. 551.

chungen von Blake und Mouton zuzuordnen. Anhand der zwei Dimensionen - Aufgabe und Person / Produktion und Mensch - haben sie das "Verhaltensgitter" (Managerial Grid) ausgearbeitet, in dem sich alle Führungsstile entsprechend ihrer Ausprägung (Aufgaben- oder Personenorientiertheit) einordnen lassen.[116)]

Die zweite Forschungsrichtung, die die Ohio-Gruppe eingeschlagen hat, geht von dem in der Realität beobachtbaren Führungsverhalten aus, um zu einem beschreibbaren und definierbaren Führungsstil zu gelangen.[117)] Anhand von 48 Items (LBDQ-Leader-Behaviour-Description Questionnaire) wird das Vorgesetztenverhalten von den unterstellten Mitarbeitern eingeschätzt. Hierbei wird den zwei Führungsmerkmalen "Consideration" (Rücksichtnahme) und "Initiating Structure" (Mitarbeiterbeteiligung an unternehmerischen Entscheidungsprozessen) besondere Beachtung geschenkt.

Zusammenfassend ist festzustellen, daß mehrere Führungsstilstudien neben dem Typologisierungsziel die Auswirkungen von verschiedenen Führungsstilen auf die Leistung und Zufriedenheit von Mitarbeitern analysieren und daraus "Empfehlungen von Führungsstilen" für die Praxis gewinnen wollen. Sie vernachlässigen jedoch in den meisten Fällen die "Leitmotive" der Mitarbeiter. Darüber hinaus rücken in den verschiedenen Studien unterschiedliche Führungsstilmerkmale in den Vordergrund. Für unsere Untersuchung empfiehlt es sich, eine weitere Abgrenzung des Begriffes 'Führungsstil' vorzunehmen.

Ausgangspunkt sind die Interaktionen bei der Ausübung von

---

116) Blake,R.R./Mouton,J.S., Verhaltenspsychologie im Betrieb, Düsseldorf-Wien 1968, S. 33.

117) Fleishman,E.A., The Description of Supervisory Behavior, in: Journal of Applied Psychology 1953, No. 37, S. 1-6.

Führungsfunktionen zwischen den mit unterschiedlichen Aufgaben betrauten Organisationsmitgliedern (Führer - Geführte). Bei diesen Interaktionen lassen sich bestimmte Verhaltensarten der Führer sowie der unterstellten Mitarbeiter feststellen, wobei in diesem Zusammenhang i.d.R. nur das Verhalten des Führers hervorgehoben wird. Diese Verhaltensart darf aus zwei Gründen nicht statisch betrachtet werden :

- der Führer, obwohl seinem Verhalten eine bestimmte Grundidee (Wertvorstellungen) zugrunde liegt, kann auf Dauer die Reaktion seiner unterstellten Mitarbeiter auf seine Verhaltensart nicht ignorieren; ihre Reaktion tritt u.a. als Determinante für sein Verhalten auf; der Führer selbst ist einem Lernprozeß unterworfen, da er im Zuge der Ausübung seiner Führungsaufgabe Erfahrungen und Informationen sammelt, welche Auswirkungen auf sein Verhalten haben,
- die Rahmenbedingungen (Unternehmungswachstum, Organisationsstruktur, Marktansprüche, Eintritt neuer Organisationsmitglieder etc.) sind mittel- und langfristig keine statischen Gegebenheiten.

Eine Analyse des Verhaltens von Führern kann nur eine zeitliche Bestandsaufnahme sein, welche mit anderen Faktoren kombiniert zukünftige Aussagen über eine zu prognostizierende Verhaltensart zuläßt. Eine beobachtbare und kontinuierliche Verhaltensart stellt die Führungsstilform dar. Die Stilform ist sowohl durch den Zeitgeist und das Charakterbild des Führers[118)], als auch durch die Organisation und besonders ihre Strukturmerkmale geprägt.

Der Führungsstil kann dann als die kontinuierliche aber in

---

118) Vgl. Scheibler,A., Entscheidungsformen und Führungsstile, a.a.O., S. 777.

dynamischer Sicht beobachtbare Verhaltensart von Organisationsmitgliedern, die mit Führungsaufgaben[119] vertraut sind, definiert werden. Diese Verhaltensart äußert sich bei der Ausübung von Führungsfunktionen und ist eine abhängige Variable sowohl vom Führer und den Geführten (Zeitgeist, Charakterbild) als auch von strukturellen Merkmalen der Organisation (hier der Unternehmung), die sich unter anderem sowohl auf die Gestaltung des Entscheidungsprozesses, der Entscheidungsdurchsetzung und Entscheidungssicherung als auch auf das Anreiz- und Kommunikationssystem beziehen.

Eine empirische Untersuchung von Führungsstilen erfordert dann eine Zergliederung der Führungsstile in ihre Stildimensionen. In Anlehnung an die Untersuchung der Ohio-Gruppe werden die zwei Dimensionen des Führungsstiles 'Consideration' und 'Initiating Structure'[120] hier in vier zergliedert und untersucht:

- Einstellung des Vorgesetzten zur partnerschaftlichen Zusammenarbeit,
- stimulierende Aktivität,
- Beteiligung des Mitarbeiters an der Entscheidungsbildung und
- Ausmaß der Kontrolle.

Korrelationen zwischen Führungsstil und Leistung sollen nicht berechnet werden, da wir der Auffassung sind, daß das

---

119) Führung wird hier wie oben definiert verstanden; s.S. 58.

120) Vgl. Fittkau-Garthe,H., Die Dimension des Vorgesetztenverhaltens und ihre Bedeutung für die emotionalen Einstellungsreaktionen der unterstellten Mitarbeiter, Diss., Hamburg 1970, S. 18-20 und 23-32. Fleishman, E.A./Harris,E.F., Leadership Behavior Related to Employee Grievances and Turnover, in: Fleishman,E.A., Studies in Personnel and Industrial Psychology, a.a.O., S. 365-366.

Leistungsverhalten durch andere Faktoren wie Motiv, Erwartung und Fähigkeit neben dem Führungsstil bedingt ist.[121)]

1.3 Ansätze zur Beziehung zwischen Organisationstruktur und Führungsstil

1.31 Führungsstil als abhängige Variable der Organisationsstruktur: der strukturale Ansatz

"Abhängig von der Kombination ... grundlegender Strukturierungsprinzipien entstehen unterschiedliche Organisationsformen, deren spezifische Eigenschaften verschiedene Verhaltensweisen der Organisationsmitglieder induzieren."[122)] Führungsverhalten wird als abhängige Variable von der Organisationsstruktur angesehen. Der Führungsstil erscheint in diesem Ansatz als zwangsläufig durch die organisatorische Gestaltung determiniert und läßt sich durch organisatorische Merkmale angeben.[123)] Durch die Ausprägung dieser Merkmale entstehen unterschiedliche Führungsstile. Bleicher, der diese Merkmale als "Führungselemente" bezeichnet und Führungsstil als Bündel von Führungselementen versteht,[124)]

---

121) Vgl. Bleicher,K., Perspektiven von Organisation und Führung von Unternehmungen, Baden-Baden 1971, S. 57 ff. Vgl. Steinle,C., Führungsstilforschung in der Sackgasse - Konzepte und ein alternativer Lösungsweg für hohe Mitarbeiter-Leistung und -Zufriedenheit, Diskussionspapier, Berlin 1978, S. 13 ff.

122) Grochla,E., Organisatorische Strukturierungsalternativen in: Grochla,E., Elemente der organisatorischen Gestaltung, a.a.O., S. 244.

123) Vgl. Baumgarten,R., Führungsstile und Führungstechniken, a.a.O., S. 18.

124) Bleicher,K., Führungsstile, Führungsformen und Organisationsformen, a.a.O., S. 33. Bleicher,K., Ein systemorientiertes Organisations- und Führungsmodell, in: ZO, 4/1970, S. 166-175, hier: S. 166.

unterscheidet in seiner Untersuchung von Beziehungen zwischen Organisationsstruktur und Führungsstil folgende organisatorisch-relevanten Merkmale des Führungsverhaltens:[125)]

- "Art der Willensbildung",
- "Verteilung von Entscheidungsaufgaben",
- "Art der Willensdurchsetzung",
- "Informationsbeziehungen",
- "Organisationsgrad",
- "Formalisierungsgrad".

Als organisatorische Führungselemente nennt er folgende:[126)]

- Organisationsgrad (Umfang von Organisationsregeln in der Unternehmung),
- Formalisierungsgrad (Unterscheidung zwischen formaler und informaler Organisation),
- Aufgabenverteilung (im Hinblick auf Entscheidungsaufgaben),
- Leitungsbeziehungen (Regelungen von Entscheidungsprozessen: Einzel- oder Gruppenentscheidungen),
- Arbeitsbeziehungen (personenspezifische oder gruppenspezifische Arbeitsbeziehungen).

Bleicher kommt nach der Darstellung von Führungselementen und Organisationsformen zu der Schlußfolgerung, daß "die Ausübung einer bestimmten Führungsform (wobei er unter Führungsform die Auswahl eines Bündels von Führungselementen in einer bestimmten Ausprägung durch eine Führungsperson versteht) die Auswahl bestimmter Strukturierungsalternativen notwendig macht".[127)]

---

125) Bleicher,K., Perspektiven für Organisation und Führung von Unternehmungen, Baden-Baden-Bad Homburg 1971, S.58.

126) Bleicher,K., Führungsstile, Führungsformen und Organisationsformen, a.a.O., S. 39.

127) Ebd., S. 39.

Man unterstellt in dem strukturalen Ansatz, daß die Organisationsstruktur bzw. die Veränderung der Organisationsstruktur einen bestimmten Führungsstil bzw. eine Veränderung des Führungsstils induziert. Sicherlich zielt die Organisationsstruktur darauf hin, durch die Verabschiedung von Regelungen Verhaltensnormen für Organisationsmitglieder vorzuschreiben. Sie erlaubt es, Handlungsmuster zu entwerfen, indem sie Ziel-, Aufgaben- und Aufgabenträgerzuordnung bestimmt; dadurch wird der Handlungprozeß des Einzelnen inhaltlich abgegrenzt. Somit wird ein Handlungsrahmen für jedes Organisationsmitglied geschaffen, der gleichzeitig festlegt, welche Stellungen der Einzelne in der Gruppe (oder Kooperationseinheit) und in der Unternehmung innehat; Führungsbeziehungen sind hierbei miteinbezogen. Das von der Organisationsstruktur vorgeschriebene Verhaltensmuster bzw. die an den Einzelnen gestellten Erwartungen decken sich jedoch mit dem tatsächlichen Verhalten nur dann, wenn das Individuum quasi wie ein Automat funktionieren würde. Dies erklärt, weshalb sich ein Führungsstil nicht allein durch organisatorische Regelungen realisieren läßt. [128] Veränderungen der Organisationsstruktur können dazu beitragen, die Motivation der Organisationsmitglieder zu erhöhen und ihr Verhalten zu beeinflussen; es kann aber keine zwangsläufige Veränderungsbeziehung zwischen Organisationsstruktur und Führungsstil angenommen werden, da eine Veränderung der Organisationsstruktur eine Veränderung der Grundeinstellungen von Organisationsmitgliedern (und diese Grundeinstellungen sind das Ergebnis eines langwierigen Lern- und Erfahrungsprozesses) nicht automatisch nach sich zieht. Auch bleibt offen, wie diese Veränderung von den Organisationsmitgliedern perzipiert, akzeptiert und in konkrete Handlungen umgewandelt wird.

Darüber hinaus spielen bei der Bestimmung der Verhaltensart

---

128) Vgl. Baumgarten,R., Führungsstile und Führungstechniken, a.a.O., S. 19.

äußere, von der Unternehmung unabhängige Faktoren (soziale Bezugsgruppe, Familie etc.) sowie betriebsinterne Faktoren (Arbeitsgruppe-, -klima etc.) eine Rolle.

Schlußfolgerung

Die Organisationsstruktur ist als ein Bestimmungsfaktor des Führungsstils anzusehen, sie darf aber nicht als der alleinige Bestimmungsfaktor betrachtet werden.

1.32 Führungsstil als Determinante der Organisationsstruktur: der motivationale Ansatz

Aus der Sicht des motivationalen Ansatzes wird - im Gegensatz zum strukturalen Ansatz - die Organisationsstruktur als eine vom praktizierten Führungsstil determinierte Variable betrachtet. Die Veränderung einer Organisationsstruktur wird nach diesem Ansatz durch die Veränderung der Einstellung und des Verhaltens der Organisationsmitglieder hervorgerufen.

Als relevante sozial-psychologische Merkmale, die einen Führungsstil implizieren und für das Führungsverhalten charakteristisch sind, werden folgende genannt:[129)]

---

129) Bornemann untersucht die sozial-psychologischen Auswirkungen "verschiedener Führungssysteme" (er unterscheidet zwischen autoritativem und kooperativem Führungssystem) und gibt folgende Merkmale an: die Form des Kontaktes, das Auftreten und die Einstellung des führenden Sozialpartners gegenüber dem Geführten, die Reaktion des geführten Sozialpartners, seine Motive und seine Einstellung gegenüber der Führung, und die gegenseitige Kommunikation und das erzeugte sozialpsychologische Klima. Bornemann,E., Betriebspsychologie, Wiesbaden 1974, S. 100 ff. Vgl. auch Baumgarten,R., Führungsstile und Führungstechniken, a.a.O., S. 19.

- Einstellung des Vorgesetzten zum Mitarbeiter,
- Einstellung des Mitarbeiters zum Vorgesetzten,
- Grundlage des Kontaktes zwischen Vorgesetztem und Mitarbeiter,
- Häufigkeit des Kontaktes zwischen Vorgesetztem und Mitarbeiter,
- Handlungsmotive des Vorgesetzten,
- Handlungsmotive des Mitarbeiters,
- Bindung der Mitarbeiter an das Führungssystem,
- soziales Klima.

Die Implementierung eines bestimmten Führungsstiles läßt sich nach dem motivationalen Ansatz ausschließlich mit Hilfe psychologischer Beeinflussungsfaktoren bzw. -techniken durchführen; der implementierte Führungsstil zieht dann organisatorische Änderungen nach sich.

Eine Einflußnahme auf die im motivationalen Ansatz angegebenen Faktoren reicht aber allein nicht aus, neue Verhaltensarten hervorzurufen, wenn diese Verhaltensarten nicht organisatorisch verankert sind.[130] "Für eine Stabilisierung veränderten Verhaltens reicht eine Veränderung der 'inneren' Situation des Individuums allein nicht aus, sondern muß durch eine gezielte Veränderung der organisatorischen Umwelt abgesichert werden." [131] Eine Disharmonie entsteht in einer Organisation, wenn versucht wird, Verhaltensarten zu realisieren, die gegen organisatorische Regelungen verstoßen: die Implementierung einer Verhaltensart bedarf der Herstellung eines an ihr angepaßten organisatorischen Rahmens; das Führungsverhalten zielt dann darauf ab, daß das tatsächliche Verhalten der Organisationsmitglieder den an sie von der

---

130) Vgl. Gebert,D., Organisationsentwicklung, Stuttgart/ Berlin/Köln/Mainz 1974, S. 27.

131) Baumgarten,R., Führungsstile und Führungstechniken, a.a.O., S. 20.

Organisationsstruktur her gestellten Erwartungen entspricht.

Wir wollen daher im folgenden den strukturellen Ansatz und den motivationalen Ansatz als komplementär ansehen. [132)] Der Führungsstil wird mittels organisatorischer Regelungen durchgesetzt [133)] und dient in bestehenden Organisationen dazu, daß sich das tatsächliche Verhalten von Aufgabenträgern mit dem erwarteten Verhalten möglichst deckt. [134)] Andererseits hat "die Art des gewollten Führungsstiles Auswirkungen auf die Unternehmungsorganisation" [135)], indem die Realisation eines Führungsstiles bzw. die Einführung eines neuen Führungsstiles eine Veränderung der Organisationsstruktur erfordert, da die Struktur instrumental als Erleichterung oder Erschwerung der Führungsaufgabe wirkt.[136)] Organisationsstruktur und Führungsstil bedingen sich gegenseitig und beeinflussen einander im Laufe des Organisationslebens.

---

132) Vgl. Baumgarten,R., Führungsstile und Führungstechniken, a.a.O., S. 20.

133) Vgl. Bürgin,O.U., Der kooperative Führungsstil ..., a.a.O., S. 83.

134) Vgl. Neuberger,O., Organisation und Führung, Stuttgart 1977, S. 99. Bleicher,K./Meyer,E., Führung in der Unternehmung ..., a.a.O., S. 133.

135) S. Ulrich,H., Führungskonzeptionen und Unternehmungsorganisation, in: Beiträge zur Lehre von der Unternehmung, Festschrift für Käfer,K., (Hrsg.) Angehrn,O. / Künzi,H.B., Zürich 1968, S. 303.

136) Vgl. Staehle,W.H. Organisation und Führung ..., a.a.O., S. 16.

1.33 Die Rollentheorie als Mittel zur Erfassung und Analyse von Beziehungen zwischen Organisationsstruktur und Führungsstil

Wir haben im ersten Kapitel gezeigt, daß es die Funktion der Organisationsstruktur ist, ein stabiles Gerüst für die Abwicklung von zielgerichteten Teilaktivitäten herzustellen und dadurch Handlungsspielräume für die Organisationsmitglieder zu definieren. So werden durch die Organisationsstruktur Positionen geschaffen und die Rechte und Pflichten ihrer Inhaber festgelegt. Die Organisationsstruktur als Bündel von Regelungen, die die Bereiche arbeitsteilige Aufgabengliederung, Koordination der Aufgabenerfüllung und Konfiguration umfassen[137], repräsentiert Erwartungen über das Verhalten der Positions- und Stelleninhaber und definiert somit auf der Basis eines festgelegten Beurteilungssystems von einzelnen Handlungen das regelkonforme bzw. regelwidrige Verhalten bzw. funktionale und disfunktionale Verhalten.[138] Der Komplex von Erwartungen, welche an einen Positionsinhaber gestellt werden, wird als "Rolle" bezeichnet.[139]

Hier muß zwischen den Begriffen 'Rolle' und 'Stelle'unter-

---

137) S. S. 23-24.

138) Vgl. Kieser,A./Kubicek,H., Organisation, a.a.O., S.313. Nach Rosenstiel dienen die Kontakte zwischen unterstellten Mitarbeitern und Vorgesetzten, die durch den Führungsstil geprägt sind, nicht nur der Sachinformation, sondern der "Aktivierung und Begeisterung des Untergebenen und erhöhen somit seine Motivation, ein bestimmtes mit den Zielen der Organisation übereinstimmendes Verhalten zu zeigen." Rosenstiel,L., Die motivationalen Grundlagen des Verhaltens in Organisationen, Leistung und Zufriedenheit, Berlin 1975, S. 280.

139) Zum Rollenbegriff s. Mayntz,R., Soziologie der Organisation, Reinbek bei Hamburg 1963, S. 81. Dahrendorf,R., Sozialstruktur des Betriebes, Wiesbaden 1972, S. 16. Neuberger,O., Führungsverhalten und Führungserfolg, a.a.O., S. 73.

schieden werden. Die Stelle läßt sich - mit Kosiol - als der "personenbezogene Aufgabenkomplex (Teilaufgabengesamt), der vom Personenwechsel unabhängig ist" [140] definieren. Sie ist als synthetische Zusammenfassung von Teilaufgaben auf ein gedanklich angenommenes Erfüllungssubjekt bezogen. Sie grenzt den Funktionenbereich für einen Aufgabenträger ab und ist personenunabhängig, da sie bei Personenwechsel weiter besteht. Dagegen bezieht sich der Begriff 'Rolle', wie oben erwähnt wurde, auf jene Mehrzahl von Erwartungen, die an einen Inhaber einer sozialen Position gerichtet werden.[141]

"Mit 'Position' ist ein Ort in einem sozialen Gefüge gemeint."[142] In diesem Konzept sind die organisatorischen Regelungen als Verhaltenserwartungen, die an einen Stelleninhaber gerichtet sind, aufzufassen.[143]

Hierbei scheint es wichtig zu betonen, daß die von der Organisationsstruktur an einen Positionsinhaber gestellten Er-

---

140) Kosiol,E., Organisation der Unternehmung, a.a.O., S.89.

141) Eine Person kann gleichzeitig mehrere Rollen (z.B. in der Unternehmung, in der Familie, in einem Sportverein etc.) innehaben.

142) Neuberger,O., Führungsverhalten und Führungserfolg, a.a.O., S. 73 f.

143) Vgl. Kieser,A./Kubicek,H., Organisation, a.a.O., S.315. Als Dimensionen des Rollenbegriffes nennt Neuberger folgende:
- Verpflichtungscharakter (Muß-, Soll- und Kann-Erwartungen),
  Identifikationsgrad (Ausmaß des Gewichtes, das eine Rolle für eine Person hat: zentraler Lebensinhalt bis unwichtige Nebenaufgabe),
- Allgemeinheitsgrad (Entfaltungsspielraum, den die Rolle dem Inhaber läßt: rituell-starre, dogmatische Festlegung und innovationsfreundliche Offenheit),
- Bekanntheitsgrad (Sichtbarkeit oder Öffentlichkeit der Verhaltenserwartungen),
- Reichweite (Erstreckungsbereich) und
- Konsens (Vereinbarung bzw. Konflikt zwischen verschiedenen Erwartungen). Vgl. Neuberger,O., Führungsverhalten und Führungserfolg, a.a.O., S. 73 ff.

wartungen von der "Person" des Positionsinhabers unabhängig sind[144] und daß erst die Einhaltung eines "Minimalkonsenses" die Handlungsfähigkeit der Organisation sichert. Um diese Handlungsfähigkeit aufrecht erhalten zu können, fordern Organisationsstrukturen von den Organisationsmitgliedern bestimmte Handlungen bzw. Verhaltensweisen und verbieten ihnen andere. Dies findet seinen Ausdruck in den vorgeschriebenen und zielgerichteten Aufgaben, die den Organisationsmitgliedern zugewiesen sind, sowie in den festgelegten Pflichten und Rechten der Positionsinhaber.

Die Einhaltung bzw. die Nichteinhaltung der Regelkonformität von Handlungen wird durch das auch von der Organisationsstruktur festgelegte Bewertungs- und Beurteilungssystem gesichert bzw. bestraft. Das regelwidrige Verhalten kann sogar ein Ausscheiden des Positionsinhabers aus der Organisation verursachen.

Durch die Organisationsstruktur werden also für jedes Organisationsmitglied Handlungs- und Verhaltensspielräume definiert und damit die Handlungsfreiheit eingeengt. Diese Eingrenzung der Handlungsfreiheit erweist sich hier als der Kern bei der Untersuchung von Beziehungen zwischen Führungsstil und Organisationsstruktur, da letztere durch die geregelte Eingrenzung der Handlungsspielräume Auswirkungen auf das individuelle Verhalten der Organisationsmitglieder und in diesem Rahmen das Führungsverhalten hat.

Es entsteht nun die Frage, wie die Begrenzung der individuellen Handlungsspielräume von den Betroffenen perzipiert wird. Hier erweist sich die Anwendung des soziologischen Rollenkonzeptes sinnvoll. Um die Frage zu klären, wie und inwieweit die Organisationsstruktur das Verhalten der Organisationsmitglieder steuert und dabei die Beziehungen zwi-

---

144) Daher können Stellen ausgeschrieben werden.

schen Führer und Geführten in gewissem Maße bestimmt, soll hier das soziologische Rollenkonzept angewandt werden. In dieser Betrachtungsweise stellen die organisatorischen Regelungen Verhaltenserwartungen dar, die nun als Stimulus für das Verhalten von Organisationsmitgliedern aufzufassen sind. Das tatsächliche Verhalten versteht sich als eine Reaktion auf diese Stimuli. "Steuern" wird daher im Sinne des Stimulis-Response-Konzeptes verstanden, wobei die Stimuli manipuliert werden können [145] und dadurch das Verhalten beeinflußt wird.

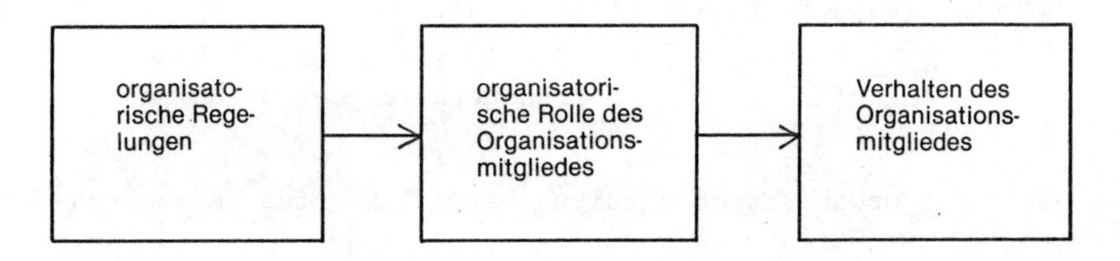

Abb. 5 Beziehung zwischen organisatorischen Regelungen und Verhalten des Organisationsmitgliedes

Es wäre daher zu weitgehend, aus der Abb.5 abzuleiten, daß das tatsächliche Verhalten der Organisationsmitglieder demjenigen, das von ihnen erwartet wird, entspricht. Dies kann nur der Fall sein, wenn die Organisationsmitglieder wie "Maschinen" funktionieren würden. Diese Annahme ist jedoch realitätsfern, da

- organisatorische Regelungen das Verhalten des einzelnen nicht bis ins letzte Detail strukturieren können und

---

145) Vgl. Kieser,A./Kubicek,H., Organisation, a.a.O., S. 315 - 316.

- die Organisationsmitglieder in der Praxis auch regelwidriges Verhalten zeigen.

Darüber hinaus ergeben sich Abweichungen zwischen der von der Organisationsstruktur vorgeschriebenen Rolle und der von dem Positionsinhaber empfundenen Rolle (Rollenperzeption). [146] Es ist noch die Frage hinzuzufügen, inwieweit die von der Organisationsstruktur festgelegten Erwartungen von den Organisationsmitgliedern akzeptiert und erfüllt werden können. Es kann vorkommen, daß die organisatorische Rolle im Widerspruch zu anderen Rollen des Positionsinhabers steht. [147] Intrapersonelle Rollenkonflikte entstehen dann, wenn nicht miteinander vereinbare Erwartungen an das Organisationsmitglied gerichtet werden. Hierbei kommt dem Führungsstil eine bedeutende Rolle zu, weil er

- zum besseren Verständnis der von der Organisationsstruktur gestellten Erwartungen an den Positionsinhaber beiträgt und
- das festgestellte Verhalten zu beeinflussen versucht, damit es dem erwarteten näher kommt.

Den Beziehungen zwischen Vorgesetzten und unterstellten Mitarbeitern kommt damit eine besondere Bedeutung zu.

---

146) S. das Modell von Kahn et al., dargestellt bei Neuberger,O., Führungsverhalten und Führungserfolg, a.a.O., S. 79.

147) Wir unterscheiden in Anlehnung an Kieser,A. und Kubicek,H. zwischen organisatorischer und sozialer Rolle, wobei unter letzterer die Erwartungen von anderen Bezugsgruppen wie Familie, Partei, Freunde etc. subsumiert sind. S. Kieser,A./Kubicek,H., Organisation, a.a.O., S. 318-319.

Abb. 6 Beziehung zwischen Organisationsstruktur, Rolle und Führungsstil

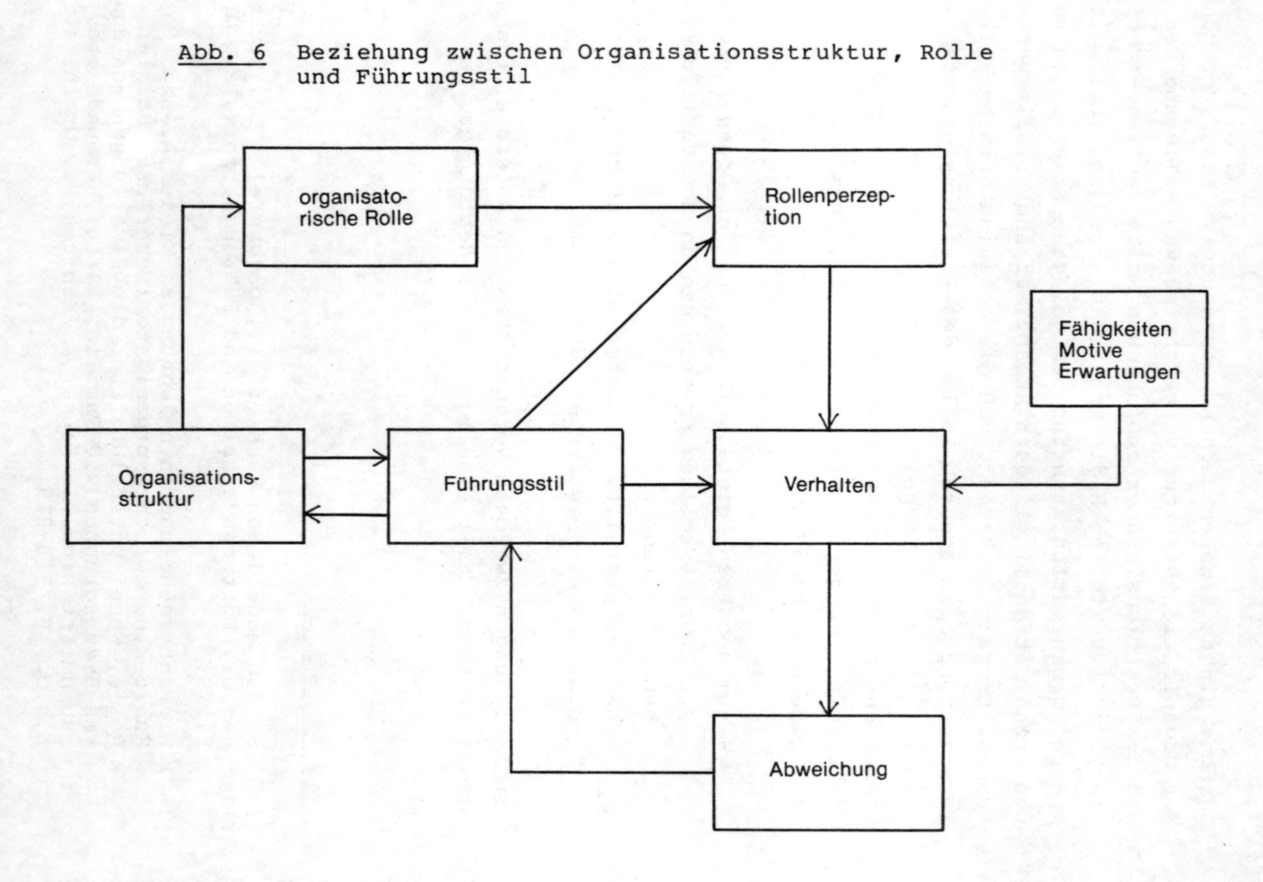

Zusammenfassend läßt sich feststellen, daß durch die Organisationsstruktur, die sich in den organisatorischen Regelungen niederschlägt, welche von Personen (Leitungspersonen) geschaffen sind, Erwartungen an die Organisationsmitglieder formuliert werden und damit die Rolle des einzelnen definiert wird: Organisationsstrukturen definieren die Position des einzelnen Organisationsmitgliedes, legen seinen Handlungs- und Verhaltensspielraum fest, ermächtigen Organisationsmitglieder (Führungspersonen) an andere Organisationsmitglieder (unterstellte Mitarbeiter) Erwartungen zu formulieren. Die Perzeption ihrer Rolle und der Rollen der ihr unterstellten Mitarbeiter läßt eine Führungsperson in der Ausübung ihrer Führungsfunktionen durch ihren Führungsstil in Erscheinung tre-ten. Ihre Verhaltensart beeinflußt u.a. die Rollenperzeption der unterstellten Mitarbeiter, die ihre Rolle in das tatsächliche Verhalten umsetzen. Hierbei wird der Versuch unternommen, durch den Führungsstil und/oder die Organisationsstruktur einzugreifen, um festgestellte Abweichungen zwischen tatsächlichem Verhalten und Verhaltenserwartungen zu korrigieren.

Der Führungsstil erscheint daher als komplementär zur Organisationsstruktur, da er mittels organisatorischer Regelungen implementiert wird und Veränderungen von bestimmten organisatorischen Regelungen hervorrufen kann (z.B. Einführung von kooperativem Führungsstil, kollektive Entscheidungsgremien etc.).

Es ist schließlich zu erwähnen, daß der zu praktizierende Führungsstil in die Organisationsstruktur bei deren ursprünglicher Konzipierung einfließt: die durch die Organisationsstruktur gestellten Erwartungen finden ihre Ursache nicht nur in den Sachzwängen (Technologie, Fertigungssystem u.a.), sondern auch in den Wertsystemen (Wertmaßstäbe) und in dem Menschenbild, das diejenigen, die die Organisationsstruktur entwerfen und implementieren, selbst hegen. So wird beispielsweise in der Organisationsstruktur vorgesehen im Betrieb Mitarbeiter einzustellen, die für andere einspringen müssen, wenn die Abwesenheitsrate hoch wird, oder "Aufpasser" einzustellen, wenn man davon ausgeht, daß die Mitarbeiter eine strenge und dauernde Fremdkontrolle brauchen, damit ihre Leistung nicht nachläßt. Die Organisationsstruktur steckt hiermit den Rahmen ab, in dem sich die Führungsbeziehungen abspielen.

Abschließend kann festgehalten werden, daß

- der Führungsstil in die Organisationsstruktur einfließt,
- die Organisationsstruktur den Führungsstil beeinflußt,
- Organisationsstruktur und Führungsstil komplementär sind,
- aus dieser Komplementarität zu schließen ist, daß in dynamischer Sicht die beiden sich im Laufe des Organisationslebens gegenseitig beeinflussen und eine Veränderung der Organisationsstruktur oder des Führungsstiles nur erfolgversprechend sein kann, wenn eine Veränderung auch der anderen Komponente erfolgt.

Im folgenden sollen nun unter Berücksichtigung der oben entwickelten Überlegungen Organisationsstruktur und Führungsstil und ihre Beziehungen zueinander in tunesischen Industriebetrieben untersucht werden. Vorhandene Organisationsstrukturen und Führungsstile werden dargestellt. Die Beschreibung der letzteren stützt sich auf Beurteilungen von

Mitarbeitern und behandelt die Dimensionen "Einstellung des Vorgesetzten zur partnerschaftlichen Zusammenarbeit", "stimulierende Aktivität", "Beteiligung des Mitarbeiters an der Entscheidungsbildung" und "Ausmaß der Kontrolle". Es wird dann untersucht, inwieweit die theoretisch erarbeiteten Beziehungen in der Realität Bestätigung finden, d.h. inwieweit sich eine Komplementarität zwischen Führungsstil und Organisationsstruktur in tunesischen Industriebetrieben feststellen läßt. Die Untersuchung zielt auf eine Gegenüberstellung der Antworten von Betriebsleitern, Führungspersonen und unterstellten Mitarbeitern.

2. Technik der Datenerhebung für die empirische Überprüfung der Hypothesen

2.1 Festlegung der Grundgesamtheit

Unser Ziel war es, die Realität in der Stichprobe wiederzugeben. Bei der Festlegung der Stichprobe (Gesamtanzahl der Betriebe) wurde auf die amtlichen Statistiken zurückgegriffen, denen eine Vollerhebung der Industriebetriebe in Tunesien von 1973 - veröffentlicht 1975 - zugrunde liegt. [1] Hier sind die Unternehmungen in 5 Betriebsgrößen (nach Anzahl der Beschäftigten) gegliedert.

Bei der Auswahl der Stichprobe erschien es unbefriedigend, nur Betriebe zu berücksichtigen, die eine für tunesische Verhältnisse überdurchschnittliche Größe und im Hinblick auf ihre Organisation schon fortgeschrittene Entwicklungsstadien erreicht haben. Die Gründe hierfür sind:

- 70.98% der Unternehmungen beschäftigen weniger als 50 Arbeitnehmer[2],
- die in größeren Betrieben praktizierten Organisations- und Führungskonzeptionen stellen keine idealen Lösungen für Klein- und Mittelbetriebe dar,
- Klein- und Mittelbetriebe sollten aber in die Stichprobe einbezogen werden, da gerade sie sich an neue Marktverhältnisse anpassen müssen, um überleben zu können.

---

1) Institut National de la Statistique: Recensement des Activités Industrielles, résultat 1973, tableaux statistiques No.5, Août 1975, Tunis.

2) Ebd., S. 158.

Die Stichprobe wurde in zwei Schritten selektiert:

1. Schritt

Die Zahl der zu besichtigenden Betriebe wurde festgelegt. Dafür wurde die Gesamtstreuung σ^2 für 14 Branchen [3)] berechnet:

Es wurde danach die Formel [4)]

$$n = \frac{t^2 \quad N \quad \sigma^2}{t^2 \quad \sigma^2 + (N-1) \quad e^2}$$

zur Anwendung gebracht,
wobei

n = Anzahl der zu berücksichtigenden Betriebe
t = Sicherheitsgrad (95.5%)
N = Gesamtzahl der Betriebe
e = absoluter Fehler = 3%
σ^2 = Gesamtstreuung

also: n = 69.9 ~ 70.

---

3) In den amtlichen Statistiken sind 17 Branchen angegeben (Vgl. Tab.1). Die Branchen Strom und Gas, Tabak sowie Kork werden bei der Berechnung von σ^2 nicht berücksichtigt, weil sie aus einem bzw. 2 Großbetrieben bestehen. Sie werden in die Stichprobe einbezogen.

4) Kellerer,H., Theorie und Technik des Stichprobenverfahrens- Eine Einführung unter besonderer Berücksichtigung der Anwendung auf soziale und wirtschaftliche Massenerscheinungen, 3.Aufl., München 1963, S. 64.

Nach der bestmöglichen Aufteilung wurde die Anzahl n_j der Betriebe jeder Branche berechnet unter Anwendung der Formel [5])

$$n_j = \frac{n \; N_j \; \sigma_j}{\sum N_j \; \sigma_j}$$

N_j = Anzahl der Sekundäreinheiten in der Primäreinheit j.
σ_j= innere Streuung je Sekundäreinheit (Branche) innerhalb der Primäreinheit j.

Um Bruchteile von Betrieben zu vermeiden und um alle Branchen zu berücksichtigen, mußte n auf 78 erhöht werden. 3 weitere Betriebe werden hinzugefügt, damit die 3 Branchen, die bei der Berechnung von σ^2 nicht berücksichtigt wurden, in die Stichprobe einbezogen werden konnten. Innerhalb der Schicht wurde n_j proportional auf die Betriebgrößen verteilt.

2. Schritt

Die Anzahl der zu befragenden unterstellten Mitarbeiter wurde so ermittelt, daß sich eine Konstante ergibt, wenn der Auswahlsatz im 2. Schritt mit dem Auswahlsatz jeder Branche im 1. Schritt multipliziert wird.

---

5) Ebd., S. 123.

Tab. 1 Verteilung der Unternehmungen nach Branchen und Betriebsgröße 6)

Branche	Anzahl der Unternehmungen mit 1-9 Beschäftigten	10-19	20-49	50-99	100 u. mehr	Summe	Anteilswert
Strom u. Gas					2	2	0.16
Förderindustrie	3	2	3	7	19	34	2.70
Brennstoffindustrie	1		1	1	3	6	0.48
Metallindustrie	44	46	43	21	30	184	14.65
Schiffbauindustrie	2	1	3		2	8	0.64
Glas-u. Keramikindustrie	28	26	32	8	23	117	9.32
Bauindustrie	12	14	24	17	31	98	7.80
Chemische Industrie	36	26	20	7	14	103	8.20
Kunststoffindustrie	2	3	4		3	12	0.96
Tabak					1	1	0.08
Nahrungsmittelindustrie	81	75	62	30	23	271	21.58
Textilindustrie	17	33	60	30	34	174	13.85
Lederwarenindustrie	4	6	12	9	5	36	2.87
Holzindustrie	43	34	20	11	8	116	9.24
Papier u. Pappe	16	18	19	8	10	71	5.65
Kork					2	2	0.16
versch. Manufakturindustrie	8	2	5	3	3	21	1.67
Summe	297	286	308	152	213	1256	100

6) Ebd., S. 153

Tab. 2 Stichprobenplan (1. Schritt)

Branche	Anzahl der Unternehmungen mit					Summe
	1-9	10-19	20-49	50-99	100 u. mehr	
	Beschäftigten					
Strom u. Gas					1	1
Förderindustrie					1	1
Brennstoffindustrie					1	1
Metallindustrie	2	2	2	1	1	8
Schiffbauindustrie			1			1
Glas-u. Keramikindustrie	1	1	2		1	5
Bauindustrie			1	1	1	3
Chemische Industrie	2	1	1		1	5
Kunststoffindustrie			1			1
Tabak					1	1
Nahrungsmittelindustrie	9	8	7	3	3	30
Textilindustrie	1	3	4	2	2	12
Lederwarenindustrie			1			1
Holzindustrie	3	2	1	1		7
Papier u. Pappe		1	1			2
Kork					1	1
versch. Manufakturindustrie					1	1
Summe	18	18	22	8	15	81

Tab. 3 Stichprobenplan (2. Schritt)

Klasse	Klassen-mitte	Auswahl-satz t_1	Anzahl der Betriebe	Theoretische Anzahl der Beschäftigten	Stichproben umfang (Be-schäftigte)	Auswahlsatz t_2	$t_1 \cdot t_2$
0 - 9	5	0.06	18	90	32	0.36	0.021
10 - 19	15	0.06	18	270	94	0.35	0.021
20 - 49	35	0.07	22	770	231	0.30	0.021
50 - 99	75	0.05	8	600	252	0.42	0.021
100 und mehr	150	0.07	15	2250	675	0.30	0.021
Summe			81	3980	1284		

Nachdem die Gesamtanzahl der zu befragenden Betriebe berechnet worden ist, wurde nach dem Zufallsprinzip ausgewählt; hier hat die Kartei des Institut National de la Statistique dazu gedient, die Namen und die Anschriften der Betriebe auszusuchen. Von der Anzahl der Betriebe her ergibt sich eine Rangordnung zwischen Tunis, Sfax, Sousse und Gabès, wobei in Tunis 39,47% der in dieser Untersuchung berücksichtigten Betriebe, in Sfax 31,57%, in Sousse 9,21% und in Gabès 3,94% angesiedelt sind. Die übrigen Betriebe verteilen sich auf das übrige Land.[7)]

2.2 Festlegung der zu befragenden Personen

Bei der Konzipierung des Projektes stellte sich die Frage, an welche Personen man sich mit der Befragung wenden sollte, um die relevanten Faktoren in den tunesischen Industriebetrieben zu erfassen. Da nicht nur Organisationsstrukturen erfaßt werden sollten, sondern auch das Führungsverhalten, erschien es zweckmäßig, drei verschiedene (aber standardisierte) Fragebögen zu entwerfen:

- 1 Fragebogen für die Betriebsleiter (Fragebogen I)
- 1 Fragebogen für die Führungspersonen [8)] (Fragebogen II)
- 1 Fragebogen für die unterstellten Mitarbeiter (Fragebogen III).

Diese Vorgehensweise ermöglicht es, die Antworten der verschiedenen untersuchten Gruppen gegenüberzustellen, damit ein realitätsnahes Bild wiedergegeben werden kann.

---

7) S. Landkarte, Abb. 7, S. 87.

8) Der Begriff 'Führungsperson' bezieht sich auf alle mit Führungsaufgaben betrauten Mitarbeiter (Top-Management, Middle-Management und Low-Management). In dieser Arbeit wird der Betriebsleiter als Top-Manager dieser Klassifizierung nicht zugerechnet, da seine Antworten gesondert behandelt werden.

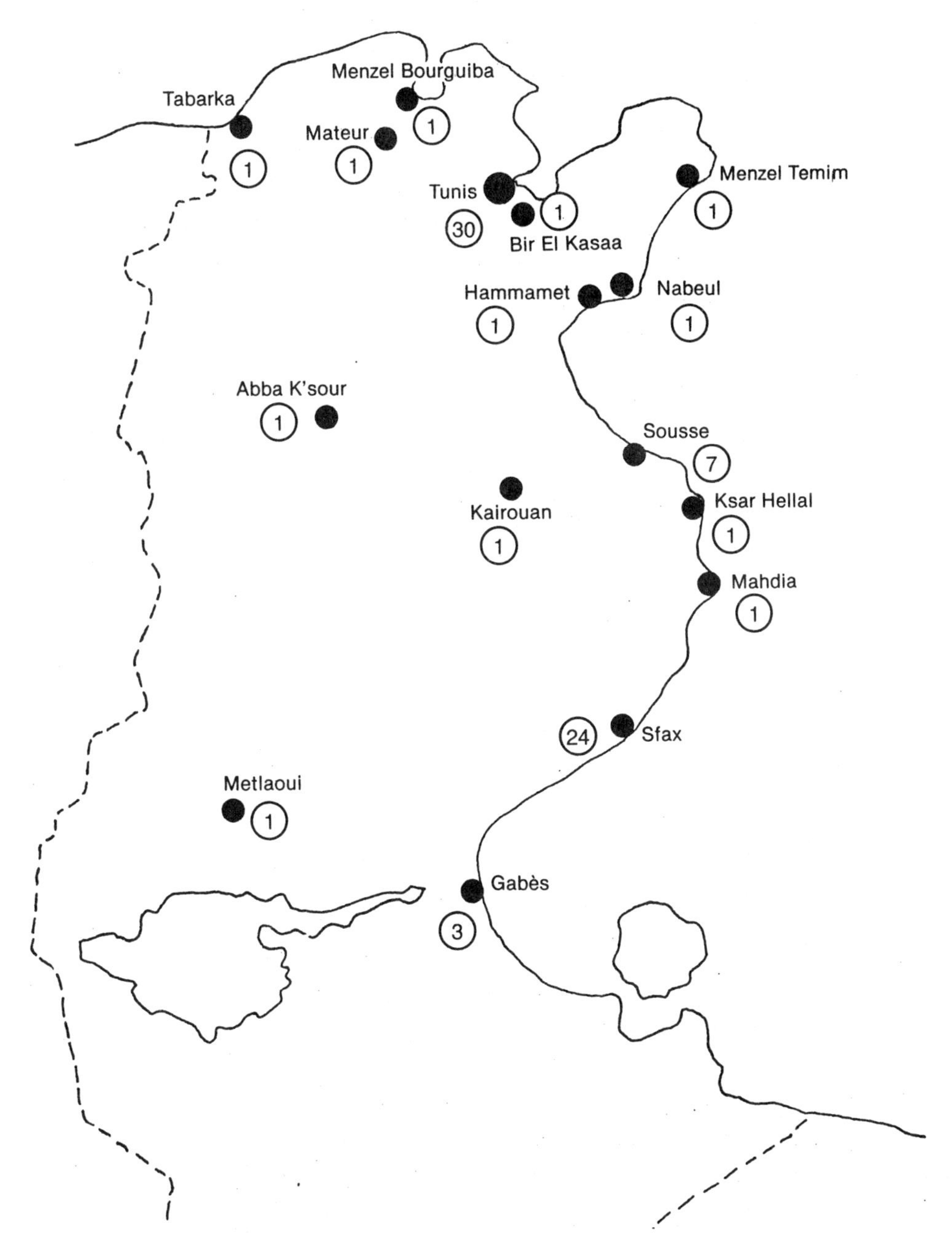

Abb. 7 Übersicht über die geographische Lage der untersuchten Betriebe

Die mit einem Kreis versehenen Zahlen geben die Anzahl der untersuchten Betriebe in den genannten Orten an.

Der Fragebogen I behandelt folgende Problemkreise:

- allgemeine Daten über den Betrieb
- wer sind die Betriebsleiter
- Verhältnis zwischen Betriebsleiter und Mitarbeitern,
- Entscheidungsbildung,
- Realisation der Betriebsentscheidung,
- Zielsystem der Unternehmung,
- Zielsystem der Mitarbeiter,
- zwischenbetriebliche Zusammenarbeit.

Der Fragebogen II ist wie folgt unterteilt:

- wer sind die Führungspersonen,
- Beziehungen zwischen Führungspersonen, Betriebsleitung und unterstellten Mitarbeitern,
- Kontrolle,
- Arbeitszufriedenheit,
- soziale Daten.

Der Fragebogen III wurde wie folgt konzipiert:

- Einstellung des Vorgesetzten zur partnerschaftlichen Zusammenarbeit,
- stimulierende Aktivitäten,
- Fremdkontrolle,
- Beteiligung an der Entscheidungsbildung,
- Arbeitszufriedenheit,
- Zielsystem der Arbeitnehmer,
- soziale Daten.

Die Anzahl der zu befragenden unterstellten Mitarbeiter wurde schon bei dem 2.Schritt der Festlegung der Stichprobe nach Betriebsgröße ermittelt.[9] Die ermittelte Anzahl in je-

---

9) S. S. 85, Tab. 3.

der Betriebsgröße wurde auf die Betriebe dieser Klasse verteilt. Die Anzahl der zu befragenden Führungspersonen konnte bei der Konzipierung des Forschungsprojektes nicht festgelegt werden, da keine Daten über die Organisationsstruktur vorlagen.

2.3 Test der Fragebögen

Die Erhebungsbögen wurden, nachdem sie ins Französische übersetzt worden waren, von der Bundesrepublik Deutschland aus an 10 ausgewählte tunesische Betriebe übersandt, um sie zu testen. Die Rücklaufquote lag bei 50% für die Betriebsleiter und Manager und bei 23% für die Mitarbeiter. Die Betriebe, die bei der Voruntersuchung mitgewirkt haben, gehören verschiedenen Branchen und Größen an. Anhand der Ergebnisse des Testes wurden die Fragebögen teilweise revidiert und verkürzt. Die für die Fertigstellung dieser Arbeit relevanten Teile der drei Fragebögen sind im Anhang wiedergegeben.

2.4 Techniken der Datensammlung

Zur Datensammlung im Rahmen des Untersuchungsprojektes wurden drei standardisierte Fragebögen verwendet, die von den einzelnen Betriebsleitern, Führungspersonen und unterstellten Mitarbeitern ausgefüllt werden sollten. Die Fragebögen wurden, soweit dies möglich erschien, geschlossen, d.h. bereits mit Anwortvorgaben versehene Fragen, vorgelegt.[10)]
Die Erhebungsbögen wurden in Deutsch erstellt und später ins Französische übersetzt und vervielfältigt. Sie wurden zusätzlich ins Arabische übersetzt für den Fall, daß die Be-

---

10) Zu geschlossenen Fragen s. Lienert,G.A., Testaufbau und Testanalyse, 2. Aufl., Weinheim/Berlin 1967, S. 32-37.

fragten die französische Sprache nicht beherrschen. Die arabische Übersetzung erwies sich als unentbehrlich, da die unterstellten Mitarbeiter bei den französischen Fragebögen Schwierigkeiten mit dem Sinnverständnis hatten. Sie wurde auch teilweise für die Befragung der Führungspersonen und der Betriebsleiter verwendet.

Zusätzlich waren nicht strukturierte Gespräche erforderlich, um weitere Informationen, die in den Erhebungsbögen nicht berücksichtigt waren, zu sammeln. Anhand dieser Informationen wurde ein Bericht (Case Study) über jeden besichtigten Betrieb erstellt, der Einzelbeobachtungen enthält. Die auf diesem Weg gesammelten Daten erwiesen sich als nützlich für die Aufstellung von Hypothesen und die zusätzliche Interpretation des gewonnenen Daten-Materials.

2.5 Durchführung der Untersuchung

Die Untersuchung wurde in dem Zeitraum von Januar bis September 1977 durchgeführt. An jeden Betrieb wurde ein Brief gesandt, worin die Ziele und Methoden der Untersuchung erläutert wurden und in dem die Betriebsleiter um ihre Unterstützung gebeten wurden.[11] Danach wurde in einigen Fällen telefonisch Kontakt hergestellt. Diese Methode erwies sich jedoch nur in seltenen Fällen als erfolgreich. Deshalb wurde kurz nach Anfang der Durchführung der Untersuchung, nachdem der o.g. Brief verschickt worden war, dem Betriebsleiter ein erster Besuch abgestattet, um einen Termin mit ihm zu verabreden.

In den meisten Fällen haben die Betriebsleiter die Initiative begrüßt und ihre Befragung sowie die Befragung ihrer

---

11) Der Text des Briefes ist im Anhang (S.353) wiedergegeben.

Mitarbeiter bewilligt. In 16 Fällen haben die Betriebsleiter es abgelehnt, überhaupt eine Untersuchung in ihren Betrieben durchführen zu lassen: 11 davon konnten nach dem Zufallsprinzip durch andere ersetzt werden. Nur in 5 Fällen haben sich die Betriebsleiter leider geweigert, ihre Mitarbeiter befragen zu lassen; es handelt sich besonders um Betriebe, in denen das soziale Klima gespannt ist.

In anderen Betrieben haben die Betriebsleiter die geplante Anzahl der zu befragenden unterstellten Mitarbeiter reduziert, da sie einen Produktionsausfall und zusätzliche Kosten befürchteten.

4 Betriebsleiter haben den Zugang zu ihren Mitarbeitern erlaubt, es aber nicht ermöglicht, sich selbst befragen zu lassen.[12)]

2 Betriebsleiter haben es abgelehnt, ihren Betrieb besichtigen zu lassen.[13)]

Insgsamt wurden in 76 Betrieben Befragungen durchgeführt. Tab. 4 gibt die Verteilung der tatsächlich befragten 72 Betriebsleiter wieder. Tab. 5 gibt die Aufgliederung der Betriebe an, in denen die Mitarbeiter befragt werden durften und Tab. 6 zeigt die jeweilige Anzahl. Insgesamt wurden 893 Mitarbeiter in 71 Betrieben befragt. Tab. 7 zeigt die Aufgliederung der befragten 100 Führungspersonen aus 52 Betrieben.

---

12) Die Befragung wurde so oft verschoben, daß sie dann nicht mehr realisiert werden konnte.

13) Bei der Behandlung der Organisationsstruktur werden nur 74 Betriebe berücksichtigt, da es dem Untersucher nicht möglich war, bei den weiteren 2 Betrieben Daten zur Organisationsstruktur zu ermitteln.

Tab. 4 Verteilung der befragten Betriebsleiter nach Branche und Betriebsgröße

Branche \ Betriebsgröße[14]	1	2	3	4	5	Summe
Strom u. Gas					1	1
Förderindustrie					1	1
Metallindustrie	2	1	2	1	1	7
Schiffbauindustrie			1			1
Glas- u. Keramikindustrie	1	1	2		1	5
Bauindustrie			1		1	2
Chemische Industrie	2	1	1		1	5
Kunststoffindustrie			1			1
Tabak					1	1
Nahrungsmittelindustrie	8	7	6	2	2	25
Textilindustrie	1	3	4	2	2	12
Lederwarenindustrie			1			1
Holzindustrie	3	2	1			6
Papier u. Pappe		1	1			2
Korkindustrie					1	1
Verschiedenartige Manufakturindustrie					1	1
Summe	17	16	21	5	13	72

---

14) Die Betriebsgrößen 1,2,3,4 und 5 umfassen die Betriebe, die jeweils 1-9, 10-19, 20-49, 50-99 und 100 und mehr Beschäftigte haben.

Tab. 5 Verteilung der Betriebe, in denen unterstellte Mitarbeiter befragt worden sind (nach Branche und Betriebsgröße)

Branche \ Betriebsgröße	1	2	3	4	5	Summe
Strom u. Gas					1	1
Förderindustrie					1	1
Metallindustrie	1	2	2	1	1	7
Schiffbauindustrie			1			1
Glas- u. Keramikindustrie	1	1	2			4
Bauindustrie			1		1	2
Chemische Industrie	2	1	1		1	5
Tabak					1	1
Nahrungsmittelindustrie	8	7	7	3	2	27
Textilindustrie	1	3	4	2	2	12
Lederwarenindustrie			1			1
Holzindustrie	3	2	1			6
Papier u. Pappe		1				1
Korkindustrie					1	1
Verschiedenartige Manufakturindustrie					1	1
Summe	16	17	20	6	12	71

Tab. 6 Verteilung der befragten unterstellten Mitarbeiter nach Branche und Betriebsgröße

Branche \ Betriebsgröße	1	2	3	4	5	Summe
Strom u. Gas					45	45
Förderindustrie	2	15			32	49
Metallindustrie			7	34	44	85
Schiffbauindustrie			11			11
Glas- u. Keramikindustrie	6	2	23			31
Bauindustrie			45		41	86
Chemische Industrie	6	5	11		32	54
Tabak					51	51
Nahrungsmittelindustrie	16	50	60	43	60	229
Textilindustrie	4	10	32	23	68	37
Lederwarenindustrie			6			6
Holzindustrie	9	4	6			19
Papier u. Pappe		2				2
Korkindustrie					44	44
Verschiedenartige Manufakturindustrie					44	44
Summe	43	88	201	100	461	893

Tab. 7 Verteilung der Betriebe, in denen Führungspersonen befragt wurden (nach Branche und Betriebsgröße)

Branche / Betriebsgröße	1	2	3	4	5	Summe
Strom u. Gas					1	1
Förderindustrie	1	1	2		1	5
Metallindustrie				1	1	2
Schiffbauindustrie			1			1
Glas- u. Keramikindustrie		1	2		1	4
Bauindustrie			1		1	2
Chemische Industrie	1		1		1	3
Tabak					1	1
Nahrungsmittelindustrie	2	6	7	2	1	18
Textilindustrie	1	1	3	2	2	9
Holzindustrie	2	1	1			4
Papier u. Pappe		1				1
Korkindustrie					1	1
Summe	7	11	18	5	11	52

Tab. 8 Verteilung der befragten Führungspersonen nach Branche und Betriebsgröße

Branche \ Betriebsgröße	1	2	3	4	5	Summe
Strom u. Gas					3	3
Förderindustrie	1	2	2		3	8
Metallindustrie				5	5	10
Schiffbauindustrie			1			1
Glas- u. Keramikindustrie		1	2		2	5
Bauindustrie			3		1	4
Chemische Industrie	1		2		6	9
Tabak					4	4
Nahrungsmittelindustrie	2	8	11	4	2	27
Textilindustrie	1	2	6	4	6	19
Holzindustrie	3	1	1			5
Papier u. Pappe		1				1
Korkindustrie					4	4
Summe	8	15	28	13	36	100

Schwierigkeiten anderer Art traten besonders in den Monaten Juli, August und September auf, da eine Streikwelle verschiedene Industrien erfaßt hatte und eine entsprechende Unzufriedenheit der Mitarbeiter festzustellen war.[15)]

Die Untersuchung wurde auch von den Mitarbeitern begrüßt und nur in einem Betrieb lehnten sie es ab, sich befragen zu lassen, weil sie davon ausgingen, daß die Untersuchung durch die Betriebsleitung veranlaßt sei und nicht nur wissenschaftlichen Zwecken diene.

In mehreren Betrieben haben sich Mitarbeiter, die in der Stichprobe nicht berücksichtigt waren, zum Interview begeben und den Wunsch geäußert, befragt zu werden, da sie meinten, daß sie "viel zu sagen hätten". In einigen Fällen waren die Mitarbeiter dem Untersucher gegenüber mißtrauisch, da sie befürchteten, daß ihre Antworten an die Betriebsleitung weitergegeben würden, und sie negative Folgen zu tragen hätten. Es konnte ihnen dann erklärt werden, daß die Untersuchung nur wissenschaftlichen Zwecken dient, daß ihre Antworten streng vertraulich behandelt werden und daß sie ihren Namen nicht anzugeben brauchten.

Die (unterstellten) Mitarbeiter wurden nach dem Zufallsprinzip ausgewählt. In vielen Betrieben haben die Betriebsleiter einen Raum zur Verfügung gestellt, wo die Arbeiter einzeln nacheinander befragt wurden. Einige Betriebsleiter und Führungspersonen kamen während des Interviews in den Raum und wollten die Antworten ihrer unterstellten Mitarbeiter mithören. Nachdem ihnen erklärt wurde, daß ihre Anwesenheit Verfälschungen hervorrufen könnte, verließen sie den Raum. In zwei Betrieben bestanden die Betriebsleiter darauf, nach-

---

15) Auch die Sommerferien und die Zeit des religiösen Ramadan-Festes haben sich auf die Durchführung der Felduntersuchung negativ ausgewirkt.

dem bereits einige Mitarbeiter befragt worden waren, unbedingt bei den weiteren Interviews anwesend zu sein; daraufhin wurde die Untersuchung abgebrochen und auf das Interview der weiteren Mitarbeiter verzichtet.

Mit der Befragung wurde immer erst begonnen, nachdem ein Vertrauensverhältnis zwischen dem Untersuchungsführer und den Mitarbeitern hergestellt worden war. Es war für diese eine Möglichkeit, sich zu äußern und ihre beruflichen und außerberuflichen Probleme zu erläutern. In einigen Fällen haben sie sogar um Rat bei bestimmten Fragen beruflicher Art gebeten. Einige Arbeiter haben sich auch nach der Dienstzeit zur Verfügung gestellt und sich außerhalb des Betriebes befragen lassen. Das von den befragten Mitarbeitern gezeigte Interesse war sowohl von ihrem Alter als auch von ihrem Ausbildungsniveau unabhängig.

Die Untersuchung wurde nach folgendem Plan durchgeführt:

a) kurze Unterhaltung mit dem Betriebsleiter über die Organisation im Betrieb;
b) Besichtigung des Betriebes und informeller Kontakt mit Führungspersonen und Arbeitern;
c) Interview des Betriebsleiters: für das Interview erhielt der Betriebsleiter den vorgefertigten Fragebogen - seine Antworten wurden vom Interviewer protokolliert;
d) Befragung der Führungspersonen nach derselben Methode;
e) Interviews der unterstellten Mitarbeiter.

Einige Betriebsleiter wollten den Fragebogen behalten und selbst ausfüllen. Dies wurde meistens vom Untersuchungsführer abgelehnt, da diese Methode die Rücklaufquote verringert hätte. Es war also notwendig, die Befragung in Form von Interviews durchzuführen. Diese Methode war zeitlich aufwendig, weil die Termine in mehreren Fällen nicht eingehalten worden waren.

Das Interview mit dem Betriebsleiter umfaßte den Zeitraum von 1 bis 4 Stunden. Das Interview mit den Führungspersonen und den unterstellten Mitarbeitern betrug durchschnittlich jeweils 45 - 60 Min. bzw. 35 - 45 Min. In einem Betrieb schwankte die benötigte Zeit zwischen 1 und 3 Tagen, wobei auch die Spätschichten berücksichtigt wurden.

2.6 Auswertung des Erhebungsmaterials

Die erhobenen Daten wurden größtenteils mit Hilfe elektronischer Datenverarbeitung ausgewertet. Die verschlüsselten Antworten wurden zuerst manuell auf Lochblättern festgehalten und danach auf Lochkarten übertragen.

Die zur Auswertung mit Hilfe der elektronischen Rechenanlage TR 440 des Rechenzentrums der Philipps-Universität Marburg notwendigen Programme waren teilweise in der Programmbank des Rechenzentrums vorhanden. [16]
Für die Profil-Cluster-Analyse mußte ein Programm geschrieben werden.

---

16) Wolf,W./Zöfel,P., Programmsystem zur Auswertung von Datensammlungen - Ein Programmsystem zur Auswertung umfangreicher Datensammlungen (auf Fragebogen und anderen Dokumenten) mit Hilfe elektronischer Rechenanlagen, Weinheim und Basel 1974.

3. Organisationsstrukturen in tunesischen Betrieben - empirische Ergebnisse

Für die Untersuchung der Organisationsstruktur in tunesischen Industriebetrieben werden zwei Grunddimensionen und eine abgeleitete Dimension herangezogen, wie im ersten Kapitel dargestellt wurde.

3.1 Arbeitsteilige Aufgabengliederung

Die arbeitsteilige Aufgabengliederung wird nicht nur auf der Ebene der Unternehmungsleitung, sondern auch auf den verschiedenen hierarchischen Stufen in einer qualitativen und quantitativen Hinsicht erörtert.

3.11 Struktur der Unternehmungsleitung

Da die Rechtsform, die die Unternehmungsleitung wählt, die Struktur der Leitung prägt, wird die Gesetzgebung und ihre Umsetzung in die Praxis erläutert.

Tab. 9 Häufigkeitsverteilung nach Rechtsformen

Häufigkeit / Rechtsform	absolute Häufigkeit	relative Häufigkeit
Aktiengesellschaft	22	30.56
GmbH	36	50.0
Einzelunternehmen	9	12.50
Kommanditgesellschaft	1	1.39
Genossenschaft	1	1.39
staatliche Unternehmungen	2	2.77
keine Angabe (KA)	1	1.39
Summe	72	100.00

3.11.1 Struktur der Leitung in der Aktiengesellschaft

Das Ziel des Gesetzgebers in Tunesien ist es, aus der Aktiengesellschaft (AG) eine kollegiale und demokratische Organisation zu schaffen. Die Leitung der Aktiengesellschaft wird durch § 70, 71 und 72 des Handelsgesetzbuches (Code de Commerce Tunisien) an ein kollegiales Gremiun (conseil d'administration), das aus Aktionären besteht, übertragen: "La société anonyme est administrée par un conseil d'administration."

Die Anzahl der "administrateurs"[1] variiert zwischen 3 und 12. Die Mitglieder des "conseil d'administration" sind die Beauftragten der Aktionäre: "Les membres du conseil d'administration sont choisis parmi les actionnaires <u>dont ils sont mendataires</u>."[2] Innerhalb des "conseil d'administration" scheint keine arbeitsteilige Aufgabengliederung vorzuliegen. Der Gesetzgeber ordnet ihm folgende Aufgaben zu:

- Ernennung seines Präsidenten, der "assure, sous sa responsabilité (responsabilité du conseil d´administration, d. Verf.), la direction générale de la société."[3]
- Berufung der Generalversammlung und Festlegung der Tagesordnung
- Erstellung der Bilanz und der Gewinn- und Verlustrechnung und Anfertigung eines Berichtes über "La marche de la société" für die Generalversammlung
- Administration de la société.

---

1) Die "administrateurs" sind die "Membres du conseils d´administration".

2) Ben Cheikh,M., Code de Commerce - Lois usuelles et Codes tunisiens, Tunis 1975, Articles (Art.) 71 du Code de Commerce Tunisien (im folgenden CCT), S. 22.

3) Art. 72 du CCT.

Der "Président du conseil d´administration" wird beauftragt, die Geschäftsführung zu übernehmen, ohne daß seine Befugnisse vom Gesetzgeber klar definiert werden. Bei 95% der in der Stichprobe berücksichtigten Aktiengesellschaften ist der Präsident gleichzeitig "Directeur Général". Dies bringt das Problem der Kompetenzüberlappung zwischen Président Directeur Général (PDG) und Conseil d´Aministration mit sich. Es scheint schwer, eine klare Abgrenzung zwischen "Administration et Gestion" zu treffen. Von der Konzeption her nimmt man an, daß der PDG Entscheidungen, die der Conseil d´Administration zu fällen hat, vorbereitet und für ihre Durchführung sorgt. In der Tat verbirgt sich der Conseil d´Administration hinter seinem Präsidenten "dont les pouvoirs absorbent ceux du conseil, ce dernier se bornant en général à exercer un droit de regard sur la conduite des affaires."[4]

Dem Conseil d´administration wird eine Kontrollaufgabe zugeordnet, doch muß gefragt werden, inwieweit sich eine Kontrolle durchführen läßt, denn der Directeur Général ist gleichzeitig der Präsident des Ausschusses (conseil d´administration), der seine Geschäftsführung kontrollieren sollte.

In der Praxis ist festzustellen, das Generalversammlung sowie Conseil d´Administration zwei Organe sind, welche über keine tatsächliche Macht verfügen. Folgende Gründe sind dafür anzuführen:

- Die Mehrheit der Aktionäre verfügt nicht über das Bildungsniveau, das sie in die Lage versetzt, Bilanzen und andere Dokumente kritisch betrachten oder gar verstehen zu können.

---

4) Oppetit,B./Sayag,A., Les structures juridiques de l´entreprise - Collection droit et gestion, Paris 1972, S. 182. Zu Befugnissen des Conseil d´administration und des Président Directeur Général, s. auch Lacoentre,Y., Tout sur les Sociétés Anonymes, Paris 1972, S. 89 ff.

- Eine gegenseitige Kapitalbeteiligung an einer oder mehreren Gesellschaften läßt erkennen, daß Unternehmergruppen entstanden sind, welche sich gegenseitig unterstützen: in mehreren Fällen ist die gleiche Person President Directeur Général einer Gesellschaft und Mitglied des Conseil d'Administration in einer oder mehreren anderen Gesellschaften.

Tab. 10 Beteiligung an anderen Gesellschaften (Item 95)

Anzahl der Unternehmungen, an denen die besichtigen Betriebe beteiligt sind	0	1	2	3	4	5	6	7u.m.
absolute Häufigkeit	15	14	8	10	4	7	3	5
relative Häufigkeit	22.73	21,21	12.12	15.15	6.06	10.61	4.55	7.68

- Große Kapitalgeber sind "Administrateurs", obwohl ihre Fähigkeiten im Hinblick auf die Führung von industriellen Unternehmungen zu wünschen übrig lassen. Sie stammen aus dem Kreis der Grundbesitzer oder der Händler. Ihre Zugehörigkeit zum Conseil d'Administration stellt für die Gesellschaft auf der einen Seite eine Prestige-Frage dar und ermöglicht ihr auf der anderen Seite eine größere Einflußnahme in ihren außerbetrieblichen Beziehungen, da diese "Administrateurs" auf regionaler und evtl. auf nationaler Ebene einflußreich sein können.

Als letztes Organ soll der Ausschuß der "Commissaires aux comptes" erwähnt werden. Im § 83 des CCT[5] räumt der Gesetzgeber den "Commissaires aux comptes" eine Kontroll- sowie eine Informationsaufgabe ein. Ihre Kontrolle ist aber nur eine formelle buchhalterische Kontrolle, auf deren Basis sie die Aktionäre informieren sollen. Sie sind aber nicht befugt, sich zur Opportunität der vom PDG und Conseil d'Administration getroffenen Entscheidungen zu äußern.

Schlußfolgerung

Die Struktur der Leitung in der Aktiengesellschaft nach dem tunesischen Recht läßt keine arbeitsteilige Aufgabengliederung erkennen: Die Aufgaben des Conseil d'Administration und des Président Directeur Général überlappen sich und eine Opportunitätskontrolle ist nicht gegeben. Obwohl dem PDG die Vorbereitung und die Durchführung von Entscheidungen des Conseil d'Administration obliegt, fungiert er als entscheidende und durchführende Person zugleich auch als Kontrolleur seiner eigenen Geschäftsführung, indem er Präsident des Conseil d'Administration ist.[6]

3.11.2 Struktur der Leitung in Gesellschaften mit beschränkter Haftung (GmbH)

Es ist kein Zufall, daß 36 (50%) der befragten Betriebe die Rechtsform einer GmbH gewählt haben. Die GmbH nach dem fran-

---

5) Ben Cheikh,M., Code de Commerce, a.a.O., Art. 83, S.26.

6) Durch die Novelle von 1966 wurde das französische Gesetz in bezug auf die Aktiengesellschaft geändert; diese Änderung sieht die Bildung eines Vorstandes (directoire) und eines Aufsichtsrates (conseil de surveillance) vor und ist dem deutschen Recht ähnlich. S. dazu Caussain,J., Administration des sociétés. Directoire et conseil de surveillance, Paris 1972, § 105 ff.

zösischen und dem daraus abgeleiteten tunesischen Recht ermöglicht es einer Familienunternehmung zu expandieren, ohne daß die Teilhaber persönlich für die Schulden der Gesellschaft haften müssen. Darüber hinaus ist die Leitungsstruktur sehr einfach. Dies stellt einen Vorteil für Klein- und Mittelunternehmungen dar. Die Geschäftsanteile dürfen nur an eine außenstehende Person übertragen werden, wenn eine Mehrheit von Teilhabern, die 3/4 des Kapitals vertritt, es genehmigt. [7] Es kommt noch hinzu, daß die GmbH ihre Bilanz sowie ihre Gewinn- und Verlustrechnung nicht zu veröffentlichen braucht. Die Leitung der GmbH besteht hauptsächlich aus einem oder mehreren Geschäftsführern, die die Generalversammlung der Teilhaber ernennt: "Ils (les gérants, d.Verf.) sont nommés par les associés... pour un temps limité ou sans limitation de durée. Sauf stipulation contraire des statuts, ils ont <u>tous les pouvoirs</u> pour agir au nom de la société, en toutes circonstances; toute limitation contractuelle des pouvoirs des gérants est sans effet á l'égard des tiers. Les gérants nommés par l´acte de société ou par un acte postérieur ne sont révocables que pour des causes légitimes."[8]

Der Gesetzgeber räumt den "gérant" uneingeschränkte Befugnisse ein. In der Praxis sieht das so aus, daß die Leitungsstruktur einer GmbH meistens nur aus einem einzelnen gérant besteht (80% der Fälle). Dies birgt die Gefahr einer Entscheidungszentralisation in sich, die auf die nächsten hierarchischen Ebenen übertragen wird. In den 20% der übrigen Fälle, wo ein zweiter gérant oder ein ihm unterstellter cogérant ernannt wurde, wurde eine verrichtungsorientierte arbeitsteilige Aufgabengliederung festgestellt, wobei der eine gérant für die Produktion und der zweite oder sein Assistent (cogérant) für Absatz, Beschaffung und Finanzierung zuständig sind.

---

7) Ben Cheikh,M., Code de Commerce, a.a.O., Art. 171 du CCT.

8) Ebd., Art. 159, S. 42. Zur GmbH s. auch Oppetit,B./ Sayag,A., Les structures juridiques..., a.a.O., S. 226 ff. Mendelsohn,D., Tout sur les SARL, Paris 1972.

Die zweite Gefahr in dieser Form der Leitungsstruktur der GmbH besteht in dem selten gebildeten Kontrollorgan. Der Gesetzgeber sieht vor, daß nur die GmbH, deren Mitgliederzahl 20 überschreitet, einen Aufsichtsrat (conseil de surveillance) zu ernennen brauchen.[9] Seine Befugnisse sind eingegrenzt, da er über die Opportunität der Entscheidungen kein Urteil fällen darf; seine Aufgabe deckt sich mit derjenigen der Commissaires aux comptes einer AG.

Eine Kontrolle durch die Teilhaber selbst scheint auch nicht vorhanden zu sein, da der Gesetzgeber eine Generalversammlung nur für die GmbHs mit mehr als 20 Teilhabern vorschreibt.

Schlußfolgerung

Die Struktur der Leitung in der GmbH läßt nur in seltenen Fällen Ansätze zu einer arbeitsteiligen Aufgabengliederung erkennen; eine kollegiale Struktur ist nicht gegeben; die Kontrolle der Geschäftsführung läßt wie bei der AG zu wünschen übrig. Die untersuchten GmbHs sind meistens Familien- oder "Freundesunternehmungen" und stellen den Idealtyp der Klein- und Mittelunternehmungen dar. Die "gérants" sind in der Regel an dem Kapitel beteiligt, wie es aus dem Item 18 zu erkennen ist: 73,6% der untersuchten Betriebe haben einen "PDG", "Gérant" oder "Directeur", der am Kapital beteiligt ist.

3.11.3 Struktur der Leitung von Einzelunternehmungen, von Kommanditgesellschaften und staatlichen Betrieben

Einzelunternehmungen sind häufig in der Textil- und Nahrungsmittelindustrie, aber auch in der Holzindustrie anzu-

---

9) Ben Cheikh,M., Code de Commerce, a.a.O., Art. 167 und 147, CCT.

treffen. Dies ist in der Nahrungsmittelindustrie deshalb der Fall, weil hier einfache Technologien mit niedrigem Anlagekapital vorherrschen; zusätzlich spielt die Bedürfnisstruktur der Verbraucher eine Rolle, welche sich hinsichtlich der Grundnahrungsmittel wenig geändert hat. In diesen Betrieben hat der Produktionsprozeß seinen handwerklichen Charakter bewahrt. Er prägt, wie später gezeigt werden soll, die arbeitsteilige Aufgabengliederung in qualitativer und quantitativer Hinsicht.

In der Holzindustrie läßt sich ebenfalls der handwerkliche Charakter nachweisen. Die Anzahl der Einzelunternehmungen in dieser Branche ist durch folgende Gründe zu erklären:

- niedriges Anlagekapital
- wenig entwickelte Technologie
- im Zusammenhang mit der Auflösung der traditionellen Großfamilie und der Änderung des Lebensstiles steigende Nachfrage, welche sowohl auf dem Bausektor als auch in der Möbelindustrie festzustellen ist.

Es kommt häufig vor, daß ausgelernte Arbeiter ihre eigene Unternehmung gründen. Dieses Ergebnis ist durch Item 16 - 10 Betriebsleiter (16,7%) waren Arbeitnehmer [10] - und auch durch Item 19 - 77,3% der Betriebsleiter haben in der Unternehmung, in der sie zur Zeit tätig sind, keine andere Funktion ausgeübt -, bestätigt. [11]

Die Entwicklung der Einzelunternehmungen in der Textilindustrie ist im Zusammenhang mit der Kollektivierung in den 60er Jahren [12] und später mit der internationalen Arbeitsteilung

---

10) S. Anhang, Tab. 72.

11) S. Anhang, Tab. 73.

12) In dem Zeitraum 1960-69 hat der Staat versucht, in allen Wirtschaftsbereichen Genossenschaften zu gründen

bzw. mit der Verlagerung der Textilindustrie in Länder der Dritten Welt[13] zu sehen. Hier ist insbesondere zu erwähnen, daß mit der Abschaffung des Großhandels, mit der Bildung von Genossenschaften im Einzelhandelssektor und mit der Förderung der Industrie eine beachtliche Anzahl von Händlern Industrieunternehmer geworden ist. Die Textilbranche mit ihrer einfachen Technologie und niedrigem Anlagekapital erschien damals erfolgsversprechend, weil die Absatzmöglichkeiten auf dem Binnenmarkt und auf dem internationalen Markt als günstig zu beurteilen waren. Eine vertieftere Analyse hinsichtlich dieses Umwandlungsprozesses ginge über den Rahmen dieser Arbeit hinaus. Es ist jedoch für die vorliegende Untersuchung von Bedeutung, daß die Herkunft der Betriebsleiter bzw. Unternehmer sowie die Produktionsverfahren die arbeitsteilige Aufgabengliederung auf den verschiedenen Hierarchie-Ebenen prägt.

Die einzige Kommanditgesellschaft, die in der Stichprobe berücksichtigt worden ist, unterscheidet sich kaum von den Einzelunternehmungen. Eine arbeitsteilige Aufgabengliederung auf der höchsten Unternehmungsebene liegt hier ebenfalls nicht vor.[14]

---

und zu fördern; hier muß auf den Zwangcharakter dieser Einführung von Genossenschaften hingewiesen werden. Die Genossenschaften wurden zuerst im Handelssektor und danach in der Landwirtschaft gegründet; Der private Groß- und Halbgroßhandel wurde teilweise abgeschafft und teilweise auf staatliche Betriebe übertragen. Die Händler und Großhändler, sowie ein Teil der Grundbesitzer sahen in der Gründung von Industriebetrieben eine Möglichkeit, ihr Kapital zu behalten und von der Zwangskollektivierung verschont zu bleiben.

13) Zur Verlagerung der Textilindustrie auf Länder der Dritten Welt s. Fröbel,F./Heinrichs,J./Kreye,O., Die neue internationale Arbeitsteilung, Reinbek bei Hamburg 1977, S. 67 ff.

14) Zur Kommanditgesellschaft s. Ben Cheikh,M., Code de Commerce, a.a.O., Art. 137 - 147; der Gesetzgeber bezieht sich auf die "Société en nom collectif".

Die staatlichen Betriebe sind in zwei Kategorien zu unterscheiden:

- die AGs, wobei der Staat über 51% des Kapitals verfügt und
- die staatlichen Betriebe, die eine "Regie-Form" haben.

Die ersteren unterscheiden sich von den anderen AGs dadurch, daß der PDG und der Directeur Général Adjoint durch ein "décret ministériel" und nicht von dem Conseil d'Administration ernannt werden. Es kann vorkommen, daß diese Ernennung über die fachlichen Fähigkeiten hinausgeht und eher die politische Einstellung des Ernannten berücksichtigt wird. [15)]

Die staatlichen Betriebe, die eine "Regie-Form" haben, sind einem Ministerium unterstellt und werden wie eine normale Behörde verwaltet. Die Angestellten werden vom Ministerium ernannt und haben einen Beamtenstatus. Die Unternehmungsleitung besteht aus einem Direktor, der dem Minister untersteht.

---

15) Diese Aussage darf nicht verallgemeinert werden, da wir keine repräsentative Stichprobe von staatlichen Betrieben untersucht haben. Als Beispiel kann hier ein Betrieb angegeben werden, wo der Directeur Général Adjoint, der früher mit politischen Aufgaben betraut war, keine Funktionen ausübt, aber ein Gehalt bezieht.

3.12 Qualitative arbeitsteilige Aufgabengliederung auf der 2. Hierarchie-Ebene

Tab. 11 Qualitative arbeitsteilige Aufgabengliederung auf der 2. Hierarchie-Ebene nach Betriebsgröße

Betriebsgröße / qual. arbtlge. Aufgabengliederung	1	2	3	4	5	Summe der absoluten Häufigkeit	Relative Häufigkeit
I	8	7	12	3	6	36	48,65
II	0	1	1	0	1	3	4,06
III	0	0	1	0	0	1	1,35
(I)	6	5	5	0	1	17	22,97
(II)	1	0	0	0	0	1	1,35
-	3	4	3	2	4	16	21,62
Summe der absoluten Häufigkeit	18	17	22	5	12	74	
relative Häufigkeit	24.32	22.97	29.73	6.76	16.22		100

I = verrichtungsorientierte arbeitsteilige Aufgabengliederung

II = objektorientierte arbeitsteilige Aufgabengliederung

III = Mischform

(I) = überwiegend verrichtungsorientierte arbeitsteilige Aufgabengliederung

(II)= überwiegend objektorientierte arbeitsteilige Aufgabengliederung

- = keine arbeitsteilige Aufgabengliederung

3.12.1 Arbeitsteilige Aufgabengliederung nach dem Objektkriterium

Aus der Tab. 11 ist zu entnehmen, daß auf der zweiten Hierarchie-Ebene das Objektprinzip in tunesischen Industriebetrieben geringe Anwendung findet. In den drei nach diesem Prinzip gegliederten Betrieben sind grundsätzlich Unterschiede festzustellen:

- in dem Betrieb der Größe 2 herrscht eine sequentielle Interdependenz zwischen 2 Sparten[16], d.h. die Fertigprodukte einer Sparte stellen die Rohprodukte der zweiten dar. Die Befugnisse der Spartenleiter erstrekken sich auf den Ablauf des Produkionsprozesses; alle anderen unternehmerischen Entscheidungen (Beschaffung, Absatz und Finanzierung) liegen bei dem Unternehmer. Es ist interessant festzustellen, daß in diesem Betrieb nur drei hierarchische Stufen existieren, wobei auf der dritten Ebene das Werkstattprinzip Anwendung findet.

- Der zweite Betrieb gehört der Baubranche an. Hier stellen die Spartenleiter die Leiter verschiedener Projekte dar. Eine Zentralstelle, die dem Betriebsleiter unterstellt ist, plant, koordiniert und führt die Aufträge der Projektleiter aus. Es handelt sich um

---

16) Zu den Arten der Interdependenzen s. Thompson,J.D., Organizations in Action, zit. nach Kieser,A./ Kubicek,H., Organisation, a.a.O., S. 72 f. Thompson unterscheidet zwischen drei Arten von Interdependenzen:
- Gepoolte Interdependenzen: sie liegen vor, wenn mehrere Einheiten um eine begrenzte Menge an Ressourcen konkurrieren.
- Sequentielle Interdependenzen: sie entstehen, wenn organisatorische Einheiten im Produktionsprozeß hintereinander geschaltet werden.
- Reziproke Interdependenzen: sie sind gegeben, wenn zwischen zwei organisatorischen Einheiten ein gegenseitiger Leistungsaustausch vorhanden ist, d.h. jede Einheit produziert Input für die andere Einheit.

eine gepoolte Interdependenz, weil die verschiedenen Sparten um die betrieblichen Ressourcen konkurrieren.

- Der dritte Betrieb, der der 5. Betriebsgröße angehört, stellt einen Konzern dar. Eine sequentielle Interdependenz zwischen den verschiedenen Einheiten ist gegeben. Jede Einheit arbeitet wie eine unabhängige Unternehmung; das Marketing obliegt einer gemeinsamen Einrichtung, die sich außerhalb des Landes befindet (in Paris). Eine Diskussion über eine juristische Trennung der verschiedenen Einheiten ist seit 1977 im Gang.

Worauf ist die selten gegebene Anwendung des Objektprinzipes in tunesischen Industriebetrieben zurückzuführen? Folgende Gründe sind anzuführen:[17)]

a) Die Anzahl der von einem Betrieb hergestellten Produkte ist in der Regel gering. Es handelt sich in vielen Fällen um Einprodukt-Unternehmungen, deren Größe es nicht nötig macht, eine Spartenorganisation einzuführen.

b) Die Spartenorganisation bringt einen größeren Bedarf an qualifizierten Leitungskräften mit sich, die sich Klein- und Mittelbetriebe nicht leisten können.

c) Zusätzlich hat der Unternehmer durch die Spartenorganisation das Problem, den Überblick zu verlieren, da dadurch unabhängige Einheiten entstehen, die einen größeren Koordinationsbedarf benötigen.

---

17) Zu Nachteilen der Spartenorganisation s. Dale,E., Organization, American Management Association, 1967, S.114.

d) Der Informationsstand der Unternehmer, der sich in ihrer Ausbildung als auch in den Zeitungen und Zeitschriften, die sie lesen, dokumentiert, spielt auch bei der Anwendung des Objektprinzipes eine Rolle: 30,99% haben eine Koran- oder eine Volksschule und 26,76% haben nur das Gymnasium (mit oder ohne Abschluß) besucht; 33,91% haben an einer Universität oder an einer Fachhochschule studiert (Item 21). Fachzeitungen der Branche werden nicht sehr häufig gelesen: 37,5% haben angegeben, daß sie Fachzeitungen der Branche (davon 85% in französisch) lesen, während nur 19,4% wirtschaftliche Zeitungen und Zeitschriften lesen. Die Mehrheit der Betriebsleiter gibt sich mit den tunesischen Tageszeitungen zufrieden (55,5%).

3.12.2 Arbeitsteilige Aufgabengliederung nach dem Verrichtungskriterium

Die Anwendung des Verrichtungskriteriums ist sehr häufig. Es ist bei 48,65% der untersuchten Betriebe feststellbar. Die qualitative arbeitsteilige Aufgabengliederung ist verschieden; drei Fälle sind zu unterscheiden:

- die zweite Hierarchie-Ebene besteht aus nur einer Stelle;
- die zweite Hierarchie-Ebene besteht aus zwei Stellen;
- die zweite Hierarchie-Ebene besteht aus mehr als zwei Stellen.

a) Die zweite Ebene besteht aus nur einer Stelle

Hier handelt es sich besonders um Betriebe der 1., 2. und 3. Betriebsgröße, wobei der Produktionsprozeß keine hochentwickelte Technologie erfordert. Dem zweitwichtigsten Mann im Betrieb werden meistens Aufgaben zugeordnet, welche mit dem Produktionsablauf und anderen technischen Fragen zusammenhängen. Für die anderen Bereiche ist der Betriebsleiter bzw. der Unternehmer allein zuständig. Es kommt selten vor, daß dem Stelleninhaber Absatz- oder Finanzierungsaufgaben anvertraut werden. Er kann aber bei bestimmten Entscheidungen herangezogen werden; er spielt dann mehr die Rolle eines Beraters oder liefert Informationen, die für die Entscheidung relevant sein können.[18]

b) Die zweite Ebene besteht aus zwei Stellen

Mit zunehmender Größe wird der Betriebsleiter durch Übertragung von zwei Aufgabenbereichen entlastet. In der Regel wird neben dem Produktionsleiter ein Absatzleiter oder ein Verwaltungsleiter herangezogen. Die Finanzierungs- und Produktionsplanung behält der Betriebsleiter selbst. Die Aufgabe des Verwaltungsleiters ist vielseitig: Abwicklung von Bestellungs- und Lieferungsaufträgen, Gehaltsberechnungen und -auszahlungen, Personalangelegenheiten etc. Es kommt selten vor, daß die zwei Stellen mit zwei Produktionsleitern besetzt werden;[19] in diesem Fall handelt es sich um Betriebe, die mit zwei oder drei Schichten arbeiten.

c) Die zweite Ebene besteht aus mehr als zwei Stellen

Hier handelt es sich um Betriebe, die in bezug auf die Anzahl der Organisationsmitglieder relativ groß sind. Die qualitative arbeitsteilige Aufgabengliederung ist unterschiedlich: je nach Größenordnung werden Bereiche

---

18) Diese Stelle wird in manchen Fällen durch ausgelernte Facharbeiter besetzt.

19) Einige Betriebe nennen den Produktionsleiter "Chef d'usine" andere "Chef d'ateliers", und andere "Directeur d'usine" etc. Hierbei wird nicht die Benennung beachtet, sondern der Aufgabeninhalt.

zusammengefaßt (z.B. Buchhaltung und Beschaffung, Absatz und Beschaffung oder Personalangelegenheiten und Beschaffung) oder auseinandergehalten. Nur in wenigen Fällen wird die Gutenberg'sche funktionale Gliederung angewandt. [20]

Das Grundmuster läßt sich wie folgt darstellen, wobei in den meisten Fällen der Betriebsleiter die Beschaffungs- und Finanzierungsaufgaben für sich behält.

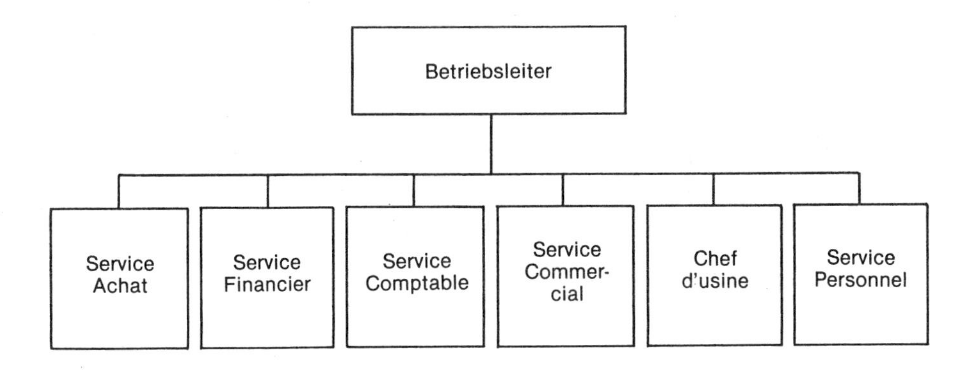

Abb. 8 Gliederungsmöglichkeit auf der 2.Hierarchie-Ebene

3.12.3 Uneinheitliche oder fehlende arbeitsteilige Aufgabengliederung

Zwei Kategorien sind hier zu unterscheiden:

a) Diejenigen Betriebe, die auf der nachgeordneten 3. Hierarchie-Ebene eine arbeitsteilige Aufgabengliede-

---

20) Vgl. Gutenberg,E., Einführung in die Betriebswirtschaftslehre, Wiesbaden 1958, S. 22 f.

rung aufweisen (69.70%). In der Regel werden dann auf der 2.Ebene

- die eine oder zwei Stellen auf dieser Ebene von einem Assistenten (cogérant, directeur géneral adjoint, secrétaire général) besetzt. Dies trifft für die Betriebe zu, wo der Betriebsleiter seine Aufgabe als Betriebsleiter auch wahrnimmt; oder

- die eine Stelle von einem Assistenten besetzt, der, ohne daß es schriftlich festgelegt ist, die Aufgabe des Betriebsleiters übernimmt. Hier handelt es sich um eine tatsächliche, aber keine juristisch anerkannte Übertragung der Betriebsleiterbefugnisse.

  Die Schaffung einer oder mehrerer Stellen, deren Aufgabeninhalt nicht klar definiert ist, erhöht die Anzahl der hierarchischen Ebenen und ist ein Zeichen dafür, daß Ziele - wenn überhaupt welche formuliert werden - konfus sind. Die Personalkosten werden dadurch nur erhöht.

b) Diejenigen, die auf der 3. Hierarchie-Ebene keine qualitative arbeitsteilige Aufgabengliederung aufweisen (30.30%). Dies trifft besonders für Klein- und Mittelbetriebe der Betriebsgröße 1,2 und 3 zu. Die zweite Ebene besteht meistens aus einer Stelle, deren Inhaber besonders die Kontrolle des Produktionsablaufes übernimmt und ein Bindeglied zwischen Betriebsleiter und Arbeiter darstellt.

3.13 Qualitative arbeitsteilige Aufgabengliederung auf der 3.Hierarchie-Ebene

Hierbei soll zwischen drei Betriebsgruppen unterschieden werden:

- Die erste Gruppe besteht aus den Betrieben, die auf der 2.Hierarchie-Ebene keine arbeitsteilige Aufgabengliederung aufweisen, aber eine auf der 3.Hierarchie-Ebene haben. [21)]

- Die zweite Gruppe bilden die Betriebe, die sowohl auf der 2. als auch auf der 3.Hierarchie-Ebene keine qualitative arbeitsteilige Aufgabengliederung aufweisen. Es handelt sich dann in der Regel um Betriebe, die durch 3 - 4 Hierarchie-Ebenen gekennzeichnet sind. Ihr handwerklicher Charakter kommt dabei immer dann zum Ausdruck:

  a) Wenn die Stellen auf der 3. Ebene mit Arbeitern besetzt sind, sind sie im Produktionsprozeß fast überall einsetzbar.

  b) Die Stelle(n) wird (werden) mit angelerntem (angelernten) Arbeiter(n) (Chef d'équipe) besetzt; dem (denen) Ausführungs-, Kontroll- und Ausbildungsaufgaben zugeordnet werden.

- Die dritte Gruppe umfaßt die Betriebe, welche auf der 2. und 3. Hierarchie-Ebene eine klare arbeitsteilige Aufgabengliederung aufweisen (30.56%).

---

21) Für diese Gruppe gelten ebenfalls die Bemerkungen unter 3.12.2, S. 113.

Tab. 12 Qualitative arbeitsteilige Aufgabengliederung auf der 3. Hierarchie-Ebene nach Betriebsgröße

qual. arbtl. Aufgabengliederung \ Betriebsgröße	1	2	3	4	5	Summe der absoluten Häufigkeit	Relative Häufigkeit
I	3	6	11	2	9	31	43
II	0	1	3	1	0	5	7
III	0	0	0	0	2	2	2,8
(I)	10	6	6	3	0	25	34,7
(II)	2	1	1	0	0	4	5,6
(III)	1	1	1	0	0	3	4,1
-	1	1	0	0	0	2	2,5
Summe der absoluten Häufigkeit	17	16	22	6	11	72	
relative Häufigkeit	23.61	22.22	30.56	8.33	15.28		100

I = verrichtungsorientierte arbeitsteilige Aufgabengliederung

II = objektorientierte arbeitsteilige Aufgabengliederung

III = Mischform

(I) = überwiegend verrichtungsorientierte arbeitsteilige Aufgabengliederung

(II) = überwiegend objektorientierte arbeitsteilige Aufgabengliederung

(III) = überwiegend Mischform

\- = keine arbeitsteilige Aufgabengliederung

Aus Tab. 12 ist zu erkennen, daß die Anwendung des Objektprinzips bzw. einer Mischform zwischen Objekt- und Verrichtungsprinzip im Vergleich zu deren Anwendung auf der 2.Hierarchie-Ebene leicht zugenommen hat (9.80% gegen 5.41%). Obwohl für die Gesamtstichprobe ein absteigender Trend einer klaren arbeitsteiligen Aufgabengliederung festzustellen ist, weisen die Betriebe der Größe 4 und 5 eine stärkere arbeitsteilige Aufgabengliederung auf. Dies ist auf die angewandte Technologie als auch auf die Produktarten zurückzuführen. Bei den Betrieben besonders der Größe 1 ist ein steil sinkender Trend erkennbar. Die Eigenschaften des Produktionsprozesses erklären dieses Ergebnis, da in diesen Betrieben der Produktionsablauf von der Technologie her kein hohes Niveau aufweist.

3.14 Qualitative arbeitsteilige Aufgabengliederung auf der 4.Hierarchie-Ebene

Drei Betriebsgruppen sind hier zu unterscheiden:

a) Diejenigen, die 4 Hierarchie-Ebenen haben (27 von 51 oder 52,94%); auf die qualitative arbeitsteilige Aufgabengliederung werden wir später zurückkommen.

b) Diejenigen, die 5 Hierarchie-Ebenen haben (14 von 51 oder 27.45%). Hier wird (werden) die Stelle(n) in der Regel mit einem "chef (taine) d´équipe" oder "chef de brigade" besetzt, wobei zwei Arten von Aufgabenkomplexen zu unterscheiden sind:

- der chef d´équipe hat eine Überwachungs- und Kontrollfunktion
- der chef d´équipe ist selbst im Produktionsprozeß tätig und übernimmt neben der Kontrollfunktion Ausbildungsaufgaben.

c) Die dritte Gruppe besteht aus den Betrieben, die 6 Hierarchie-Ebenen und mehr haben (19,61%). Hierbei handelt es sich besonders um Betriebe der Größe 5 (7 von 11 oder 63.64%). Die Stelle(n) ist (sind) durch den (die) Leiter einer Realisationsstelle (filature, chaudronnerie, teinturie etc.) besetzt. Die qualitative arbeitsteilige Aufgabengliederung ist überwiegend verrichtungsorientiert (66.67%).

Tab. 13 Qualitative arbeitsteilige Aufgabengliederung auf der 4.Hierarchie-Ebene nach Betriebsgröße [1)]

qual. arbtl. Aufgabengliederung \ Betriebsgröße	1	2	3	4	5	Summe der absoluten Häufigkeit	Relative Häufigkeit
I	0	3	6	3	8	20	39,22
II	0	1	0	0	3	4	7,84
III	0	0	1	0	1	2	3,92
(I)	6	6	8	2	0	22	43,14
(II)	0	0	2	0	0	2	3,92
(III)	0	1	0	0	0	1	1,96
-	0	0	0	0	0	0	0
Summe der abs.H.	6	11	17	5	12	51	
relative Häufigkeit	11,76	21,57	33,33	9,81	23,53	100	

1) Legende siehe S.118

Aus Tab. 13 läßt sich ein kontinuierlich aber nur leicht absinkender Trend einer klaren Aufgabenteilung feststellen (50.98% gegen 52%). Die Anwendung des Objektprinzipes oder einer Mischform aus Objekt- und Verrichtungsprinzip nimmt relativ zu (11,76% gegen 9,80%). Das Verrichtungsprinzip bleibt dasjenige, das am häufigsten angewandt wird.

3.15 Qualitative arbeitsteilige Aufgabengliederung ab der 5.Hierarchie-Ebene

Hierbei muß noch zwischen zwei Betriebsgruppen differenziert werden:

- Diejenigen, die nur 5 Hierarchie-Ebenen haben (14 oder 18,92% der Gesamtstichprobe) [22].
- Diejenigen, die 6 Ebenen und mehr aufweisen (10 oder 15,31%).

Die arbeitsteilige Aufgabengliederung auf diesen Ebenen - falls vorhanden - ist verrichtungsorientiert (nur in einem Betrieb wurde eine Mischform festgestellt). Das Grundschema läßt sich wie folgt darstellen:

---

22) Die Spezialisierung wird unter 3.16 behandelt.

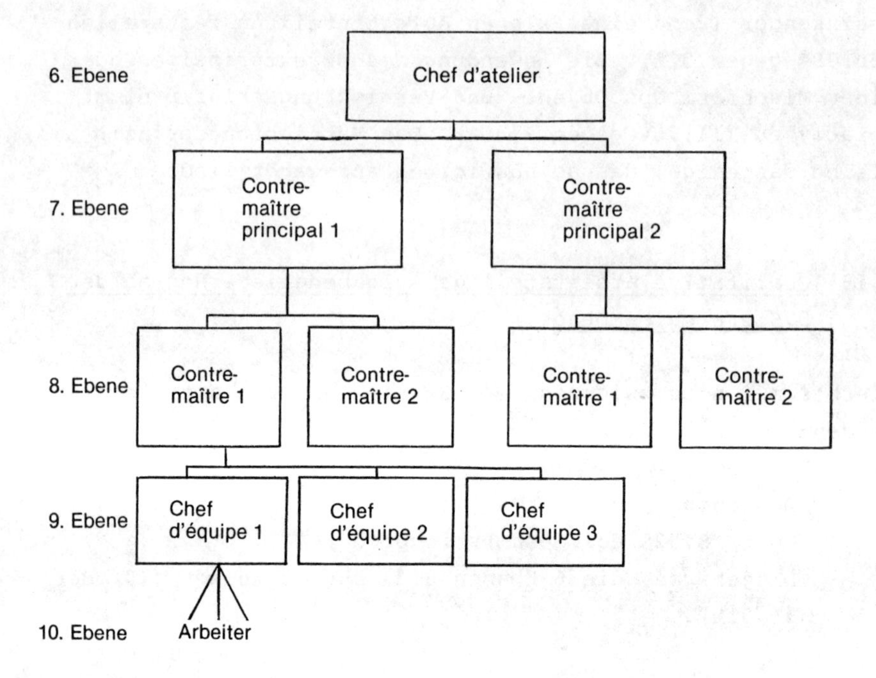

Abb. 9 Gliederungsmöglichkeit ab der 6.Hierarchie-Ebene

3.16 Qualitative arbeitsteilige Aufgabengliederung auf der letzten Hierarchie-Ebene

Sie ist dadurch zu kennzeichnen:

- daß sie - auch wenn sie nicht klar definiert ist - verrichtungsorientiert ist (95,95%) und

- daß sie nur in 29,73% der Fälle klar definiert ist, wobei dies am häufigsten in den Betrieben der Grössenklasse 3 und 5 eintritt.

Diese mangelnde arbeitsteilige Aufgabengliederung läßt sich durch die Angaben der Arbeiter selbst bestätigen: 60,55% der Probanden berichten, daß die Vorgesetzten (häufig bzw. immer) die Arbeitsgebiete den Fähigkeiten ihrer ihnen unterstellten Mitarbeiter anpassen (Item 12, Fragebogen III), dagegen geben 22.18% an, daß dies selten oder nie der Fall ist.

Dieses Ergebnis läßt sich wie folgt erklären:

a) Die in vielen Betrieben einfache Technologie, die sogar manchmal einen handwerklichen Charakter aufweist, erfordert keine klare arbeitsteilige Aufgabengliederung.
b) Nur in sehr wenigen Betrieben wurden Arbeitsablaufstudien gemacht und auf deren Basis eine Arbeitsteilung und Stellenbeschreibung vorgenommen.

Obwohl in den Tarifverträgen, die auf nationaler Ebene und für 34 Betriebsgruppen der verschiedenen Branchen zwischen Tarifparteien abgeschlossen worden sind [23], Stellenbenennungen angegeben sind, haben wir in mehreren Betrieben festgestellt, daß diese Benennungen nur der Lohnbestimmung dienen und je nach Bedarf dem einen oder anderen Stelleninhaber eine andere Aufgabe zugewiesen wird. Im "Ministère des affaires sociales" wurde 1978 eine Arbeitsablaufstudie, deren Ergebnisse noch nicht vorliegen, in Angriff genommen.

c) Die hohe Abwesenheitsquote (sie erreicht manchmal 20%) wirkt sich in zweierlei Hinsicht aus:

- Die Einstellung zusätzlicher Arbeiter, die einspringen müssen, wenn ein Stelleninhaber zur Ar-

---

23) Ministère des Affaires Sociales, Législation du travail et de la sécurité sociale, Tunis 1977, S. 127 und 128-152.

beit nicht erscheint, ist notwendig; diese Maßnahme dient zur Sicherung eines kontinuierlichen Ablaufes des Produktionsprozesses.

- Es wird von den Arbeitern verlangt, vielseitig zu sein, damit bei ungeplanter Abwesenheit von Kollegen eine Unterbrechung des Produktionsablaufes vermieden werden kann.

Tab. 14 Qualitative arbeitsteilige Aufgabengliederung auf der letzten Hierarchie-Ebene nach Betriebsgröße[24)]

qual. arbtl. Aufgabengliederung \ Betriebsgröße	1	2	3	4	5	Summe der absoluten Häufigkeit	Relative Häufigkeit
I	2	3	8	2	5	20	27.03
II	0	0	0	0	0	0	0
III	0	2	0	0	0	2	2,70
(I)	15	11	13	3	7	49	66,22
(II)	1	0	1	0	0	2	2,70
(III)	0	1	0	0	0	1	1,35
Summe der abs.H.	18	17	22	5	12	74	
relative H.	24,32	22,79	29,73	6,76	16,22		100

24) Legende s.S.118

3.17 Quantitative arbeitsteilige Aufgabengliederung

Die arbeitsteilige Aufgabengliederung wird quantitativ anhand der zwei Indikatoren

- Anzahl der Stellen A und
- Verhältnis Objekt/Verrichtung ($V = A_o / A_v$)

gemessen.

3.17.1 Quantitative arbeitsteilige Aufgabengliederung nach der Anzahl der Stellen

Obwohl die Anzahl der Stellen keine Angabe über das Verhältnis zwischen objektorientierter und verrichtungsorientierter arbeitsteiliger Aufgabengliederung ermöglicht, bringt sie doch zum Ausdruck, inwieweit überhaupt eine arbeitsteilige Aufgabengliederung vorgenommen worden ist.

Tab. 15 Anzahl der Stellen nach Betriebsgröße

Anzahl Stellen \ Betriebsgröße	1	2	3	4	5	Summe der absoluten Häufigkeit	Relative Häufigkeit
1	5	0	0	0	0	5	6,76
2	8	2	1	0	0	11	14,86
3	0	1	3	0	0	4	5,41
4	2	6	4	0	0	12	16,22
5	1	4	3	0	0	8	10,81
6 - 7	2	2	4	1	0	9	12,16
8 - 9	0	1	4	0	1	6	8,10
10-14	0	0	2	2	0	4	5,41
15-19	0	1	0	1	2	4	5,41
20-25	0	0	1	1	1	3	4,05
26-30	0	0	0	0	0	0	0
31-39	0	0	0	0	1	1	1,35
40-99	0	0	0	0	3	3	4,05
100 und mehr	0	0	0	0	4	4	5,41
Summe der absoluten Häufigkeit	18	17	22	5	12	74	
relative Häufigkeit	24,32	22,97	29,73	6,76	16,22	100	

Tab. 15 gibt wieder, daß die sehr kleinen Betriebe (Klasse 1) eine sehr geringe Stellenanzahl haben: 72% dieser Betriebe haben eine bis zwei Stellen. Dieser Prozentsatz deutet auf eine Entscheidungszentralisation, welche noch zu untersuchen ist. [25] Es ist interessant festzustellen, daß in der Gesamtstichprobe 54,06% und 66,22% der Betriebe eine Stellenanzahl, die 5 bzw. 6 nicht übersteigt, haben. Kann man dar-

---

25) S.S. 130 ff.

aus ableiten, daß diese geringe Anzahl der Stellen zwecks Optimierung der Kostengestaltung gebildet wurde? Die Frage ist in vielen Fällen zu bejahen: Kleinbetriebe beziehen auf der einen Seite Fremdleistungen (Buchhaltung, Kostenrechnung, Vermarktung) und auf der anderen Seite werden ältere Arbeiter mit bestimmten zusätzlichen Funktionen belastet (z.B. Kontrolle, Ausbildung, Lagerüberwachung etc.), ohne daß eine neue Stelle geschaffen wird. Es muß noch hinzugefügt werden, daß der Bedarf an zusätzlichen Belegschaftsmitgliedern eine volle Auslastung des neuen Stelleninhabers vielfach nicht ermöglichen würde.

Aus Tab. 15 ist noch zu entnehmen, daß sich eine positive Korrelation zwischen Betriebsgröße und Anzahl der Stellen bemerkbar macht. Staatliche und halbstaatliche Betriebe weisen die größte Stellenanzahl auf; dies ist auf zwei Faktoren zurückzuführen:

- in einigen wurde eine "Behördenorganisationsstruktur" nach dem französischen Bürokratiemodell übernommen,
- in den anderen wird dies durch die angewandte Technologie, die hochqualifizierte Kräfte benötigt, und durch das Ausbildungsniveau der Fachkräft impliziert.

3.17.2 Quantitative arbeitsteilige Aufgabengliederung nach dem Verhältnis Objekt/Verrichtung

In 18 Betrieben (24,32%) ist das Objektkriterium angewandt. 66,67% dieser Betriebe gehören der Größenklasse 3 und 5 im Verhältnis 1:1 an. Diese Betriebe stellen mindestens 2 Produkte oder Produktgruppen her. Der Quotient

$$V = \frac{A_o}{A_v}$$

ist in zwei Fällen $V > 1$ (Holz- und Schiffbauindustrie). Das Zahlenverhältnis ist dadurch zu erklären, daß in diesen 2 Betrieben Arbeitsgruppen gebildet werden, denen die Fertigung eines Produktes bzw. einer Produkteinheit anvertraut wird.

V sinkt tendenziell mit der Zunahme der Betriebsgröße ab und erreicht sein Minimum bei 0,007; dies ist mit der positiven Korrelation - Anzahl der Stellen zur Betriebsgröße - zu erklären.

Am häufigsten ist das Objektkriterium in der Nahrungsmittelindustrie angewandt; die Herstellung von zwei oder mehr Produkten oder Produktgruppen, deren Fertigung verschiedene Anlagen benötigt, läßt die Notwendigkeit einer solchen arbeitsteiligen Aufgabengliederung erkennen; V schwankt zwischen 1 und 0.14. In der Textilbranche erklärt teilweise die sequentielle Dependenz und teilweise die gepoolte Dependenz die Anwendung des Objektkriteriums.

Tab. 16 Verhältnis zwischen Objekt- und Verrichtungsprinzip nach Branchen und Betriebsgrößen

Betriebsgröße / Branche	1	2	3	4	5	Anzahl der Betriebe
Metallindustrie					3/414	1
Schiffbauindustrie			6/3			1
Bauindustrie			2/40		6/107	2
Chemische Industrie					7/171	1
Nahrungsmittelindustrie		2/3	2/2 11/19 3/5	3/21		5
Textilindustrie		1/1 2/2	1/5		3/42	4
Holzindustrie	4/3 2/3					2
Korkindustrie					4/37	1
Verschiedenartige Manufakturindustrie					5/27	1
Anzahl der Betriebe	2	3	6	1	6	18

3.2 Koordination der Aufgabenerfüllung

Die Koordination der Aufgabenerfüllung enthält die beiden Teildimensionen 'Kompetenzverteilung' und 'Formalisierung', die wir im folgenden anhand des empirischen Datenmaterials behandeln werden.

3.21 Kompetenzverteilung

Die Kompetenzverteilung wird anhand der drei folgenden Merkmale erfaßt:

- Verteilung der Entscheidungsbefugnisse,
- Personale Struktur der Entscheidungsbildung,
- Verteilung von Weisungsbefugnissen.

3.21.1 Verteilung der Entscheidungsbefugnisse

Die Verteilung der Entscheidungsbefugnisse ist eine Frage, die sich an die für die Gestaltung der Organisationsstruktur zuständigen Instanzen richtet. Sie soll gewährleisten, daß dem Stelleninhaber die entsprechenden Befugnisse zugeteilt werden,[26] damit er seiner Aufgabe gerecht werden kann.

Quantitativ betrachtet bleibt die Verteilung von Entscheidungsbefugnissen sowohl eine Frage des Ermessens der Gestalter der Organisationsstruktur als auch der Vorgesetzten bei der Anwendung der geschaffenen Regelungen[27]. Die Haltung des Vorgesetzten wird bei der Untersuchung des Führungsstiles erörtert, da sie aber für die Festlegung der Organisa-

---

26) Vgl. Ulrich,H., Delegation, in: HWO, Sp. 433 - 434.
27) Ebd., Sp. 435.

tionsstruktur von Bedeutung ist, also in sie einfließt, sei an dieser Stelle auf sie Bezug genommen. Da die zwei Komponenten Führungsstil und Organisationsstruktur gleichzeitig die Verteilung der Entscheidungsbefugnisse bestimmen, so wird ihre Messung zusätzlich erschwert.

Es wird versucht, bei der Behandlung dieses Kapitels Äußerungen von Betriebsleitern, Managern und Arbeitern einander gegenüberzustellen und die Bildung bestimmter Entscheidungen näher zu betrachten, um ein möglichst realitätsnahes Bild der Verteilung von Entscheidungsbefugnissen in tunesischen Betrieben wiedergeben zu können.

3.21.11 Die Haltung von Betriebsleitern zur Entscheidungsdelegation

Obwohl 41.67% der Betriebsleiter sich in ihren Antworten zur Frage der Delegation von Entscheidungsbefugnissen (Item 58 Fragebogen I) i.g. zustimmend äußerten, läßt sich doch ein Auseinanderklaffen von angeblicher Einstellung und tatsächlichem Ausmaß der Delegation feststellen: in 40,30% der Fälle [28] dürfen die Mitarbeiter überhaupt keine Entscheidungen treffen, ohne vorher den Betriebsleiter konsultiert zu haben. Wie läßt sich dieses Auseinanderklaffen erklären?

Wenn man davon ausgeht, daß 58,34% der Betriebsleiter ihre Mitarbeiter für eher unfähig halten, selbständig zu handeln (Item 59), und 59,63% ihre Mitarbeiter für eher unfähig halten, schöpferisch zu denken (Item 61), ist es nicht erstaunlich, daß diese Haltung in die Organisationsstruktur mit einfließt und sich daraus ein Mangel an Delegation ergibt,

---

28) Dieser Prozentsatz bezieht sich nur auf die Betriebsleiter (67), die das Item 55 beantwortet haben. S. Tab. 76 a zu Item 55.

was ein "Zeichen für eine unzweckmäßige oder ungenügende strukturelle Organisation" darstellt.[29] Diese drückt sich in der Vertretung der Betriebsleiter aus: in 9,72% der Betriebe ist diese Vertretung nicht organisatorisch geregelt (Item 57), d.h. daß der Betriebsleiter überhaupt keinen Vertreter hat. 22,05% der Vertreter dürfen während ihres Mandates nicht alle notwendigen Entscheidungen fällen.

3.21.12 Gegenüberstellung von Antworten der Betriebsleiter, Manager und Arbeiter

Während nur 37.50% der Betriebsleiter (Item 55, Fragebogen I) überhaupt nicht zulassen, daß Mitarbeiter Entscheidungen fällen, ohne sie vorher zu konsultieren, steigt dieser Prozentsatz auf 43,43% bei den Managern (Item 36, Fragebogen II). Mitarbeiter bestätigen diesen Zustand, indem 74,15% von ihnen angeben, daß ihre Vorgesetzten immer bzw. häufig bis in die Einzelheiten entscheiden, was und wie etwas getan werden muß (Item 23, Fragebogen III). Dies widerspricht nicht ihrer Einstellung (von Managern und Betriebsleitern), allein zu entscheiden und zu handeln: 67,8% der Mitarbeiter geben an, daß ihre Vorgesetzten allein entscheiden und handeln. Trotzdem beurteilen die Manager den Handlungsspielraum der ihnen unterstellen Mitarbeiter als relativ groß: 40,40% der Antworten verteilen sich auf die Bewertung 'sehr groß', 'groß' (Item 35, Fragebogen II). Hier erweisen sich die Maßstäbe der Manager als offensichtlich subjektiv auf Grund ihres Rollenverständnisses, zumal 43,43% von ihnen es nicht erlauben, daß ihre Mitarbeiter überhaupt Entscheidungen fällen, ohne sie vorher zu konsultieren.

Darüber hinaus wurde nur in 29,29% der Fälle (Item 29, Fragebogen II) angegeben, daß die Manager Informationen als

---

29) Ulrich,H., Delegation, a.a.O., Spalte 434.

Korrektur von Entscheidungen der ihnen unterstellten Mitarbeiter liefern. Auch die Betriebsleiter beantworten das inhaltlich gleiche Item mit 29,17% (Item 27) auf ebendiese Weise.

Schlußfolgerung

Anhand dieser kurzen Darstellung läßt sich eine starke Entscheidungszentralisation konstatieren.

3.21.13 Verteilung von Entscheidungsbefugnissen in ausgewählten Entscheidungsbereichen

Die Betriebsleiter wurden gebeten, aus den vier folgenden Bereichen Beispiele von den von Mitarbeitern zu fällenden Entscheidungen anzugeben:

- Beschaffung
- Produktion
- Finanzierung
- Absatz.

Den meisten (81,9%)fiel es schwer, Beispiele zu nennen. Im Beschaffungsbereich erstreckt sich die Kompetenz der Mitarbeiter auf die Bestellung von Rohstoffen, entweder nach der Lagerhaltungskartei - wenn eine geführt wird - oder in Notfällen im Rahmen eines limitierten Betrages [30] oder wenn schwer zu beschaffende Rohstoffe auf dem Markt vorhanden sind. Nur in 2 Fällen (2,78%) wurde angegeben, daß die Mit-

---

30) Da von den befragten Betriebsleitern (72) nur in 13 Betrieben zu diesem Fragekomplex Beispiele angegeben werden konnten, beziehen sich dementsprechend die folgenden Aussagen ausschließlich auf die Antworten der Betriebsleiter dieser 13 Betriebe.

arbeiter über die Einkaufspreise der Rohstoffe entscheiden dürfen.

Im Produktionsbereich sind die angegebenen Beispiele häufiger. Drei Entscheidungsarten sind zu unterscheiden:

- Arbeitern Aufgaben zuzuweisen und notfalls Bestrafungsfunktionen auszuüben;
- nach der Nachfrage auf dem Markt die Stückanzahl eines Produktes zu erhöhen bzw. zu mindern
- notgedrungene Entscheidungen: bei Pannen die Maschinen einstellen und Reparaturen durchführen, Ersatzteile beschaffen, bei festgestellten Fehlern den Produktionsvorgang einstellen.

Im Finanzierungsbereich scheint eine vollkommene Entscheidungszentralisation zu herrschen. Hier konnten überhaupt 2 Beispiele angegeben werden. Sie beziehen sich auf die Einziehung bzw. Bezahlung von regelkonformen Rechnungen.

Im Absatzbereich gibt es Beispiele, daß bis zu einer bestimmten Grenze die Mitarbeiter Rabatte gewähren können. Seltener dürfen sie den Zahlungsmodus bestimmen.

Abschließend soll die Entscheidungsbildung bei der Personalanstellung näher betrachtet werden. Auch in diesem Bereich zeigt sich eine Neigung zur Entscheidungszentralisation bei der Mehrheit der untersuchten Betriebe: 67,74% der Betriebsleiter entscheiden selbst über die Anstellung von Mitarbeitern, die ihre Tätigkeit in der Verwaltung aufnehmen sollen. Bei Anstellungen im Produktionsbereich dagegen entscheiden in 46,48% der Fälle die Betriebsleiter über die Anstellung. Nur in 10 Betrieben (13,88%) wird diese Entscheidung an die Produktionsleiter voll delegiert.
Nach welchen Kriterien die Entscheidung gefällt wird, ist

von Betrieb zu Betrieb unterschiedlich. Die Anwendung von Eignungstests ist noch nicht sehr verbreitet (28,36%) außer in den staatlichen bzw. halbstaatlichen Betrieben. Bei der Entscheidung über die Anstellung eines neuen Mitarbeiters in der Verwaltung spielt die Erfahrung fast so oft wie das Ausbildungsniveau eine Rolle. Dies läßt sich dadurch erklären, daß die Betriebsleiter:

- die Erfahrung gegenüber einem theoretischen Ausbildungsniveau vorziehen, um möglichst niedrigere Gehälter zu zahlen;
- die ermittelte Ausbildung als zu theoretisch und für den tunesischen Betrieb wenig geeignet beurteilen.

Tab. 17 Häufigkeit der relevanten Kriterien für die Anstellung eines neuen Mitarbeiters in der Verwaltung

Kriterien	absolute Häufigkeit
Ausbildungsniveau	33
Erfahrung	31
Einschaltung eines Freundes	20
Einschaltung eines Verwandten	18
"qualités morales"	14

Bei der Anstellung von Mitarbeitern im Produktionsprozeß sind folgende Faktoren für die Entscheidung relevant:

Tab. 18 Häufigkeit der relevanten Kriterien für die Anstellung eines neuen Mitarbeiters in der Produktion

Kriterien	absolute Häufigkeit
Einschaltung eines Freundes	26
Einschaltung eines Verwandten	25
Ausbildungsniveau	25
Erfahrung	22
Alter	20
"qualités morales"	14
Fähigkeiten	13

Anscheinend haben die Betriebsleiter keine objektiven Maßstäbe entwickelt, um die Fähigkeit und die Eignung eines neuen Mitarbeiters für die zu besetzende Stelle einschätzen zu können. Sie rechnen damit, daß der neue Mitarbeiter aufgrund beruflicher Erfahrungen fähig ist, sich selbst der neuen Stelle anzupassen. Allerdings spielt das Alter eine gewisse Rolle. Die Betriebsleiter tendieren dazu, junge Arbeiter einzustellen. Häufig stellen auch die technisch einfach gestalteten Arbeitsplätze und die schlechte Arbeitsorganisation einen Grund dar, junge Arbeiter (20-29 Jahre) vorzuziehen, da die Arbeitsausführung mit hoher körperlicher Belastung verbunden ist und die Sozialausgaben niedriger sind.[31)]

Die Faktoren "Einschaltung eines Freundes oder eines Verwandten" lassen das Vorhandensein einer bestimmten Gesellschaftsstruktur zum Ausdruck kommen, bei der der einzelne mit einer Gruppe verbunden ist (Familie, Nachbarschaft, Re-

---

31) Folgende Beispiele sollen die o.g. Aussage veranschaulichen: Beförderung von Lasten über 60 kg, Ausführung der Arbeit im Stehen, körperliche Haltung bei der Arbeitsausführung, schlechte Entlüftung.

gion). Die Betriebsleiter messen diesen beiden Faktoren eine solche Bedeutung bei, weil

- dies es ihnen erlaubt, mehr Informationen über den Bewerber zu beschaffen;
- derjenige, der sich eingeschaltet hat, für die "qualités morales" des Bewerbers sowie für seinen Fleiß "moralisch" haftet. Es kommt noch dazu, daß diese Einschaltung der Bekannten den Bewerber (moralisch) verpflichtet, seine Stelle nicht kurzfristig zu wechseln.

Schlußfolgerung

Obwohl wir die Verteilung der Entscheidungsbefugnisse nicht genau messen konnten, kann aus den obigen Ausführungen eine Tendenz zur Entscheidungszentralisation in tunesischen Industriebetrieben entnommen werden.

Die Einführung einer sich auf Delegation stützenden Organisationsstruktur läßt sich nur durchführen, wenn die Grundhaltung sowohl der Mitarbeiter als auch der Betriebsleiter dafür eher günstig ist. Sie verlangt zusätzlich einen Lernprozeß, den die Organisationsmitglieder schon vollzogen haben, damit ihre Implementierung realisiert werden kann; ansonsten entstehen zusätzliche Widersprüche, deren Folgen nicht zu unterschätzen sind. Dieser Lernprozeß kann so initiiert werden, daß Organisationsmitglieder bei der Entscheidungsbildung herangezogen werden, auch wenn in einem ersten Stadium die Entscheidung unipersonal bleibt. Die Organisationsmitglieder spielen dann eine beratende Rolle und setzen somit einen Lernprozeß in Gang.

3.21.2 Personale Struktur der Entscheidungsbildung

Die personale Struktur der Entscheidungsbildung hängt nicht nur von der Beschaffenheit der Organisationsstruktur, sondern auch von dem Verhalten der Organisationsmitglieder ab. Die Befragung der Organisationsmitglieder über ihre Beteiligung an Entscheidungsprozessen (vertikale und horizontale Beteiligung) läßt keinen sicheren Schluß über deren Ausmaß zu, da damit nicht gesagt wird, inwieweit diese Beteiligung durch die Organisationsstruktur gefördert bzw. behindert wird; trotzdem läßt dieses Ausmaß einen Trend erkennen.

3.21.21 Koordination durch unmittelbare Beteiligung an Entscheidungsprozessen

Obwohl die Antworten der Betriebsleiter auf Frage 58 (s. S. 329) auf eine deutliche Zustimmung der Beteiligung an Entscheidungsprozessen durch Delegation von Entscheidungsbefugnissen (66,15%) hinweisen, lassen die Antworten auf Frage 55, ob die unterstellten Mitarbeiter Entscheidungen treffen dürfen, ohne vorher den Betriebsleiter zu konsultieren, eine klare Entscheidungszentralisation und damit eine geringe Beteiligung erkennen: 7,46% bzw. 40,30% haben mit "selten" bzw. "nie" geantwortet. Die Antwort auf das Item 58 deutet darauf hin, daß Betriebsleiter durch ein Wertsystem, das für eine Befürwortung der Delegation von Verantwortungs- und Entscheidungsbefugnissen plädiert, beeinflußt sind, aber daß in der Tat diese Delegation nicht stattfindet.

Andererseits scheint es häufig so zu sein, daß Betriebsleiter bei wichtigen Entscheidungen die Zustimmung der Manager einholen:[32] 63,63% der Manager geben dies an (Item 17,

---

32) Die angegebenen Prozentsätze in diesem Abschnitt stellen die Summen der Prozentsätze der Antworten auf die Antwortkategorien -immer/häufig- bzw. -selten/nie- dar. Die detaillierten Prozentsätze werden in Tab. 82 im Anhang angegeben.

Fragebogen II). Der Prozentsatz bei den Managern, die die Zustimmung ihrer unterstellen Mitarbeiter einholen, ist aber niedriger: 49,37% (Item 37, Fragebogen II). Sie halten dabei weniger als die Betriebsleiter von der Delegation von Entscheidungsbefugnissen (40,40%, Item 38, Fragebogen II). Die Konsultation zwischen Kollegen (horizontale Kommunikation) scheint dagegen häufiger zu sein: 48,48% (Item 22, Fragebogen II). Diese Ergebnisse, obwohl sie keinen allgemeinen Schluß über die personale Struktur der Entscheidungsbildung zulassen, deuten trotzdem auf eine unsichere Grundhaltung der Betriebsleiter sowie der Manager hin.

Es wurde während der Durchführung der Untersuchung beobachtet, daß in 5 Betrieben der Klasse 5 regelmäßige Versammlungen der Leitungsgremien stattfinden. Diese Versammlungen sind in der Organisationsstruktur verankert und dienen meistens dazu, Berichte zu erstatten sowie Entscheidungen über zukünftige Handlungen zu treffen.

3.21.22 Koordination durch mittelbare Beteiligung an Entscheidungsprozessen

Mittelbare Beteiligung an Entscheidungsprozessen wird durch gewählte Vertreter, welche in Gremien oder Ausschüssen sitzen, gewährleistet. Drei verschiedene Ausschüsse sind hier zu unterscheiden:

- Der Betriebsrat
- Die Arbeitnehmervertreter (délégués du personnel) und
- Der gemischte Ausschuß (commission paritaire).

3.21.22.1 Koordination durch den Betriebsrat

Der Gesetzgeber hat dem Betriebsrat folgende Befugnisse zugewiesen:

- Austragung der sozialen Konflikte innerhalb des Betriebes
- Beteiligung an der Organisation des Betriebes und
- an der Geschäftsführung (gestion économique).

Der Betriebsrat prüft alle individuellen oder kollektiven Forderungen, die nicht unmittelbar erledigt werden konnten. Er macht der Betriebsleitung Vorschläge, um die Arbeitsbedingungen besser zu gestalten. Er ist an der Geschäftsführung hinsichtlich der betrieblichen Sozialleistungen beteiligt. Der Gesetzgeber drückt sich in § 161 des Arbeitsgesetzbuches folgendermaßen aus: "Wenn es sich um Fragen bezüglich der Organisation in der Unternehmung handelt, muß die Unternehmungsleitung mit dem Betriebsrat beraten, so daß der Betriebsrat allmählich an der Geschäftsführung und Entwicklung der Unternehmung beteiligt wird" (Übersetzung des Verf.).[33] Daß der Betriebsrat mit der Betriebsleitung zusammenarbeitet, um eine bessere Geschäftsführung zu erzielen, veranlaßte Ladhari zu schreiben: "Dies ist eine Form von Vereinigung zwischen Kapital und Arbeit, die im Endeffekt erzielt werden soll... der Kapitalismus sollte dann durch die Arbeiterdemokratie ersetzt werden" (Übersetzung des Verf.).[34]

Diese Schlußfolgerung scheint voreilig zu sein, denn dieses Modell der Zusammenarbeit wurde in einer anderen Gesellschaft (in Frankreich) geschaffen. In der Tat hat der Betriebsrat in tunesischen Betrieben nur eine beratende Rolle (38 Betriebsräte im ganzen Land). Sein Mißerfolg liegt in den Widersprüchen des sozial-politischen Systemes, das in der tunesischen Unternehmung herrscht:

---

33) Ministère des Affaires Sociales, Législation du Travail..., a.a.O., Art. 161, S. 53 f.

34) Ladhari,N., Traité de droit du travail et de la sécurité sociale, Tunis 1971, S. 325.

- Das Modell wurde von einer Betriebsleitung, die eine Entscheidungszentralisation vorzieht, nicht angenommen. Sie befürchtet, daß durch die Einmischung des Betriebsrates ihr Handlungsspielraum eingeengt wird.
- Die Gewerkschaft sieht in dem Betriebsrat einen Konkurrenten, der ihr allmählich ihre Rolle als Arbeitervertreter entzieht oder mindestens daran hindern könnte.
- Die Arbeiter sind der Meinung, daß der Betriebsrat in der Vertretung ihrer Interessen nicht weit genug geht.

Es ist noch zu erwähnen, daß den Mitgliedern der Betriebsräte die nötigen Erfahrungen fehlen, um Verhandlungen zu führen; dies veranlaßt sie, ihre Tätigkeit durch Proklamation von Forderungen auszuüben.

Daraus können wir schließen, daß eine unmittelbare Beteiligung an Entscheidungsprozessen durch Betriebsräte zum Scheitern verurteilt ist. Dies wird dadurch dokumentiert, daß kein Betriebsleiter erwähnt hat, daß er bei der Suche nach einer Lösung von eingetretenen Konflikten den Betriebsrat eingeschaltet habe.

3.21.22.2 Koordination durch die Arbeitnehmervertreter

Ihnen weist der Gesetzgeber eine beratende Rolle zu und räumt ihnen dieselben Befugnisse wie dem Betriebsrat ein. [35] Diese

---

35) In einem Betrieb darf entweder ein Betriebsrat oder ein Ausschuß von Arbeitnehmervertretern gebildet werden. Ministère des Affaires Sociales, Législation du Travail, a.a.O., Art. 64, S. 54. Zur Frage der Arbeitnehmervertretung in Entwicklungsländern s. Dülfer,E., Produktionswirtschaft in Entwicklungsländern, Marburg 1978, unveröffentlichtes Manuskript.

Vertretungsform ist sehr in Betrieben verbreitet, die mehr als 20 Arbeiter haben. Trotzdem bleibt ihr Beitrag zur Selbstabstimmung gering: nur in 8 Fällen wurden Arbeitnehmervertreter bei der Austragung von Konflikten herangezogen. Für diese geringe Beteiligung dürften folgende Gründe ausschlaggebend sein:

- die Arbeitnehmervertreter sehen ihre Aufgabe mehr darin, die Forderungen ihrer Kollegen an die Betriebsleitung weiterzuleiten
- die Betriebsleiter zeigen ihnen gegenüber eine mißtrauische Haltung, weil sie meistens Gewerkschaftler sind und
- die Arbeitnehmer behaupten, daß die Arbeitnehmervertreter sich der Meinung der Betriebsleitung anschliessen, um ihre eigenen Ziele zu verfolgen.

3.21.22.3 Koordination durch den gemischten Ausschuß (commission paritaire)

Die ersten gemischten Ausschüsse wurden 1973 im Rahmen der Tarifverträge bzw. Gesamtvereinbarungen gegründet. Ihre Aufgabe besteht darin, die Anwendung der Tarifverträge zu überwachen, bei Konfliktsituationen eine beratende Rolle zu spielen und als Disziplinarausschuß zu fungieren. Da der gemischte Ausschuß über keine Entscheidungsbefugnisse verfügt, ist seiner Rolle als Koordinationsinstrument keine besondere Bedeutung beizumessen. In der Tat hat kein Betriebsleiter angegeben, daß er bei Konfliktsituationen den gemischten Ausschuß eingeschaltet habe. Er tritt überwiegend zusammen, wenn Disziplinarmaßnahmen gegen einen oder mehrere Arbeiter eingeleitet werden.

Schlußfolgerungen

Die Koordination durch mittelbare Beteiligung an Entscheidungsprozessen läßt in tunesischen Betrieben zu wünschen übrig.

3.21.3 Verteilung von Weisungsbefugnissen

Die Verteilung von Weisungsbefugnissen wird anhand der zwei Indikatoren

- Leitungssystem und
- persönliche Weisungen

erfaßt.

3.21.31 Leitungssystem

Das Leitungssystem, durch das die Kommunikations- bzw. Weisungsbeziehungen festgelegt sind, wird durch das Organigramm dargestellt. Da häufig Mischformen der beiden Grundalternativen Einlinien- und Mehrliniensystem in einem Betrieb anzutreffen sind, wird das Leitungssystem im Produktionsbereich bezogen auf die unterste Hierarchie-Ebene wiedergegeben (Tab. 19).

Tab. 19 Anzahl der Betriebe, in denen das Einlinien- bzw. Mehrliniensystem Anwendung findet, nach Branchen und Betriebsgröße

Branche \ Betriebs-Größe	1	2	3	4	5	Summe der absoluten Häufigkeit	Relative Häufigkeit
Strom u. Gas					1a	1a	100a
Förderindustrie					1b	1b	100b
Metallindustrie	1a 1b	1b	2a	1b	1a	4a 3b	57a 43b
Schiffbauindustrie			1b			1b	100b
Glas-u. Keramikindustrie	1b	1b	1a 1b			1a 3b	25a 75b
Bauindustrie			1a		1b	1a 1b	50a 50b
Chemische Industrie	2b	1a	1b		1a	2a 3b	40a 60b
Kunststoffindustrie			1b			1b	100b
Tabak					1b	1b	100b
Nahrungsmittelindustrie	4a 5b	1a 7b	2a 4b	2b	2b	7a 20b	26a 74b
Textilindustrie	1b	1a 2b	1a 3b	2b	2b	2a 10b	17a 83b
Lederwarenindustrie			1b			1b	100b
Holzindustrie	1a 2b	2b	1b			1a 5b	17a 83b
Papier u. Pappe		1b				1b	100b
Korkindustrie					1b	1b	100b
verschiedenartige Manufakturindustrie					1b	1b	100b
Summe der absolute Häufigkeit	6a 12b	3a 14b	7a 13b	5b	3a 9b	19a 53b	
relative Häufigkeit	33a 67b	17,64a 82,36b	35a 65b	100b	33a 67b		26a 74b

a = Einliniensystem; b = Mehrliniensystem

36) Die Summe der Betriebe beträgt 72, da in 2 Betrieben das Leitungssystem nicht festgestellt werden konnte.

Tab. 19 macht deutlich, daß das Mehrliniensystem [37] viel häufiger als das Einliniensystem Anwendung findet (74% gegen 26%). Bei dem Mehrliniensystem muß zwischen zwei Betriebsgruppen unterschieden werden:

a) Die Gruppe 1 ist dadurch gekennzeichnet, daß zwei Instanzen Anweisungen erteilen und Informationen aus der untersten Ebene beziehen. In den Betrieben, wo die Gliederungstiefe des Stellengefüges flach ist und die Anzahl der Instanzen gering ist, werden die zwei Instanzen durch den Betriebsleiter bzw. seinen Vertreter und den Gruppenleiter oder den Meister repräsentiert. Dagegen pflegen in anderen Betrieben der Produktionsleiter bzw. der Meister und die Gruppenleiter (chef d'équipe, chef de brigade) gleichzeitig mit den Arbeitern zu kommunizieren.

b) Die Gruppe 2 ist dadurch gekennzeichnet, daß gleichzeitig drei Instanzen oder mehr ihre Anweisungen an die Arbeiter erteilen und Informationen bei ihnen beziehen. Hierbei spielt die Gliederungstiefe eine Rolle: an diesem Kommunikationsprozeß nehmen Gruppenleiter, Hilfsmeister, Meister, Hilfsproduktionsleiter und Produktionsleiter, ja sogar der Betriebsleiter teil.

Worauf ist die sehr häufige Anwendung des Mehrliniensystems zurückzuführen?

Folgende Gründe sind anzuführen:

- Die Aufgaben der Instanzen sind nicht klar definiert und voneinander abgegrenzt, deshalb greift jeder nach eigenem Ermessen ein: der Gruppenleiter z.B. weist ei-

---

37) Unter Mehrliniensystem wird auch der Fall subsumiert, wo der nicht-direkte Vorgesetzte Weisungen erteilt.

nem Arbeiter eine bestimmte Aufgabe zu, danach greift der Meister ein und gibt die Anweisung, diese Aufgabe zeitlich zurückzustellen; oder zwei Instanzen geben nacheinander verschiedene Anweisungen, in welcher Art und Weise die Aufgabenbewältigung erfolgen soll.

- Eine oft herrschende Mißtrauenshaltung von zwei oder mehreren Instanzen zueinander hat zur Folge, daß diese den Arbeitern Anweisungen geben und Informationen bei ihnen beziehen. Diese Mißtrauenshaltung, die auf die Angst zurückzuführen ist, daß der Stelleninhaber der nachstehenden Instanz gegenüber ein potentieller Konkurrent ist, erklärt teilweise das Mehrliniensystem. Das Mißtrauensverhalten wird auch dadurch hervorgerufen, daß der Meister z.B. die fachlichen Fähigkeiten der Gruppenleiter nicht anerkennt.

- Die fachliche Kompetenz des Gruppenleiters wird sogar von den Arbeitern selbst nicht anerkannt, was sie veranlaßt, sich an die nachstehende Instanz zu wenden, um Anweisungen zu ersuchen oder Informationen zu liefern, zumal sie auch befürchten, daß Informationen nicht weitergeleitet werden.

Die Folgen dieses Zustandes sind nicht zu unterschätzen. Auf der einen Seite treten Kompetenzkonflikte auf, die bis zur Frustration der untersten Instanz führen können und zum Teil den häufigen Arbeitsplatzwechsel erklären. Auf der anderen Seite bekommen die Arbeiter widersprüchliche Anweisungen, die nicht ohne Auswirkungen auf ihre Beziehungen zu ihrem Vorgesetzten bleiben.[38)]

---

38) Während der Durchführung der Felduntersuchung wußten manche Arbeiter nicht, welches Verhalten welches Vorgesetzten sie beschreiben sollen; ihre Antwort war: "Wir haben mehrere Vorgesetzte und alle erteilen uns Weisungen."

Darüber hinaus lassen sich Informationsverluste nicht vermeiden, weil die eine Instanz nicht beachtet wird, während die ihr übergeordnete Instanz von ihr keine Informationen bekommt. Es kommt sogar vor, daß die Information überhaupt nicht weitergeleitet wird, bis eine Panne eintritt, was zur Konsequenz hat, daß die Verantwortungsträger schwer zu identifizieren sind.

3.21.32 Persönliche Weisungen (Gliederungstiefe und Leitungsintensität)

Die Koordination durch persönliche Weisungen wird anhand von zwei Merkmalen gemessen:

- die Gliederungstiefe des Stellengefüges - je mehr hierarchische Ebenen geschaffen werden, desto stärker stützt sich die Koordination auf persönliche Weisungen. [39]

- die Leitungsintensität - je geringer die Anzahl der rein ausführenden Stellen pro Instanz ist, desto weniger ist die Koordination durch persönliche Weisungen. [40]

---

39) Vgl. Kieser,A./Kubicek,H., Organisation, a.a.O., S.155.

40) Die Leitungsintensität drückt sich aus in dem Verhältnis "L = Anzahl der ausführenden Stellen/Anzahl der Instanzen ", wobei "Instanz" im weitesten Sinne aufgefaßt wird; jeder Stelleninhaber, der Weisungs- und Entscheidungsgbefugnisse (hier wird nicht auf die Wichtigkeit der Entscheidung zurückgegriffen) hat, wird zu den Instanzen gezählt; Meister oder Gruppenleiter, welche Aufgabenverteilung oder Koordinationsmaßnahmen ergreifen dürfen, werden bei der Berechnung von L berücksichtigt. S. auch Hax,K., Wachstum und Organisation, in: HWO, Sp. 1759.

Diese beiden Merkmale dürfen nicht getrennt betrachtet werden, da in Klein- und Mittelbetrieben, wo die Belegschaft aus einer kleinen Anzahl von Personen besteht, die Leitungsintensität (L) hoch sein kann.

Tab. 20 Anzahl der Hierarchie-Ebenen oder Gliederungstiefe des Stellengefüges nach Betriebsgröße

Anzahl der Hierarchie-Ebenen \ Betriebsgröße	1	2	3	4	5	Summe der absoluten Häufigkeit	Relative Häufigkeit
2	1	1	0	0	0	2	2,70
3	11	5	5	0	0	21	28,38
4	6	7	11	3	0	27	36,49
5	0	3	4	2	5	14	18,92
6	0	0	2	0	2	4	5,41
7	0	1	0	0	1	2	2,70
8	0	0	0	0	1	1	1,35
9	0	0	0	0	2	2	2,70
10	0	0	0	0	1	1	1,35
Summe der absoluten Häufigkeit	18	17	22	5	12	74	
relative Häufigkeit	24,32	22,97	29,73	6,76	16,22		100

Tab. 20 läßt erkennen, daß die Anzahl der Hierarchie-Ebenen mit der Betriebsgröße positiv korreliert: während die Betriebe der Größe 1 und 2 zu 97% weniger als 6 Hierarchie-Ebenen aufweisen, haben 58% der Betriebe der Größe 5 über 5 Hierarchie-Stufen. Die Leitungsintensität in den kleinen Betrieben (Klasse 1 und 2) bewegt sich zwischen 2,27 und 7, was bedeutet, daß pro Instanz die Anzahl der ausführenden Stellen zwischen 2,27 und 7 schwankt. In der Glas- und Keramikindustrie wird die höchste Leitungsintensität erreicht (7 bzw. 6,33); bei den anderen Branchen kommen auf einen Vorgesetzten 3 bis 5 unterstellte Mitarbeiter. Dies Ergebnis weist auf die Wichtigkeit der persönlichen Weisungen hin.

In den Betrieben der Größe 3 und 4 variiert die Gliederungstiefe zwischen 3 und 6; 74% der Betriebe haben 4 bzw. 5 Hierarchie-Ebenen. Die Leitungsintensität schwankt (mit Ausnahme der Betriebe der Bauindustrie) zwischen 3,54 und 13,77. Im Vergleich zu den Betrieben der Größe 1 und 2 läßt sich daraus schließen, daß die Koordination durch persönliche Weisungen zwar verhältnismäßig an Bedeutung verliert, aber ein relativ wichtiges Koordinationsinstrument bleibt.

Die Anzahl der Hierarchie-Ebenen in den Betrieben der Klasse 5 schwankt zwischen 5 und 10, wobei 58% davon über 5 Stufen haben. Es ist interessant festzustellen, daß die Leitungsintensität hier ihr Minimum erreicht: L = 1,33. Dieses Ergebnis ist durch zwei Faktoren zu erklären:

- Der Verwaltungsapparat ist so gestaltet, daß im Rahmen der Patronage [41] lediglich "Scheininstanzen" geschaffen werden, denen jedoch keine Mitarbeiter unterstehen, so daß im engeren Sinne des Wortes gar nicht von einer Instanz [42] gesprochen werden dürfte; dies

---

41) Der Begriff 'Patronage' lehnt sich hier an ähnliche bekannte Praktiken aus dem Regierungsbereich an. S. hierzu z.B. Beyme,K., Organisationsgewalt, Patronage und Ressorteinteilung im Bereich der Regierung, in: Die Verwaltung, Heft 3, 1969, S. 279-293, hier S. 285 ff.

42) Zum Begriff 'Instanz' s. Kosiol,E., Organisation der Unternehmung, a.a.O., S. 114.

ist das Zeichen einer schlechten Organisation: die Aufgaben sind unpräzise definiert und dadurch wird die Anzahl der Beschäftigten sogar künstlich aufgebläht.

- Die angewandte Technologie ist soweit entwickelt, daß die Ausführungsaufgaben bei den Instanzen, denen nur ein oder zwei Mitarbeiter unterstellt sind, die Führungsaufgaben wesentlich übersteigen.

In der Textilindustrie und in der Keramikindustrie kommen auf eine Instanz 46,9 bzw. 16,34 ausführende Kräfte. Der Produktionstyp der Fertigung (Massen- bzw. Großserienfertigung) sowie die angewandte Technologie (die Anlagen bestimmen den Arbeitsrhythmus) bewirken, daß die Koordination durch persönliche Weisung an Bedeutung verliert.Trotzdem ist festzustellen, daß dieses Koordinationsinstrument in den übrigen Betrieben der Betriebsgröße 5 ($1{,}73 \leq L \leq 9{,}40$) bedeutsam bleibt.

Für die Gesamtstichprobe beträgt die Leitungsintensität 6,66, obwohl 67,57% der Betriebe weniger als 5 Ebenen aufweisen. Die Zahl 6,66 deutet auf eine relativ große Anwendung des ersten Koordinationsinstrumentes. Die Antworten der Manager und Betriebsleiter dokumentieren dieses Ergebnis:

In 73,20% der Fälle kommunizieren Vorgesetzte und Manager eher mündlich, die Manager selbst pflegen in 71,80% der Fälle eher mündlich mit den ihnen unterstellten Mitarbeitern zu verkehren (Item 16 und 25, Fragebogen II), während sie mit den Kollegen nur in 60% der Fälle eher mündlich kommunizieren (Item 19).

Tab. 21 Leitungsintensität

Branche	Betriebs-größe	Leitungs-intensität	Durchschnitt-liche Leitungs-intensität
Strom und Gas	5	1.73	1.73
Förderindustrie	5	3.33	3.33
Metallindustrie	1	2.5	
	2	3.5	
	3	9.8	7.11
	4	11.08	
	5	6.97	
Schiffbauindustrie	3	4.85	4.85
Glas-und Keramik-industrie	1	7	
	2	6.33	7.47
	3	13.77	
Bauindustrie	3	21.58	5.56
	5	1.68	
Chemische Industrie	1	3	
	2	5.5	2.74
	3	3.54	
	5	2.59	
Kunststoffindustrie	3	7.33	7.33
Tabak	5	2	2
Nahrungsmittel-industrie	1	15.10	
	2	8.04	
	3	11.25	9.3
	4	5.19	
	5	9.40	
Textilindustrie	1	5	
	2	5.18	
	3	8.4	24.1
	4	7.85	
	5	46.9	
Lederwarenindustrie	3	8.25	8.25
Holzindustrie	1	2.27	
	2	4	3.63
	3	7	
Papier u. Pappe	2	3.66	5.92
	3	6.54	
Korkindustrie	5	16.34	16.34
Verschiedenartige Manufaktur-Industrie	5	6.75	6.75

Durchschnittliche Leitungsintensität für die Gesamtstichprobe: L = 6,66

Schlußfolgerung

Obwohl die Gliederungstiefe des Stellengefüges in tunesischen Betrieben nicht überall eine große Anzahl von Hierarchie-Ebenen aufweist, bleibt die Koordination durch persönliche Weisungen ein wichtiges Koordinationsinstrument. Dies ist teilweise auf das Bildungsniveau der unterstellten Mitarbeiter - 17,8% haben keine Schule besucht und nur 31,03% haben die Volksschule bzw. Grundausbildung für Erwachsene absolviert (Item 49, Fragebogen III) - und teilweise auf die mangelnde klare Definition der Aufgabenbereiche zurückzuführen.

3.22 Formalisierung

3.22.1 Programmierung von Aufgabenerfüllungsprozessen

3.22.11 Strukturformalisierung

Die Strukturformalisierung dient der Festlegung der Form, die die organisatorischen Regelungen annehmen. Hier handelt es sich um Organigramme, Stellen- und Arbeitsplatzbeschreibungen, formalisierte Pläne und Programme. Die Strukturformalisierung wurde bei der Betrachtung der anderen Strukturdimensionen angeschnitten. Zusammenfassend bleibt festzustellen, daß

- Stellenbeschreibungen und Arbeitsplatzbeschreibungen in tunesischen Betrieben sehr selten vorgenommen worden sind. Dieser Umstand hat das "Ministère des Affaires Sociales" 1977 veranlaßt, mit einer Studie anzufangen, um Stellenbeschreibungen für bestimmte Branchen auszuarbeiten;
- Organigramme nur in manchen Betrieben vorliegen, die eine bestimmte Größe erreicht haben; in den staatli-

chen bzw. halbstaatlichen Betrieben sind fast ohne Ausnahme Organigramme ausgearbeitet worden; in Klein- und Mittelbetrieben scheint das nicht der Fall zu sein. Auch werden außerbetriebliche Beratungsstellen herangezogen, um das Organigramm zu erarbeiten;

- formalisierte Pläne in größeren Betrieben häufiger zu finden sind, obwohl für die Gesamtstichprobe die Anwendung dieses Koordinationsinstrumentes nicht sehr verbreitet ist.; [43]
- auch verfahrenstechnische Regelungen mit der Betriebsgröße gekoppelt sind. [44]

Darüber hinaus wurde während der Durchführung der Felduntersuchung in manchen Betrieben mit Schichtarbeit festgestellt, daß Handbücher geführt werden, welche standardisierte Berichte des "contremaître" oder "chef d'équipe" enthalten.

Mitteilungen über wichtige Entscheidungen der Betriebsleitung wie Sicherheitsvorkehrungen, Arbeitszeitregelungen, Sanktionen werden an einer Mitteilungstafel ausgehängt; Klein- und Mittelbetriebe stellen die Ausnahme dar, da hier keine Mitteilungstafel existiert.

Mitteilungen der Geschäftsleitung betreffend bestimmte Regelungen an die zuständigen Stellen sowie standardisierte Berichte dieser Stellen nehmen mit steigender Betriebsgröße an Bedeutung zu.

---

43) Dieser Punkt wird unter 3.22.3 ausführlich behandelt.

44) S. Kapitel 3.22.12.

3.22.12 Koordination durch Programme

Programme sind Verfahrenstechniken[45]; sie enthalten zwei Komponenten: ein Typisierungsschema von für die Unternehmung möglicherweise auftretenden Problemklassen und Verfahren zur Lösung der einzelnen Problemklassen.[46] Programme stellen ein wichtiges Koordinationsinstrument dar, durch das , sofern sie aufeinander abgestimmt sind, die Koordination durch persönliche Weisungen entlastet wird. Koordination durch Programme stellt ein ex-ante Koordinationsinstrument dar.

Während der Durchführung der Felduntersuchung wurde festgestellt, daß mit zunehmender Betriebsgröße die Anwendung von Regeln bei der Aufgabenbewältigung sowohl im Produktionsprozeß als auch in der Verwaltung an Wichtigkeit gewinnt. Prozeduren bei der Abwicklung von Kauf- oder Verkaufsverträgen (z.B. Ausfüllung von bestimmten Formularen und ihre Weiterleitung) sind sehr häufig standardisiert. In manchen Fällen werden Kundenkarteien geführt und stellen somit ein wichtiges Koordinationsinstrument zwischen Absatz-und Leistungserstellung dar.

In manchen Betrieben werden beim Schichtwechsel standardisierte Berichte erstellt, um eine Koordination zwischen den verschiedenen Schichten zu gewährleisten. Zwei Bereiche, wo Programme Anwendung finden können, werden hier untersucht: der Bereich der Lagerhaltung und der Bereich der Leistungserfassung/ -beurteilung.

---

45) Vgl. Kieser,A./Kubicek,H., Organisation, a.a.O., S. 90.
46) S. ebd., S. 93.

3.22.12.1 Programme im Bereich der Lagerhaltung

Ein wichtiger Bereich für die Anwendung von Programmen stellt die Lagerhaltung dar. Damit die Produktion ununterbrochen abgewickelt werden kann, muß der Betrieb einen bestimmten (bzw. optimalen) Lagerbestand an Rohstoffen sicherstellen. Wie wird der benötigte Lagerbestand abgeschätzt? Werden in tunesischen Betrieben irgendwelche Regeln beachtet? Abgesehen von 35,82% der Betriebe, die ihren Lagerbedarf an Rohstoffen überhaupt abschätzen, werden nur in 10,45% der Fälle Lagerhaltungsmodelle entwickelt (meistens in staatlichen oder halbstaatlichen Betrieben -Item 39). Einige dieser Modelle sind vor Jahren erarbeitet, aber im Laufe der Zeit nicht dynamisiert worden. Dies ist ein Nachteil von Programmen, da die Unternehmung in einer dynamischen Umwelt operiert. Nur ein Betriebsleiter hat angegeben, daß er sich auf Karteikarten stützt, um den Lagerbedarf zu schätzen. 22,39% gehen von Erfahrungswerten aus, d.h., daß die Regeln, die sie benutzen, nicht in der Organisationsstruktur verankert sind. Andere Betriebe (4,48%), die ihre Rohstoffe teilweise aus dem Ausland beziehen, bekommen vom Wirtschaftsministerium einen bestimmten Devisenbetrag (quota annuel), den sie nicht überschreiten dürfen; sie beziehen dann die Ware halbjährlich oder jährlich, was einen niedrigen Lagerumschlag verursacht.

Mehrere Klein- und Mittelbetriebe führen keine Lagerhaltungskartei, sondern verfahren wie folgt:

- sie bestellen unregelmäßig; bestimmte Regeln sind nicht vorhanden
- ist Ware nicht jederzeit auf dem Markt beziehbar, wird in großen Mengen bestellt, soweit es die finanzielle Lage des Betriebes erlaubt (z.B. Nahrungsmittel-, Holz-, Bauindustrie, usw.)
- in Betrieben der Nahrungsmittelindustrie (Konserven- und Milchindustrie) hängt die Produktion von den klimatischen Bedingungen ab.

3.22.12.2 Programme im Bereich der Leistungserfassung und -beurteilung

Die Leistungserfassung und -beurteilung kann durch Zeitkarten, Arbeitsfortschrittskarten und Klassifikationsschemata für die Arbeitsbewertung erfolgen.

3.22.12.21 Leistungserfassung

Klassifikationsschemata auf analytischer Basis für die Arbeitsbewertung sind in tunesischen Industriebetrieben selten aufgestellt worden. Für die Arbeitsbewertung wird meistens auf die in den "Conventions collectives" angegebenen Stellenbenennungen und die dafür erarbeiteten Stellenbewertungen zurückgegriffen, um die Löhne und Gehälter zu bestimmen. Diese Tabellen gelten auf nationaler Ebene. Ihnen liegt keine analytische Arbeitsbewertung zugrunde. Sie wurden im Rahmen eines "bargaining process" zwischen Tarifparteien vereinbart und werden jährlich im Rahmen der Tarifverträge revidiert. Es muß darauf hingewiesen werden, daß für bestimmte Fachspezialisten die Löhne über dem vereinbarten Niveau liegen; hier bestimmt Angebot und Nachfrage die zu zahlenden Gehälter (beispielsweise verdienen Meister in der Bauindustrie wesentlich mehr als ein Lehrer). Dagegen wurde festgestellt, daß in einigen Regionen ungelernte Arbeiter weniger als das SMIG [47] bezahlt bekommen, obwohl der Gesetzgeber dies streng verbietet.

Besonders in der Bekleidungsindustrie und auch in einigen Betrieben der Nahrungsmittelbranche wird ein Akkordlohnsystem angewandt. In einigen Betrieben der Bekleidungsindustrie werden Arbeitsfortschrittskarten benutzt.

---

47) SMIG ist die Abkürzung von "Salaire Minimum Interprofessionel Garanti" und entspricht dem Mindestlohn in der Bundesrepubilk. Art. 234 du CCT.

In einigen Betrieben, deren Mitgliederanzahl 50 Personen überschreitet, werden Zeitkarten angewandt. Ihre Verbreitung nimmt allmählich zu.

3.22.12.22 Leistungsbeurteilung

Die Leistungsbeurteilung äußerst sich in Form von jährlichen Noten und sollte die Basis für Beförderungen darstellen. Für die Industrien, für die schon "Conventions collectives" vereinbart worden sind, sollte die jährliche Benotung verschiedene Faktoren berücksichtigen: "Il est attribué à chaque travailleur une fois par an une note globale variant de 1 à 20 exprimant les rendements, les connaissances professionnelles, l´assiduité et ponctualité, et le comportement..." [48)]

Maßstäbe, um die in den Conventions Collectives angegebenen Größen erfassen und bewerten zu können, sind in den Gesamtvereinbarungen nicht angegeben. Es bleibt dem Ermessen des Betriebsleiters oder dem unmittelbaren Vorgesetzten offen, diese Größen zu beurteilen und zu bewerten. Es ist dann nicht auszuschließen, daß subjektive Momente eine große Rolle spielen (z.B. Verhältnis zu den Mitarbeitern). Darüber hinaus wurde in einigen Betrieben festgestellt, daß die Arbeiter die Betriebsleitung dazu gezwungen haben, keine Noten zu verteilen, die unter einer bestimmten Grenze sind, [49)] da ja auf der Basis dieser Note Prämien berechnet werden und sie die Beförderung in gewissem Maße bestimmen. Tatsächlich wird in vielen Betrieben - obwohl dies selten angegeben worden ist - die Beförderung durch die Noten bestimmt, was auch in den

---

48) Dieser Absatz befindet sich in allen "Conventions collectives" und wird hier aus: Convention collective Nationale des Pâtes Alimentaires et du Couscous, Tunis 1975, Art. 50, p. 8 zitiert.

49) In drei der befragten Betriebe haben die Arbeiter die Grenze bei 17 von 20 gesetzt.

Conventions collectives dokumentiert ist: [50] "La promotion est fonction de la valeur professionelle du travailleur telle qu´elle ressort notamment des éléments suivants:

a) la durée de la pratique dans la profession
b) la formation et les aptitudes professionnelles
c) la durée des services et les notations dans l´établissement
d) les charges de famille" [51]

Es ist daher verständlich, daß die Benotung für die Arbeiter an Bedeutung gewinnt, besonders wenn man feststellt, daß in 55,07% der Fälle nur ein einzelnes Kriterium die Beförderung bestimmt (Item 70, Fragebogen I). Als weitere Kriterien wurden besonders die Disziplin (27mal), die Leistung (22mal) und das Dienstalter (28mal) angegeben. In 8 (11,11%) Betrieben wird überhaupt keine Beförderung vorgenommen.

Wie bei der Leistungserfassung kann die Schlußfolgerung auch hier gezogen werden, daß der Beförderung kaum objektive Kriterien zugrunde liegen. Dies läßt sich auch durch die Anzahl der verwendeten Kriterien dokumentieren:

---

50) In den Conventions Collectives wird zwischen zwei Beförderungsarten unterschieden: 'Avancement' (passer d´un échelon à un échelon supérieur) und 'promotion'(passer d´une catégorie à une catégorie supérieure).

51) Convention Collective Nationale des Pâtes Alimentaires et du Couscous, a.a.O., Art. 14, p. 3.

Tab. 22 Häufigkeit der Anzahl der benötigten Kriterien für die Mitarbeiterbeförderung

Anzahl der Kriterien	absolute Häufigkeit	relative Häufigkeit
1	38	55.07
2	14	20.29
3	8	11.59
4	9	13.04
Summe	69	100

In der Stichprobe wurde die Bedeutsamkeit der fachlichen Fähigkeiten mit 13.04% angegeben. Es kann also die Auffassung von Zghal geteilt werden, die sich zu diesem Punkt folgendermaßen äußert: "à défaut de critères objectifs d'appréciation, de structures organisées de formation, il n'est pas rare que la compétence devienne synonyme d'ancienneté et que les salaires les plus élévés soient accordés aux anciens ouvriers."[52)]

Schlußfolgerung

Obowhl - wenn auch noch nicht genügend entwickelte - Kriterien für die Leistungsbeurteilung vorliegen, stützt sich die Leistungsbeurteilung in tunesischen Industriebetrieben mehr auf subjektive Vorstellungen. Es reicht nicht aus, irgendwelche Kriterien zu entwerfen und ihnen die Form organisatorischer Regelungen zu geben, denn hier bleibt die Frage ihrer Art und Anwendung offen.

Hinsichtlich der Benutzung von Programmen im Bereich der Lagerhaltung und im Bereich der Leistungserfassung und -beur-

---

52) Zghal, R. Modes de Gestion du personnel, a.a.O., S.82.

teilung kann aus den obigen Ausführungen keine allgemeine Schlußfolgerung gezogen werden. Dieses Koordinationsinstrument scheint aber in größeren Betrieben häufiger als in den Klein- und Mittelbetrieben Anwendung zu finden.

3.22.2 Formalisierung des Informationsflusses

Die Formalisierung des Informationsflusses umschließt die Regelungen, nach denen bestimmte Kommunikationsvorgänge schriftlich erfolgen müssen und die dafür produzierten Dokumente aufbewahrt werden müssen. [53] Belege, Anträge, Karteien, Memos, Protokolle, Tagesordnungen fallen unter diese Kategorie.

Bei tunesischen Industriebetrieben sind folgende Schriftstücke vorzufinden: Bilanz, Gewinn- und Verlustrechnung, Personalkartei, Belege, Tagesordnungen, Berichte der "Commissaires aux comptes" und der Geschäftsleitung (Aktiengesellschaft), monatliche Verdienstbescheinigungen, und (weniger häufig) Kundenkartei, Lagerkartei. Die Anzahl der Memos und Sitzungsprotokolle ist mit der Betriebsgröße gekoppelt.

Die Anzahl der schriftlichen Anträge der Organisationsmitglieder gewinnt in größeren Betrieben an Bedeutung. Hier ist darauf hinzuweisen, daß in großen und mittelgroßen Betrieben eine oder mehrere Stellen zusätzlich geschaffen wurden, mit dem Ziel den Zutritt bzw. die Kommunikation mit den höheren Instanzen zu regulieren (Chaouch). Oft sitzt ein Protier am Eingang und beschränkt sich in vielen Fällen nicht nur auf die Anmeldung des Organisationsmitgliedes, sondern geht sogar soweit, nach eigenem Ermessen zu entscheiden, ob er ein Organisationsmitglied beim Vorgesetzten anmeldet oder nicht. Dies ist durch zwei Faktoren zu erklären:

---

53) Vgl. Kieser,A./Kubicek,H., Organisation, a.a.O., S. 166.

- für den Vorgesetzten bedeutet der Portier soziales Prestige;
- die tunesischen Organisationsmitglieder, besonders Arbeiter gehen davon aus, daß nur die höchste Instanz zu ihren Anträgen Stellung nehmen bzw. entscheiden kann.

In Klein- und Mittelbetrieben, wo mehr freie Kommunikationsbeziehungen herrschen, sind schriftliche Anträge weniger häufig.
Formalisierter Informationsfluß kann auch gemessen werden, indem die schriftliche Kommunikation im Verhältnis zu der mündlichen gesetzt wird. Die Manager sowie die Betriebsleiter pflegen eher mündlich zu verkehren.[54)]

Es bleibt noch die Frage der Sprache bei formalisiertem Informationsfluß zu klären: während 65,28% der Betriebsleiter schriftlich in französischer Sprache verkehren (Item 30), berichten 74,75% der Manager (Item 24), daß sie ihre Schriftstücke in Französisch verfassen. Es ist also fraglich, ob die in französisch verfaßten und vermittelten Informationen, die hauptsächlich für die Belegschaft bestimmt sind (Aushänge, monatliche Verdienstbescheinigung), überhaupt einen Sinn haben, da ja die Mehrheit der Arbeiter die französische Sprache nicht beherrscht.

Es ist noch zu erwähnen, daß von den Betriebsleitern, die die Frage 25 beantwortet haben (37,50%), 88,89% Mitarbeiter haben, die ihnen gelegentlich Informationen unter der Hand zukommen lassen; dies scheint auch der Fall bei den Managern zu sein: 40% (Item 34) haben Informanten. Die am meisten zitierten, auf diesem Weg erhaltenen Informationen beziehen sich in der Reihenfolge der Nennungen nach auf die Abwicklung der Arbeit, auf die Arbeitsdisziplin und auf die Leistung von Arbeitern gleicher Position. Das Vorhandensein solcher Infor-

---

54) S. Tab. 81.

mationskanäle wirft die Frage der Glaubwürdigkeit der schriftlichen Informationen auf und beweist damit, daß die Fixierung aller Informationen nicht so weit entwickelt ist und daß in tunesischen Betrieben und besonders in den Klein- und Mittelbetrieben wenig Regelungen vorhanden sind, die den Informationsfluß strukturieren. Die Entstehung von parallelen Kommunikationsnetzen, die sogar von Betriebsleitern oder Managern vielfach gefördert werden, trägt dazu bei, das soziale Klima im Betrieb zu verschlechtern. [55] Auf der anderen Seite wurde auch beobachtet, daß Informationen über Entscheidungen der Betriebsleitung der Belegschaft in Form von Gerüchten zufließen, bevor sie schriftlich fixiert und bekannt gemacht worden sind. Dies ist ein Ausdruck einer durch Bezugsgruppen (Familie, Nachbarschaft, Sympathiegruppen) hervorgerufenen Solidarität. Es ist dabei nicht auszuschließen, daß durch diesen Zustand willkürliche Entscheidungen gefällt werden.

3.22.3 Einsatz des Lenkungsinstrumentes 'Planung'

Planung als Koordinationsinstrument wird als die Abstimmung der einzelnen zukünftigen Aktivitäten aufeinander verstanden. Die Planungsgrößen sollen dann den einzelnen Einheiten vorgegeben werden und gelten für einen bestimmten Zeitraum verbindlich; dies macht ihren Unterschied zu Programmen, die so lange gültig sind, bis andere Situationen mit anderen Problemklassen bzw. Verfahrenstechniken auftauchen, aus. Von persönlichen Weisungen unterscheidet sich Planung noch dadurch, daß sie das Ergebnis eines institutionalisierten Entscheidungsprozesses ist. [56]

---

55) S. Zghal,R., Modes de Gestion du personnel et Conscience ouvrière dans l´Industrie à Sfax, Thèse de doctorat de 3ème cycle, Aix-en-Provence 1974, (unveröffentliche Arbeit), S. 87.

56) Vgl. Kieser,A./Kubicek,H., Organisation, a.a.O., S. 95.

Obwohl in dem Fragebogen I nicht vorgesehen wurde, welche Aktivitäten in den verschiedenen betrieblichen Bereichen bei der Planung berücksichtigt werden, gibt Item 72 Auskunft darüber, ob überhaupt von der betrieblichen Planung als Koordinationsinstrument Gebrauch gemacht wird.

Tab. 23 Anzahl der Betriebe, die eine bzw. keine Planung durchführen [57]

Anzahl \ Zeitraum	kurz-	mittel	langfristig	keine
absolute Häufigkeit	19	12	9	40
relative Häufigkeit	26.39	16.67	12.50	55.56

Aus Tab. 23 ist zu entnehmen, daß über die Hälfte der Betriebe keine Pläne erstellen (55,56%). Der Grund liegt hierfür nach Aussage der Betriebsleiter darin, daß "sie vom Absatz- oder auch vom Rohstoffmarkt abhängen". Sicher stellen die klimatischen Bedingungen oder die Entscheidungen des "Office des Céréales" einen nicht zu unterschätzenden Unsicherheitsfaktor dar, den die Betriebsleitung nicht meistern kann. Aber dieses Argument kann nicht bedingungslos akzeptiert werden, da gerade durch Planung versucht werden könnte, diese Schwankungen auf dem Absatz- oder Rohstoffmarkt in den Griff zu bekommen.

Obwohl nur 27,59% der Betriebsleiter die fehlende Planung auf die Kostenfrage bzw. auf finanzielle Schwierigkeiten zurückführen, lassen die einzelnen Beobachtungen dieses Argument bestätigen.

---

57) Die Summe der Prozentsätze ist größer 100, da mehrere Antworten möglich sind.

In den Kleinbetrieben geben die Betriebsleiter die Unfähigkeit der Mitarbeiter, Pläne zu erstellen, bzw. die Tatsache, daß der Betrieb für zu klein gehalten wird, als Grund an (25,64%) [58]. Unter den 27 Betrieben, die Aktivitäten im voraus planen, sind es nur 3 bzw. 4, die eine kurz-und mittelfristige bzw. kurz-, mittel- und langfristige Planung durchführen. Die Planung erfolgt dann (in 29,63% der Fälle) durch den Betriebsleiter selbst. Hierbei muß die Annahme gemacht werden, daß es sich um eine grobe Planung handelt, die wenige Größen berücksichtigt. 25,93% ziehen alle Abteilungsleiter bei der Erstellung von Plänen heran. Hier handelt es sich besonders um Betriebe der Größe 5. Nur in den Fällen, in denen die verschiedenen Abteilungsleiter herangezogen werden, kann die Hypothese erstellt werden, daß die Planung als Koordinationsinstrument vollständig benutzt wird; die Planung läuft von oben nach unten und dann von unten nach oben: die Unternehmungsziele werden den verschiedenen Abteilungsleitern vorgegeben, die ihre Teilpläne erstellen, welche dann aufeinander abgestimmt werden und ihren Niederschlag in einem verbindlichen Gesamtplan finden. Bei 18,52% der Betriebe wirkt bei der Planung nur der Produktionsleiter mit. Aus diesem Grund kann die Planung in der Form, in der sie hier stattfindet, nicht als vollständiges und wirksames Koordinationsinstrument angesehen werden.

Schlußfolgerung

Nur in wenigen Betrieben greift die Betriebsleitung vollständig auf die Planung als Koordinationsinstrument zurück. In den meisten Betrieben, besonders in Klein- und Mittelbetrieben, ist die Planung - wenn überhaupt vorhanden - nicht vollständig.

---

58) Die Summe der Prozentsätze ist größer als 100, da mehrere Antworten gegeben werden konnten.

3.3 Konfiguration

3.31 Leitungsspanne

3.31.1 Leitungsspanne der obersten Instanz

Obwohl die Leitungsspanne der obersten Instanz als Ausmaß für die Spezialisierung nicht geeignet ist, prägt sie in gewisser Weise das Ausmaß der Differenzierung, "da sie Bedingungen für die weiteren Untergliederungsmöglichkeiten setzt." [59)]

Bei der Bestimmung der Größe der Leitungsspanne herrscht keine einheitliche Meinung; Bleicher [60)] hebt die Frequentierung der Leitungsbeziehungen hervor und sieht als wichtige Determinanten folgende an:

- Aufgabencharakter (Gleichartigkeit, Schwierigkeit, Entscheidungsspielraum der Aufgabe und Ausgliederung von Leitungsaufgaben)
- Art der Führung
- persönliche Momente
- Einsatz von Hilfsmitteln (EDV)

---

59) Vgl. Kieser,A./Kubicek,H., Organisation, a.a.O., S.160.

60) Vgl. Bleicher,K., Span of control, in: HWO, Sp. 1531-1536.

Tab. 24 Leitungsspanne[61] der obersten Instanz (L_1)

Branche \ Betriebsgröße	1	2	3	4	5	Durschnittliche Leitungsspanne
Strom u. Gas					3	3
Förderindustrie					2	2
Metallindustrie	1	8	3	4	7	4.6
Schiffbauindustrie			2			2
Glas- u. Keramikindustrie	1	2	1.5			1.5
Bauindustrie				4	4	4
Chemische Industrie	3	2	2		6	3.25
Kunststoffindustrie			3			3
Tabak					6	6
Nahrungsmittelindustrie	2.1	2.6	3.5	4	7.5	3.94
Textilindustrie	1	1.7	2.5	4	3.5	2.54
Lederwarenindustrie			2			2
Holzindustrie	2.7	2	1			1.9
Papier u. Pappe		2				2
Korkindustrie					3	3
Verschiedenartige Manufakturindustrie					3	3
Durchschnittliche Leitungsspanne	1.8	2.9	2.05	4	4.5	3.13

---

61) Vgl. zur Leitungsspanne S. 45. Die Leitungsspanne (L) wurde als die Anzahl der einer Instanz unterstellten Ausführungsstellen (A_a) definiert: $L = \frac{A_a}{1} = A_a$.

Wenn wir an die Frequentierung der Leitungsbeziehungen festhalten, läßt sich aus Tab. 24 annehmen, daß die Häufigkeit der Frequentierung überwiegend mit der Betriebsgröße negativ korreliert, da die Leitungsspanne tendenziell mit der Betriebsgröße zunimmt. Diese Tatsache wurde zusätzlich durch Einzelbeobachtungen während der Durchführung der Felduntersuchung bestätigt: die Unterbrechungen bei der Ausfüllung des Fragebogens für Betriebsleiter waren häufiger in Klein- und Mittelbetrieben als in Betrieben der Klasse 4 und 5, was dazu geführt hat, daß die in Anspruch genommene Zeit hier bis zu 4 Stunden erreicht hat; die Unterbrechungen wurden durch Mitarbeiter verursacht, die Informationen oder Entscheidungen holen wollten.

Die kleine Leitungsspanne weist darauf hin, daß eine Entscheidungszentralisation besonders in Klein- und Mittelbetrieben vorliegt. Darüber hinaus scheint eine Informationszentralisation vorzuliegen; ferner werden die Informationen nicht auf Speicher (Karteien, Dokumente etc.) übertragen. Es ist noch zu erwähnen, daß Untergebene sich in ihrem Handeln abzusichern pflegen, indem sie ihre eigene Verantwortung nicht aufs Spiel setzen und von den Kommunikationsmöglichkeiten mit dem Vorgesetzten mehr Gebrauch machen.

3.31.2 Leitungsspanne der untersten Instanz (L_2)

Tab. 25 Leitungsspanne der untersten Instanz[62]

Betriebsgröße / Branche	0-9 1	0-19 2	20-49 3	50-99 4	100 u. mehr 5	Durchschnittl. Leitungsspanne
Strom u. Gas					15	15
Förderindustrie					20	20
Metallindustrie	3.5	4	26	12	5.52	10.2
Schiffbauindustrie			8.5			8.5
Glas-u. Keramikindustrie	14	8	33.3			18.43
Bauindustrie			20		4	12
Chemische Industrie	3.5	10	10		6	7.37
Kunststoffindustrie			17			17
Tabak					6	6
Nahrungsmittelindustrie	28.75	13.4	25.75	11.3	10	17.84
Textilindustrie	10	7.8	16.76	16.12	27.8	15.7
Lederwarenindustrie			6			6
Holzindustrie	4	7.5	12			7.83
Papier u. Pappe		10				10
Korkindustrie					20	20
versch. Manufakturindustrie					6	6
Durchschnittl. Leitungsspanne	10.62	8.67	17.5	11.35	12.7	12.36

---

62) Wenn in der Betriebsgröße 1 $L_2 > 9$ ist, deutet dies auf die Anstellung von saisonalen Arbeitern hin.

Tab. 25 macht deutlich, daß die Leitungsspanne der untersten Instanz im Hinblick auf Branche und Größe unterschiedlich geprägt ist; sie variiert zwischen 33.3 und 3.5. Der Aufgabencharakter, welcher in hohem Maße durch die angewandte Technologie bestimmt ist, spielt hier eine wichtige Rolle. In den Betrieben der Klasse 1, wo die Technologie keinen hohen Entwicklungsstand aufweist, nimmt die Aufgabe in manchen Betrieben einen weniger routinemäßigen Charakter an, da die Arbeiter von einem Arbeitsplatz zum anderen wandern und auf Anweisungen des Vorgesetzten angewiesen sind.

In größeren Betrieben, wo die Aufgabe einen höheren Gleichartigkeitsgrad aufweist, läßt sich eine breitere Leitungsspanne erkennen. Es kann auch vorkommen, daß die angewandte Technologie keinen hohen Entwicklungsstand aufweist, trotzdem ist die Leitungsspanne groß; dies ist dadurch zu erklären, daß in diesen Betrieben eine Massen- bzw. Großserienfertigung vorliegt.

Für die Gesamtstichprobe ist festzuhalten, daß die Leitungsspanne auf der untersten Hierarchie-Ebene verhältnismäßig groß ist.

3.32 Stellenrelationen

Die Stellenrelationen sind als Maßgrößen für den gesamten Koordinationsaufwand anzusehen. Neben der Relation (S_o) zwischen ausführenden (A_a) und leitenden Stellen (I)

$$S_o = \frac{A_a}{I}$$

sind die Relationen S_1 und S_2 berechnet worden. [63)]

---

63) S. S 46.

S_l gibt die Relation zwischen der Anzahl der mit Leitungsaufgaben vertrauten Stellen (I) und der Gesamtanzahl der Belegschaft (G) an:

$$S_l = \frac{G}{I} = \frac{I+A_a}{I}$$

Zu der ermittelten Relation S_l wird auf die Ausführungen unter 3.21.32 hingewiesen, die zu einem entsprechenden Ergebnis geführt haben.

Tab. 26 Relation zwischen Anzahl der Leitungsinstanzen zu der Gesamtanzahl der Belegschaft $S_1 = \frac{G}{I}$

Betriebsgröße / Branche	1	2	3	4	5	Durchschnttl. Relation
Strom u. Gas					2.36	2.36
Förderindustrie					3.43	3.43
Metallindustrie	3.5	4.5	10.8	2.08	7.97	8.11
Schiffbauindustrie		5.8				5.8
Glas-u. Keramikindustrie	8	7.33	14.8			12.2
Bauindustrie			22.58		2.68	6.56
Chemische Industrie	4	6.5	4.54		3.59	3.74
Kunststoffindustrie			8.33			8.33
Tabak					3	3
Nahrungsmittelindustrie	16.65	9.4	12.22	6.19	10.41	10.7
Textilindustrie	6	6.18	9.4	8.85	47.97	25.1
Lederwarenindustrie			9.25			9.25
Holzindustrie	2.81	5	9			4.63
Papier u. Pappe		4.67	7.54			6.92
Korkindustrie					17.34	17.34
versch. Manufakturindustrie					7.75	7.75
Durchschnittl. Relation	9.86	5.85	9.22	8.4	4.76	

S_2 zeigt die Relation zwischen den nicht mit im Produktionsbereich tätigen Organisationsmitgliedern (allgemeine Verwaltung, Absatz, Beschaffung, Buchhaltung etc.) und der Gesamtanzahl der Belegschaft auf.

Tab. 27 Relation zwischen den nicht im Produktionsbereich tätigen Organisationsmitgliedern (G_1) und der Gesamtanzahl der Belegschaft (G) $S_2 = \frac{G}{G_1}$ 64)

Branche \ Betriebsgröße	1	2	3	4	5	Durchschnittl. Relation
Strom u. Gas					18	18
Metallindustrie	6	10	5.4	2.08	15.6	14.47
Schiffbauindustrie			11.25			11.25
Glas-u. Keramikindustrie	8	3.8	26.6			17.75
Bauindustrie			20		49.14	24.85
Chemische Industrie	4.2	6.5	5		6.98	6.5
Kunststoffindustrie			7.14			7.14
Tabak					8.98	8.98
Nahrungsmittelindustrie	22.46	12.09	23.31	8.66	10.72	15.53
Textilindustrie	6	22.66	16.78	3.33	27.16	24.19
Lederwarenindustrie			12.33			12.33
Holzindustrie	5.14	8.33	9			6.76
Papier u. Pappe		4.66	10.28			8.6
Korkindustrie					10.52	10.52
versch. Manufakturindustrie					8.08	8.08
Durchschnittl. Relation	13.56	10.93	17.09	0.64	14	

64) Bei der Fertigstellung der Tab. 27 wurde der Betrieb aus der Förderindustrie nicht berücksichtigt, da keine Angaben in diesem Fall vorliegen.

Tab. 27 bringt zum Ausdruck, daß die Abweichungen in der Stellenrelation S_2 zwischen Betriebsgröße und/oder Branche keine allgemeinen Schlußfolgerungen für die Gesamtstichprobe zulassen.

Abgesehen von 2 Betrieben der Betriebsgröße 1 nimmt S_2 in dieser Klasse im Vergleich zu den anderen einen relativ niedrigen Wert an; dies ist darauf zurückzuführen, daß bei einer geringeren Anzahl der Organisationsmitglieder die zusätzliche Einstellung beispielsweise einer Sekretärin oder einer Hilfskraft in der Verwaltung S_2 entscheidend beeinflußt. Die Betriebe der Klasse 3 weisen die höchsten Werte auf; sie stellen in vielen Fällen Betriebe dar, die trotz Expansion in den letzten Jahren ihren Verwaltungsapparat nicht proportional zu dem expandierenden Produktionsvolumen angepaßt haben.

In der chemischen Industrie ist der niedrigste Wert S_2 im Vergleich zu denjenigen in anderen Branchen erreicht; dies hängt mit der Art des Fertigungsprozesses zusammen.

Dagegen weisen die Textil- und die Bauindustrie die höchsten Relationen (24,19 bzw. 24,85) auf; dies ist durch die arbeitsintensiven Produktionsverfahren bedingt.

4. Führungsstile in tunesischen Industriebetrieben - empirische Ergebnisse

Führungsstil wurde definiert als die kontinuierliche, aber in dynamischer Sicht beobachtbare Verhaltensart von Organisationsmitgliedern, denen Führungsaufgaben obliegen, die sich in der Ausübung von Führungsfunktionen äußert und eine abhängige Variable sowohl von den Organisationsmitgliedern als auch von strukturorganisatorischen Merkmalen ist.[1)]

Wie läßt sich der praktizierte Führungsstil erfassen, wenn man ein möglichst realitätsnahes Bild gewinnen will? Verzerrungen können auftreten, weil der von einer Führungsperson intendierte Führungsstil von dem von dem Mitarbeiter perzipierten Führungsstil abweichen kann.

Zwei Untersuchungsmethoden zur Erfassung des Führungsstiles sind möglich:

- Befragung der Führungsperson über ihren Führungsstil,
- Befragung der unterstellten Mitarbeiter über den von ihnen perzipierten Führungsstil.

Da ein Führungsstil eine intendierte Einflußnahme auf die Geführten bewirken sollte, scheint es ratsam, die zweite Untersuchungsmethode vorzuziehen, weil der perzipierte Führungsstil Auswirkungen auf die Handlungen der Unterstellten hervorrufen kann (d.h. unterstellte Mitarbeiter beschreiben den von ihnen perzipierten Führungsstil ihres Vorgesetzten).

In Anlehnung an die Untersuchungen der Ohio-Gruppe und den in die deutsche Sprache[2)] übersetzten LBDQ (Leader-Beha-

---

1) S. S. 77-78.

2) Vgl. Fittkau-Garthe,H., Die Dimensionen des Vorgesetztenverhalten, a.a.O., S. 23 f und 26 ff.

viour-Description-Questionnaire) wurde von den zwei Merkmalen "Consideration" und "Initiating Structure" [3] ausgegangen. Diese zwei Merkmale sind in 4 Dimensionen zergliedert:

- Einstellung des Vorgesetzten zur partnerschaftlichen Zusammenarbeit;
- stimulierende Aktivität;
- Beteiligung des Mitarbeiters an der Entscheidungsbildung,
- Ausmaß der Kontrolle.

In den o.g. Untersuchungen wurde durch die Faktorenanalyse versucht, eine Beziehung zwischen Führungsstil und Leistung und Führungsstil und Zufriedenheit herzustellen. Da die Leistung und die Zufriedenheit der Organisationsmitglieder, wie im 1. Teil gezeigt worden ist, durch mehrere Faktoren bedingt sind, wird hier auf eine Untersuchung dieser Beziehungen verzichtet. Die Faktorenanalyse [4] scheint für eine Zusammenhangsanalyse auch deshalb wenig geeignet, weil sie sich auf die zwei Annahmen Linearität und Orthogonalität stützt, welche - wie Schloßer bemerkt - "in der gesellschaftlichen Realität nicht unbedingt zutreffend und daher nicht ohne weiteres haltbar sind." [5]

Aus diesen Gründen erschien für unsere Zielsetzung bei der Auswertung der empirischen Daten die Profil-Cluster-Analyse,

---

3) S. hierzu Fleishman,E.A., The Description of Supervisory Behavior, in: Journal of Applied Psychology, Vol. 37, 1953, No. 1, S. 1-6. Fleishman,E.A., The Measurement of Leadership Attitudes in Industry, in: Journal of Applied Psychology, Vol. 37, 1953, No. 3, S. 153-158.

4) Zur Methode der Faktorenanalyse s. Überla,K., Faktorenanalyse, Berlin/Heidelberg/New York 1968, S. 50 ff.

5) Schloßer,O., Einführung in die sozialwissenschaftliche Zusammenhangsanalyse, Reinbek bei Hamburg 1976, S. 16.

welche auch nicht-lineare Zusammenhänge erkennen läßt, geeigneter. Sie ermöglicht es, aus dem empirischen Material Führungsstil-Typen innerhalb einer Betriebsgröße und Führungsstil-Typen für die Gesamtstichprobe zu bilden und diese Führungsstil-Typen durch ihre Merkmale zu charakterisieren.

Die Profil-Cluster-Analyse wird später detailliert erörtert. Es wird zuerst auf die Merkmalausprägung der vier Dimensionen in den verschiedenen Betriebsgrößen eingegangen. Anschließend sollen die von den unterstellten Mitarbeitern perzipierten und beschriebenen und nach der Profil-Cluster-Methode gebildeten Führungsstil-Typen schwerpunktmäßig dargestellt werden. Im letzten Kapitel werden dann die für die Gesamtstichprobe erarbeiteten Führungsstil-Typen behandelt.

4.1 Führungsstile in der Betriebsgröße 1

4.11 Beschreibung der Merkmalsausprägung

4.11.1 Einstellung des Vorgesetzten zur partnerschaftlichen Zusammenarbeit

Abgesehen von der Form, die Anweisungen von Vorgesetzten annehmen und von dem Verhalten des Vorgesetzten, wenn er Fehler entdeckt, läßt sich ein allgemeiner Trend zur partnerschaftlichen Zusammenarbeit feststellen.[6] 86% der Probanden stufen ihren Vorgesetzten als freundlich ein[7] ($\bar{x}$= 1.35) und geben an,[8] daß er eine gelöste Stimmung schafft, wenn sie mit ihm reden ($\bar{x}$ = 1.08).

---

6) S. Anhang, Tab. 90, S. 335.

7) Die in diesem Kapitel angegebenen Prozentsätze stellen die Summe der Prozentsätze auf die Antwortkategorien "immer/häufig" bzw. "selten/nie" dar. Die detaillierten Prozentsätze werden in den jeweiligen Tabellen wiedergegeben.

Diese Achtung der Person kommt auch dadurch zum Ausdruck, daß der Vorgesetzte seine unterstellten Mitarbeiter nicht in Gegenwart anderer kritisiert (74%, $\bar{x}$ = 5.00) und sie als "gleichberechtigte Partner behandelt" (65%, $\bar{x}$ = 1.14). Diese Haltung in den Betrieben der Größe 1 ist durch zwei Faktoren zu erklären:

- Der Kontakt zwischen Vorgesetzten und den unterstellten Mitarbeitern ist sehr häufig, so daß enge Beziehungen entstehen; es wurde häufig seitens des Vorgesetzten und des Mitarbeiters behauptet, "nous vivons en famille"; es ist dann nicht erstaunlich, wenn der "Vater" seinen Anweisungen die Form des Befehls gibt (79%, $\bar{x}$ = 1.29) oder bei Fehlern tadelt, wobei das letztere weniger häufig geschieht (25%, $\bar{x}$ = 1.18).
- Der Islam stützt sich auf einen Grundsatz, der besagt, "nous sommes tous les sujets de Dieu"; daraus ist eine gleichberechtigte Behandlung abzuleiten, was den Führungsstil besonders in den Kleinbetrieben prägt.

Durch die Verfestigung des Kontaktes zwischen dem Vorgesetzten und den ihm unterstellten Mitarbeitern scheint auch hier

---

8) $$\bar{x} = \frac{\sum_{i=1}^{N} n_i \, x_i}{\sum_{i=1}^{N} n_i}$$, wobei n_i die Anzahl der Probanden bzw. Gewichte und x_i die angegebenen Antworten bezeichnen (die Antworten "immer", "häufig", "manchmal", "selten" und "nie" wurden jeweils nach 1,2,3,4 und 5 aufgeschlüsselt). Ein Beispiel soll diese Handhabung verdeutlichen: Im Fall des ersten Items (III) verteilen sich aus 43 Antworten (Betriebsgröße I) 24 auf "immer" und 13 auf "häufig". $$\bar{x} = \frac{24 \cdot 1 + 13 \cdot 2}{24 + 13} = 1,35.$$

die Hilfsbereitschaft des Vorgesetzten, sich für persönliche Probleme seiner Mitarbeiter einzusetzen, an Bedeutung zu gewinnen. Dies unterstreicht gerade die auf den Betrieb übertragenen Familienverhältnissen, (Item 8, 62%, $\bar{x}$ = 1.15; Item 9, 69%, $\bar{x}$ = 1.27). Das Engagement für das Wohlergehen der unterstellten Mitarbeiter scheint ein rationales Führungsverhalten zu sein, da persönliche Momente für den tunesischen Arbeiter viel bedeuten und auf seine Leistung nicht zu unterschätzende Auswirkungen haben können. Das Interesse an seinen persönlichen Problemen erhöht seine Motivation und sein Engagement für den Betrieb und ist damit ein förderndes Instrument zur Erreichung der Unternehmungsziele.

4.1.1.2 Stimulierende Aktivität

Die Dimension "stimulierende Aktivität" wird anhand der Items 10, 11 und 12 erfaßt.
Obwohl 88,37% der Probanden angegeben haben, daß ihr Vorgesetzter sich über fleißige Mitarbeiter freut ($\bar{x}$ = 1.16), wird die Anerkennung nur in 65,12% der Fälle ausgesprochen ($\bar{x}$ = 1.11). 20,93% der Mitarbeiter berichten, daß der Vorgesetzte nie eine Anerkennung ausspricht. Eine sehr enge Übereinstimmung mit den Antworten der Betriebsleiter ist festzustellen: 58,22% benutzen die verbale Ermutigung und das Loben (Item 60, Fragebogen I) als stimulierendes Mittel.

Die Frage, ob die Anpassung der Arbeitsgebiete den Fähigkeiten der Mitarbeiter gemäß erfolgt ist, wurde in 37% der Fälle nicht beantwortet. Dies kann als ein Zeichen mangelnder fachlicher Spezialisierung bei den Arbeitern gedeutet werden, sonst hätten sie ihre Fähigkeiten einordnen und auf die Frage eine Antwort geben können. 51% ($\bar{x}$ = 1.45) geben an, daß ihr Vorgesetzter die Arbeitsgebiete den Fähigkeiten seiner unterstellten Mitarbeiter anpaßt.

4.11.3 Beteiligung des Mitarbeiters an der Entscheidungsbildung

Die Beteiligung an der Entscheidungsbildung kann erst erfolgen, wenn die Kommunikation semantisch problemlos erfolgt, d.h. daß der Sender den Eindruck gewinnt, daß der Empfänger die von ihm vermittelten Informationen versteht und daß auch der Empfänger sicher ist, daß er die Informationen verstanden hat. Dies kann anhand der Verständlichkeit der Information und der Häufigkeit von Rückfragen gemessen werden.

In der Betriebsgröße 1 geben 93% ($\bar{x}$ = 1.13) der Probanden an, daß die Anweisungen ihres Vorgesetzten leicht zu verstehen sind. Dagegen haben die Betriebsleiter nur in 64% der Fälle (Item 31 "immer - häufig") den Eindruck, daß die von ihnen vermittelten Informationen verstanden werden. Dieser Prozentsatz sinkt bei den Managern auf 37,50% (Item 26) ab; 37% haben "manchmal den Eindruck", daß ihre Informationen verstanden werden. Die Häufigkeit der Rückfragen nimmt bei den Managern im Vergleich zu den Betriebsleitern zu: 37% (Item 27 Fragebogen II) gegen 16% (Item 32 Fragebogen I) [9].

Die oben erwähnten Prozentsätze lassen schon eine Schlußfolgerung in bezug auf die Beteiligung an der Entscheidungsbildung zu: tatsächlich geben 44,86% der Probanden an, daß "ihr Vorgesetzter ihre Aufgabe ändert, ohne dies vorher mit ihnen besprochen zu haben" (Item 20, $\bar{x}$ = 1.38). In 46,56% der Fälle "entscheidet und handelt der Vorgesetzte ohne es vorher mit

---

9) Die Prozentsätze beziehen sich hier auf die Antwortkategorien 'immer/häufig'.

seinen unterstellten Mitarbeitern besprochen zu haben" ($\bar{x}$ = 1.15) [10]. 41,86% der Probanden lassen erkennen,"daß bei wichtigen Entscheidungen ihre Zustimmung nicht eingeholt wird". 60% berichten, daß "der Vorgesetzte bis in die Einzelheiten entscheidet" (Item 23, $\bar{x}$ = 1.58). Die Beteiligung an der Entscheidungsbildung in den Betrieben der Klasse 1 läßt zu wünschen übrig.

4.11.4 Ausmaß der Kontrolle

Die geringe Beteiligung an der Entscheidungsbildung läßt eine strenge Fremdkontrolle erwarten, da bei jeder eingetretenen Störung der Vorgesetzte eingreifen und die Entscheidung fällen soll. Berechnet auf die Items 15 ("immer-häufig"), 16 ("selten-nie") und 17 ("immer - häufig") (Fragebogen III) als Durchschnitsverteilung entsteht ein Kontrollkoeffizient [11] von 59,68%, welcher den niedrigsten Koeffizienten im Vergleich zu den anderen Betriebsgrößen darstellt.

Tab. 28 gibt die Häufigkeitsverteilung der Antworten auf die Items 14, 15, 16 und 17 wieder:

---

10) Diese Aussage gilt eher für Entscheidungen, die die Mitarbeiter nicht direkt betreffen.

11) Der Kontrollkoeffizient (K) wurde hier folgendermaßen ermittelt: K = (Anzahl der Probanden, deren Antworten sich auf die für jedes Item angegebenen Antwortkategorien verteilen: Anzahl der Items x Gesamtanzahl der Probanden einer Betriebsgröße) x 100.

$$\text{Beispiel: } K = \frac{(12+7) + (4+14) + (34+6)}{3 \times 43} \quad 100 = 59,68.$$

Tab. 28 Prozentuale Häufigkeitsverteilung der Antworten zu den Items 14,15,16 und 17, III (Betriebsgröße 1)

Item \ Antwort	immer	häufig	manchmal	selten	nie	keine Angabe	Summe
14	27.91	9.30	20.93	2.33	39.53	0	100
15	27.91	16.28	11.63	20.93	16.28	6.98	100
16	9.30	23.26	23.26	9.30	32.56	2.33	100
17	79.07	13.95	2.33	0	2.33	2.33	100

Da sich 93% der Antworten auf die Frage 17 auf die beiden Antwortkategorien "immer" und "häufig" verteilen, erhöht sich der Kontrollkoeffizient.

4.12 Führungsstil-Typen nach der Profil-Cluster-Methode

4.12.1 Zur Methode

Ein Antwortprofil stellt die Merkmalsausprägung der Antworten eines Probanden auf den Merkmalsskalen über bestimmte Variable dar und wird wie folgt dargestellt:

Diagramm 1a Antwortprofil über vier Merkmale

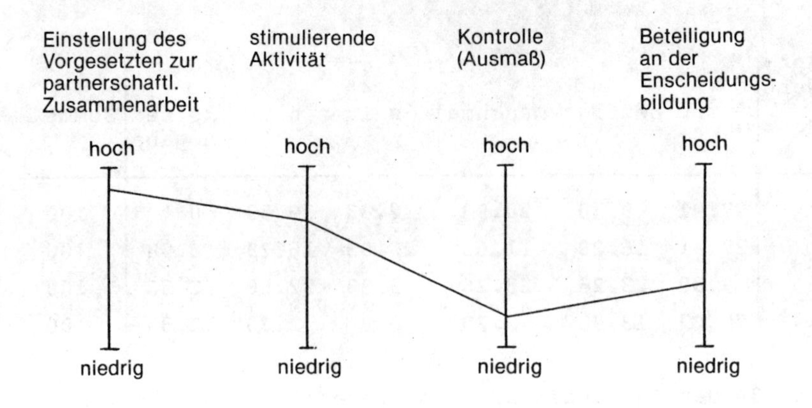

Die Merkmalsprofile der Probanden werden mit Hilfe der Ähnlichkeitsmaße auf der Basis von Differenzen (D-Maße) verglichen. Bei der Ähnlichkeitsmessung werden Mittelwerte zueinander in Beziehung gesetzt, indem man die Differenzen korrespondierender Mittelwerte zur Bildung eines globalen Ähnlichkeits-Indexes verwendet.

$$Ä_{xy} = \frac{E\ (D_{xy}) - D_{xy}}{E\ (D_{xy})}$$ [12]

wobei

$Ä_{xy}$ = Ähnlichkeit-Wert der Meßwertreihen x und y

D_{xy} = Distanzwert zwischen den Mittelwerten x und y

$E\ (D_{xy})$ = Erwartungswert für den betreffenden D-Wert.

Mit Hilfe der Cluster-Analyse lassen sich Antwortprofile

---

12) Schloßer, O., Einführung in die wissenschaftliche Zusammenhangsanalyse..., a.a.O., S. 108 ff.

klassifizieren, d.h. nach ihrer Ähnlichkeit gruppieren. Die Antwortprofile der Gruppenelemente weisen eine hochgradige Ähnlichkeit auf. Solche Gruppen bilden dann die Cluster. [13]

Zur Clusterbildung lassen sich folgende Methoden anwenden:

- die divisive Methode,
- die agglomerative Methode,
- die allokative Methode und
- die gewichtende Methode.

Da die gewichtende Methode sich in erster Linie an der Größe einer homogenen Untergruppe (Subcluster) und erst in zweiter Linie an der Stärke der Einzelbeziehungen zwischen den Elementen eines Clusters orientiert [14] und da sie auch bei einer größeren Anzahl von Probanden anwendbar ist, wurde diese Methode gewählt.

Auf der Basis von 12 Indikatoren, die die 4 Dimensionen eines Führungsstiles erfassen, wurde die Profil-Cluster-Analyse durchgeführt. Das Ähnlichkeitsniveau bei der Subclusterbildung wurde zuerst auf 80% gesetzt und dann auf 70% herabgesetzt, da das erste zu hoch geschätzt war. Bei der Clusterbildung wurde das Ähnlichkeitsniveau auf 60% gesetzt. Für jedes Cluster wurde das mittlere Antwortprofil und die Standardabweichung ermittelt.

---

13) Ebd., S. 154.
14) Ebd., S. 176.

<u>Diagramm 1</u> Antwortprofile mehrer Probanden.
Jeder Punkt stellt einen Probanden bzw. sein Antwortprofil dar.

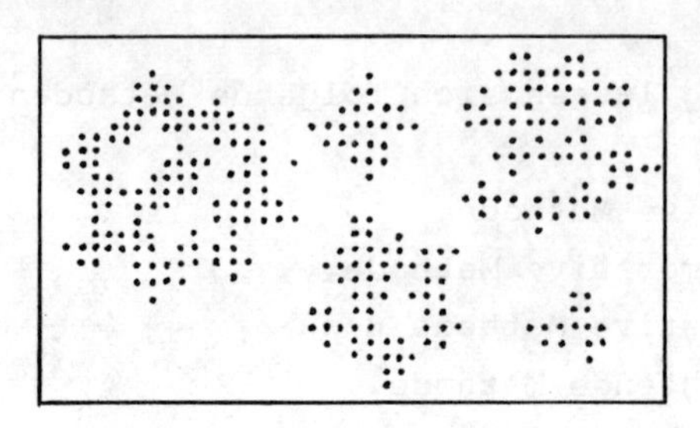

<u>Diagramm 2</u> Cluster- bzw. Subclusterdarstellung.
Die Punkte von Diagramm 1 werden in Untergruppen oder Subclustern (kleine Kreise) und in Gruppen oder Cluster (große Kreise) eingeteilt [15]

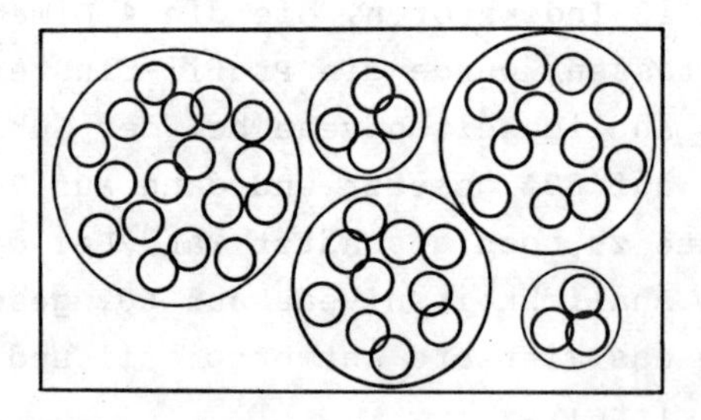

---

15) Vgl. Schloßer,O., Einführung..., a.a.O., S. 231.

4.12.2 Führungsstil-Typen in der Betriebsgröße 1

Durch die Profil-Cluster-Methode sind in der Betriebsgröße 1 fünf unterschiedliche Gruppierungen, die fünf verschiedene Führungsstil-Typen darstellen, herauskristallisiert worden. Diagramm 3 - 7 geben die Mittelwerte über die 12 Indikatoren hinweg wieder. [16] Die Häufigkeit des Auftretens dieser Führungsstil-Typen ist unterschiedlich. Während die beiden Clusters eins und zwei 62,79% der Probanden umfassen, verteilen sich die übrigen 37,21% auf drei Cluster. Darüber hinaus wird in einem Betrieb sehr selten ein einheitlicher Führungsstil praktiziert; diese Aussage stützt sich auf die bei jedem Cluster ermittelten Betriebsnummern, die nicht veröffentlicht werden dürfen.

Die 12 Indikatoren, die zur Clusterbildung benutzt worden sind, verkörpern die vier Dimensionen eines Führungsstiles. Damit die vier Dimensionen bei der Clusterbildung dieselbe Gewichtung bekommen, wurden jeweils die zwei Indikatoren (Items) für "Ausmaß der Kontrolle" und "stimulierende Aktivitäten" mit 2 gewichtet, weil die Dimensionen "Einstellung des Vorgesetzten zur partnerschaftlichen Zusammenarbeit" und "Beteiligung an der Entscheidungsbildung", deren Indikatoren jeweils mit 1 gewichtet wurden, mit vier Items vertreten waren. Für die jeweils vier Dimensionen wurde dann ein Koeffizient ermittelt, der den Mittelwert der Mittelwerte auf die Items einer Dimension darstellt. Tab. 29 gibt die Mittelwerte und die Standardabweichungen über die vier Dimensionen hinweg in den fünf Clustern wieder. Die graphische Darstellung dieser Cluster ist in Abb. 10 - 13 wiedergegeben.

---

16) Die Diagramme 5 - 8 werden im Anhang wiedergegeben, s. S. 338ff.

Tab. 29/30 Mittelwerte und Standardabweichungen der 4 Führungsstil-Dimensionen in den fünf Clustern der Betriebsgröße 1

Cluster	Anzahl der Probanden		Dimension 1 (Einstellung d. Vorgesetzten zur partnerschaftl. Zusammenarbeit)		Dimension 2 (stimulierende Aktivität)		Dimension 3 (Beteiligung an der Entscheidungsbildung)		Dimension 4 (Ausmaß der Kontrolle)	
	absolut	relativ	$\bar{x}$	σ	$\bar{x}$	σ	$\bar{x}$	σ	$\bar{x}$	σ
1	18	41.86	2.54	1.20	1.89	0.31	2.09	0.30	2.94	0.16
2	9	20.93	2.97	0.93	3.55	1.25	2.39	0.80	1.66	0.94
3	6	13.95	1.75	0.87	1.25	0.35	4.00	1.27	3.50	1.65
4	7	16.28	1.92	0.77	1.64	0.91	4.42	0.56	1.85	1.01
5	3	6.98	3.75	1.85	4.00	1.41	3.08	1.34	4.16	0.23
Σ	43	100.00	2.58		2.06		2.88		2.75	

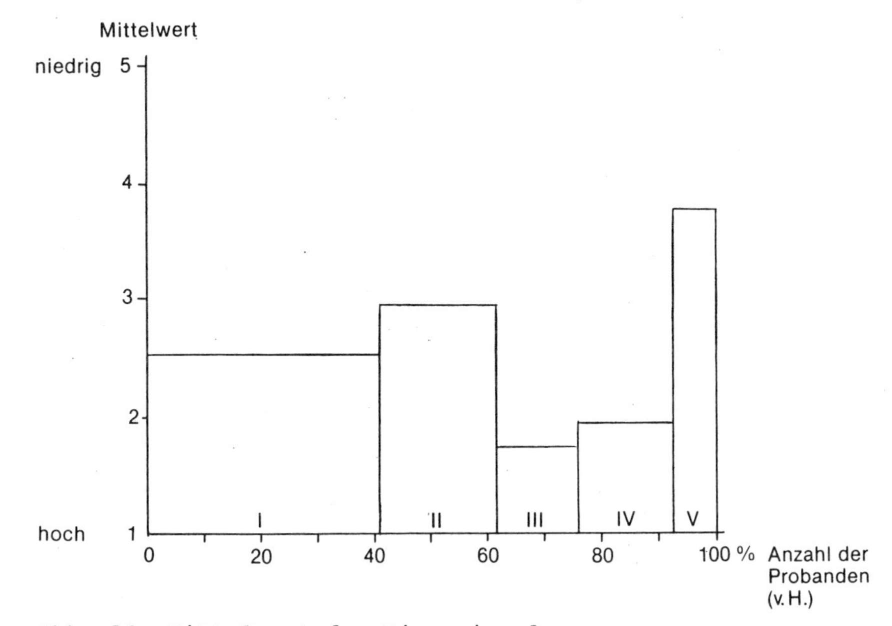

Abb. 10 Mittelwert der Dimension 1 (Einstellung des Vorgesetzten zur partnerschaftlichen Zusammenarbeit) in den fünf Clustern der Betriebsgröße 1

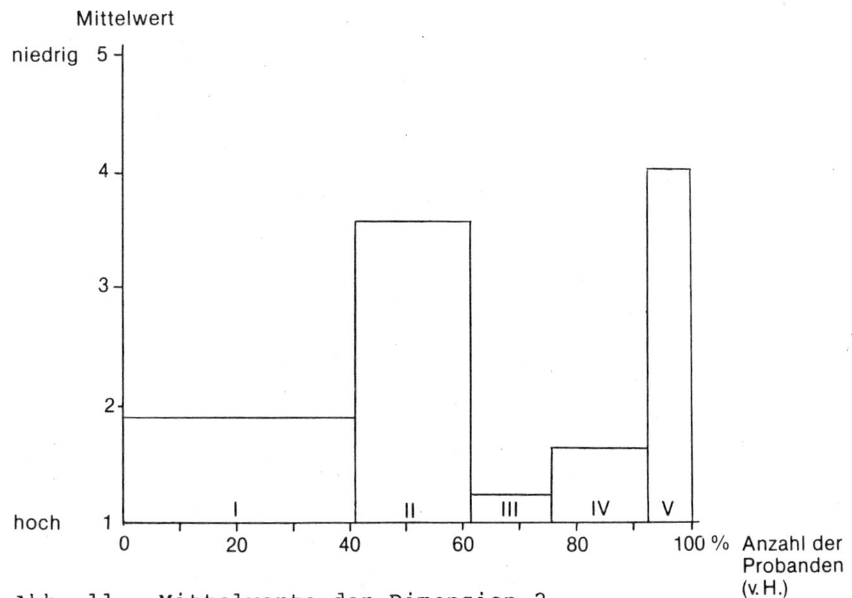

Abb. 11 Mittelwerte der Dimension 2 (stimulierende Aktivität) in den fünf Clustern der Betriebsgröße 1

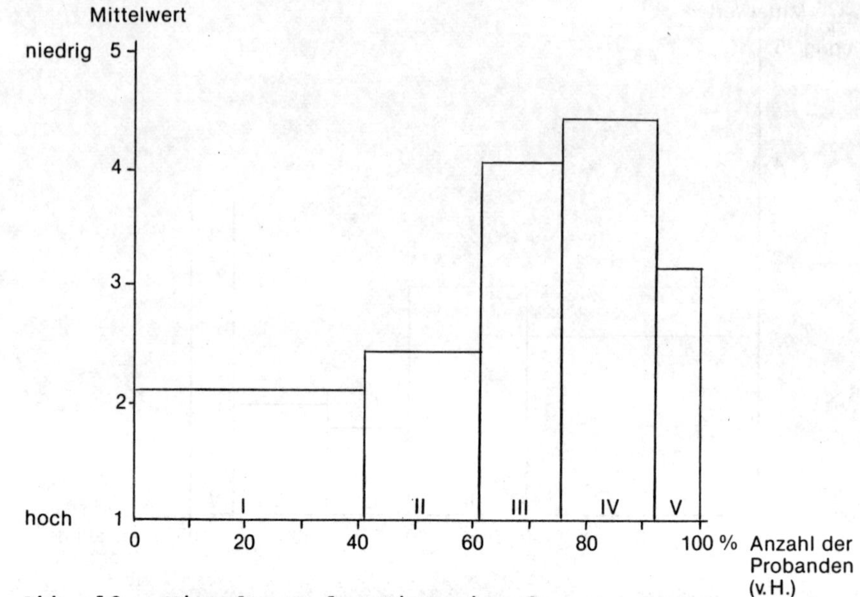

Abb. 12 Mittelwert der Dimension 3 (Beteiligung des Mitarbeiters an der Entscheidungsbildung) in den fünf Clustern der Betriebsgröße 1

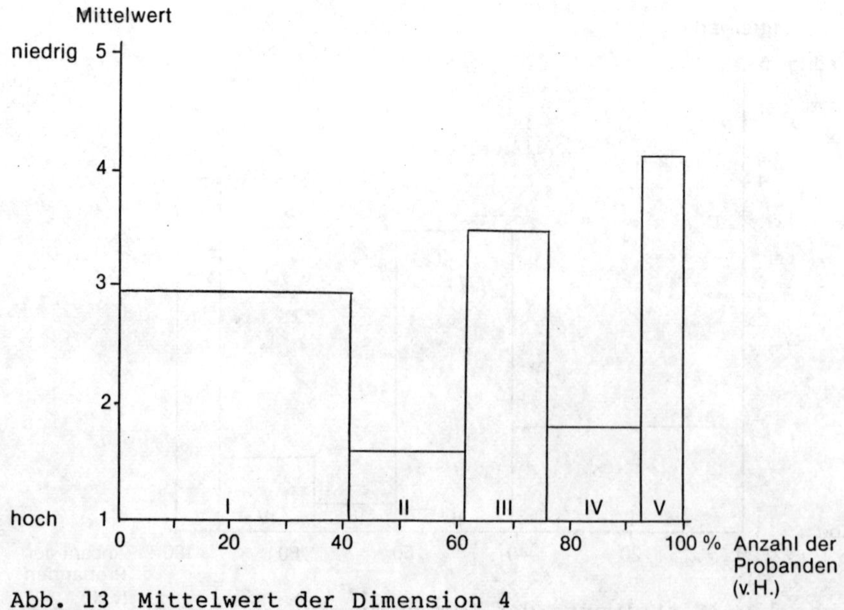

Abb. 13 Mittelwert der Dimension 4 (Ausmaß der Kontrolle) in den fünf Clustern der Betriebsgröße 1

Tab. 31 Mittelwerte und Standardabweichungen der Indikatoren in den fünf Clustern der Betriebsgröße 1

Cluster		1		2		3		4		5		
Clustergröße		18		9		6		7		3		43
Clustergröße in %		41.86		20.93		13.95		16.28		6.98		100%
	Mittelwert und Standardabweichung	$\bar{x}$	σ	$\bar{x}$	σ	$\bar{x}$	σ	$\bar{x}$	σ	$\bar{x}$	σ	
Indikatoren												
Dimension 1 (Einstellung d.Vorgesetzten zur partnerschaftl. Zusammenarbeit)	1. Mein Vorgesetzter kritisiert in Gegenwart anderer seine ihm unterstellten Mitarbeiter. 5 4 3 2 1	2.22	1.67	2.22	1.87	1.00	0.00	1.00	0.00	1.00	1.73	
	2. Mein Vorgesetzter behandelt seine ihm unterstellten Mitarbeiter als gleichberechtigte Partner. 1 2 3 4 5	1.83	1.54	2.78	1.56	2.33	2.10	2.14	1.95	4.33	1.56	
	3. Mein Vorgesetzter gibt seine Anweisungen in Befehlsform. 5 4 3 2 1	4.33	1.89	4.33	1.32	2.67	1.75	2.86	1.77	4.67	0.58	
	4. Mein Vorgesetzter interessiert sich für das Wohlergehen seiner ihm unterstellten Mitarbeiter. 1 2 3 4 5	1.78	1.17	2.56	1.24	1.00	0.00	1.71	0.95	5.00	0.00	
Dimension 2 (stimulierende Aktivität)	1. Mein Vorgesetzter spricht seine Anerkennung aus, wenn einer von uns gute Arbeit geleistet hat. 1 2 3 4 5	1.67	1.89	4.44	0.73	1.00	0.00	1.00	0.00	5.00	0.00	
	2. Mein Vorgesetzter paßt die Arbeitsgebiete genau den Fähigkeiten seiner ihm unterstellten Mitarbeiter an. 1 2 3 4 5	2.11	1.02	2.67	0.50	1.50	0.55	2.29	0.95	3.00	0.00	
Dimension 3 (Beteiligung d.Mitarbeiters an der Entscheidungsbildung)	1. Mein Vorgesetzter ändert die Aufgaben seiner ihm unterstellten Mitarbeiter, ohne es vorher mit ihnen besprochen zu haben. 1 2 3 4 5	2.50	1.62	3.56	1.59	2.33	1.21	4.29	1.50	5.00	0.00	
	2. Mein Vorgesetzter entscheidet und handelt, ohne es vorher mit seinen ihm unterstellten Mitarbeitern abzusprechen. 1 2 3 4 5	1.89	1.18	2.22	1.72	5.00	0.00	5.00	0.00	2.33	2.31	
	3. Bei wichtigen Entscheidungen holt mein Vorgesetzter erst die Zustimmung seiner ihm unterstellten Mitarbeiter ein. 5 4 3 2 1	2.17	1.34	2.00	1.41	5.00	0.00	4.71	0.76	2.00	1.73	
	4. Mein Vorgesetzter entscheidet bis in die Einzelheiten, was und wie etwas getan werden muß. 1 2 3 4 5	1.83	0.62	1.78	0.83	3.67	1.03	3.71	1.38	3.00	1.73	
Dimension 4 (Ausmaß der Kontrolle)	1. Mein Vorgesetzter achtet auf Pünktlichkeit 1 2 3 4 5	2.83	1.30	2.33	1.00	4.67	0.52	1.14	0.37	4.33	1.56	
	2. Mein Vorgesetzter überläßt seine ihm unterstellten Mitarbeiter sich selbst, ohne sich nach dem Stand ihrer Arbeit zu erkundigen. 5 4 3 2 1	3.06	1.26	1.00	0.00	2.33	0.82	2.57	1.40	4.00	0.00	

Diagramm 3 Antwortprofil der Probanden des Clusters 1 über die 12 Indikatoren hinweg (Betriebsgröße 1)

Dimension 1,
Einstellung des Vorgesetzten zur partnerschaftlichen Zusammenarbeit

1. Mein Vorgesetzter kritisiert in Gegenwart anderer seine ihm unterstellten Mitarbeiter. 5 4 3 2 1
2. Mein Vorgesetzter behandelt seine ihm unterstellten Mitarbeiter als gleichberechtigte Partner. 1 2 3 4 5
3. Mein Vorgesetzter gibt seine Anweisungen in Befehlsform. 5 4 3 2 1
4. Mein Vorgesetzter interessiert sich für das Wohlergehen seiner ihm unterstellten Mitarbeiter. 1 2 3 4 5

Dimension 2,
stimulierende Aktivität

1. Mein Vorgesetzter spricht seine Anerkennung aus, wenn einer von uns gute Arbeit geleistet hat. 1 2 3 4 5
2. Mein Vorgesetzter paßt die Arbeitsgebiete genau den Fähigkeiten seiner ihm unterstellten Mitarbeiter an. 1 2 3 4 5

Dimension 3,
Beteiligung des Mitarbeiters an der Entscheidungsbildung

1. Mein Vorgesetzter ändert die Aufgaben seiner ihm unterstellten Mitarbeiter, ohne es vorher mit ihnen besprochen zu haben. 1 2 3 4 5
2. Mein Vorgesetzter entscheidet und handelt, ohne es vorher mit seinen ihm unterstellten Mitarbeitern abzusprechen. 1 2 3 4 5
3. Bei wichtigen Entscheidungen holt mein Vorgesetzter erst die Zustimmung seiner ihm unterstellten Mitarbeiter ein. 5 4 3 2 1
4. Mein Vorgesetzter entscheidet bis in die Einzelheiten, was und wie etwas getan werden muß. 1 2 3 4 5

Dimension 4,
Ausmaß der Kontrolle

1. Mein Vorgesetzter achtet auf Pünktlichkeit. 1 2 3 4 5
2. Mein Vorgesetzter überläßt seine ihm unterstellten Mitarbeiter sich selbst, ohne sich nach dem Stand ihrer Arbeit zu erkundigen. 5 4 3 2 1

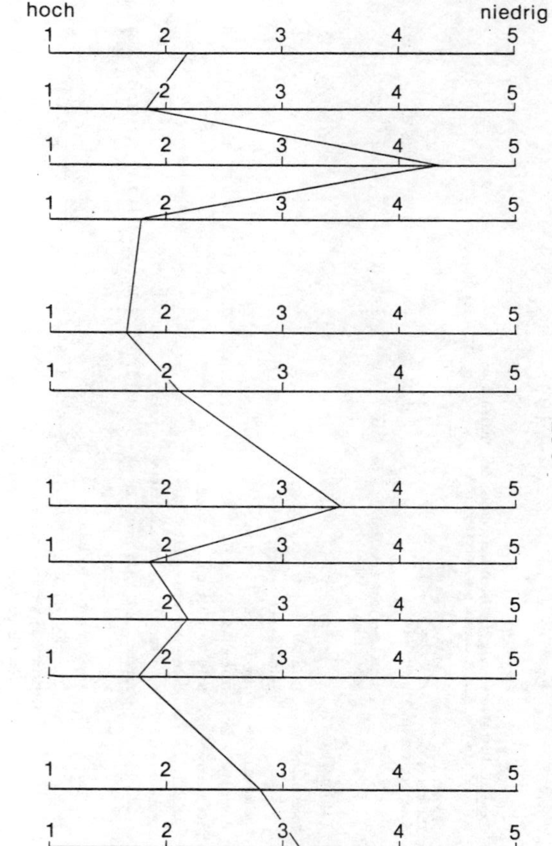

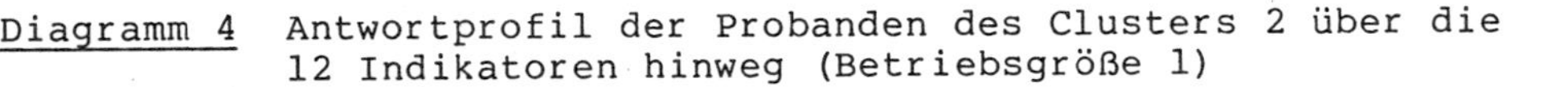

Diagramm 4 Antwortprofil der Probanden des Clusters 2 über die 12 Indikatoren hinweg (Betriebsgröße 1)

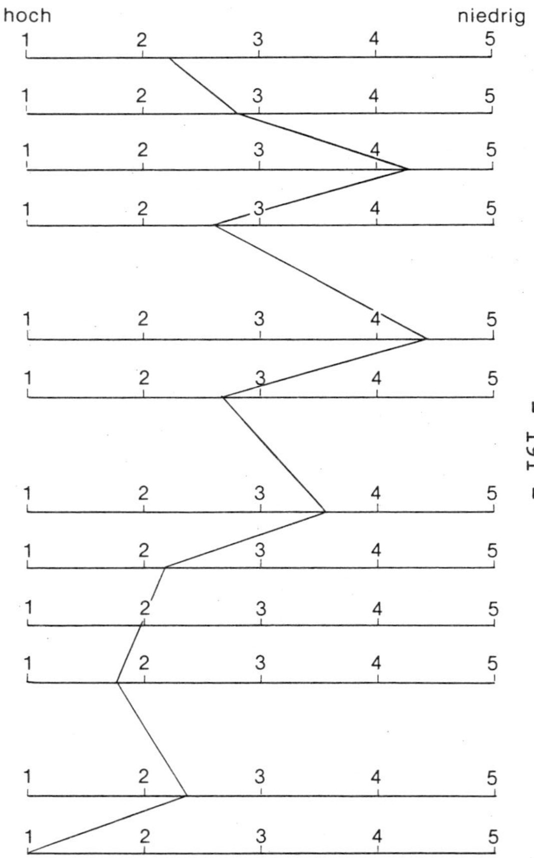

Dimension 1,
Einstellung des Vorgesetzten zur partnerschaftlichen Zusammenarbeit

1. Mein Vorgesetzter kritisiert in Gegenwart anderer seine ihm unterstellten Mitarbeiter. 5 4 3 2 1
2. Mein Vorgesetzter behandelt seine ihm unterstellten Mitarbeiter als gleichberechtigte Partner. 1 2 3 4 5
3. Mein Vorgesetzter gibt seine Anweisungen in Befehlsform. 5 4 3 2 1
4. Mein Vorgesetzter interessiert sich für das Wohlergehen seiner ihm unterstellten Mitarbeiter. 1 2 3 4 5

Dimension 2,
stimulierende Aktivität

1. Mein Vorgesetzter spricht seine Anerkennung aus, wenn einer von uns gute Arbeit geleistet hat. 1 2 3 4 5
2. Mein Vorgesetzter paßt die Arbeitsgebiete genau den Fähigkeiten seiner ihm unterstellten Mitarbeiter an. 1 2 3 4 5

Dimension 3,
Beteiligung des Mitarbeiters an der Entscheidungsbildung

1. Mein Vorgesetzter ändert die Aufgaben seiner ihm unterstellten Mitarbeiter, ohne es vorher mit ihnen besprochen zu haben. 1 2 3 4 5
2. Mein Vorgesetzter entscheidet und handelt, ohne es vorher mit seinen ihm unterstellten Mitarbeitern abzusprechen. 1 2 3 4 5
3. Bei wichtigen Entscheidungen holt mein Vorgesetzter erst die Zustimmung seiner ihm unterstellten Mitarbeiter ein. 5 4 3 2 1
4. Mein Vorgesetzter entscheidet bis in die Einzelheiten, was und wie etwas getan werden muß. 1 2 3 4 5

Dimension 4,
Ausmaß der Kontrolle

1. Mein Vorgesetzter achtet auf Pünktlichkeit. 1 2 3 4 5
2. Mein Vorgesetzter überläßt seine ihm unterstellten Mitarbeiter sich selbst, ohne sich nach dem Stand ihrer Arbeit zu erkundigen. 5 4 3 2 1

Führungsstil-Typ 1 (Cluster 1)

Charakteristika des Führungsstil-Typs 1 sind: überdurchschnittliche positive Einstellung des Vorgesetzten zur partnerschaftlichen Zusammenarbeit, starke stimulierende Aktivität, durchschnittliches Ausmaß der Kontrolle und hohe Entscheidungszentralisation.

Die in diesem Cluster zu 50% bzw. zu 100% repräsentierten Betriebe stellen die typischen Kleinunternehmungen dar, wo der Unternehmer ständig im Betrieb ist. Dies erklärt, warum eine starke Entscheidungszentralisation vorliegt. Darüber hinaus ist der 2. Mann in diesem Betrieb meistens ein Verwandter (Bruder, Sohn oder Frau) oder ein langjähriger Freund und Mitarbeiter. Es ist dann nicht erstaunlich, daß der Vorgesetzte bzw. der Betriebsleiter die Möglichkeit hat, seine Anerkennung auszusprechen, wo der Produktionsprozeß sich in einem überschaubaren Rahmen vollzieht.

Eine Tendenz zur Mitte ($\bar{x}$ = 2.94) ist bei der empfundenen Fremdkontrolle festzustellen; dies ist auf zwei Gründe zurückzuführen:

- Die vom Vorgesetzten auszuübende Kontrolle wird durch eine soziale Kontrolle im Betrieb ersetzt. [17)]
- Da sich bei den Arbeitern in diesen Betrieben eine gewisse Treue zu Betrieb und Unternehmer entwickelt hat und daher nur ein geringer Arbeitsplatzwechsel

---

17) Es wird hier in Anlehnung an Ulrich zwischen Selbstkontrolle, sozialer Kontrolle und Fremdkontrolle unterschieden. "Die soziale Kontrolle beruht darauf, daß die Gruppe ihren Mitgliedern ihre Anerkennung und Billigung entzieht, wenn sie die Gruppennormen nicht einholen." Ulrich,W., Kreativitätsförderung in der Unternehmung - Ansatzpunkte eines Gesamtkonzeptes, Schriftenreihe des Institutes für betriebwirtschaftliche Forschung, Zürich, Bd. 13, Bern/Stuttgart 1977, S. 162.

stattfindet, erübrigt sich eine Kontrolle durch den Vorgesetzten.

Der Arbeiter verbindet sein Schicksal mit demjenigen des Betriebes und gibt daher seine bestmögliche Leistung. [18] Dieser affektive Hintergrund (Treue der Unterstellten, Anwesenheit des Betriebsleiters, seiner Verwandten oder Freunde) erklärt teilweise das Ausmaß der Kontrolle. Dieser Zustand ermöglicht es den Betriebsleitern, einen größeren Handlungsspielraum zu behalten. Die Schaffung von klar definierten objektiven Kontrollnormen, von denen alle Organisationsmitglieder Kenntnis nehmen würden, hätte zur Folge, daß die Befugnisse der Betriebsleiter eingegrenzt, Willkür unterbunden und das Schicksal des unterstellten Mitarbeiters stärker von seiner Leistung abhängig wäre.

Führungsstil-Typ 2

Charakteristika des Führungsstil-Typs 2 sind: Tendenz zur Skalenmitte bei der 1. Dimension - Einstellung des Vorgesetzten zur partnerschaftlichen Zusammenarbeit -, geringe stimulierende Aktivität, sehr starke Fremdkontrolle und schwache Beteiligung an der Entscheidungsbildung.

Vertreten sind hier vor allem zwei Betriebe aus der Bekleidungs- und Konserven-Industrie, wo häufig Produktionsschwankungen auftreten, die durch Schwankungen auf dem Absatz- bzw. Beschaffungsmarkt hervorgerufen werden. Die Einstellung des Vorgesetzten zur partnerschaftlichen Zusammenarbeit schwankt nach der Marktlage: wenn Aufträge kurzfristig erfüllt bzw. wenn nicht lagerbare Rohstoffe verarbeitet werden müssen (dies erfordert Überstunden), nimmt die partnerschaftliche

---

18) "Je travaille, comme si c'était pour moi," sagen manche Arbeitnehmer.

Zusammenarbeit des Vorgesetzten an Bedeutung zu. In diesen Betrieben läßt die soziale Kontrolle nach, da ein Vorgesetzter ständig in der Werkstatt weilt und Überwachungsaufgaben übernimmt.

Führungsstil-Typ 3

Charakteristika des Führungsstil-Typs 3 sind: Positive Einstellung des Vorgesetzten zur partnerschaftlichen Zusammenarbeit, sehr starke stimulierende Aktivität, geringes Ausmaß der Fremdkontrolle und geringe Entscheidungszentralisation.

Hierbei handelt es sich um 3 Betriebe der Nahrungsmittelindustrie, die dieselben Produktionsverfahren benutzen, und um einen Betrieb aus der Keramik-Industrie. Das Gemeinsame an den 4 Betrieben besteht darin, daß der Betriebsleiter dem Betrieb sehr wenig Zeit widmet [19] und in 3/4 aller Fälle einen zweiten Beruf ausübt (Landwirtschaft). Die Mitarbeiter sind häufiger gezwungen, Entscheidungen zu fällen, da der Betriebsleiter nicht immer erreichbar ist.

Dabei muß hinzugefügt werden, daß die Mitarbeiter (Durchschnittsalter 41.50 Jahre) über Jahre hinweg in demselben Betrieb tätig sind und in zwei Betrieben sogar Anteile des Betriebes besitzen.

Führungsstil-Typ 4

Charakteristika des Führungsstil-Typs 4 sind: Positive Einstellung des Vorgesetzten zur partnerschaftlichen Zusammenarbeit, starke stimulierende Aktivität, hohes Ausmaß der Kontrolle und sehr geringe Entscheidungszentralisation.

---

19) Einer der vier Betriebe besteht als Produktivgenossenschaft.

Der Führungsstil-Typ 4 unterscheidet sich vom Typ 3 im wesentlichen hinsichtlich der Fremdkontrolle. Hier handelt es sich um junge Arbeitnehmer (Durchschnittsalter 24.86 Jahre), die von älteren Arbeitern bzw. Aufpassern kontrolliert werden; die Tatsache, daß sie von Arbeitern kontrolliert sind, verstärkt bei ihnen das Ausmaß der empfundenen Fremdkontrolle.

Führungsstil-Typ 5

Charakteristika des Führungsstil-Typs 5 sind: Negative Einstellung des Vorgesetzten zur partnerschaftlichen Zusammenarbeit, geringe stimulierende Aktivität, geringes Ausmaß der Kontrolle und zur Mitte tendierende Entscheidungszentralisation.

Dieser Führungsstil wurde in zwei Betrieben vorgefunden (Metall- und Nahrungsmittel-Industrie) und nur von drei Arbeitern (6%) perzipiert; daher kann er nicht als aussagekräftiges Ergebnis angesehen werden.

4.2 Führungsstile in der Betriebsgröße 2

4.21 Beschreibung der Merkmalsausprägung

4.21.1 Einstellung des Vorgesetzten zur partnerschaftlichen Zusammenarbeit

Im Vergleich zu der Betriebsgröße 1 läßt die perzipierte Einstellung des Vorgesetzten zur partnerschaftlichen Zusammenarbeit geringfügig nach: 72% der Probanden geben an, daß ihr Vorgesetzter freundlich ist ($\bar{x}$ = 1.48), während 70% berichten, daß er eine gelöste Stimmung schafft, wenn sie mit ihm reden ($\bar{x}$ = 1.37). 79% geben an, daß er sie selten bzw. nie in Gegenwart anderer kritisiert ($\bar{x}$ = 4.78). Während nur 59% der Ansicht sind, daß ihr Vorgesetzter sie als gleichberechtigte Partner behandelt ($\bar{x}$ = 1.25), haben 29% der Probanden den Eindruck, daß ihr Vorgesetzter versucht, ihnen zu zeigen, daß er der "Chef" ist und daß sie unter ihm stehen ($\bar{x}$ = 1.23).
Hier scheint auch das Interesse des Vorgesetzten an dem Wohlergehen der Mitarbeiter nachgelassen zu haben (43%, $\bar{x}$ = 1.34) (Item 9). Obwohl die Häufigkeit der Anweisungen in Befehlsform an Bedeutung verliert (68% gegen 79%), ($\bar{x}$ = 1.16), liegt die Zahl der Fälle, wo der Vorgesetzte seine Mitarbeiter bei Fehlern tadelt, höher (35% gegen 25%, $\bar{x}$ = 1.19).

4.21.2 Stimulierende Aktivität

Während die Betriebsleiter in 56,25% der Fälle (Fragebogen I, Item 60, bezogen auf die Antworten in der Betriebsgröße 2) die verbale Ermutigung und das Lob als stimulierendes Mittel genannt haben, scheint die von führenden Personen auf niedrigeren Ebenen ausgesprochene und von den Mitarbeitern perzipierte Anerkennung weniger häufig aufzutreten: 50% ($\bar{x}$=1.41). Dagegen haben die Arbeitnehmer immer bzw. häufig (78%) den Eindruck, daß ihr Vorgesetzter sich über fleißige Mitar-

beiter freut ($\bar{x}$ = 1.30).
Im Vergleich zu der Betriebsgröße 1 sinkt die relative Häufigkeit (27%) der Anzahl der Mitarbeiter, welche das Item 12 nicht beantworten konnten. Dieser Prozentsatz bleibt jedoch bedeutend und weist auf eine mangelnde fachliche Ausbildung in diesen Betrieben hin. Der Anteil derjenigen, die die Frage 12 mit "immer" bzw. "häufig" beantwortet haben, ist auch kleiner (45,45%, $\bar{x}$ = 1.48).

4.21.3 Beteiligung des Mitarbeiters an der Entscheidungsbildung

Verglichen mit der Betriebsgröße 1 weisen die Betriebe der Größe 2 eine stärkere Tendenz zur Entscheidungszentralisation auf.

Schon bei der Verständlichkeit der Anweisungen von Vorgesetzten sinkt der Prozentsatz der Probanden, die die Frage 18 (III) mit "immer" oder "häufig" beantwortet haben: 84% ($\bar{x}$ = 1.12).

Von den Betriebsleitern geben nur 55% an, daß die von ihnen mitgeteilten Informationen verstanden werden; die Rückfragen sind dementsprechend häufiger als in der Betriebsgröße 1: 31% der Antworten verteilen sich auf die Antwortkategorien "immer" oder "häufig". Dagegen werden nach Angabe der Manager die von ihnen mitgeteilten Informationen meistens verstanden: 77% ("immer/häufig"). Trotzdem sind Rückfragen häufig: 46% ("immer/häufig"). Die stärkere Tendenz zur Entscheidungszentralisation läßt sich durch die Antworten der Probanden auf die Items 19 - 23 dokumentieren:

Tab. 32 Prozentuale Häufigkeitsverteilung der Antworten zu den Items 19 - 23 (III) in der Betriebsgröße 2

Item	immer	häufig	manchmal	selten	nie	keine Angabe	Summe
19	12.50	7.95	38.64	17.05	11.36	12.50	100
20	25.00	7.95	6.82	17.05	35.23	7.95	100
21	54.55	5.68	13.64	14.77	7.95	3.41	100
22	4.55	9.09	15.91	7.95	54.55	7.95	100
23	34.09	39.77	13.64	6.82	-	5.68	100

Ein Entscheidungszentralisationsgrad kann aus dem Mittelwert der angegebenen Prozentsätze der Antworten auf die Item 20 ("immer/häufig"), 21 ("immer/häufig"), 22 ("selten/nie") und 23 ("immer/häufig") berechnet werden. Hier ergibt sich ein Entscheidungszentralisationsgrad von 56.98%, der signifikant höher als in der Betriebsgröße 1 (48.30%) ist.

4.21.4 Ausmaß der Kontrolle

Die verstärkte Entscheidungszentralisation führt zu einem stärkerem Ausmaß der Fremdkontrolle. Tatsächlich beträgt der Kontrollkoeffizient - (berechnet auf der Basis der Items 15 (immer/häufig), 16 (selten/nie) und 17 (immer/häufig)) - 63.5%, was eine Differenz von + 3.8% im Vergleich zu der Betriebsgröße 1 darstellt.

Tab. 33 Prozentuale Häufigkeitsverteilung der Antworten zu den Items 14 - 17 in der Betriebsgröße 2

Item	immer	häufig	manchmal	selten	nie	keine Angabe	Summe
14	25.00	14.77	20.45	4.55	32.95	2.27	100
15	42.05	19.32	10.23	9.09	10.23	9.09	100
16	15.91	7.95	20.45	6.82	40.91	7.95	100
17	63.64	18.18	4.55	1.14	1.14	11.36	100

Tab. 33 gibt die Verteilung der Antworten wieder. Hier ist wiederum auffällig, daß ähnlich wie bei der Betriebsgröße 1 die Frage 17 von 81% ($\bar{x}$ = 1.22) mit "immer" oder "häufig" beantwortet wird, d.h. daß der Vorgesetzte darauf besteht, von seinen ihm unterstellten Mitarbeitern über ihre Entscheidungen unterrichtet zu werden.

Auf die Pünktlichkeit wird mehr Wert gelegt als in der Betriebsgröße 1. Eine Zwischenkontrolle bleibt unter dem Durchschnitt (Item 16, 47.70%, $\bar{x}$ = 1.33).

4.22 Führungsstil-Typen nach der Profil-Cluster-Methode

Die 88 Probanden der 17 Betriebe der Größe 2 bilden in bezug auf den perzipierten Führungsstil 6 Gruppen, wobei die drei ersten Cluster 80.64% der Probanden umfassen, während 19.36% der Probanden sich auf die übrigen Cluster verteilen. Die Profile der verschiedenen Cluster über die 12 Indikatoren hinweg sind durch die Diagramme 8 - 13 graphisch dargestellt.[20] Die Mittelwerte der vier Dimensionen eines Führungsstiles sowie die Standardabweichungen sind in Tab. 34 wiedergegeben und in Abb. 14-17 graphisch veranschaulicht.

---

20) Die Diagramme 11- 13 werden im Anhang wiedergegeben.

Tab. 34 Mittelwerte und Standardabweichungen der 4 Führungsstil-Dimensionen in den sechs Clustern der Betriebsgröße 2

Cluster	Anzahl der Probanden		Dimension 1 (Einstellung d. Vorgesetzten zur partnerschaftl. Zusammenarbeit)		Dimension 2 (stimulierende Aktivität)		Dimension 3 (Beteiligung an der Entscheidungsbildung)		Dimension 4 (Ausmaß der Kontrolle)	
	absolut	relativ	$\bar{x}$	σ	$\bar{x}$	σ	$\bar{x}$	σ	$\bar{x}$	σ
1	36	40.91	2.04	0.36	2.00	0.11	3.16	0.93	2.28	0.35
2	20	22.73	2.50	1.36	2.27	0.11	1.95	0.79	2.85	0.91
3	15	17.10	4.43	0.42	3.53	1.32	1.70	0.76	1.77	0.14
4	6	6.82	2.66	1.39	2.25	1.06	1.50	0.63	2.50	1.41
5	6	6.82	3.08	1.49	4.58	0.58	1.33	0.30	2.83	1.64
6	5	5.69	3.60	1.67	4.10	0.14	2.50	0.62	2.50	2.12
$\sum$	88	100.00	2.75		2.60		2.36		2.26	

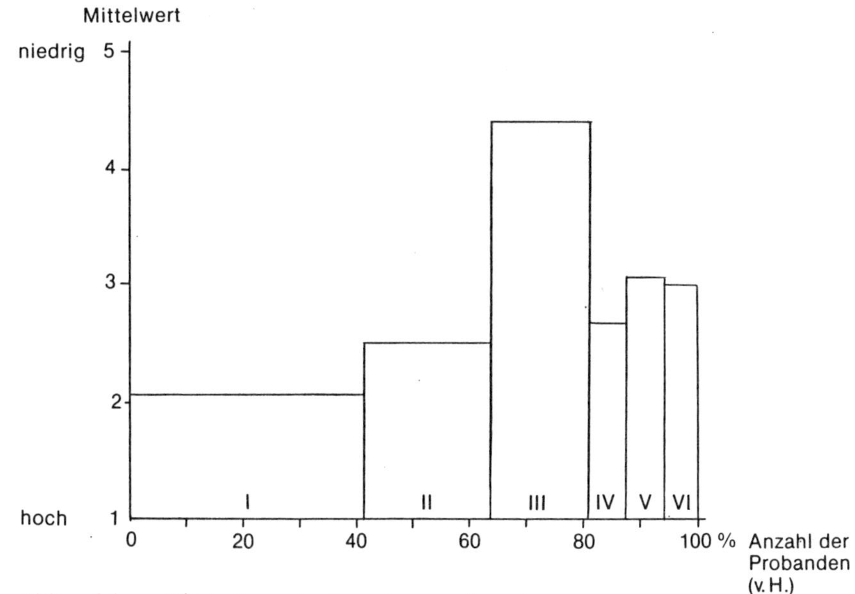

Abb. 14 Mittelwert der Dimension 1 (Einstellung des Vorgesetzten zur partnerschaftlichen Zusammenarbeit) in den sechs Clustern der Betriebsgröße 2

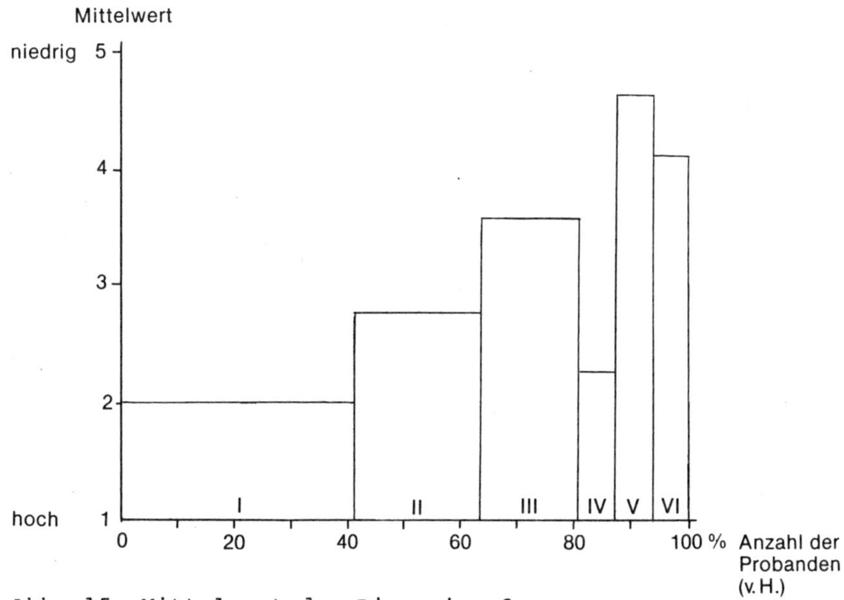

Abb. 15 Mittelwert der Dimension 2 (stimulierende Aktivität) in den sechs Clustern der Betriebsgröße 2

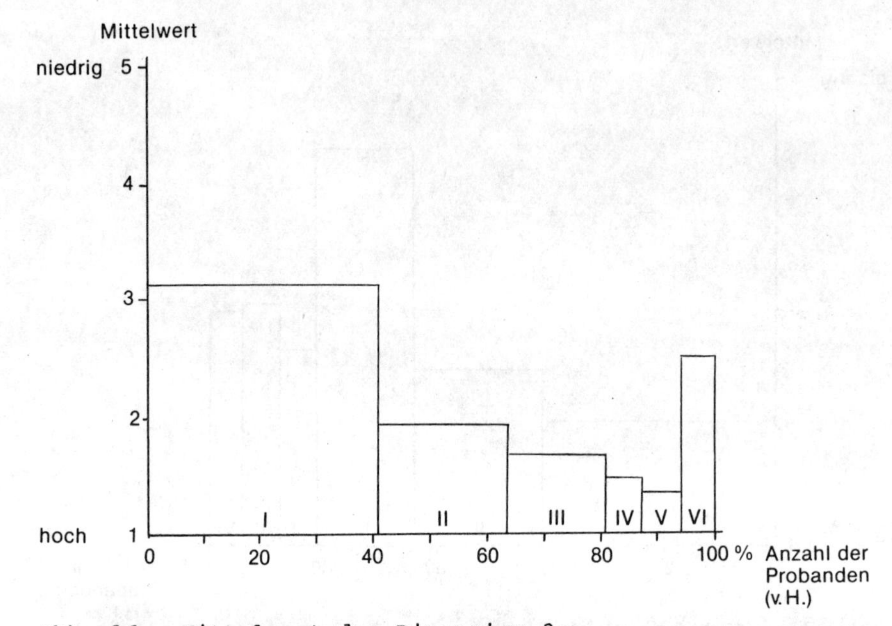

Abb. 16 Mittelwert der Dimension 3 (Beteiligung des Mitarbeiters an der Entscheidungsbildung) in den sechs Clustern der Betriebsgröße 2

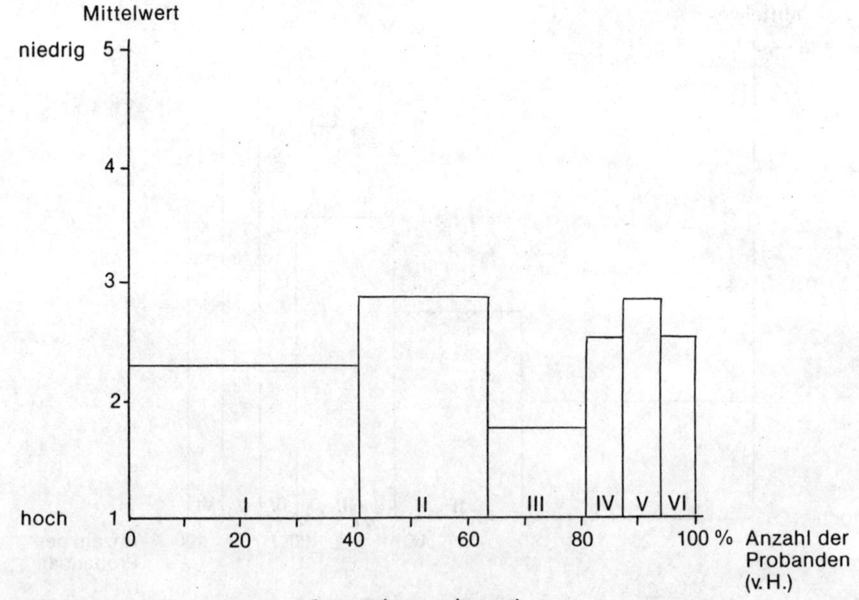

Abb. 17 Mittelwert der Dimension 4 (Ausmaß der Kontrolle) in den sechs Clustern der Betriebsgröße 2

Tab. 35 Mittelwerte und Standardabweichungen der Indikatoren in den sechs Clustern der Betriebsgröße 2

Cluster		1		2		3		4		5		6		
Clustergröße		36		20		15		6		6		5		88
Clustergröße in %		40.91		22.73		17.10		6.82		6.82		5.69		100
	Mittelwert und Standardabweichung	$\bar{x}$	σ	$\bar{x}$	σ	$\bar{x}$	σ	$\bar{x}$	σ	$\bar{x}$	σ	$\bar{x}$	σ	
Indikatoren														
Dimension 1 (Einstellung d.Vorgesetzten zur partnerschaftl. Zusammenarbeit)	1. Mein Vorgesetzter kritisiert in Gegenwart anderer seine ihm unterstellten Mitarbeiter. 5 4 3 2 1	1.64	0.93	1.15	0.49	3.80	1.32	2.50	1.23	2.67	1.36	1.20	0.45	
	2. Mein Vorgesetzter behandelt seine ihm unterstellten Mitarbeiter als gleichberechtigte Partner. 1 2 3 4 5	1.86	2.00	2.55	1.76	4.60	1.12	1.50	0.83	1.17	0.41	4.40	1.34	
	3. Mein Vorgesetzter gibt seine Anweisungen in Befehlsform. 5 4 3 2 1	2.47	1.32	4.35	1.26	4.73	0.80	4.67	0.82	4.00	1.67	3.80	1.30	
	4. Mein Vorgesetzter interessiert sich für das Wohlergehen seiner ihm unterstellten Mitarbeiter. 1 2 3 4 5	2.19	1.04	1.95	1.15	4.60	0.74	2.00	1.27	4.50	0.83	5.00	0.00	
Dimension 2 (stimulierende Aktivität)	1. Mein Vorgesetzter spricht seine Anerkennung aus, wenn einer von uns gute Arbeit geleistet hat. 1 2 3 4 5	1.92	1.03	2.20	1.01	4.47	0.99	1.50	0.74	5.00	0.00	4.20	0.84	
	2. Mein Vorgesetzter paßt die Arbeitsgebiete genau den Fähigkeiten seiner ihm unterstellten Mitarbeiter an. 1 2 3 4 5	2.08	1.00	2.35	0.99	2.60	1.24	3.00	0.63	4.17	0.98	4.00	0.71	
Dimension 3 (Beteiligung d.Mitarbeiters an der Entscheidungsbildung)	1. Mein Vorgesetzter ändert die Aufgaben seiner ihm unterstellten Mitarbeiter, ohne es vorher mit ihnen besprochen zu haben. 1 2 3 4 5	4.33	0.89	2.90	1.62	2.73	1.62	2.33	1.51	1.67	1.63	2.20	1.79	
	2. Mein Vorgesetzter entscheidet und handelt, ohne es vorher mit seinen ihm unterstellten Mitarbeitern abzusprechen. 1 2 3 4 5	3.31	1.17	1.20	0.52	1.27	1.03	1.00	0.00	1.00	0.00	3.20	1.48	
	3. Bei wichtigen Entscheidungen holt mein Vorgesetzter erst die Zustimmung seiner ihm unterstellten Mitarbeiter ein. 5 4 3 2 1	2.97	1.16	1.40	0.75	1.00	0.00	1.00	0.00	1.17	0.41	2.80	1.48	
	4. Mein Vorgesetzter entscheidet bis in die Einzelheiten, was und wie etwas getan werden muß. 1 2 3 4 5	2.06	0.86	2.30	0.98	1.80	0.94	1.67	0.82	1.50	0.84	1.80	0.84	
Dimension 4 (Ausmaß der Kontrolle)	1. Mein Vorgesetzter achtet auf Pünktlichkeit 1 2 3 4 5	2.53	1.44	2.20	1.24	1.87	1.19	3.50	1.38	1.67	1.03	1.00	0.00	
	2. Mein Vorgesetzter überläßt seine ihm unterstellten Mitarbeiter sich selbst, ohne sich nach dem Stand ihrer Arbeit zu erkundigen. 5 4 3 2 1	2.03	1.21	3.50	1.24	1.67	1.24	1.50	0.84	4.00	1.10	4.00	1.73	

Diagramm 8 Antwortprofil der Probanden des Clusters 1 über die 12 Indikatoren hinweg (Betriebsgröße 2)

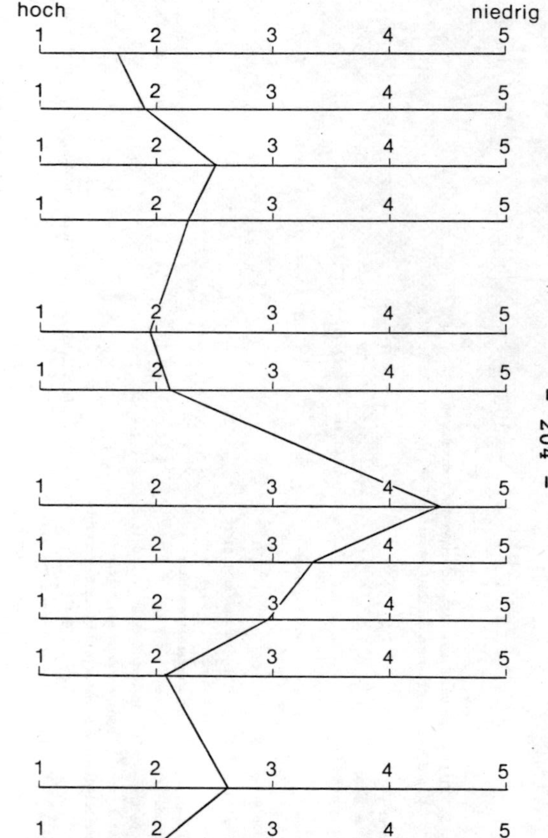

Dimension 1,
Einstellung des Vorgesetzten zur partnerschaftlichen Zusammenarbeit

1. Mein Vorgesetzter kritisiert in Gegenwart anderer seine ihm unterstellten Mitarbeiter. 5 4 3 2 1
2. Mein Vorgesetzter behandelt seine ihm unterstellten Mitarbeiter als gleichberechtigte Partner. 1 2 3 4 5
3. Mein Vorgesetzter gibt seine Anweisungen in Befehlsform. 5 4 3 2 1
4. Mein Vorgesetzter interessiert sich für das Wohlergehen seiner ihm unterstellten Mitarbeiter. 1 2 3 4 5

Dimension 2,
stimulierende Aktivität

1. Mein Vorgesetzter spricht seine Anerkennung aus, wenn einer von uns gute Arbeit geleistet hat. 1 2 3 4 5
2. Mein Vorgesetzter paßt die Arbeitsgebiete genau den Fähigkeiten seiner ihm unterstellten Mitarbeiter an. 1 2 3 4 5

Dimension 3,
Beteiligung des Mitarbeiters an der Entscheidungsbildung

1. Mein Vorgesetzter ändert die Aufgaben seiner ihm unterstellten Mitarbeiter, ohne es vorher mit ihnen besprochen zu haben. 1 2 3 4 5
2. Mein Vorgesetzter entscheidet und handelt, ohne es vorher mit seinen ihm unterstellten Mitarbeitern abzusprechen. 1 2 3 4 5
3. Bei wichtigen Entscheidungen holt mein Vorgesetzter erst die Zustimmung seiner ihm unterstellten Mitarbeiter ein. 5 4 3 2 1
4. Mein Vorgesetzter entscheidet bis in die Einzelheiten, was und wie etwas getan werden muß. 1 2 3 4 5

Dimension 4,
Ausmaß der Kontrolle

1. Mein Vorgesetzter achtet auf Pünktlichkeit. 1 2 3 4 5
2. Mein Vorgesetzter überläßt seine ihm unterstellten Mitarbeiter sich selbst, ohne sich nach dem Stand ihrer Arbeit zu erkundigen. 5 4 3 2 1

Diagramm 9 Antwortprofil der Probanden des Clusters 2 über die 12 Indikatoren hinweg (Betriebsgröße 2)

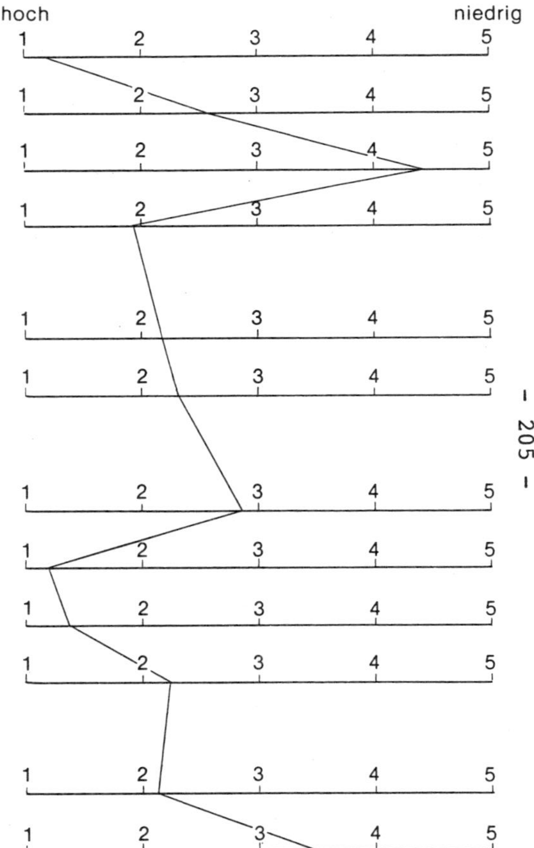

Dimension 1,
Einstellung des Vorgesetzten zur partnerschaftlichen Zusammenarbeit

1. Mein Vorgesetzter kritisiert in Gegenwart anderer seine ihm unterstellten Mitarbeiter. 5 4 3 2 1
2. Mein Vorgesetzter behandelt seine ihm unterstellten Mitarbeiter als gleichberechtigte Partner. 1 2 3 4 5
3. Mein Vorgesetzter gibt seine Anweisungen in Befehlsform. 5 4 3 2 1
4. Mein Vorgesetzter interessiert sich für das Wohlergehen seiner ihm unterstellten Mitarbeiter. 1 2 3 4 5

Dimension 2,
stimulierende Aktivität

1. Mein Vorgesetzter spricht seine Anerkennung aus, wenn einer von uns gute Arbeit geleistet hat. 1 2 3 4 5
2. Mein Vorgesetzter paßt die Arbeitsgebiete genau den Fähigkeiten seiner ihm unterstellten Mitarbeiter an. 1 2 3 4 5

Dimension 3,
Beteiligung des Mitarbeiters an der Entscheidungsbildung

1. Mein Vorgesetzter ändert die Aufgaben seiner ihm unterstellten Mitarbeiter, ohne es vorher mit ihnen besprochen zu haben. 1 2 3 4 5
2. Mein Vorgesetzter entscheidet und handelt, ohne es vorher mit seinen ihm unterstellten Mitarbeitern abzusprechen. 1 2 3 4 5
3. Bei wichtigen Entscheidungen holt mein Vorgesetzter erst die Zustimmung seiner ihm unterstellten Mitarbeiter ein. 5 4 3 2 1
4. Mein Vorgesetzter entscheidet bis in die Einzelheiten, was und wie etwas getan werden muß. 1 2 3 4 5

Dimension 4,
Ausmaß der Kontrolle

1. Mein Vorgesetzter achtet auf Pünktlichkeit. 1 2 3 4 5
2. Mein Vorgesetzter überläßt seine ihm unterstellten Mitarbeiter sich selbst, ohne sich nach dem Stand ihrer Arbeit zu erkundigen. 5 4 3 2 1

<u>Diagramm 10</u> Antwortprofil der Probanden des Clusters 3 über die 12 Indikatoren hinweg (Betriebsgröße 2)

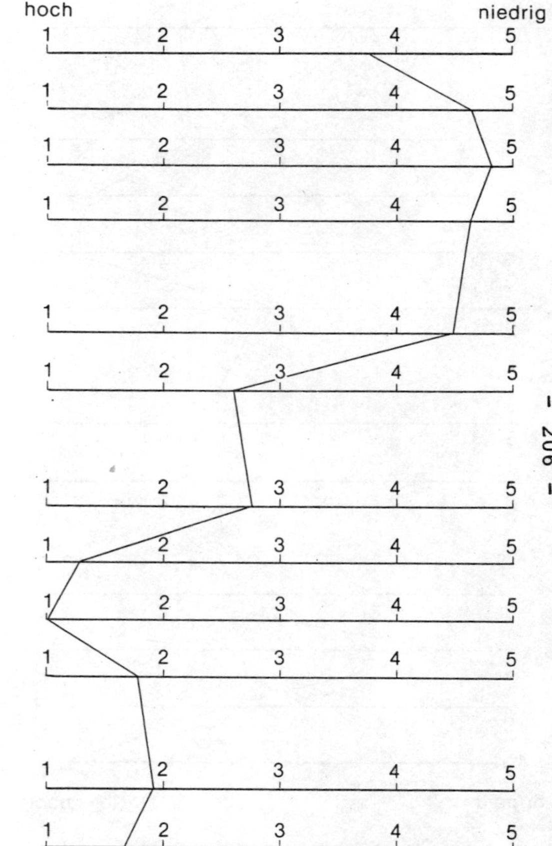

Dimension 1,
Einstellung des Vorgesetzten zur partnerschaftlichen Zusammenarbeit

1. Mein Vorgesetzter kritisiert in Gegenwart anderer seine ihm unterstellten Mitarbeiter. 5 4 3 2 1
2. Mein Vorgesetzter behandelt seine ihm unterstellten Mitarbeiter als gleichberechtigte Partner. 1 2 3 4 5
3. Mein Vorgesetzter gibt seine Anweisungen in Befehlsform. 5 4 3 2 1
4. Mein Vorgesetzter interessiert sich für das Wohlergehen seiner ihm unterstellten Mitarbeiter. 1 2 3 4 5

Dimension 2,
stimulierende Aktivität

1. Mein Vorgesetzter spricht seine Anerkennung aus, wenn einer von uns gute Arbeit geleistet hat. 1 2 3 4 5
2. Mein Vorgesetzter paßt die Arbeitsgebiete genau den Fähigkeiten seiner ihm unterstellten Mitarbeiter an. 1 2 3 4 5

Dimension 3,
Beteiligung des Mitarbeiters an der Entscheidungsbildung

1. Mein Vorgesetzter ändert die Aufgaben seiner ihm unterstellten Mitarbeiter, ohne es vorher mit ihnen besprochen zu haben. 1 2 3 4 5
2. Mein Vorgesetzter entscheidet und handelt, ohne es vorher mit seinen ihm unterstellten Mitarbeitern abzusprechen. 1 2 3 4 5
3. Bei wichtigen Entscheidungen holt mein Vorgesetzter erst die Zustimmung seiner ihm unterstellten Mitarbeiter ein. 5 4 3 2 1
4. Mein Vorgesetzter entscheidet bis in die Einzelheiten, was und wie etwas getan werden muß. 1 2 3 4 5

Dimension 4,
Ausmaß der Kontrolle

1. Mein Vorgesetzter achtet auf Pünktlichkeit. 1 2 3 4 5
2. Mein Vorgesetzter überläßt seine ihm unterstellten Mitarbeiter sich selbst, ohne sich nach dem Stand ihrer Arbeit zu erkundigen. 5 4 3 2 1

Führungsstil-Typ 1

Charakteristika des Führungsstil-Typs 1 sind: Positive Einstellung des Vorgesetzten zur partnerschaftlichen Zusammenarbeit, starke stimulierende Aktivität, starkes Ausmaß der Fremdkontrolle und zur Mitte tendierende Entscheidungszentralisation.

4 Betriebe der Metall-, Keramik-, Bekleidungs- und Holzindustrie gehören ausschließlich dem Cluster 1 an. Die Anforderungen des inländischen und ausländischen Marktes, nach präzisen Normen Erzeugnisse herzustellen, schlägt sich in der Organisation der Fertigung nieder und wirkt sich damit auch auf die Beziehungen zwischen Führungspersonen und unterstellten Mitarbeitern aus. In den drei Betrieben hat jeder Arbeiter seinen festen Arbeitsplatz und seine Aufgabe ist klar und ausführlich definiert.

Die Tendenz zur Mitte bei der Entscheidungszentralisation ist dadurch zu erklären, daß der Mitarbeiter befugt ist, in seinem Bereich bestimmte Aufgaben, die eine Entscheidung benötigen, selbst zu bewältigen. Änderungsvorschläge werden auch nicht häufig abgelehnt (Item 19, $\bar{x}$ = 3.50).

Das starke Ausmaß der Fremdkontrolle ist durch die Anforderungen des Marktes bedingt.

Führungsstil-Typ 2

Charakteristika des Führungsstil-Typs 2 sind: Positive Einstellung des Vorgesetzten zur partnerschaftlichen Zusammenarbeit, zur Mitte tendierende stimulierende Aktivität, zur Mitte tendierendes Ausmaß der Fremdkontrolle und starke Entscheidungszentralisation.

64% der Betriebe der Größe 2 sind unterschiedlich in diesem Cluster vertreten. In einem Betrieb der Holzindustrie wird ausschließlich der Führungsstil-Typ 2 angewandt.

Führungsstil-Typ 3

Charakteristika des Führungsstil-Typs 3 sind: Sehr schwacher Wert der ersten Dimension "Einstellung des Vorgesetzten zur partnerschaftlichen Zusammenarbeit", schwache stimulierende Aktivität, sehr starke Kontrolle, sehr starke Entscheidungszentralisation.

Besonders stark vertreten sind 4 Betriebe der Nahrungsmittelindustrie, wobei 3 davon Franzosen bzw. Juden, die seit langem in Tunesien leben, gehören und von ihnen geleitet werden.

Die ins Extreme tendierenden Werte über die 4 Dimensionen lassen erkennen, daß die früher bestehenden Kolonialbeziehungen zwischen "Kolonialherren" und "Einheimischen" in diesen Betrieben noch weiter bestehen. Die Mitarbeiter haben eine Abneigung gegenüber ihren Vorgesetzten, welche durch die Geschichte des Landes zu erklären ist. In dem vierten Betrieb der Nahrungsmittelindustrie hat der Vorgesetzte der Probanden in diesem Cluster nur Aufsichtsfunktionen und keine fachliche Spezialisierung, da er aus der Bauindustrie kommt. Seine geringe Auslastung mit anderen Aufgaben veranlaßt ihn, eine dauernde Kontrolle auszuüben. In den anderen drei Betrieben beruht die starke Kontrolle auf dem Mißtrauen der Vorgesetzten ihren Mitarbeitern gegenüber; die Einstellung des ehemaligen Kolonialherren, er wäre dem Tunesier überlegen, hat sich erhalten und erklärt damit die starke Entscheidungszentralisation.

Führungsstil-Typ 4

Charakteristika des Führungsstil-Typs 4 sind: Zur Mitte tendierender Wert der 1. Dimension "Einstellung des Vorgesetzten zur partnerschaftlichen Zusammenarbeit", starke stimulierende Aktivität, starkes Ausmaß der Fremdkontrolle und sehr starke Entscheidungszentralisation.

Dieser Führungsstil-Typ wird neben anderen Führungsstilen in 5 Betrieben der Nahrungsmittelindustrie bzw. der Textilindustrie praktiziert. Er unterscheidet sich vom Führungsstil-Typ 3 im wesentliche in der 2. Dimension.

Führungsstil-Typ 5

Charakteristika des Führungsstil-Typs 5 sind: Zur Mitte tendierender Wert der 1. Dimension, sehr geringe stimulierende Aktivität, starkes Ausmaß der Fremdkontrolle und sehr starke Entscheidungszentralisation.

Hier erscheinen wieder 2 Betriebe, die von Franzosen geleitet werden, und 1 Betrieb, welcher einem Italiener gehört. Der letzte ist zu 100% in diesem Cluster vertreten. Die für den Führungsstil Typ 3 o.g. Erklärungsfaktoren gelten auch für das Cluster 5.

Führungsstil-Typ 6

Charakteristika des Führungsstil-Typs 6 sind: Tendenz zur Mitte bei der 1. Dimension, geringe stimulierende Aktivität, starkes Ausmaß der Fremdkontrolle und starke Entscheidungszentralisation.

Der Führungsstil Typ 6 ist nur in 2 Betrieben perzipiert worden, wobei 80% der Probanden dieses Clusters einem Betrieb der Nahrungsmittel-Industrie angehören, der sich im Aufbaustadium befindet und unter Absatzschwierigkeiten leidet. Die 2 Betriebe werden von 2 ehemaligen Händlern geleitet. In dem 2. Betrieb (Papier u. Pappe) herrscht nach Angaben des Betriebsleiters ein gespanntes Betriebsklima und ein Mißtrauensverhältnis zwischen Betriebsleitung und Belegschaft. Er macht die Gewerkschaft hierfür verantwortlich.

4.3 Führungsstile in der Betriebsgröße 3

4.31 Beschreibung der Merkmalsausprägung

4.31.1 Einstellung des Vorgesetzten zur partnerschaftlichen Zusammenarbeit

Die Betriebe der Klasse 3 rekrutieren sich z.T. aus Betrieben, die innerhalb kurzer Zeit expandiert haben und dabei teilweise Strukturen beibehalten haben, die mit denjenigen der Betriebsklasse 1 oder 2 vergleichbar sind. Dies zeigt sich in den Antworten der unterstellten Mitarbeiter, wobei die Prozentsätze zwischen denjenigen der Klasse 1 und denjenigen der Klasse 2 liegen: 77% der Probanden bezeichnen ihren Vorgesetzten als freundlich ($\bar{x}$ = 1.51) und 63% geben an, daß er sie selten oder nie in Gegenwart anderer kritisiert ($\bar{x}$ = 4.89). In 47% der Fälle werden sie als Gleichberechtigte behandelt ($\bar{x}$ = 1.17).

Obowhl die Anzahl der Organisationsmitglieder hier größer ist als in den Betrieben der Klasse 2, läßt sich ein grösseres Interesse an persönlichen Problemen und dem Wohlergehen der Mitarbeiter feststellen (Item 8, 30%, $\bar{x}$ = 1.66; Item 9, 51%, $\bar{x}$ = 1.26). 78% der Vorgesetzten geben ihre Anweisungen in Befehlsform ($\bar{x}$ = 1.15) und 39% ($\bar{x}$ = 1.18) tadeln, wenn sie Fehler bemerken.

4.31.2 Stimulierende Aktivität

Im Vergleich zu der Betriebsgröße 2,4 und 5 erreicht hier der Prozentsatz bei Item 10 ("mein Vorgesetzter freut sich über fleißige Mitarbeiter") sein Maximum mit 84.57% ($\bar{x}$=1.25) und überschreitet mit ca. 1% den Mittelwert zwischen der Betriebsgröße 1 und 2; dies ist wieder ein Zeichen des "zwitterhaften Charakters" dieser Betriebsgröße. Dagegen nimmt die von den Vorgesetzten ausgesprochene Anerkennung ab

(49.75%, $\bar{x}$ = 1.27), obwohl 61.90% der Betriebsleiter verbale Ermutigung und Lob als stimulierendes Instrument angeben.

Es ist interessant festzustellen, daß die Arbeitnehmer sich hier ihrer fachlichen Fähigkeiten bewußter sind: nur 18.91% gegen 37% bzw. 27% konnten die Frage 12 nicht beantworten. 54.23% geben an, daß die ihnen zugewiesenen Aufgaben immer bzw. häufig ihren Fähigkeiten angepaßt sind ($\bar{x}$ = 1.41).

4.31.3 Beteiligung des Mitarbeiters an der Entscheidungsbildung

Obwohl die Betriebe der Klasse 3 von der Verständlichkeit der vermittelten Informationen her einen höheren Verständlichkeitsgrad aufweisen, läßt sich hier eine stärkere Entscheidungszentralisation feststellen: 90% der Mitarbeiter geben an, daß die Anweisungen ihrer Vorgesetzten leicht zu verstehen sind ($\bar{x}$ = 1.11). 80% der Betriebsleiter und 84% der Führungspersonen haben den Eindruck, daß die von ihnen mitgeteilten Informationen verstanden werden. Diese Verständlichkeit der mitgeteilten Informationen führt nicht zwangsläufig zur Beteiligung an der Entscheidungsbildung, stellt aber eine Voraussetzung hierfür dar. Die hohen Prozentsätze können hier so interpretiert werden, daß die mitgeteilten Informationen selektiert werden; die Vorgesetzten teilen dann nur einfache Informationen mit.

Trotzdem bleibt die Rückfragequote besonders bei den Führungspersonen hoch: 28% der Betriebsleiter und 48% der Manager haben die Frgen 32 (Fragebogen I) bzw. 27 (Fragebogen II) mit "immer" bzw. "häufig" beantwortet. Die Entscheidungszentralisation läßt sich durch Tab. 36 veranschaulichen.

Tab. 36 Prozentuale Häufigkeitsverteilung der Antworten zu den Item 19 - 23 bei der Betriebsgröße 3

Item	immer	häufig	manchmal	selten	nie	keine Angabe	Summe
19	19.40	5.97	40.80	12.44	10.45	10.95	100
20	38.81	15.92	7.96	6.97	26.87	3.48	100
21	55.22	7.96	7.96	4.48	11.44	12.94	100
22	8.96	4.48	9.95	4.98	57.71	13.93	100
23	32.34	27.36	10.95	10.95	3.48	14.93	100

Der Entscheidungszentralisationsgrad berechnet auf die Antwortkategorien "immer/häufig" bzw. "selten/nie" und auf die Items 20 - 23 beträgt 59,72%. Er stellt den zweithöchsten der Gesamtstichprobe dar.

4.31.4 Ausmaß der Kontrolle

Der Trend eines stärkeren Ausmaßes der Fremdkontrolle setzt sich hier im Vergleich zur Betriebsgröße 1 und 2 fort. Der Kontrollkoeffizient beträgt 65,27% (Zunahme von 5,59% bzw. 1,77%). Während auf die Pünktlichkeit großer Wert gelegt wird (68% der Antworten verteilen sich auf "immer/häufig", Item 15, $\bar{x}$ = 1.23), bleibt die Zwischenkontrolle unter dem Durchschnitt (Item 16, 49.7%, $\bar{x}$ = 1.39).
Tab. 37 gibt die Verteilung der Antworten in Prozent wieder:

Tab. 37 Prozentuale Häufigkeitsverteilung der Antworten zu den Items 14 - 17 bei der Betriebsgröße 3

Item	immer	häufig	manchmal	selten	nie	keine Angabe	Summe
14	29.35	6.97	15.42	8.96	35.82	3.48	100
15	52.74	15.42	10.95	6.47	12.44	1.99	100
16	16.42	10.45	19.90	5.47	44.28	3.48	100
17	69.15	8.96	3.48	1.49	1.49	15.42	100

4.32 Führungsstil-Typen nach der Profil-Cluster-Methode

Die 201 Probanden der Betriebsgröße 3 bilden 7 ähnliche Gruppen, wobei die 2 letzten Cluster nur 3.48% der Probanden umfassen und zu 85% einem Betrieb der Bauindustrie angehören.

Die Antwortprofile der sieben Cluster über die 12 Indikatoren hinweg sind in den Diagrammen 14 - 20 graphisch dargestellt.[21] Tab. 38 gibt die Werte der 4 Dimensionen wieder, die in Abb. 18 - 21 graphisch dargestellt sind.

---

21) Die Diagramme 16 und 18 - 20 werden im Anhang wiedergegeben.

Tab. 38 Mittelwerte und Standardabweichungen der 4 Führungsstil-Dimensionen in den sieben Clustern der Betriebsgröße 3

Cluster	Anzahl der Probanden		Dimension 1 (Einstellung d. Vorgesetzten zur partnerschaftl. Zusammenarbeit)		Dimension 2 (stimulierende Aktivität)		Dimension 3 (Beteiligung an der Entscheidungsbildung)		Dimension 4 (Ausmaß der Kontrolle)	
	absolut	relativ	$\bar{x}$	σ	$\bar{x}$	σ	$\bar{x}$	σ	$\bar{x}$	σ
1	75	37.31	2.50	1.39	1.83	0.48	2.38	0.20	1.85	0.30
2	41	20.40	3.31	0.88	2.40	1.15	1.90	0.77	2.28	0.25
3	21	10.45	1.86	0.48	1.83	0.04	3.84	0.30	2.45	0.97
4	31	15.42	4.03	0.73	3.93	0.68	1.24	0.25	2.24	0.70
5	26	12.94	3.28	0.77	3.36	0.30	2.14	0.21	3.40	1.22
6	4	1.99	3.93	1.79	4.00	1.06	3.00	2.30	3.00	1.06
7	3	1.49	2.66	1.86	1.00	0.00	3.50	1.55	2.66	2.35
$\sum$	201	100.00	2.96		2.49		2.25		2.29	

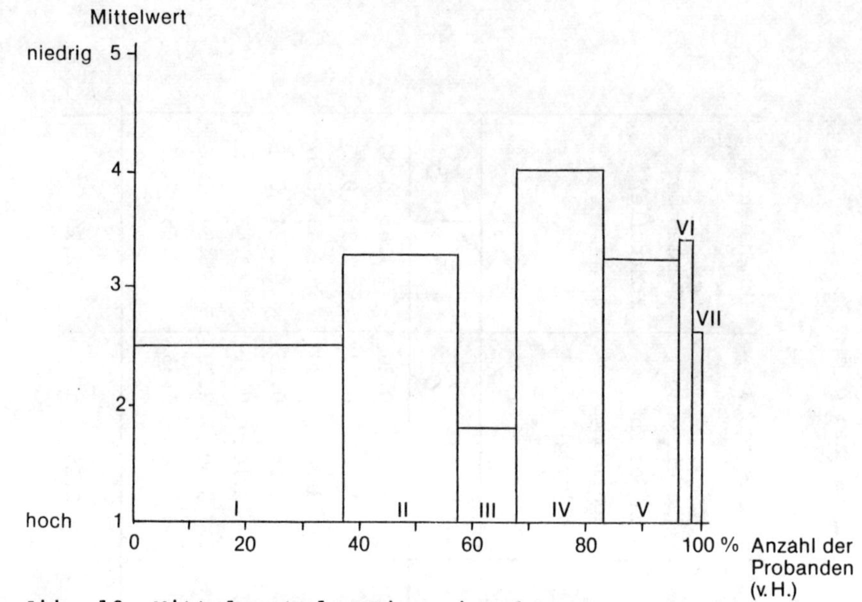

Abb. 18 Mittelwert der Dimension 1 (Einstellung des Vorgesetzten zur partnerschaftlichen Zusammenarbeit) in den sieben Clustern der Betriebsgröße 3

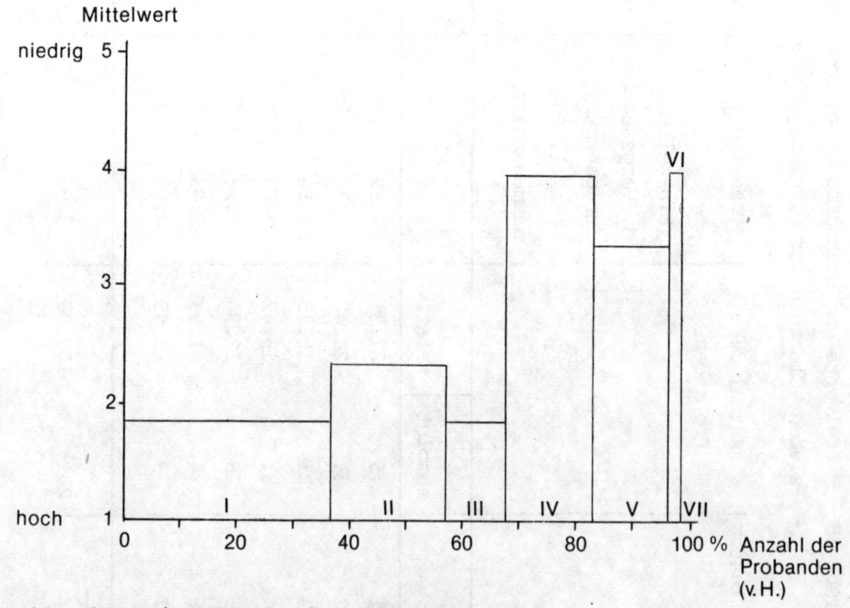

Abb. 19 Mittelwert der Dimension 2 "stimulierende Aktivität" in den sieben Clustern der Betriebsgröße 3

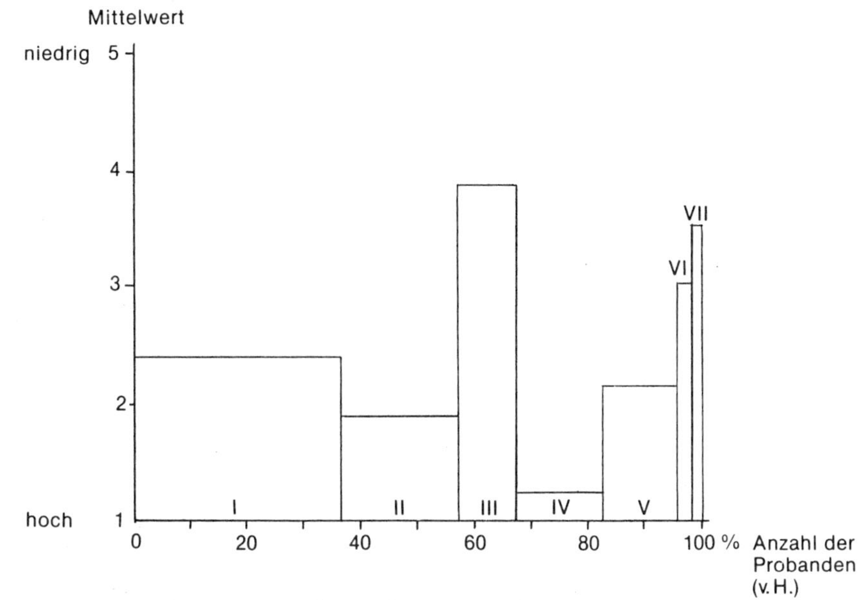

Abb. 20 Mittelwert der Dimension 3 in den sieben Clustern der Betriebsgröße 3 (Beteiligung des Mitarbeiters an der Entscheidungsbildung)

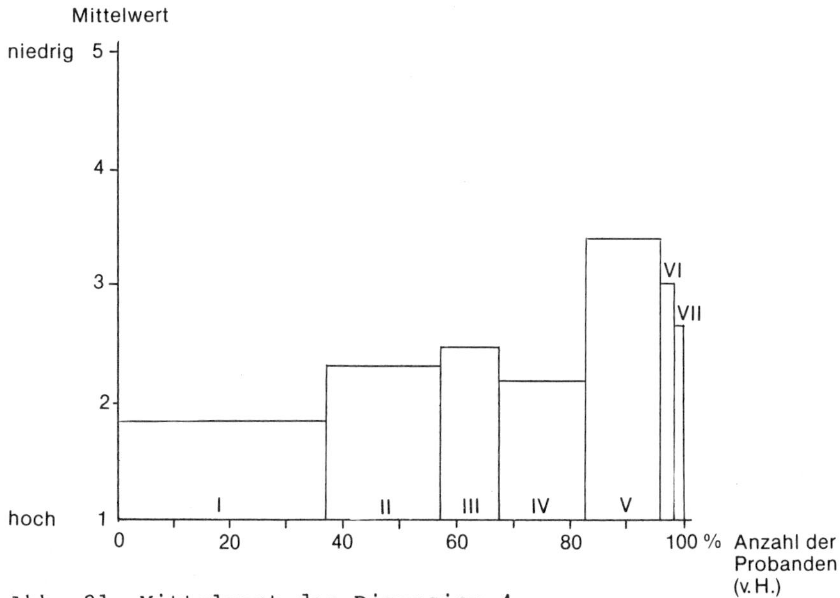

Abb. 21 Mittelwert der Dimension 4 (Ausmaß der Kontrolle) in den sieben Clustern der Betriebgröße 3

Tab. 39 Mittelwerte und Standardabweichungen der Indikatoren in den sieben Clustern der Betriebsgröße 3

Indikatoren	Cluster	1		2		3		4		5		6		7	
	Clustergröße	75		41		21		31		26		4		3	201
	Clustergröße in %	37.31		20.40		10.45		15.42		12.94		1.99		1.49	100
	Mittelwert und Standardabweichung	$\bar{x}$	σ	$\bar{x}$	σ	$\bar{x}$	σ	$\bar{x}$	σ	$\bar{x}$	σ	$\bar{x}$	σ	$\bar{x}$	σ
Dimension 1 (Einstellung d.Vorgesetzten zur partnerschaftl. Zusammenarbeit)	1. Mein Vorgesetzter kritisiert in Gegenwart anderer seine ihm unterstellten Mitarbeiter. 5 4 3 2 1	1.72	1.28	2.15	1.44	1.48	1.03	2.94	1.69	2.42	1.53	4.75	0.50	3.33	2.08
	2. Mein Vorgesetzter behandelt seine ihm unterstellten Mitarbeiter als gleichberechtigte Partner. 1 2 3 4 5	1.95	1.38	3.51	1.58	2.00	1.48	4.42	1.15	3.15	1.54	1.25	0.50	1.33	0.58
	3. Mein Vorgesetzter gibt seine Anweisungen in Befehlsform. 5 4 3 2 1	4.59	0.82	4.29	1.01	2.48	1.60	4.48	1.24	4.31	1.12	5.00	0.00	5.00	0.00
	4. Mein Vorgesetzter interessiert sich für das Wohlergehen seiner ihm unterstellten Mitarbeiter. 1 2 3 4 5	1.77	1.18	3.32	1.47	1.48	1.08	4.29	1.22	3.27	1.37	4.75	0.50	1.00	0.00
Dimension 2 (stimulierende Aktivität)	1. Mein Vorgesetzter spricht seine Anerkennung aus, wenn einer von uns gute Arbeit geleistet hat. 1 2 3 4 5	1.49	0.74	3.22	1.49	1.86	1.46	4.42	0.85	3.58	1.03	4.75	0.50	1.00	0.00
	2. Mein Vorgesetzter paßt die Arbeitsgebiete genau den Fähigkeiten seiner ihm unterstellten Mitarbeiter an. 1 2 3 4 5	2.17	1.05	1.59	0.77	1.81	0.81	3.45	1.06	3.15	0.97	3.25	1.50	1.00	0.00
Dimension 3 (Beteiligung d.Mitarbeiters an der Entscheidungsbildung)	1. Mein Vorgesetzter ändert die Aufgaben seiner ihm unterstellten Mitarbeiter, ohne es vorher mit ihnen besprochen zu haben. 1 2 3 4 5	2.65	1.64	2.98	1.68	4.24	1.26	1.19	0.48	2.27	1.25	5.00	0.00	3.67	2.31
	2. Mein Vorgesetzter entscheidet und handelt, ohne es vorher mit seinen ihm unterstellten Mitarbeitern abzusprechen. 1 2 3 4 5	2.25	1.34	1.29	0.68	3.90	1.26	1.10	0.40	1.92	1.06	5.00	0.00	4.00	1.73
	3. Bei wichtigen Entscheidungen holt mein Vorgesetzter erst die Zustimmung seiner ihm unterstellten Mitarbeiter ein. 5 4 3 2 1	2.21	1.32	1.41	0.92	3.71	1.15	1.06	0.36	2.00	1.13	1.00	0.00	5.00	0.00
	4. Mein Vorgesetzter entscheidet bis in die Einzelheiten, was und wie etwas getan werden muß. 1 2 3 4 5	2.41	1.13	1.93	0.90	3.52	1.21	1.61	0.67	2.38	0.94	1.00	0.00	1.33	0.58
Dimension 4 (Ausmaß der Kontrolle)	1. Mein Vorgesetzter achtet auf Pünktlichkeit 1 2 3 4 5	1.64	1.45	2.10	1.34	1.76	1.34	1.74	1.03	4.27	0.92	2.25	0.50	1.00	0.00
	2. Mein Vorgesetzter überläßt seine ihm unterstellten Mitarbeiter sich selbst, ohne sich nach dem Stand ihrer Arbeit zu erkundigen. 5 4 3 2 1	2.07	1.42	2.46	1.42	3.14	1.32	2.74	1.84	2.54	1.53	3.75	0.50	4.33	1.56

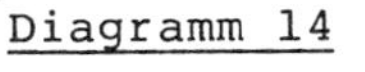

Diagramm 14 Antwortprofil der Probanden des Clusters 1 über die 12 Indikatoren hinweg (Betriebsgröße 3)

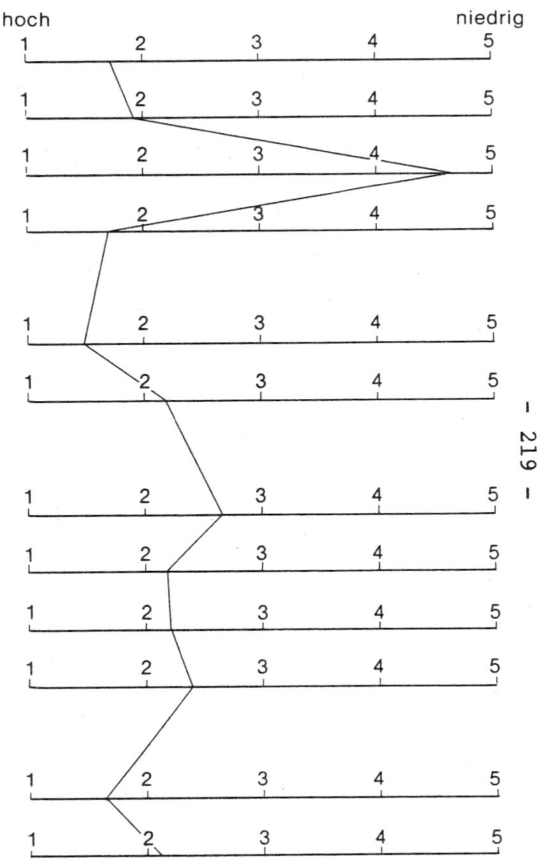

Dimension 1,
Einstellung des Vorgesetzten zur partnerschaftlichen Zusammenarbeit

1. Mein Vorgesetzter kritisiert in Gegenwart anderer seine ihm unterstellten Mitarbeiter. 5 4 3 2 1
2. Mein Vorgesetzter behandelt seine ihm unterstellten Mitarbeiter als gleichberechtigte Partner. 1 2 3 4 5
3. Mein Vorgesetzter gibt seine Anweisungen in Befehlsform. 5 4 3 2 1
4. Mein Vorgesetzter interessiert sich für das Wohlergehen seiner ihm unterstellten Mitarbeiter. 1 2 3 4 5

Dimension 2,
stimulierende Aktivität

1. Mein Vorgesetzter spricht seine Anerkennung aus, wenn einer von uns gute Arbeit geleistet hat. 1 2 3 4 5
2. Mein Vorgesetzter paßt die Arbeitsgebiete genau den Fähigkeiten seiner ihm unterstellten Mitarbeiter an. 1 2 3 4 5

Dimension 3,
Beteiligung des Mitarbeiters an der Entscheidungsbildung

1. Mein Vorgesetzter ändert die Aufgaben seiner ihm unterstellten Mitarbeiter, ohne es vorher mit ihnen besprochen zu haben. 1 2 3 4 5
2. Mein Vorgesetzter entscheidet und handelt, ohne es vorher mit seinen ihm unterstellten Mitarbeitern abzusprechen. 1 2 3 4 5
3. Bei wichtigen Entscheidungen holt mein Vorgesetzter erst die Zustimmung seiner ihm unterstellten Mitarbeiter ein. 5 4 3 2 1
4. Mein Vorgesetzter entscheidet bis in die Einzelheiten, was und wie etwas getan werden muß. 1 2 3 4 5

Dimension 4,
Ausmaß der Kontrolle

1. Mein Vorgesetzter achtet auf Pünktlichkeit. 1 2 3 4 5
2. Mein Vorgesetzter überläßt seine ihm unterstellten Mitarbeiter sich selbst, ohne sich nach dem Stand ihrer Arbeit zu erkundigen. 5 4 3 2 1

Diagramm 15 Antwortprofil der Probanden des Clusters 2 über die 12 Indikatoren hinweg (Betriebsgröße 3)

Dimension 1,
Einstellung des Vorgesetzten zur partnerschaftlichen Zusammenarbeit

1. Mein Vorgesetzter kritisiert in Gegenwart anderer seine ihm unterstellten Mitarbeiter. 5 4 3 2 1
2. Mein Vorgesetzter behandelt seine ihm unterstellten Mitarbeiter als gleichberechtigte Partner. 1 2 3 4 5
3. Mein Vorgesetzter gibt seine Anweisungen in Befehlsform. 5 4 3 2 1
4. Mein Vorgesetzter interessiert sich für das Wohlergehen seiner ihm unterstellten Mitarbeiter. 1 2 3 4 5

Dimension 2,
stimulierende Aktivität

1. Mein Vorgesetzter spricht seine Anerkennung aus, wenn einer von uns gute Arbeit geleistet hat. 1 2 3 4 5
2. Mein Vorgesetzter paßt die Arbeitsgebiete genau den Fähigkeiten seiner ihm unterstellten Mitarbeiter an. 1 2 3 4 5

Dimension 3,
Beteiligung des Mitarbeiters an der Entscheidungsbildung

1. Mein Vorgesetzter ändert die Aufgaben seiner ihm unterstellten Mitarbeiter, ohne es vorher mit ihnen besprochen zu haben. 1 2 3 4 5
2. Mein Vorgesetzter entscheidet und handelt, ohne es vorher mit seinen ihm unterstellten Mitarbeitern abzusprechen. 1 2 3 4 5
3. Bei wichtigen Entscheidungen holt mein Vorgesetzter erst die Zustimmung seiner ihm unterstellten Mitarbeiter ein. 5 4 3 2 1
4. Mein Vorgesetzter entscheidet bis in die Einzelheiten, was und wie etwas getan werden muß. 1 2 3 4 5

Dimension 4,
Ausmaß der Kontrolle

1. Mein Vorgesetzter achtet auf Pünktlichkeit. 1 2 3 4 5
2. Mein Vorgesetzter überläßt seine ihm unterstellten Mitarbeiter sich selbst, ohne sich nach dem Stand ihrer Arbeit zu erkundigen. 5 4 3 2 1

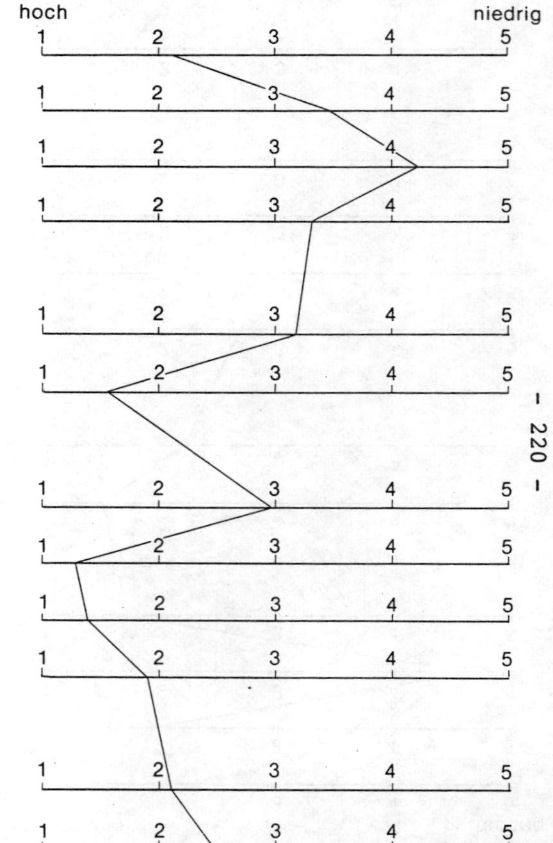

Diagramm 17 Antwortprofil der Probanden des Clusters 4 über die 12 Indikatoren hinweg (Betriebsgröße 3)

Dimension 1,
Einstellung des Vorgesetzten zur partnerschaftlichen Zusammenarbeit

1. Mein Vorgesetzter kritisiert in Gegenwart anderer seine ihm unterstellten Mitarbeiter. 5 4 3 2 1
2. Mein Vorgesetzter behandelt seine ihm unterstellten Mitarbeiter als gleichberechtigte Partner. 1 2 3 4 5
3. Mein Vorgesetzter gibt seine Anweisungen in Befehlsform. 5 4 3 2 1
4. Mein Vorgesetzter interessiert sich für das Wohlergehen seiner ihm unterstellten Mitarbeiter. 1 2 3 4 5

Dimension 2,
stimulierende Aktivität

1. Mein Vorgesetzter spricht seine Anerkennung aus, wenn einer von uns gute Arbeit geleistet hat. 1 2 3 4 5
2. Mein Vorgesetzter paßt die Arbeitsgebiete genau den Fähigkeiten seiner ihm unterstellten Mitarbeiter an. 1 2 3 4 5

Dimension 3,
Beteiligung des Mitarbeiters an der Entscheidungsbildung

1. Mein Vorgesetzter ändert die Aufgaben seiner ihm unterstellten Mitarbeiter, ohne es vorher mit ihnen besprochen zu haben. 1 2 3 4 5
2. Mein Vorgesetzter entscheidet und handelt, ohne es vorher mit seinen ihm unterstellten Mitarbeitern abzusprechen. 1 2 3 4 5
3. Bei wichtigen Entscheidungen holt mein Vorgesetzter erst die Zustimmung seiner ihm unterstellten Mitarbeiter ein. 5 4 3 2 1
4. Mein Vorgesetzter entscheidet bis in die Einzelheiten, was und wie etwas getan werden muß. 1 2 3 4 5

Dimension 4,
Ausmaß der Kontrolle

1. Mein Vorgesetzter achtet auf Pünktlichkeit. 1 2 3 4 5
2. Mein Vorgesetzter überläßt seine ihm unterstellten Mitarbeiter sich selbst, ohne sich nach dem Stand ihrer Arbeit zu erkundigen. 5 4 3 2 1

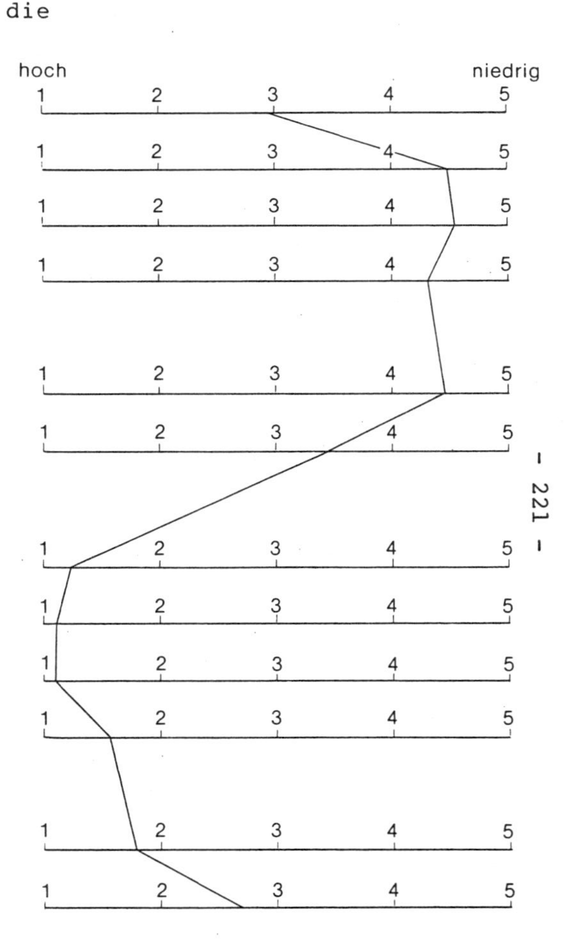

Führungsstil-Typ 1

Charakteristika des Führungsstil-Typs 1 sind: Positive Einstellung des Vorgesetzten zur partnerschaftlichen Zusammenarbeit, sehr starke stimulierende Aktivität, sehr starkes Ausmaß der Fremdkontrolle, starke Entscheidungszentralisation.

In diesem Cluster sind fast alle 20 Betriebe der Betriebsgröße 3 außer 3 Betrieben der Metall- [22], Textil- [23] und der Nahrungsmittelindustrie unterschiedlich vertreten.

In 5 Betrieben (2 aus der Textilindustrie und 3 aus der Metall-, der Nahrungs- bzw. Bauindustrie) wird dieser Führungsstil von 50% bzw. 66% der Mitarbeiter perzipiert. Vier davon haben bis 1976-77 sehr schnell expandiert, weil die Nachfrage auf dem Binnenmarkt (Bau- und Metallindustrie) und auf dem internationalen Markt (Bekleidungsindustrie) gestiegen ist. 70% der Probanden des Clusters 1 verfügen über keine Schulausbildung bzw. haben die Volksschule ohne Abschluß besucht.

Führungsstil-Typ 2

Charakteristika des Führungsstil-Typs 2 sind: Niedriger Wert der 1. Dimension ("Einstellung des Vorgesetzten zur partnerschaftlichen Zusammenarbeit"), starke stimulierende Aktivität, starkes Ausmaß der Fremdkontrolle und starke Entscheidungszentralisation.

---

22) In diesem Betrieb haben die Arbeiter es abgelehnt, sich befragen zu lassen. Siehe Kap. 2, S. 90f.

23) In diesem Fall hat der Betriebsleiter es abgelehnt, die Arbeiterinnen befragen zu lassen, weil seiner Meinung nach das Auftreten von einer Fremdperson in der Werkstatt, besonders eines Mannes, die Arbeiterinnen von ihrer Arbeit sehr stark ablenken würde.

Besonder stark repräsentiert sind 3 Betriebe der Keramik-, der Textil- und Holzindustrie. In den 3 Betrieben sind Produktionszentrum und Verwaltungszentrum voneinander getrennt.

Führungsstil-Typ 3

Charakteristika des Führungsstil-Typs 3 sind: Sehr positive Einstellung des Vorgesetzten zur partnerschaftlichen Zusammenareit, sehr starke stimulierende Aktivität, starkes Ausmaß der Fremdkontrolle und geringe Entscheidungszentralisation.

Besonders stark repräsentiert sind drei Unternehmen der Schiffsbauindustrie, Nahrungsmittel- und Bauindustrie. In den beiden ersten wird 'job rotation' praktiziert: die Arbeiter bekommen eine Aufgabe und dürfen unter sich die Arbeit teilen. In dem Betrieb der Bauindustrie handelt es sich um Arbeitskolonnen, welche eine Aufgabe bekommen und ihre Arbeitszeit sowie die Arbeitsteilung unter sich bestimmen können.

Führungsstil-Typ 4

Charakteristika des Führungsstil-Typs 4 sind: Niedriger Wert der 1. Dimension ("Einstellung des Vorgesetzten zur partnerschaftlichen Zusammenarbeit"), geringe stimulierende Aktivität, starkes Ausmaß der Fremdkontrolle und sehr starke Entscheidungszentralisation.

In diesem Cluster sind, abgesehen von 2 Unternehmen anderer Branchen, ausschließlich Betriebe der Keramik- und Nahrungsmittelindustrie unterschiedlich vertreten. 3 Betriebe, in denen der Führungsstil-Typ 4 von ca. 50% der Befragten perzipiert wird, sind Unternehmen, in denen die Arbeitnehmer, die über Jahre in diesen Betrieben arbeiten, nicht festangestellt sind: diese Tatsache entwickelt bei ihnen eine bestimmte Empfindlichkeit gegenüber dem Vorgesetzten, die als eine Reaktion gegen ein nicht erreichtes Sicherheitsziel anzusehen ist.

Führungsstil-Typ 5

Charakteristika des Führungsstil-Typs 5 sind: Niedriger Wert der 1. Dimension, geringe stimulierende Aktivität, geringes Ausmaß der Fremdkontrolle und hohe Entscheidungszentralisation.

In diesem Cluster sind nur 12.94% der Probanden repräsentiert; der Führungsstil kann nicht als ein aussagekräftiges Ergebnis angesehen werden.

Führungsstil-Typ 6 und 7

Die Führungsstil-Typen 6 und 7 sind ausschließlich in einer Firma der Bauindustrie perzipiert worden; die 7 Probanden (2.48%) haben überhaupt keine Schulausbildung und sind in ihren Urteilen widersprüchlich, deshalb werden sie außer Betracht gelassen.

4.4 Führungsstile in der Betriebsgröße 4

4.41 Beschreibung der Merkmalsausprägung

4.41.1 Einstellung des Vorgesetzten zur partnerschaftlichen Zusammenarbeit

Obwohl die Häufigkeit der positiven Einstellung des Vorgesetzten zur partnerschaftlichen Zusammenarbeit im Vergleich zu den anderen Betriebsgrößen abnimmt, bleibt der Anteil der Probanden, die ihren Vorgesetzten als freundlich bezeichnen, in dieser Klasse relativ hoch: 64% ($\bar{x}$ = 1.31).
Der unterstellte Mitarbeiter wird weniger als in den anderen Betriebsgrößen als gleichberechtigter Partner behandelt (Item 4,44%, $\bar{x}$ = 1.34).
Dies zeigt sich in der Haltung des Vorgesetzten als "Chef": 44% der Probanden (Item 6, $\bar{x}$ = 1.34) geben an, daß ihr Vorgesetzter versucht, ihnen zu zeigen, daß sie unter ihm stehen.

Das Engagement für das eigene Personal ist ebenfalls geringer: nur in 31% der Fälle geben die Befragten an, daß der Vorgesetzte sich für ihr Wohlergehen interessiert ($\bar{x}$ = 1.16). Obwohl die Befehlsform in dem Kommunikationsprozeß wesentlich abnimmt, (49% gegen 78%), wird das Tadeln häufiger ($\bar{x}$ = 1.28): 44% gegen 39% bzw. 35% bzw. 25%.

4.41.2 Stimulierende Aktivität

Dagegen scheint die Anerkennung durch die gezeigte Freude an fleißigen Mitarbeitern häufig zu sein: 80% ($\bar{x}$ = 1.14). Diese Anerkennung wird aber weniger ausgesprochen als in den Betriebsgrößen 1, 2 und 3: 51% ($\bar{x}$ = 1.25).

Ein Vergleich mit den Antworten der Betriebsleiter (61.90%)

läßt keine Schlußfolgerungen zu, da in diesen Betrieben die Anzahl der Hierarchie-Ebenen sehr groß ist.

Es ist interessant festzustellen, daß in dieser Betriebsgröße die Frage 12 am häufigsten beantwortet wurde: 95%. 51% der Probanden haben den Eindruck, daß ihnen Aufgaben zugewiesen werden, die immer bzw. häufig ihren Fähigkeiten entsprechen ($\bar{x}$ = 1.24).

4.41.3 Beteiligung des Mitarbeiters an der Entscheidungsbildung

In bezug auf die Verständlichkeit der von Vorgesetzten erteilten Anweisungen erreichen die Antworten auf die Antwortkategorien "immer/häufig" (Item 18) verglichen mit den anderen vier Betriebsgrößen ihr Minimum: 75%. Dagegen verteilen sich die Antworten der Betriebsleiter und der Manager auf die Items 31 bzw. 26 zum überwiegenden Teil auf die beiden Antwortkategorien "immer/häufig" (80% bzw. 84%). Rückfragen bezüglich der mitgeteilten Informationen registrieren die Betriebsleiter und die Manager weniger häufig. Nur 20% bzw. 31% der Antworten verteilen sich auf die Antwortkategorien "immer/häufig".

Die Entscheidungszentralisation läßt sich durch Tab. 40 veranschaulichen:

Tab. 40 Prozentuale Häufigkeitsverteilung der Antworten zu den Items 19 - 23 bei der Betriebsgröße 4

Item	immer	häufig	manchmal	selten	nie	keine Angabe	Summe
19	25.00	15.00	27.00	10.00	13.00	10.00	100
20	32.00	13.00	16.00	11.00	26.00	2.00	100
21	49.00	8.00	14.00	8.00	19.00	2.00	100
22	19.00	11.00	19.00	6.00	44.00	1.00	100
23	37.00	26.00	17.00	11.00	7.00	2.00	100

Eine starke Entscheidungszentralisation läßt sich feststellen: 63% der Antworten auf die Frage, ob der Vorgesetzte bis in die Einzelheiten entscheidet, verteilen sich auf die Antwortkategorien "immer" bzw. "häufig" ($\bar{x}$ = 1.41). Der Entscheidungszentralisationsgrad bezogen auf die Items 20-23 und auf die Antwortkategorien "immer/häufig" bzw. "selten/nie" beträgt 53.75%.

4.41.4 Ausmaß der Kontrolle

Dem hohen Entscheidungszentralisationsgrad entspricht ein hoher Kontrollkoeffizient. Berechnet auf die Items 15-17 und auf die Antwortkategorien "immer/häufig" bzw. "selten-nie" beträgt der Kontrollkoeffizient 64.66%.

Im Vergleich zu der Betriebsgröße 1, 2 und 3 gewinnt die Zwischenkontrolle sowie der auf Pünktlichkeit gelegte Wert an Bedeutung. Dagegen sinkt der Prozentsatz der Probanden ab, die den Eindruck haben, daß ihr Vorgesetzter immer bzw. häufig darauf besteht, über Entscheidungen seiner unterstellten Mitarbeiter unterrichtet zu werden. Tab. 41 faßt die Ergebnisse zusammen.

Tab. 41 Prozentuale Häufigkeitsverteilung der Antworten zu den Items 14-17 bei der Betriebsgröße 4

Item	immer	häufig	manchmal	selten	nie	keine Angabe	Summe
14	20	7	13	9	49	2	100
15	67	3	12	7	11	0	100
16	21	8	16	12	42	1	100
17	60	10	12	8	5	5	100

4.42 Führungsstil-Typen nach der Profil-Cluster-Methode

Die 100 Probanden der Betriebsgröße 4 bilden nach der Profil-Cluster-Methode 6 Gruppierungen, wobei 69% sich in den 2 ersten Clustern befinden, während 24% bzw. 7% sich auf die Cluster 3 und 4 bzw. 5 und 6 verteilen.

Die Antwortprofile der 6 Cluster über die 12 Indikatoren hinweg sind in den Diagrammen 21-26 graphisch dargestellt,[24)] Tab. 42 gibt die Werte der 4 Dimensionen in den 6 Clustern wieder, welche in Abb. 22-25 graphisch dargestellt sind.

---

24) Die Diagramme 24 - 26 werden im Anhang wiedergegeben.

Tab. 42 Mittelwerte und Standardabweichungen der 4 Führungsstil-Dimensionen in den sechs Clustern der Betriebsgröße 4

Cluster	Anzahl der Probanden		Dimension 1 (Einstellung d. Vorgesetzten zur partnerschaftl. Zusammenarbeit)		Dimension 2 (stimulierende Aktivität)		Dimension 3 (Beteiligung an der Entscheidungsbildung)		Dimension 4 (Ausmaß der Kontrolle)	
	absolut	relativ	$\bar{x}$	σ	$\bar{x}$	σ	$\bar{x}$	σ	$\bar{x}$	σ
1	35	35	2.45	0.32	1.72	0.26	3.19	0.90	1.63	0.76
2	34	34	3.54	0.53	3.65	0.04	1.94	0.28	1.67	0.37
3	15	15	4.33	0.19	4.17	0.98	2.00	1.01	3.40	1.03
4	9	9	2.44	1.12	1.33	0.31	2.36	0.82	3.33	0.47
5	4	4	1.62	0.47	2.00	1.41	4.18	0.85	3.25	1.76
6	3	3	2.16	1.34	3.33	2.35	1.91	1.25	5.00	0.00
Σ	100	100.00	3.05		2.71		2.51		2.22	

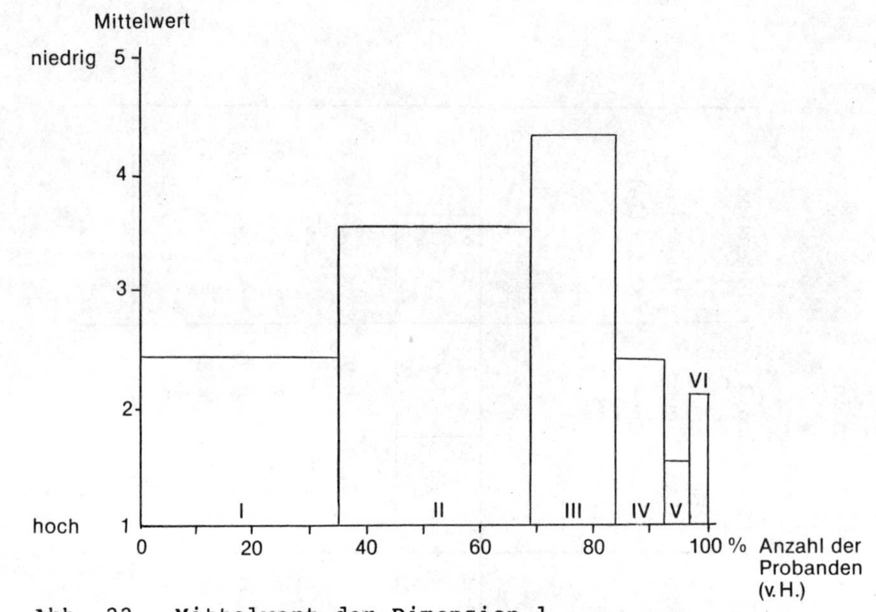

Abb. 22 Mittelwert der Dimension 1
(Einstellung der Vorgesetzten zur partnerschaftlichen Zusammenarbeit)
in den sechs Clustern der Betriebsgröße 4

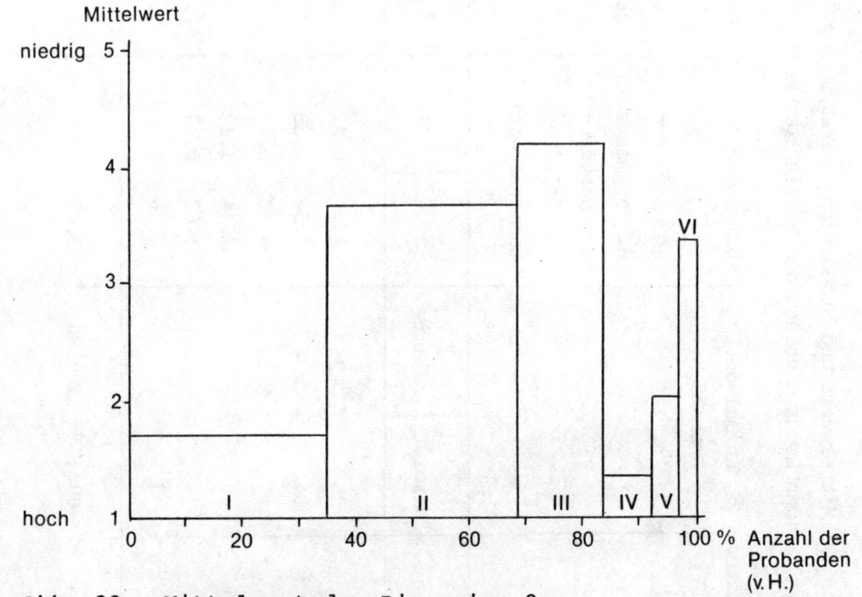

Abb. 23 Mittelwert der Dimension 2
(stimulierende Aktivität)
in den sechs Clustern der Betriebsgröße 4

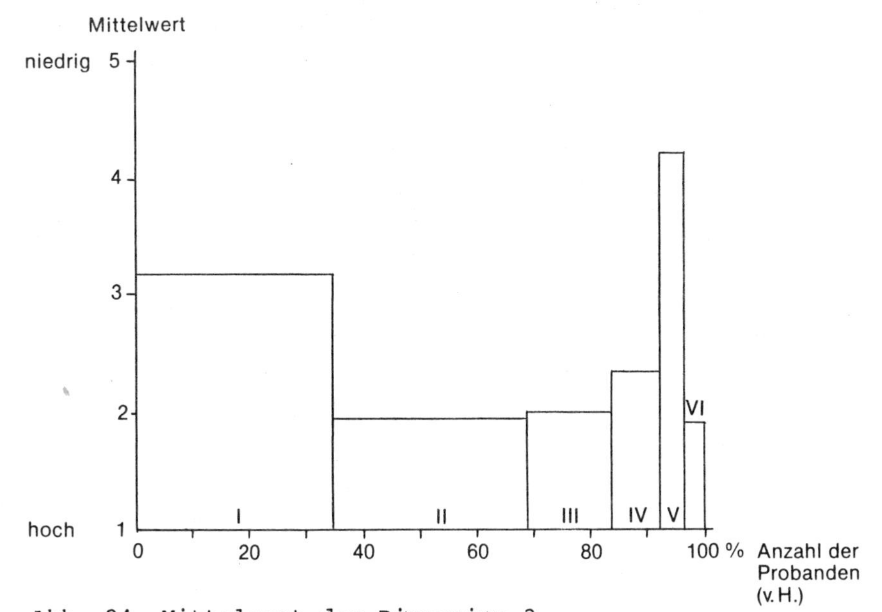

Abb. 24 Mittelwert der Dimension 3
(Beteiligung des Mitarbeiters an der Entscheidungsbildung)
in den sechs Clustern der Betriebsgröße 4

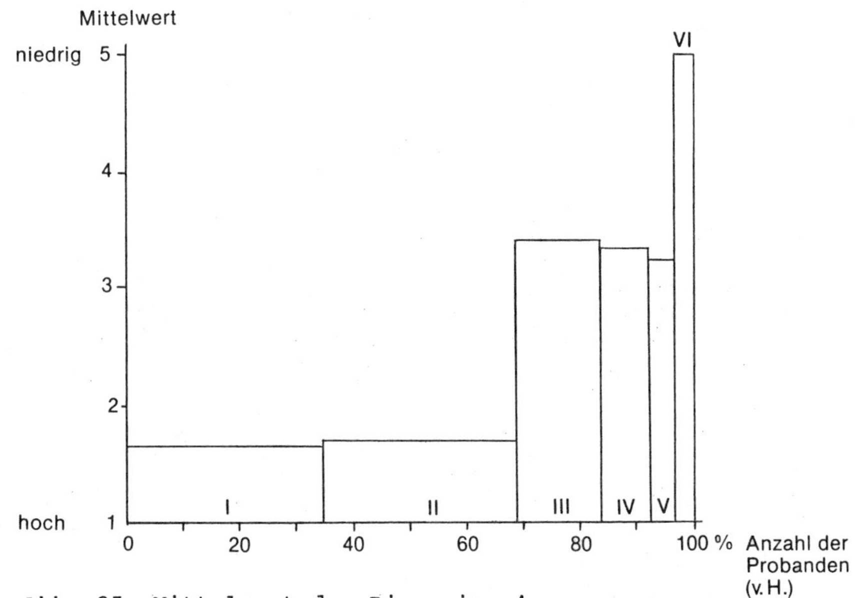

Abb. 25 Mittelwert der Dimension 4
(Ausmaß der Kontrolle)
in den sechs Clustern der Betiebsgröße 4

Tab. 43 Mittelwerte und Standardabweichungen der Indikatoren in den sechs Clustern der Betriebsgröße 4

		1		2		3		4		5		6		
Cluster		1		2		3		4		5		6		
Clustergröße		35		34		15		9		4		3		100
Clustergröße in %		35		34		15		9		4		3		100
Indikatoren	Mittelwert und Standardabweichung	$\bar{x}$	σ	$\bar{x}$	σ	$\bar{x}$	σ	$\bar{x}$	σ	$\bar{x}$	σ	$\bar{x}$	σ	
Dimension 1 (Einstellung d.Vorgesetzten zur partnerschaftl. Zusammenarbeit)	1. Mein Vorgesetzter kritisiert in Gegenwart anderer seine ihm unterstellten Mitarbeiter. 5 4 3 2 1	2.77	1.54	2.79	1.49	4.07	1.44	1.22	0.67	1.25	0.50	1.00	0.00	
	2. Mein Vorgesetzter behandelt seine ihm unterstellten Mitarbeiter als gleichberechtigte Partner. 1 2 3 4 5	2.17	1.38	3.76	1.44	4.33	1.05	1.89	1.36	1.75	0.96	1.33	0.58	
	3. Mein Vorgesetzter gibt seine Anweisungen in Befehlsform. 5 4 3 2 1	2.69	1.45	3.59	1.31	4.40	0.91	3.78	0.97	1.25	0.50	4.00	1.73	
	4. Mein Vorgesetzter interessiert sich für das Wohlergehen seiner ihm unterstellten Mitarbeiter. 1 2 3 4 5	2.17	1.32	4.03	1.34	4.53	0.99	2.89	1.76	2.25	1.50	2.33	1.16	
Dimension 2 (stimulierende Aktivität)	1. Mein Vorgesetzter spricht seine Anerkennung aus, wenn einer von uns gute Arbeit geleistet hat. 1 2 3 4 5	1.54	0.89	3.62	1.41	4.87	0.35	1.11	0.33	1.00	0.00	5.00	0.00	
	2. Mein Vorgesetzter paßt die Arbeitsgebiete genau den Fähigkeiten seiner ihm unterstellten Mitarbeiter an. 1 2 3 4 5	1.91	1.17	3.68	1.07	3.47	1.51	1.56	0.88	3.00	0.82	1.67	1.16	
Dimension 3 (Beteiligung d.Mitarbeiters an der Entscheidungsbildung)	1. Mein Vorgesetzter ändert die Aufgaben seiner ihm unterstellten Mitarbeiter, ohne es vorher mit ihnen besprochen zu haben. 1 2 3 4 5	3.37	1.42	1.91	1.38	2.67	1.54	3.56	1.33	5.00	0.00	3.67	2.31	
	2. Mein Vorgesetzter entscheidet und handelt, ohne es vorher mit seinen ihm unterstellten Mitarbeitern abzusprechen. 1 2 3 4 5	3.54	1.42	1.74	1.31	1.13	0.52	2.11	1.17	4.50	1.00	1.00	0.00	
	3. Bei wichtigen Entscheidungen holt mein Vorgesetzter erst die Zustimmung seiner ihm unterstellten Mitarbeiter ein. 5 4 3 2 1	3.97	0.99	1.76	1.33	1.13	0.35	2.11	1.17	4.25	0.96	1.00	0.00	
	4. Mein Vorgesetzter entscheidet bis in die Einzelheiten, was und wie etwas getan werden muß. 1 2 3 4 5	1.89	1.13	2.35	1.35	3.07	1.39	1.67	0.50	3.00	0.82	2.00	1.00	
Dimension 4 (Ausmaß der Kontrolle)	1. Mein Vorgesetzter achtet auf Pünktlichkeit 1 2 3 4 5	1.09	0.37	1.41	0.93	2.67	1.66	3.67	1.00	4.50	0.58	5.00	0.00	
	2. Mein Vorgesetzter überläßt seine ihm unterstellten Mitarbeiter sich selbst, ohne sich nach dem Stand ihrer Arbeit zu erkundigen. 5 4 3 2 1	2.17	1.45	1.94	1.25	4.13	1.46	3.00	1.50	2.00	1.16	5.00	0.00	

Diagramm 21 Antwortprofil der Probanden des Clusters 1 über die 12 Indikatoren hinweg (Betriebsgröße 4)

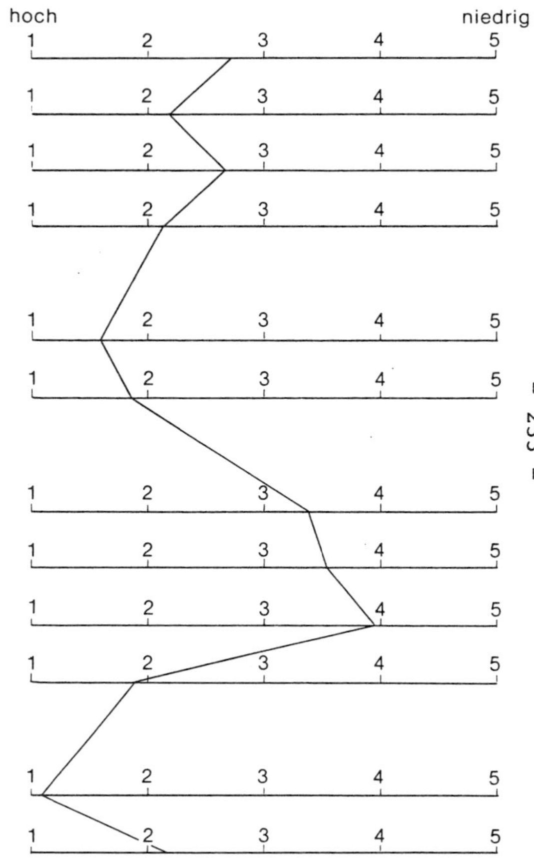

Dimension 1,
Einstellung des Vorgesetzten zur partnerschaftlichen Zusammenarbeit

1. Mein Vorgesetzter kritisiert in Gegenwart anderer seine ihm unterstellten Mitarbeiter. 5 4 3 2 1
2. Mein Vorgesetzter behandelt seine ihm unterstellten Mitarbeiter als gleichberechtigte Partner. 1 2 3 4 5
3. Mein Vorgesetzter gibt seine Anweisungen in Befehlsform. 5 4 3 2 1
4. Mein Vorgesetzter interessiert sich für das Wohlergehen seiner ihm unterstellten Mitarbeiter. 1 2 3 4 5

Dimension 2,
stimulierende Aktivität

1. Mein Vorgesetzter spricht seine Anerkennung aus, wenn einer von uns gute Arbeit geleistet hat. 1 2 3 4 5
2. Mein Vorgesetzter paßt die Arbeitsgebiete genau den Fähigkeiten seiner ihm unterstellten Mitarbeiter an. 1 2 3 4 5

Dimension 3,
Beteiligung des Mitarbeiters an der Entscheidungsbildung

1. Mein Vorgesetzter ändert die Aufgaben seiner ihm unterstellten Mitarbeiter, ohne es vorher mit ihnen besprochen zu haben. 1 2 3 4 5
2. Mein Vorgesetzter entscheidet und handelt, ohne es vorher mit seinen ihm unterstellten Mitarbeitern abzusprechen. 1 2 3 4 5
3. Bei wichtigen Entscheidungen holt mein Vorgesetzter erst die Zustimmung seiner ihm unterstellten Mitarbeiter ein. 5 4 3 2 1
4. Mein Vorgesetzter entscheidet bis in die Einzelheiten, was und wie etwas getan werden muß. 1 2 3 4 5

Dimension 4,
Ausmaß der Kontrolle

1. Mein Vorgesetzter achtet auf Pünktlichkeit. 1 2 3 4 5
2. Mein Vorgesetzter überläßt seine ihm unterstellten Mitarbeiter sich selbst, ohne sich nach dem Stand ihrer Arbeit zu erkundigen. 5 4 3 2 1

Diagramm 22 Antwortprofil der Probanden des Clusters 2 über die 12 Indikatoren hinweg (Betriebsgröße 4)

Dimension 1, Einstellung des Vorgesetzten zur partnerschaftlichen Zusammenarbeit

1. Mein Vorgesetzter kritisiert in Gegenwart anderer seine ihm unterstellten Mitarbeiter. 5 4 3 2 1
2. Mein Vorgesetzter behandelt seine ihm unterstellten Mitarbeiter als gleichberechtigte Partner. 1 2 3 4 5
3. Mein Vorgesetzter gibt seine Anweisungen in Befehlsform. 5 4 3 2 1
4. Mein Vorgesetzter interessiert sich für das Wohlergehen seiner ihm unterstellten Mitarbeiter. 1 2 3 4 5

Dimension 2, stimulierende Aktivität

1. Mein Vorgesetzter spricht seine Anerkennung aus, wenn einer von uns gute Arbeit geleistet hat. 1 2 3 4 5
2. Mein Vorgesetzter paßt die Arbeitsgebiete genau den Fähigkeiten seiner ihm unterstellten Mitarbeiter an. 1 2 3 4 5

Dimension 3, Beteiligung des Mitarbeiters an der Entscheidungsbildung

1. Mein Vorgesetzter ändert die Aufgaben seiner ihm unterstellten Mitarbeiter, ohne es vorher mit ihnen besprochen zu haben. 1 2 3 4 5
2. Mein Vorgesetzter entscheidet und handelt, ohne es vorher mit seinen ihm unterstellten Mitarbeitern abzusprechen. 1 2 3 4 5
3. Bei wichtigen Entscheidungen holt mein Vorgesetzter erst die Zustimmung seiner ihm unterstellten Mitarbeiter ein. 5 4 3 2 1
4. Mein Vorgesetzter entscheidet bis in die Einzelheiten, was und wie etwas getan werden muß. 1 2 3 4 5

Dimension 4, Ausmaß der Kontrolle

1. Mein Vorgesetzter achtet auf Pünktlichkeit. 1 2 3 4 5
2. Mein Vorgesetzter überläßt seine ihm unterstellten Mitarbeiter sich selbst, ohne sich nach dem Stand ihrer Arbeit zu erkundigen. 5 4 3 2 1

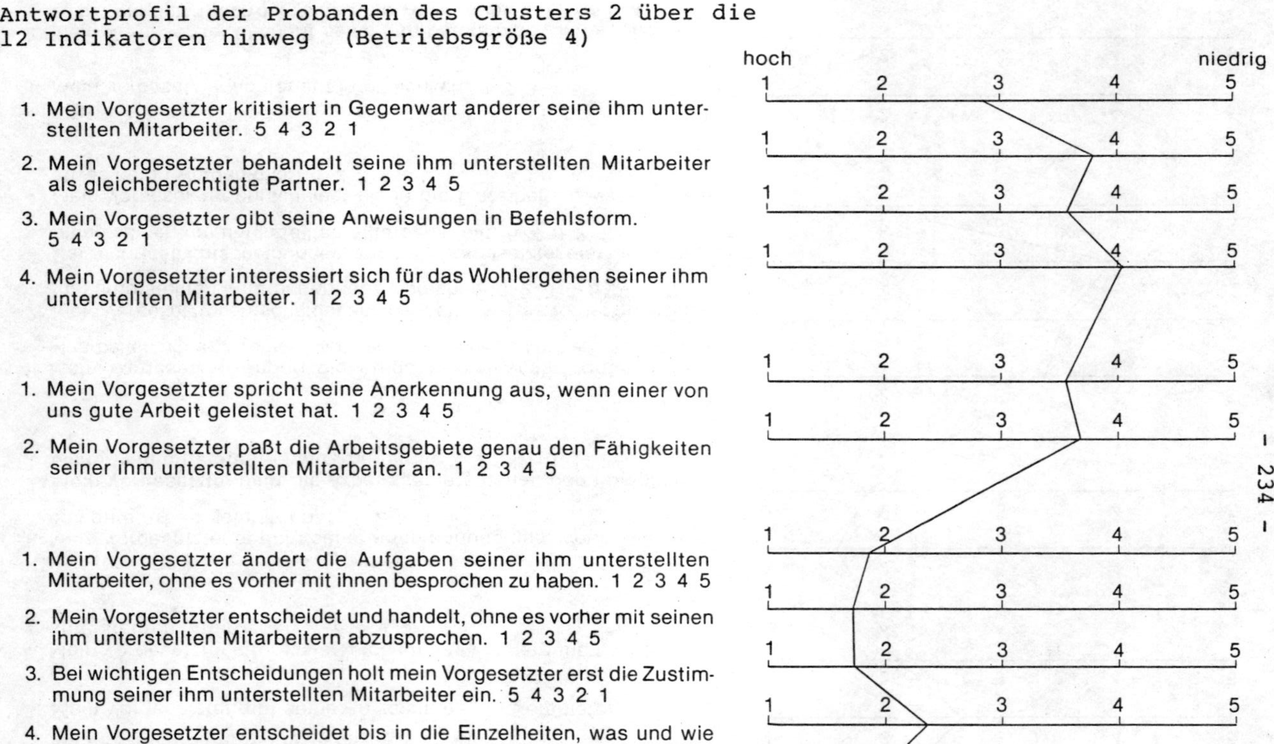

Diagramm 23 Antwortprofil der Probanden des Clusters 3 über die 12 Indikatoren hinweg (Betriebsgröße 4)

Dimension 1, Einstellung des Vorgesetzten zur partnerschaftlichen Zusammenarbeit

1. Mein Vorgesetzter kritisiert in Gegenwart anderer seine ihm unterstellten Mitarbeiter. 5 4 3 2 1
2. Mein Vorgesetzter behandelt seine ihm unterstellten Mitarbeiter als gleichberechtigte Partner. 1 2 3 4 5
3. Mein Vorgesetzter gibt seine Anweisungen in Befehlsform. 5 4 3 2 1
4. Mein Vorgesetzter interessiert sich für das Wohlergehen seiner ihm unterstellten Mitarbeiter. 1 2 3 4 5

Dimension 2, stimulierende Aktivität

1. Mein Vorgesetzter spricht seine Anerkennung aus, wenn einer von uns gute Arbeit geleistet hat. 1 2 3 4 5
2. Mein Vorgesetzter paßt die Arbeitsgebiete genau den Fähigkeiten seiner ihm unterstellten Mitarbeiter an. 1 2 3 4 5

Dimension 3, Beteiligung des Mitarbeiters an der Entscheidungsbildung

1. Mein Vorgesetzter ändert die Aufgaben seiner ihm unterstellten Mitarbeiter, ohne es vorher mit ihnen besprochen zu haben. 1 2 3 4 5
2. Mein Vorgesetzter entscheidet und handelt, ohne es vorher mit seinen ihm unterstellten Mitarbeitern abzusprechen. 1 2 3 4 5
3. Bei wichtigen Entscheidungen holt mein Vorgesetzter erst die Zustimmung seiner ihm unterstellten Mitarbeiter ein. 5 4 3 2 1
4. Mein Vorgesetzter entscheidet bis in die Einzelheiten, was und wie etwas getan werden muß. 1 2 3 4 5

Dimension 4, Ausmaß der Kontrolle

1. Mein Vorgesetzter achtet auf Pünktlichkeit. 1 2 3 4 5
2. Mein Vorgesetzter überläßt seine ihm unterstellten Mitarbeiter sich selbst, ohne sich nach dem Stand ihrer Arbeit zu erkundigen. 5 4 3 2 1

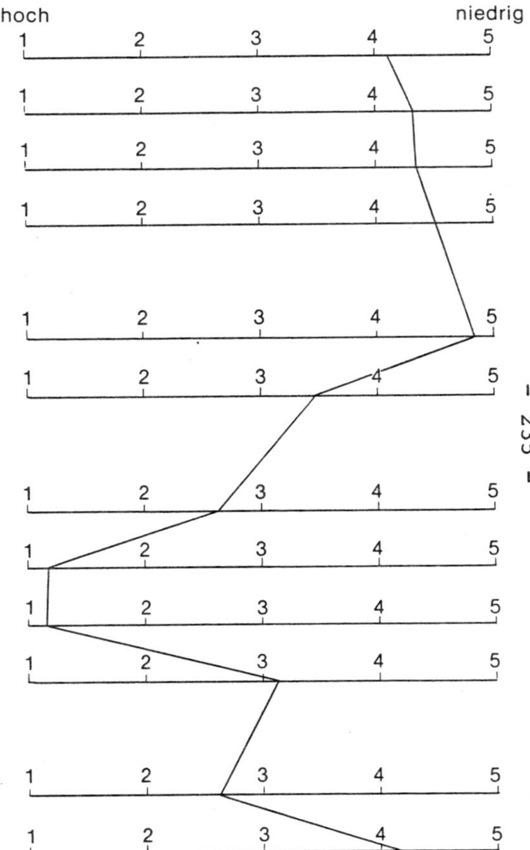

Führungsstil-Typ 1

Charakteristika des Führungsstil-Typs 1 sind: Positive Einstellung des Vorgesetzten zur partnerschaftlichen Zusammenarbeit, sehr starke stimulierende Aktivität, sehr hohes Ausmaß der Fremdkontrolle und zur Mitte tendierende Entscheidungszentralisation.

Besonders stark repräsentiert sind 2 Unternehmen der Nahrungsmittel- bzw. der Metallindustrie (in Sfax). Obwohl sie zwei verschiedenen Branchen angehören, lassen sie Ähnlichkeiten in bezug auf ihre Produktionsverfahren (Automatisierung des Produktionsprozesses) feststellen; für einen Teil der Arbeiter beschränkt sich ihre Aufgabe auf bestimmte Griffe oder auf die Überwachung der Maschine. Bestimmte technische Probleme dürfen sie selbst lösen. Dies gibt ihnen das Gefühl der Beteiligung an der Entscheidungsbildung; darüber hinaus verstärkt die Tatsache, daß ihre Änderungsvorschläge nicht so häufig vom Vorgesetzten abgelehnt werden, (Item 19, $\bar{x} = 3.11$) ihren Eindruck, selbst an der Entscheidungsbildung teilzunehmen.

Führungsstil-Typ 2

Charakteristika des Führungsstil-Typs 2 sind: Sehr niedriger Wert der 1. Dimension ("Einstellung des Vorgesetzten zur partnerschaftlichen Zusammenarbeit"), geringe stimulierende Aktivität, sehr starkes Ausmaß der Fremdkontrolle und starke Entscheidungszentralisation.

In diesem Cluster bildet sich eine 2. Gruppe der beiden o.g. Betriebe (Nahrungsmittel- und Metallindustrie) heraus, die relativ stark repräsentiert sind, sowie ein Unternehmen aus der Textilbranche, wo die Mitarbeiter ausschließlich Frauen sind. In den beiden Unternehmen in Sfax sind die Arbeiter sehr stark gewerkschaftlich organisiert, was nicht ohne Einfluß auf ihr Bewußtsein als Arbeiter bleibt. Das Informationsniveau dieser Mitarbeiter ist relativ hoch und dokumentiert sich durch ihr Ausbildungsniveau. Ihre Erwartungen an die von der Unternehmung erbrachten Leistungen sowie an das Verhalten des Vorgesetzten ihnen gegenüber entsprechen wenig der Realität; besonders wenn man den Altersdurchschnitt in diesem Cluster (25.85 Jahre) berücksichtigt, läßt sich erkennen, daß es sich hier um eine Gruppe handelt, deren Ansprüche von denjenigen der älteren Generation abweichen.

Die Ausprägung des perzipierten Führungsstiles ist unserer Meinung nach durch die Unzufriedenheit mit dem empfangenen Lohn und den mangelnden Aufstiegsmöglichkeiten beeinflußt: 70% bzw. 73% der Probanden sind mit ihrer Entlohnung und mit ihrer Beförderung nicht zufrieden ($\bar{x}$ = 4.83 bzw. $\bar{x}$ = 4.89). In dem Betrieb der Textilindustrie, wo die Vorgesetzten meist Frauen sind, spielt dies eine Rolle bei der Beurteilung des Führungsstiles von den unterstellten Mitarbeiterinnen, denn in der tunesischen Gesellschaft werden Frauen als Vorgesetzte selten von ihren Mitarbeiterinnen anerkannt.

Führungsstil-Typ 3

Charakteristika des Führungsstil-Typs 3 sind: Sehr niedriger Wert der 1. Dimension ("Einstellung des Vorgesetzten zur partnerschaftlichen Zusammenarbeit"), sehr niedrige stimulierende Aktivität, geringes Ausmaß der Fremdkontrolle und starke Entscheidungszentralisation.

Der Führungsstil-Typ 3 unterscheidet sich vom Typ 2 im wesentlichen nur in bezug auf das Ausmaß der Kontrolle. Die zwei Unternehmungen der Metall- und Nahrungsmittelindustrie, welche den Typ 2 wesentlich bestimmt haben, sind auch hier neben einem Betrieb der Textilindustrie vertreten. Besonders in dem letzten beschränkt sich die Aufgabe der Arbeiter auf die Überwachung der vorprogrammierten Webstühle; sie greifen erst ein, wenn die Maschine einen Fehler entdeckt und sich automatisch ausschaltet oder wenn sie die Programme ändern sollen. Die 2 Vorgesetzten in diesem Betrieb, die den Führungsstil Typ 3 praktizieren, sind der Produktionsleiter und der "chef d´équipe"; der Betriebsleiter selbst räumte ein, daß die beiden überheblich seien und ihre Mitarbeiter wenig respektierten. [25)]

Führungsstil-Typ 4

Charakteristika des Führungsstil-Typs 4 sind: Positive Einstellung des Vorgesetzten zur partnerschaftlichen Zusammenarbeit, sehr starke stimulierende Aktivität, niedriges Ausmaß der Fremdkontrolle und starke Entscheidungszentralisation.

Hierbei handelt es sich wieder um die 2 Vorgesetzten des Textilbetriebes und um einen Betriebsleiter und einen "chef d´équipe" einer Nahrungsmittelunternehmung. In bezug auf den 1. Betrieb läßt sich ableiten, daß die Mitarbeiter nicht gleichbehandelt werden, was Spannungen hervorrufen kann. In dem Nahrungsmittelbetrieb läßt sich die sehr starke stimu-

---

25) Während der Durchführung der Untersuchung mußte der Betriebsleiter eingreifen, um einen Konflikt zwischen dem Produktionsleiter und einem Mitarbeiter zu schlichten; hierbei konnte ein kraßer Unterschied zwischen dem Führungsstil des Betriebsleiters und dem des Produktionsleiters festgestellt werden.

lierende Aktivität dadurch erklären, daß der Betrieb sehr alt ist und daß zwischen Betriebsleiter und Mitarbeitern freundschaftliche Beziehungen entstanden sind.

Führungsstil-Typ 5

Charakteristika des Führungsstil-Typs 5 sind: Sehr hoher Wert der 1. Dimension ("Einstellung des Vorgesetzten zur partnerschaftlichen Zusammenarbeit"), starke stimulierende Aktivität, niedriges Ausmaß der Fremdkontrolle und niedriger Wert der Entscheidungszentralisation.

75% der Probanden in diesem Cluster sind den Betriebsleitern direkt unterstellt und sind enge Mitarbeiter, welche bei einer Betriebsgröße von 49 - 100 Mitgliedern Entscheidungen fällen müssen, um den Betriebsleiter zu entlasten.

Führungsstil-Typ 6

Charakteristika des Führungsstil-Typs 6 sind: Positive Einstellung des Vorgesetzten zur partnerschaftlichen Zusammenarbeit, geringe stimulierende Aktivität, keine Fremdkontrolle und sehr hoher Wert der Entscheidungszentralisation.

Dieses Cluster besteht fast ausschließlich aus einem Betrieb, der während der Durchführung der Untersuchung verkauft und nach einer Woche geschlossen wurde. Sowohl das Führungspersonal als auch die Mitarbeiter haben in der Zeit befürchtet, ihre Stelle zu verlieren; ein sehr niedriges Interesse an dem Betrieb war bei den beiden Gruppen zu beobachten; dies erklärt das Nicht-Vorhandensein jeglicher Kontrolle.

4.5 Führungsstile in der Betriebsgröße 5

4.51 Beschreibung der Merkmalsausprägung

4.51.1 Einstellung des Vorgesetzten zur partnerschaftlichen Zusammenarbeit

Hier lassen sich Ähnlichkeiten mit den Antworten bei der Betriebsgröße 4 feststellen: obwohl 68% der Probanden ihren Vorgesetzten als freundlich ($\bar{x}$ = 1.60) beurteilen, geben nur 58% an, daß sie frei und entspannt mit ihm reden können ($\bar{x}$ = 1.35). Die Häufigkeit der Kritik in Gegenwart anderer nimmt auch ab (23%, $\bar{x}$ = 4.84). 46% der Probanden haben den Eindruck, daß ihr Vorgesetzter sie als Gleichberechtigte behandelt ($\bar{x}$ = 1.36). Dies ist damit zu erklären, daß in manchen Betrieben zwischen der vorletzten und der letzten Hierarchie-Ebene infolge geringer sozialer Unterschiede und ständiger persönlicher Kontakte eine gewisse Solidarität entstanden ist.

Die geringe Hilfe des Vorgesetzten bei der Lösung von persönlichen Problemen (25%, $\bar{x}$ = 1.49) ist nicht auf einen Mangel an Hilfsbereitschaft zurückzuführen, da ja 47% der Probanden angeben, daß ihr Vorgesetzter sich für ihr Wohlergehen interessiert ($\bar{x}$ = 1.47), sondern auf die geringen Möglichkeiten, die den Vorgesetzten in die Lage versetzen, Hilfe leisten zu können.

Die Befehlsform findet in diesen Betrieben häufig Anwendung (70%, $\bar{x}$ = 1.14), da die unterste Hierarchie-Ebene meistens aus früheren Arbeitern besteht, die Führungsfunktionen ohne die dazu notwendige Schulung bzw. Information übernommen haben.

4.51.2 Stimulierende Aktivität

80% der Probanden geben an, daß ihr Vorgesetzter sich über fleißige Mitarbeiter freut ($\bar{x}$ = 1.21). Die ausgesprochene Anerkennung beträgt aber nur 47.73% ($\bar{x}$ = 1.33), obwohl 61,93% der Betriebsleiter die Stimulation in Form von Lob benutzen. Dies läßt vermuten, daß diese Führungsform nicht bis in die untersten Hierarchie-Ebenen hineinreicht.

Es ist interessant festzustellen, daß der Prozentsatz derjenigen, die die Frage 12 nicht beantwortet haben, der zweitniedrigste von allen Bertriebsgrößen ist (16%), und daß nur 42% der Probanden das Gefühl haben, daß die ihnen zugewiesenen Aufgaben ihren Fähigkeiten entsprechen ($\bar{x}$ = 1.44). Dies weist auf eine fachliche Ausbildung der Arbeiter hin, derer sie sich bewußt sind.

4.51.3 Beteiligung des Mitarbeiters an der Entscheidungsbildung

Diese fachliche Ausbildung trägt dazu bei, die von Vorgesetzten ermittelten Informationen verstehen zu können: 91% der Betriebsleiter und 88% der Führungspersonen geben an, daß sie den Eindruck haben, daß die von ihnen mitgeteilten Informationen immer bzw. häufig verstanden werden.

85.9% der unterstellten Mitarbeiter halten die Anweisungen ihrer Vorgesetzten für leicht verständlich ($\bar{x}$ = 1.19). Die Entscheidungszentralisation in der Betriebsgröße 5 bleibt trotzdem stark. Tab. 44 soll dies veranschaulichen.

Tab. 44 Prozentuale Häufigkeitsverteilung der Antworten zu den Items 19 - 23 bei der Betriebsgröße 5

Item	immer	häufig	manchmal	selten	nie	keine Angabe	Summe
19	28.20	6.07	38.39	11.71	6.94	8.68	100
20	30.59	9.98	14.97	13.23	29.50	1.74	100
21	61.39	7.81	12.36	7.38	8.68	2.39	100
22	7.81	7.59	13.45	9.76	59.22	2.17	100
23	37.96	39.26	9.33	8.89	3.69	0.87	100

Der Entscheidungszentralisationsgrad erreicht hier sein Maximum mit 64.44%, verglichen mit dem Entscheidungszentralisationsgrad in den anderen Betriebsgrößen.

4.51.4 Ausmaß der Kontrolle

Bei dieser Betriebsgröße erreicht der Kontrollkoeffizient im Vergleich zu den übrigen Betriebsgrößen sein Maximum. Berechnet auf die Items 15, 16 und 17 und auf die Antwortskategorien "immer/häufig" bzw. "selten/nie" beträgt der Kontrollkoeffizient 68.96%, was eine Zunahme von 9.28 Prozentpunkten gegenüber Betriebsgröße 1 bedeutet.

Die Zwischenkontrolle wird häufiger als in den übrigen Betriebsgrößen ausgeübt. Auf Pünktlichkeit wird auch hier mehr Wert als in den anderen Betriebsgrößen gelegt; diese Pünktlichkeit ist durch den Produktionsprozeß bedingt. Tab. 45 faßt die Ergebnisse zusammen.

Tab. 45 Prozentuale Häufigkeitsverteilung der Antworten zu den Items 14 - 17 bei der Betriebsgröße 5

Item	immer	häufig	manchmal	selten	nie	keine Angabe	Summe
14	17.14	23.23	18.66	13.02	36.66	1.30	100
15	51.63	18.22	11.28	4.99	8.68	5.21	100
16	11.93	10.63	19.31	13.67	42.08	2.39	100
17	70.50	11.28	4.77	3.47	4.77	5.21	100

4.52 Führungsstil-Typen nach der Profil-Cluster-Methode

Die 461 Probanden der Betriebsgröße 5 bilden nach der Profil-Cluster-Methode 4 Gruppierungen, wobei 82.43% der Antwortprofile der Befragten in die beiden ersten Cluster einzugliedern sind; das letzte Cluster umfaßt nur 2.39% der Probanden.

Die Antwortprofile der 4 Cluster über die 12 Indikatoren hinweg sind in den Diagrammen 27 - 30 graphisch dargestellt. [26)] Tab. 46 gibt die Wert der 4 Dimensionen in den 4 Clustern wieder, die in Abb. 26 - 29 graphisch dargestellt sind.

26) Die Diagramme 29 u. 30 werden im Anhang wiedergegeben.

Tab. 46 Mittelwerte und Standardabweichungen der 4 Führungsstil-Dimensionen in den vier Clustern der Betriebsgröße 5

Cluster	Anzahl der Probanden		Dimension 1 (Einstellung d. Vorgesetzten zur partnerschaftl. Zusammenarbeit)		Dimension 2 (stimulierende Aktivität)		Dimension 3 (Beteiligung an der Entscheidungsbildung)		Dimension 4 (Ausmaß der Kontrolle)	
	absolut	relativ	$\bar{x}$	σ	$\bar{x}$	σ	$\bar{x}$	σ	$\bar{x}$	σ
1	194	42.08	2.57	0.91	1.77	0.02	2.53	0.57	1.93	0.50
2	186	40.35	3.78	0.74	3.58	0.66	1.62	0.57	2.03	0.31
3	70	15.18	2.34	0.49	2.26	0.38	3.07	0.60	2.97	0.54
4	11	2.39	4.86	0.11	4.64	0.12	1.72	1.33	4.36	0.12
$\sum$	461	100.00	3.07		2.64		2.22		2.18	

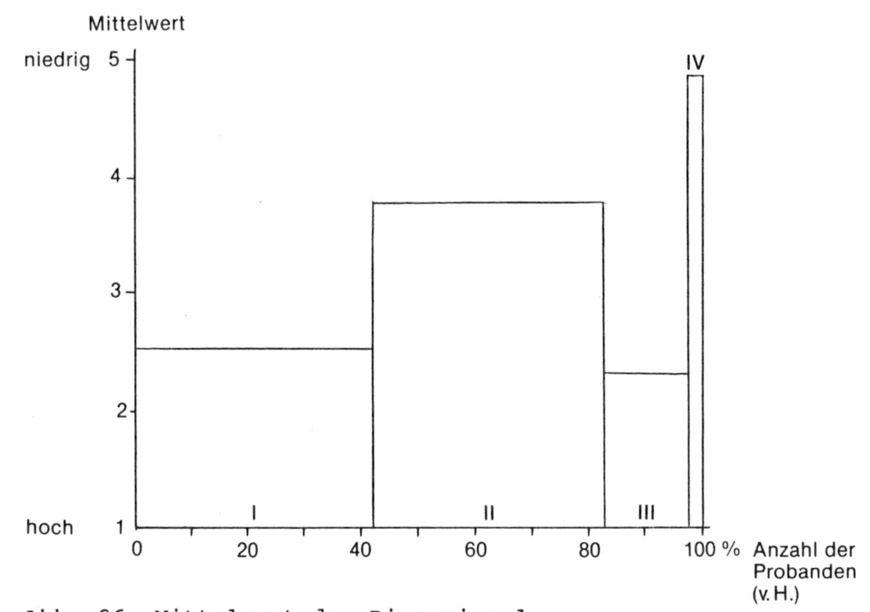

Abb. 26 Mittelwert der Dimension 1 (Einstellung des Vorgesetzten zur partnerschaftlichen Zusammenarbeit) in den vier Clustern der Betriebsgröße 5

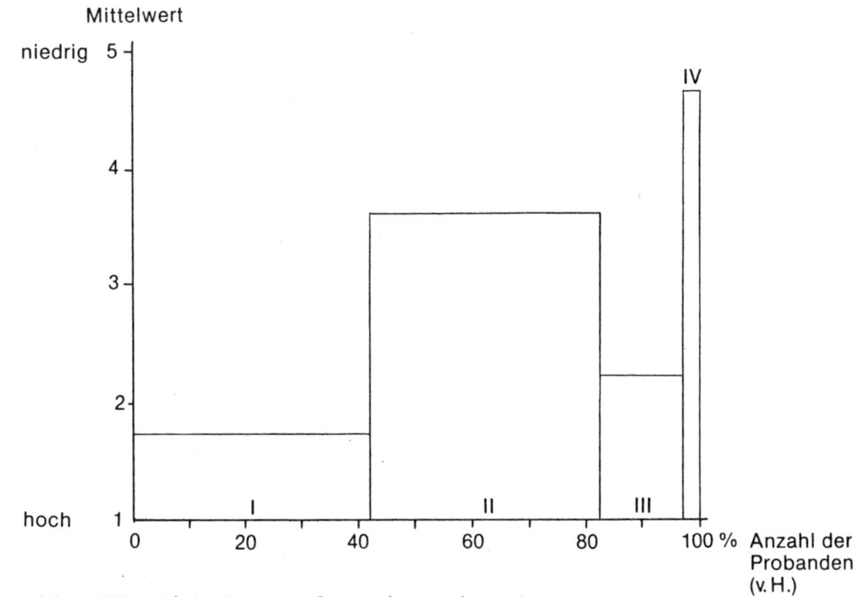

Abb. 27 Mittelwert der Dimension 2 (stimulierende Aktivität) in den vier Clustern der Betriebsgröße 5

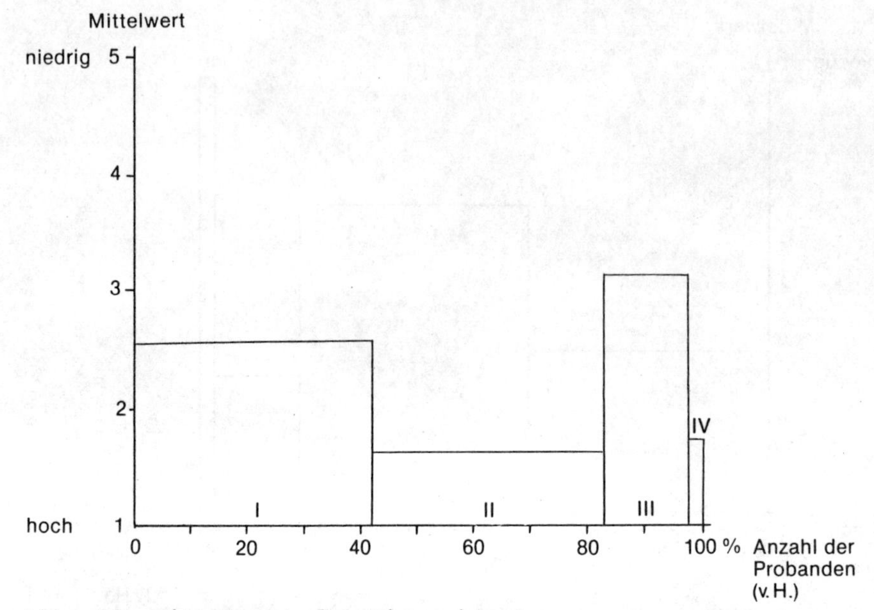

Abb. 28 Mittelwert der Dimension 3 (Beteiligung des Mitarbeiters an der Entscheidungsbildung) in den vier Clustern der Betriensgröße 5

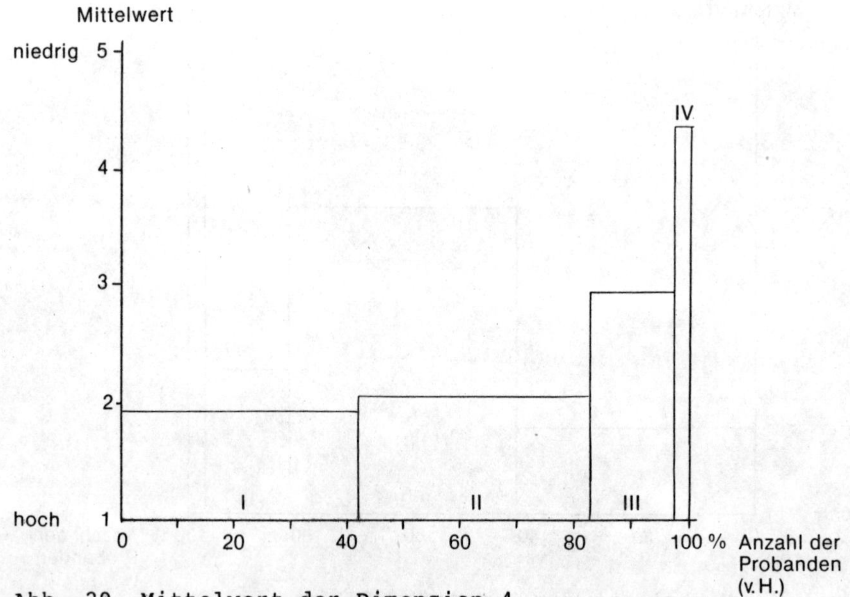

Abb. 29 Mittelwert der Dimension 4 (Ausmaß der Kontrolle) in den vier Clustern der Betriebsgröße 5

Tab. 47 Mittelwerte und Standardabweichungen der Indikatoren in den vier Clustern der Betriebsgröße 5

Cluster		1		2		3		4		
Clustergröße		194		186		70		11		416
Clustergröße in %		42.08		40.35		15.18		2.39		100
	Mittelwert und Standardabweichung	$\bar{x}$	σ	$\bar{x}$	σ	$\bar{x}$	σ	$\bar{x}$	σ	
Indikatoren										
Dimension 1 (Einstellung d.Vorgesetzten zur partnerschaftl. Zusammenarbeit)	1. Mein Vorgesetzter kritisiert in Gegenwart anderer seine ihm unterstellten Mitarbeiter. 5 4 3 2 1	1.79	1.20	2.84	1.73	1.94	1.27	4.73	0.65	
	2. Mein Vorgesetzter behandelt seine ihm unterstellten Mitarbeiter als gleichberechtigte Partner. 1 2 3 4 5	2.52	1.56	3.81	1.59	2.07	1.32	4.91	0.30	
	3. Mein Vorgesetzter gibt seine Anweisungen in Befehlsform. 5 4 3 2 1	3.87	1.33	4.65	0.84	3.04	1.56	4.82	0.60	
	4. Mein Vorgesetzter interessiert sich für das Wohlergehen seiner ihm unterstellten Mitarbeiter. 1 2 3 4 5	2.10	1.17	3.85	1.44	2.34	1.24	5.00	0.00	
Dimension 2 (stimulierende Aktivität)	1. Mein Vorgesetzter spricht seine Anerkennung aus, wenn einer von uns gute Arbeit geleistet hat. 1 2 3 4 5	1.76	0.97	4.05	1.25	1.99	1.07	4.73	0.65	
	2. Mein Vorgesetzter paßt die Arbeitsgebiete genau den Fähigkeiten seiner ihm unterstellten Mitarbeiter an. 1 2 3 4 5	1.79	0.83	3.11	1.25	2.54	1.16	4.55	0.93	
Dimension 3 (Beteiligung d.Mitarbeiters an der Entscheidungsbildung)	1. Mein Vorgesetzter ändert die Aufgaben seiner ihm unterstellten Mitarbeiter, ohne es vorher mit ihnen besprochen zu haben. 1 2 3 4 5	3.37	1.48	2.40	1.62	3.93	1.30	1.18	0.41	
	2. Mein Vorgesetzter entscheidet und handelt, ohne es vorher mit seinen ihm unterstellten Mitarbeitern abzusprechen. 1 2 3 4 5	2.40	1.46	1.16	0.58	2.89	1.45	1.00	0.00	
	3. Bei wichtigen Entscheidungen holt mein Vorgesetzter erst die Zustimmung seiner ihm unterstellten Mitarbeiter ein. 5 4 3 2 1	2.32	1.36	1.23	0.71	2.99	1.47	1.00	0.00	
	4. Mein Vorgesetzter entscheidet bis in die Einzelheiten, was und wie etwas getan werden muß. 1 2 3 4 5	2.04	0.98	1.70	1.00	2.50	1.03	3.73	1.68	
Dimension 4 (Ausmaß der Kontrolle)	1. Mein Vorgesetzter achtet auf Pünktlichkeit 1 2 3 4 5	1.58	0.90	1.81	1.18	3.36	1.24	4.45	1.04	
	2. Mein Vorgesetzter überläßt seine ihm unterstellten Mitarbeiter sich selbst, ohne sich nach dem Stand ihrer Arbeit zu erkundigen. 5 4 3 2 1	2.29	1.30	2.25	1.47	2.59	1.40	4.27	1.27	

Diagramm 27 Antwortprofil der Probanden des Clusters 1 über die 12 Indikatoren hinweg (Betriebsgröße 5)

Dimension 1,
Einstellung des Vorgesetzten zur partnerschaftlichen Zusammenarbeit

1. Mein Vorgesetzter kritisiert in Gegenwart anderer seine ihm unterstellten Mitarbeiter. 5 4 3 2 1
2. Mein Vorgesetzter behandelt seine ihm unterstellten Mitarbeiter als gleichberechtigte Partner. 1 2 3 4 5
3. Mein Vorgesetzter gibt seine Anweisungen in Befehlsform. 5 4 3 2 1
4. Mein Vorgesetzter interessiert sich für das Wohlergehen seiner ihm unterstellten Mitarbeiter. 1 2 3 4 5

Dimension 2,
stimulierende Aktivität

1. Mein Vorgesetzter spricht seine Anerkennung aus, wenn einer von uns gute Arbeit geleistet hat. 1 2 3 4 5
2. Mein Vorgesetzter paßt die Arbeitsgebiete genau den Fähigkeiten seiner ihm unterstellten Mitarbeiter an. 1 2 3 4 5

Dimension 3,
Beteiligung des Mitarbeiters an der Entscheidungsbildung

1. Mein Vorgesetzter ändert die Aufgaben seiner ihm unterstellten Mitarbeiter, ohne es vorher mit ihnen besprochen zu haben. 1 2 3 4 5
2. Mein Vorgesetzter entscheidet und handelt, ohne es vorher mit seinen ihm unterstellten Mitarbeitern abzusprechen. 1 2 3 4 5
3. Bei wichtigen Entscheidungen holt mein Vorgesetzter erst die Zustimmung seiner ihm unterstellten Mitarbeiter ein. 5 4 3 2 1
4. Mein Vorgesetzter entscheidet bis in die Einzelheiten, was und wie etwas getan werden muß. 1 2 3 4 5

Dimension 4,
Ausmaß der Kontrolle

1. Mein Vorgesetzter achtet auf Pünktlichkeit. 1 2 3 4 5
2. Mein Vorgesetzter überläßt seine ihm unterstellten Mitarbeiter sich selbst, ohne sich nach dem Stand ihrer Arbeit zu erkundigen. 5 4 3 2 1

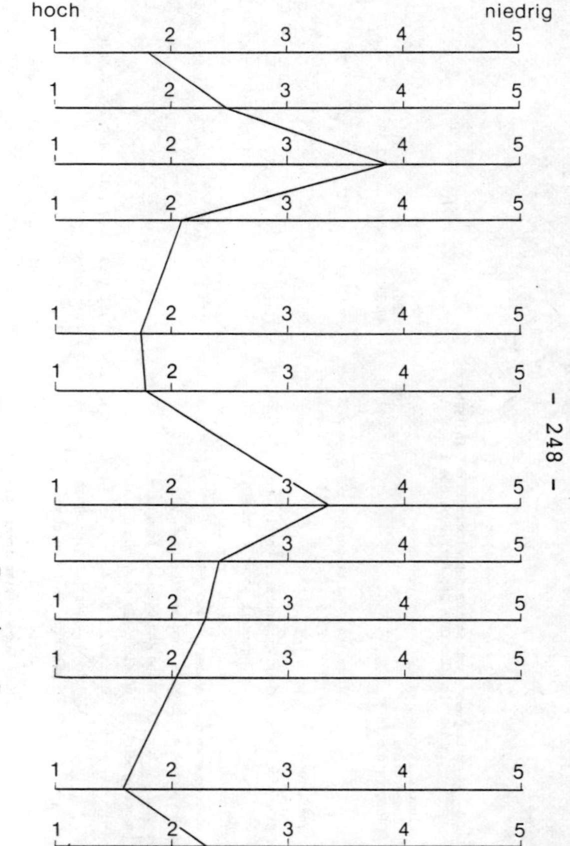

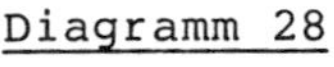

Diagramm 28 Antwortprofil der Probanden des Clusters 2 über die 12 Indikatoren hinweg (Betriebsgröße 5)

Dimension 1,
Einstellung des Vorgesetzten zur partnerschaftlichen Zusammenarbeit

1. Mein Vorgesetzter kritisiert in Gegenwart anderer seine ihm unterstellten Mitarbeiter. 5 4 3 2 1
2. Mein Vorgesetzter behandelt seine ihm unterstellten Mitarbeiter als gleichberechtigte Partner. 1 2 3 4 5
3. Mein Vorgesetzter gibt seine Anweisungen in Befehlsform. 5 4 3 2 1
4. Mein Vorgesetzter interessiert sich für das Wohlergehen seiner ihm unterstellten Mitarbeiter. 1 2 3 4 5

Dimension 2,
stimulierende Aktivität

1. Mein Vorgesetzter spricht seine Anerkennung aus, wenn einer von uns gute Arbeit geleistet hat. 1 2 3 4 5
2. Mein Vorgesetzter paßt die Arbeitsgebiete genau den Fähigkeiten seiner ihm unterstellten Mitarbeiter an. 1 2 3 4 5

Dimension 3,
Beteiligung des Mitarbeiters an der Entscheidungsbildung

1. Mein Vorgesetzter ändert die Aufgaben seiner ihm unterstellten Mitarbeiter, ohne es vorher mit ihnen besprochen zu haben. 1 2 3 4 5
2. Mein Vorgesetzter entscheidet und handelt, ohne es vorher mit seinen ihm unterstellten Mitarbeitern abzusprechen. 1 2 3 4 5
3. Bei wichtigen Entscheidungen holt mein Vorgesetzter erst die Zustimmung seiner ihm unterstellten Mitarbeiter ein. 5 4 3 2 1
4. Mein Vorgesetzter entscheidet bis in die Einzelheiten, was und wie etwas getan werden muß. 1 2 3 4 5

Dimension 4,
Ausmaß der Kontrolle

1. Mein Vorgesetzter achtet auf Pünktlichkeit. 1 2 3 4 5
2. Mein Vorgesetzter überläßt seine ihm unterstellten Mitarbeiter sich selbst, ohne sich nach dem Stand ihrer Arbeit zu erkundigen. 5 4 3 2 1

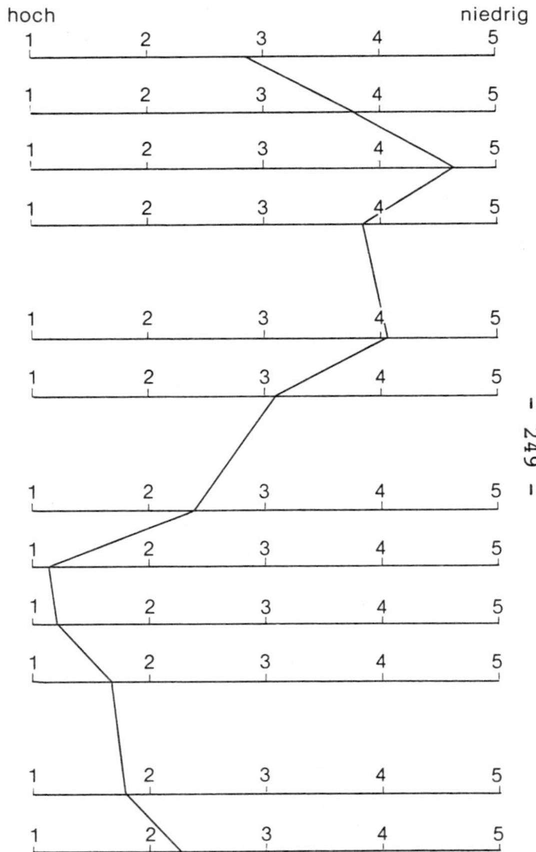

Führungsstil-Typ 1

Charakteristika des Führungsstil-Typs 1 sind: Positive Einstellung des Vorgesetzten zur partnerschaftlichen Zusammenarbeit, sehr starke stimulierende Aktivität, sehr starkes Ausmaß der Fremdkontrolle und hohe Entscheidungszentralisation.

Obwohl alle Betriebe der Größe 5 in diesem Cluster vertreten sind, läßt sich eine Gruppe von 5 staatlichen bzw. halbstaatlichen Betrieben und eine Aktiengesellschaft herauskristallisieren: 38% bis 62.8% ihrer befragten Mitarbeiter haben den Führungsstil-Typ 1 beschrieben. Obwohl diese Betriebe in bezug auf ihre Produktionsverfahren Unterschiede aufweisen, kann man schon bei all diesen Betrieben ein betimmtes - wenn auch unterschiedlich ausgeprägtes - technologisches Niveau feststellen, welches fachliche Anforderungen an das Leitungspersonal sowie an die Mitarbeiter stellt. Darüber hinaus sind bei diesen Betrieben struktur-organisationelle Ähnlichkeiten feststellbar; dies wird im letzten Kapitel dargelegt.

Führungsstil-Typ 2

Charakteristika des Führungsstil-Typs 2 sind: Niedriger Wert der 1. Dimension ("Einstellung des Vorgesetzten zur partnerschaftlichen Zusammenarbeit"), niedrige stimulierende Aktivität, starkes Ausmaß der Fremdkontrolle und sehr starkes Ausmaß der Entscheidungszentralisation.

In diesem Cluster sind wieder alle Betriebe, aber unterschiedlich vertreten. Eine Gruppe von 2 halbstaatlichen Betrieben und 4 Privat-Unternehmungen (AG, GmbH) hat sich herauskristallisiert: die Antwortprofile von 40% bis zu 81% der

Probanden dieser Betriebe sind in diesem Cluster einzuordnen. Die beiden halbstaatlichen Betriebe sind von Franzosen gegründet und nach der Erlangung der Unabhängigkeit nationalisiert worden; ihre Verwaltungszentren befinden sich in Tunis, während die Produktionszentren im Nordwesten bzw. im Südwesten des Landes liegen, wo es keine andere Industrie gibt. Die Arbeiter in diesen Betrieben verfügen über ein hohes Informationsniveau (obwohl ihre Schulausbildung zu wünschen übrig läßt) und ein hohes Arbeiterbewußtsein; dies ist darauf zurückzuführen, daß die Gewerkschaftsarbeit besonders während der Kolonialzeit (in Zusammenhang mit der Unabhängigkeitsbewegung) ihre Spuren hinterlassen hat. Es kommt noch hinzu, daß die Wohnkonzentration den Informationsaustausch zwischen Arbeitern und die Solidarität der Arbeiterklasse fördert.

Alle Betriebe des Clusters 2 sind durch schlechte Arbeitsbedingungen und geringe Sicherheitsvorkehrungen gekennzeichnet.

Führungsstil-Typ 3

Charakteristika des Führungsstil-Typs 3 sind: Positive Einstellung des Vorgesetzten zur partnerschaftlichen Zusammenarbeit, starke stimulierende Aktivität, zur Mitte tendierender Wert des Ausmaßes der Fremdkontrolle und zur Mitte tendierender Wert der Entscheidungszentralisation.

Bei allen Betrieben wurde dieser Führungsstil-Typ perzipiert; dies bestätigt die Annahme, daß in einem Betrieb nicht ein einheitlicher Führungsstil praktiziert und wahrgenommen wird. Allerdings sind nur 2 Betriebe in diesem Cluster relativ hoch repräsentiert: 22.72% bzw. 36.36% ihrer Probanden haben den Führungsstil Typ 3 beschrieben. In den beiden Betrieben stellt der Führungsstil-Typ 3 meistens denjenigen vom "chef d'équipe" bzw. dem Meister dar, die bei technischen Problemen ihre unterstellten Mitarbeiter konsultieren; Änderungsvorschläge werden nicht häufig abgelehnt (Item 19, $\bar{x}$ = 3.29). Dies erklärt die Tendenz zur Mitte bei der Entscheidungszentralisation.

Führungsstil-Typ 4

Charakteristika des Führungsstil-Typs 4 sind: Sehr niedriger Wert der 1. Dimension ("Einstellung des Vorgesetzten zur partnerschaftlichen Zusammenarbeit"), sehr niedrige stimulierende Aktivität, sehr niedriges Ausmaß der Fremdkontrolle und sehr starke Entscheidungszentralisation.

Der am meisten repräsentierte Betrieb in diesem Cluster stellt einen Betrieb der chemischen Industrie dar, dessen Produktionsprozeß voll automatisiert ist. Die Kontrolle übernehmen weitgehend die Anlagen selbst; der Entscheidungsbereich der Mitarbeiter hat kaum Bedeutung.

Es ist interessant festzustellen, daß die Probanden des Clusters 4, deren Antwortprofile denen der Probanden des Clusters 2 der Betriebsgröße 4 sehr ähnlich sind, auch ein sehr ähnliches Durchschnittsalter haben (27 Jahre). Scheinbar sind die Anforderungen der jüngeren Generation an die Vorgesetzten höher als bei der älteren.

4.6 Überlick über die Führungsstile der Gesamtstichprobe

4.61 Vergleich der Merkmalsausprägung in den verschiedenen Betriebsgrößen

4.61.1 Einstellung des Vorgesetzten zur partnerschaftlichen Zusammenarbeit

Für die Gesamtstichprobe läßt sich eine überdurchschnittlich positive Einstellung des Vorgesetzten zur partnerschaftlichen Zusammenarbeit feststellen. Eine kulturelle Eigenschaft kommt hier zum Ausdruck: auch in größeren Betrieben haben sich Sitten, die die Anerkennung, die Respektierung und die Freundschaft zwischen Vorgesetzten und unterstellten Mitarbeitern gebieten, bewahrt.

Befehle und Tadel sind ebenfalls häufig (69.76%, $\bar{x}$ = 1.17 bzw. 42.48%, $\bar{x}$ = 1.22). Obwohl die von den Vorgesetzten erwartete Hilfe bei persönlichen Problemen gering ist (31,24%), scheint das Interesse des Vorgesetzten an dem Wohlergehen seiner Mitarbeiter trotzdem von Bedeutung zu sein (46,94%, $\bar{x}$ = 1.37). Der Unterschied zwischen den beiden Prozentsätzen bedeutet offensichtlich, daß die Vorgesetzten nicht über die Mittel verfügen, um Hilfe leisten zu können. Im Gegensatz zu Kleinbetrieben scheint die Entscheidung, ob Hilfe gewährt wird, in Großbetrieben bei der Betriebsleitung zu liegen.

4.61.2 Stimulierende Aktivität

Die Freude über fleißige Mitarbeiter wird für die Gesamtstichprobe hoch eingeschätzt: 79,06% ($\bar{x}$ = 1.21). Dagegen liegt die von den Mitarbeitern perzipierte Anerkennung unter 50% (49%, $\bar{x}$ = 1.33).

Abgesehen davon, daß bei der Frage 12 12,69% der Probanden keine Angaben gemacht haben, berichten hier 49,83%, daß ihre Aufgabe immer bzw. häufig ihren Fähigkeiten entspricht ($\bar{x}$ = 1.42); das Ausmaß an Übereinstimmung wirkt sich auf die Leistung bzw. Produktivität aus.

4.61.3 Beteiligung des Mitarbeiters an der Entscheidungsbildung

Eine Voraussetzung für die Beteiligung an der Entscheidungsbildung liegt in den Kommunikationsmöglichkeiten zwischen Sender und Emfpänger; d.h. darin, daß die mitgeteilten Informationen verstanden werden. 73,61% der Antworten der Betriebsleiter und 86.81% der Antworten von Führungspersonen (Item 31 bzw. 26) verteilen sich auf die Antwortkategorien "häufig" bzw. "immer". 85,78% der befragten unterstellten Mitarbeiter geben an, daß die Anweisungen des Vorgesetzten leicht zu verstehen sind.

Trotzdem läßt sich eine starke Entscheidungszentralisation feststellen. Der Entscheidungszentralisationsgrad bezogen auf die Items 20 - 23 liegt bei 60,80%.

Tab. 48 Prozentuale Häufigkeitsverteilung der Antworten zu den Items 19 - 23 bei der Gesamtstichprobe

Item	immer	häufig	manchmal	selten	nie	keine Angabe	Summe
19	23.07	6.94	38.30	12.32	9.41	9.97	100
20	31.80	11.76	12.32	11.76	29.45	2.91	100
21	56.89	7.61	11.65	7.17	11.87	4.82	100
22	10.19	7.39	13.55	7.84	55.66	5.38	100
23	35.61	34.94	10.97	9.85	3.81	4.82	100

4.61.4 Ausmaß der Kontrolle

Ein hoher Entscheidungszentralisationsgrad läßt einen höheren Kontrollkoeffizienten erwarten. Für die Gesamtstichprobe beträgt der Kontrollkoeffizient 66.77%. In tunesischen Betrieben wird besonders darauf geachtet, daß die Mitarbeiter über ihre Entscheidungen ihren Vorgesetzten unterrichten. Die Zwischenkontrolle ist überdurchschnittlich häufig. Auf Pünktlichkeit wird nicht soviel Wert wie in Industrieländern gelegt; hier sind wieder kulturelle Einflußfaktoren zu spüren. Die Ergebnisse sind in Tab. 49 zusammengefaßt.

Tab. 49 Prozentuale Häufigkeitsverteilung der Antworten zu den Items 14 - 17 bei der Gesamtstichprobe

Item	immer	häufig	manchmal	selten	nie	keine Angabe	Summe
14	21.50	11.09	17.58	10.30	37.63	1.90	100
15	51.51	15.90	11.20	6.72	10.30	4.37	100
16	14.22	10.64	19.37	10.75	41.99	3.02	100
17	68.76	11.42	5.15	3.14	3.58	7.95	100

4.62 Führungsstil-Typen nach der Profil-Cluster-Methode

4.62.1 Vergleich der Führungsstil-Typen nach Betriebsgröße

Einstellung des Vorgesetzten zur partnerschaftlichen Zusammenarbeit

Während die Führungsstil-Typen in den Betriebsgrößen 1 und 2 überwiegend hohe Werte für die Dimension 1 aufweisen, läßt das Ausmaß der freundlichen Zuwendung in den anderen Betriebsgrößen nach und erreicht sein Minimum in der Betriebsgröße 3. Für alle Betriebsgrößen konzentrieren sich aber die Antworten auf die ersten Cluster; hier scheint die Einstellung des Vorgesetzten zur partnerschaftlichen Zusammenarbeit dem kulturellen Profil des Tunesiers zu entsprechen.

Tab. 50 Prozentsatz der Probanden in den Clustern mit hohem Wert der Dimension 1

Betriebsgröße	1	2	3	4	5
Cluster	1,3,4	1,2,4	1,2,3	1,4,5,6	1,3
Prozentsatz d. Probanden	72.07	70.46	49.25	51.00	57.26

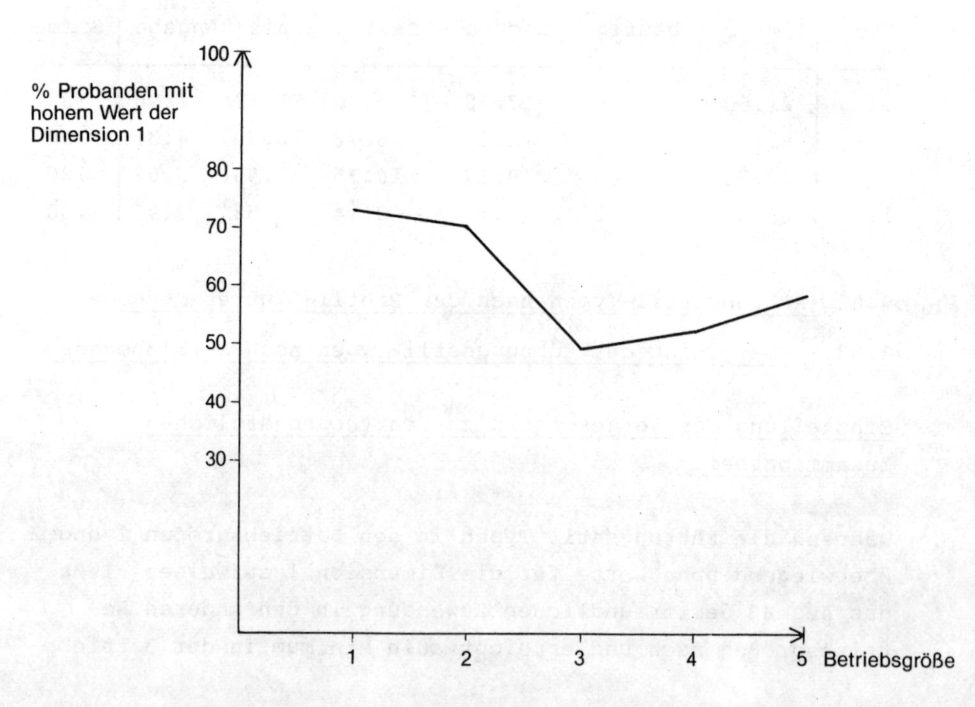

Abb. 30 Prozentsatz der Probanden in den Clustern mit hohem Wert der Dimension 1

Stimulierende Aktivität

Hier ist dieselbe Tendenz wie bei der Dimension 1 festzustellen: die Betriebe der Größen 1 und 2 weisen ein höheres Ausmaß an stimulierender Aktivität als die Betriebe der Klassen 3,4 und 5 auf.

Tab. 51 Prozentsatz der Probanden in den Clustern mit hohem Wert der Dimension 2

Betriebsgröße	1	2	3	4	5
Cluster	1,3,4	1,2,4	1,2,3	1,4,5	1,5
Prozentsatz d. Probanden	72.09	70.46	49.25	48.00	57.26

Beteiligung des Mitarbeiters an der Entscheidungsbildung

Für alle Betriebsgrößen hat sich ein überdurchschnittlich hohes Ausmaß an Entscheidungszentralisation herauskristallisiert. Der niedrigste Entscheidungszentralisationsgrad befindet sich in der Betriebsgröße 2, dies liegt daran, daß in diesen Betrieben manche Betriebsleiter eine zweite Tätigkeit ausüben.

Tab. 52 Prozentsatz der Probanden in den Clustern mit hohem Wert der Dimension 3

Betriebsgröße	1	2	3	4	5
Cluster	1,2	2,3,4,5	1,2,4,5	2,3,4,6	1,2,4
Prozentsatz d. Probanden	62.69	59.09	86.07	61.00	84.82

Ausmaß der Kontrolle

Die soziale Kontrolle in der Betriebsgröße 1, die die Kontrolle durch den Vorgesetzten ersetzt, ist in den anderen Betriebsgrößen nur in geringerem Umfang gegeben. Das Ausmaß der durch den Vorgesetzten ausgeübten Kontrolle erreicht einen hohen Wert. In der Betriebsgröße 2 ist die Kontrolle für alle Cluster (im Unterschied zu den übrigen Betriebsgrößen) überdurchschnittlich hoch.

Tab. 53 Prozentsatz der Probanden in den Clustern mit hohem Wert der Dimension 4

Betriebsgröße	1	2	3	4	5
Cluster	2,4	1,3,4,6	1,2,3,4	1,2	1,2
Prozentsatz d. Probanden	37.21	70.52	83.58	69.0	82.43

4.62.2 Bildung von Führungsstil-Typen in bezug auf die Gesamtstichprobe

Die über die 5 Betriebsgrößen gebildeten Subculster (88) wurden als Elemente genommen und durch ihre Mittelwerte über die 12 Indikatoren vertreten. Diese 88 Subcluster stellten dann die Elemente bei der Subcluster- bzw. Clusterbildung der Gesamtstichprobe dar. Das Ähnlichkeitsniveau α und β bei der Subcluster- bzw. Clusterbildung wurde auf jeweils 0.6 gesetzt. Bei diesem Ähnlichkeitsniveau kamen 11 Subcluster und 4 Cluster zustande. Die Mittelwerte und Standardabweichungen über die 4 Dimensionen für die 4 Cluster, die hier interpretiert werden, sind in Tab. 54 wiedergegeben und in Abb. 31 - 34 graphisch veranschaulicht.
Die Antwortprofile sind in Diagramm 31 - 34 graphisch dargestellt.

Tab. 54 Mittelwerte und Standardabweichungen der 4 Führungsstil-Dimensionen in den vier Clustern der Gesamtstichprobe

Cluster	Anzahl der Probanden		Dimension 1 (Einstellung d. Vorgesetzten zur partnerschaftl. Zusammenarbeit)		Dimension 2 (stimulierende Aktivität)		Dimension 3 (Beteiligung an der Entscheidungsbildung)		Dimension 4 (Ausmaß der Kontrolle)	
	absolut	relativ	$\bar{x}$	σ	$\bar{x}$	σ	$\bar{x}$	σ	$\bar{x}$	σ
1	271	30.37	3.17	0.85	3.23	0.35	2.08	0.62	3.41	0.27
2	287	32.13	2.63	1.02	1.74	0.02	2.50	0.44	2.13	0.65
3	111	12.43	1.98	0.51	1.82	0.62	3.86	0.53	2.51	0.16
4	224	25.07	3.79	0.45	3.50	0.80	1.87	0.60	1.55	0.00
Σ	893	100.00								

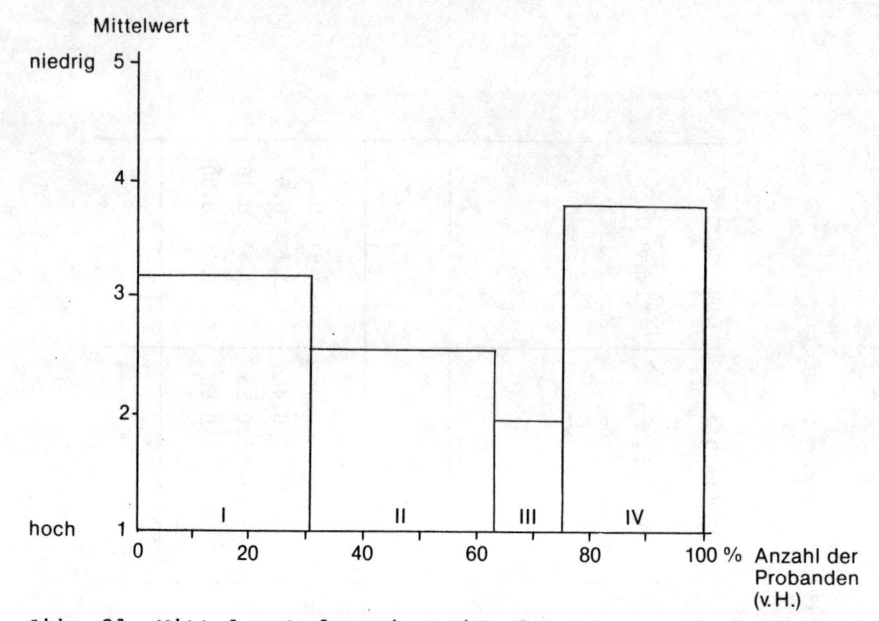

Abb. 31 Mittelwert der Dimension 1
(Einstellung des Mitarbeiters zur partnerschaftlichen Zusammenarbeit)
in den vier Clustern der Gesamtstichprobe

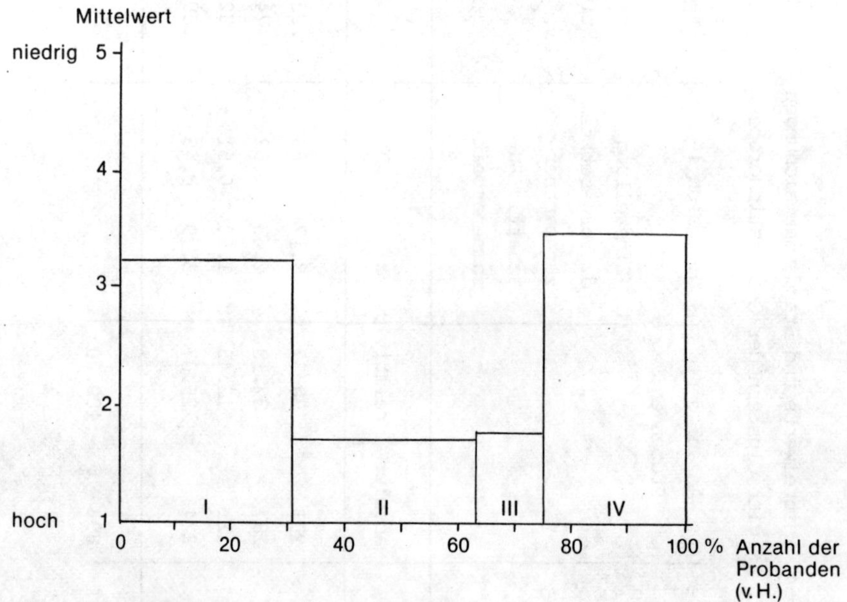

Abb. 32 Mittelwert der Dimension 2
(stimulierende Aktivität)
in den vier Clustern der Gesamtstichprobe

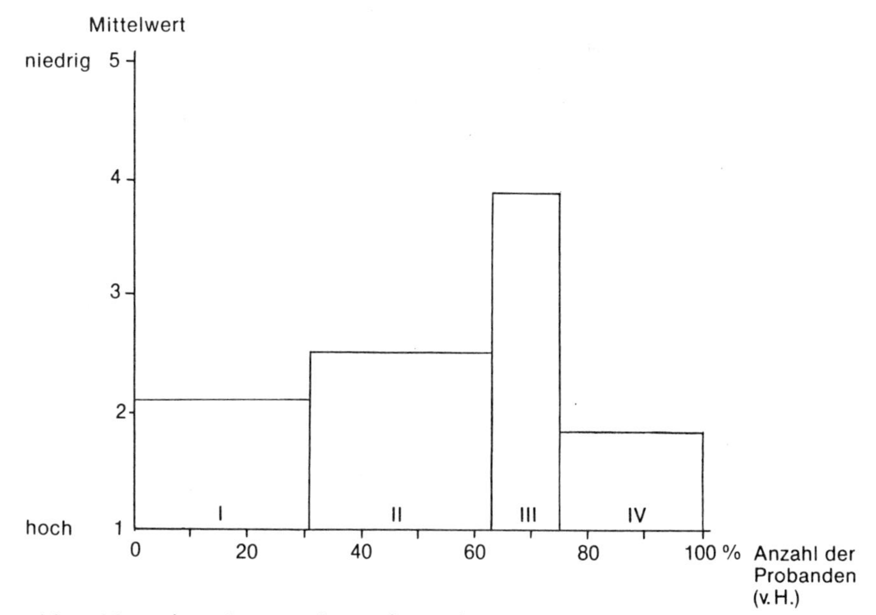

Abb. 33 Mittelwert der Dimension 3
(Beteiligung des Mitarbeiters an der Entscheidungsbildung)
in den vier Clustern der Gesamtstichprobe

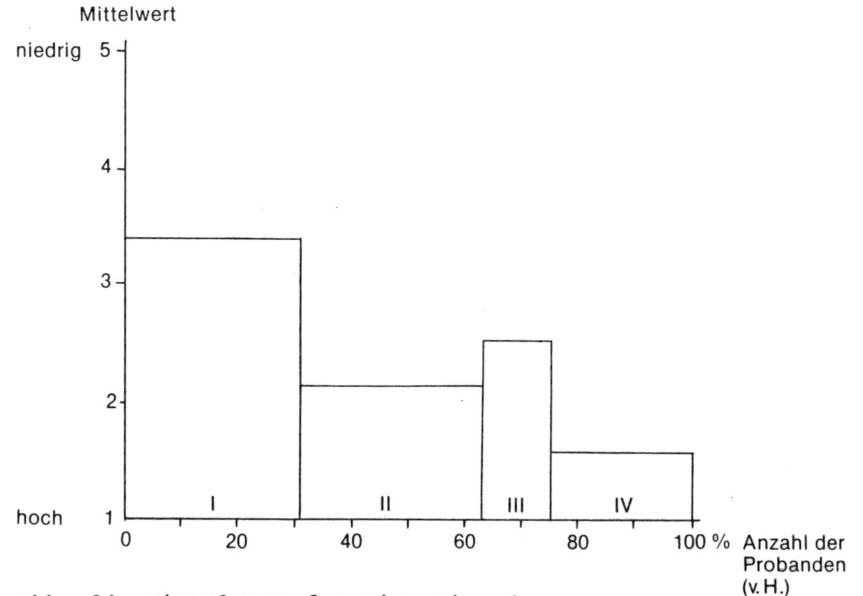

Abb. 34 Mittelwert der Dimension 4
(Ausmaß der Kontrolle)
in den vier Clustern der Gesamtstichprobe

Tab. 55 Mittelwerte und Standardabweichungen der Indikatoren in den vier Clustern der Gesamtstichprobe

Cluster		1		2		3		4		
Clustergröße		271		287		111		224		893
Clustergröße in %		30.37		32.13		12.43		25.07		100
Indikatoren	Mittelwert und Standardabweichung	$\bar{x}$	σ	$\bar{x}$	σ	$\bar{x}$	σ	$\bar{x}$	σ	
Dimension 1 (Einstellung d.Vorgesetzten zur partnerschaftl. Zusammenarbeit)	1. Mein Vorgesetzter kritisiert in Gegenwart anderer seine ihm unterstellten Mitarbeiter. 5 4 3 2 1	2.16	1.29	2.29	1.12	1.57	0.74	3.18	1.09	
	2. Mein Vorgesetzter behandelt seine ihm unterstellten Mitarbeiter als gleichberechtigte Partner. 1 2 3 4 5	2.86	1.35	2.07	0.74	2.02	0.75	3.86	0.76	
	3. Mein Vorgesetzter gibt seine Anweisungen in Befehlsform. 5 4 3 2 1	4.13	0.80	4.16	1.00	2.69	1.19	4.28	0.64	
	4. Mein Vorgesetzter interessiert sich für das Wohlergehen seiner ihm unterstellten Mitarbeiter. 1 2 3 4 5	3.56	1.17	2.01	0.91	1.64	0.60	3.86	1.00	
Dimension 2 (stimulierende Aktivität)	1. Mein Vorgesetzter spricht seine Anerkennung aus, wenn einer von uns gute Arbeit geleistet hat. 1 2 3 4 5	3.48	1.45	1.76	0.83	1.38	0.54	4.07	0.91	
	2. Mein Vorgesetzter paßt die Arbeitsgebiete genau den Fähigkeiten seiner ihm unterstellten Mitarbeiter an. 1 2 3 4 5	2.98	1.00	1.73	0.80	2.26	0.83	2.94	1.06	
Dimension 3 (Beteiligung d.Mitarbeiters an der Entscheidungsbildung)	1. Mein Vorgesetzter ändert die Aufgaben seiner ihm unterstellten Mitarbeiter, ohne es vorher mit ihnen besprochen zu haben. 1 2 3 4 5	2.89	1.14	2.77	1.18	4.13	0.85	2.61	1.32	
	2. Mein Vorgesetzter entscheidet und handelt, ohne es vorher mit seinen ihm unterstellten Mitarbeitern abzusprechen. 1 2 3 4 5	1.68	1.01	2.41	1.02	4.21	0.66	1.36	0.43	
	3. Bei wichtigen Entscheidungen holt mein Vorgesetzter erst die Zustimmung seiner ihm unterstellten Mitarbeiter ein. 5 4 3 2 1	1.50	0.66	2.92	1.19	4.05	0.79	1.39	0.42	
	4. Mein Vorgesetzter entscheidet bis in die Einzelheiten, was und wie etwas getan werden muß. 1 2 3 4 5	2.25	0.86	1.92	0.65	3.06	0.87	2.12	1.04	
Dimension 4 (Ausmaß der Kontrolle)	1. Mein Vorgesetzter achtet auf Pünktlichkeit 1 2 3 4 5	3.22	1.33	1.67	0.89	2.63	1.50	1.55	0.47	
	2. Mein Vorgesetzter überläßt seine ihm unterstellten Mitarbeiter sich selbst, ohne sich nach dem Stand ihrer Arbeit zu erkundigen. 5 4 3 2 1	3.61	1.07	2.60	1.27	2.40	0.99	1.55	0.43	

Diagramm 31 Antwortprofil der Probanden des Clusters 1 über die 12 Indikatoren hinweg (Gesamtstichprobe)

Dimension 1,
Einstellung des Vorgesetzten zur partnerschaftlichen Zusammenarbeit

1. Mein Vorgesetzter kritisiert in Gegenwart anderer seine ihm unterstellten Mitarbeiter. 5 4 3 2 1
2. Mein Vorgesetzter behandelt seine ihm unterstellten Mitarbeiter als gleichberechtigte Partner. 1 2 3 4 5
3. Mein Vorgesetzter gibt seine Anweisungen in Befehlsform. 5 4 3 2 1
4. Mein Vorgesetzter interessiert sich für das Wohlergehen seiner ihm unterstellten Mitarbeiter. 1 2 3 4 5

Dimension 2,
stimulierende Aktivität

1. Mein Vorgesetzter spricht seine Anerkennung aus, wenn einer von uns gute Arbeit geleistet hat. 1 2 3 4 5
2. Mein Vorgesetzter paßt die Arbeitsgebiete genau den Fähigkeiten seiner ihm unterstellten Mitarbeiter an. 1 2 3 4 5

Dimension 3,
Beteiligung des Mitarbeiters an der Entscheidungsbildung

1. Mein Vorgesetzter ändert die Aufgaben seiner ihm unterstellten Mitarbeiter, ohne es vorher mit ihnen besprochen zu haben. 1 2 3 4 5
2. Mein Vorgesetzter entscheidet und handelt, ohne es vorher mit seinen ihm unterstellten Mitarbeitern abzusprechen. 1 2 3 4 5
3. Bei wichtigen Entscheidungen holt mein Vorgesetzter erst die Zustimmung seiner ihm unterstellten Mitarbeiter ein. 5 4 3 2 1
4. Mein Vorgesetzter entscheidet bis in die Einzelheiten, was und wie etwas getan werden muß. 1 2 3 4 5

Dimension 4,
Ausmaß der Kontrolle

1. Mein Vorgesetzter achtet auf Pünktlichkeit. 1 2 3 4 5
2. Mein Vorgesetzter überläßt seine ihm unterstellten Mitarbeiter sich selbst, ohne sich nach dem Stand ihrer Arbeit zu erkundigen. 5 4 3 2 1

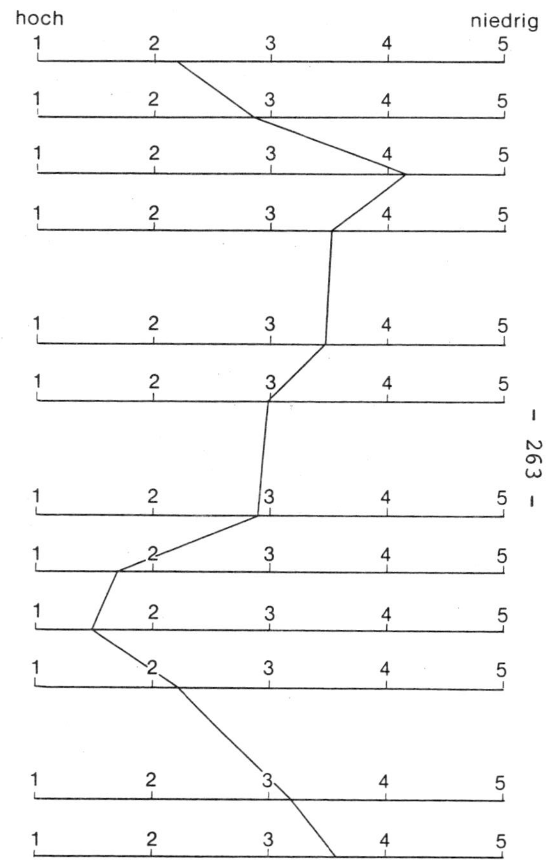

Diagramm 32 Antwortprofil der Probanden des Clusters 2 über die 12 Indikatoren hinweg (Gesamtstichprobe)

Dimension 1,
Einstellung des Vorgesetzten zur partnerschaftlichen Zusammenarbeit

1. Mein Vorgesetzter kritisiert in Gegenwart anderer seine ihm unterstellten Mitarbeiter. 5 4 3 2 1
2. Mein Vorgesetzter behandelt seine ihm unterstellten Mitarbeiter als gleichberechtigte Partner. 1 2 3 4 5
3. Mein Vorgesetzter gibt seine Anweisungen in Befehlsform. 5 4 3 2 1
4. Mein Vorgesetzter interessiert sich für das Wohlergehen seiner ihm unterstellten Mitarbeiter. 1 2 3 4 5

Dimension 2,
stimulierende Aktivität

1. Mein Vorgesetzter spricht seine Anerkennung aus, wenn einer von uns gute Arbeit geleistet hat. 1 2 3 4 5
2. Mein Vorgesetzter paßt die Arbeitsgebiete genau den Fähigkeiten seiner ihm unterstellten Mitarbeiter an. 1 2 3 4 5

Dimension 3,
Beteiligung des Mitarbeiters an der Entscheidungsbildung

1. Mein Vorgesetzter ändert die Aufgaben seiner ihm unterstellten Mitarbeiter, ohne es vorher mit ihnen besprochen zu haben. 1 2 3 4 5
2. Mein Vorgesetzter entscheidet und handelt, ohne es vorher mit seinen ihm unterstellten Mitarbeitern abzusprechen. 1 2 3 4 5
3. Bei wichtigen Entscheidungen holt mein Vorgesetzter erst die Zustimmung seiner ihm unterstellten Mitarbeiter ein. 5 4 3 2 1
4. Mein Vorgesetzter entscheidet bis in die Einzelheiten, was und wie etwas getan werden muß. 1 2 3 4 5

Dimension 4,
Ausmaß der Kontrolle

1. Mein Vorgesetzter achtet auf Pünktlichkeit. 1 2 3 4 5
2. Mein Vorgesetzter überläßt seine ihm unterstellten Mitarbeiter sich selbst, ohne sich nach dem Stand ihrer Arbeit zu erkundigen. 5 4 3 2 1

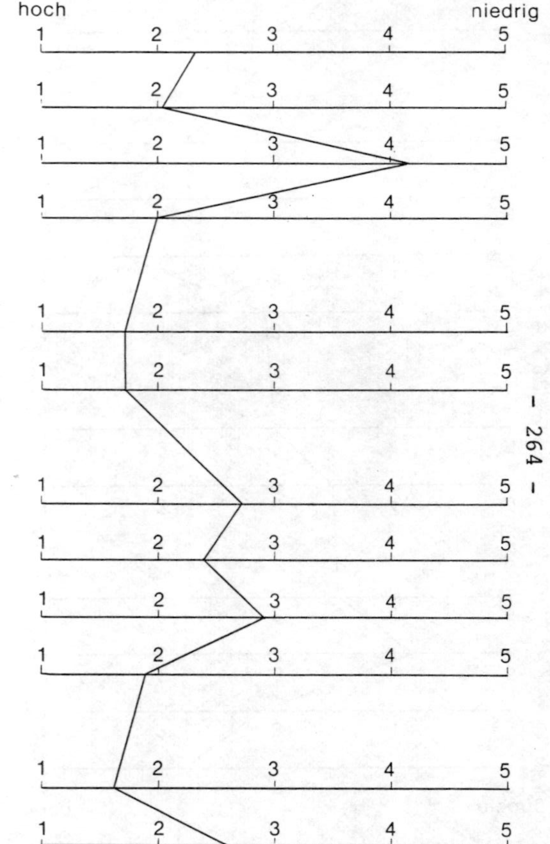

Diagramm 33 Antwortprofil der Probanden des Clusters 3 über die 12 Indikatoren hinweg (Gesamtstichprobe)

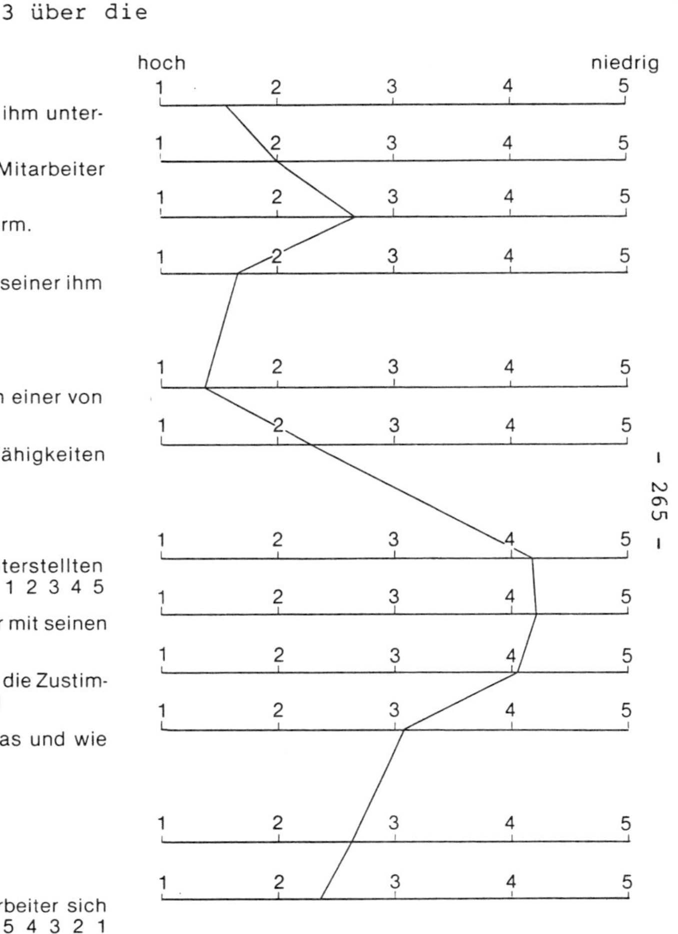

Dimension 1,
Einstellung des Vorgesetzten zur partnerschaftlichen Zusammenarbeit

1. Mein Vorgesetzter kritisiert in Gegenwart anderer seine ihm unterstellten Mitarbeiter. 5 4 3 2 1
2. Mein Vorgesetzter behandelt seine ihm unterstellten Mitarbeiter als gleichberechtigte Partner. 1 2 3 4 5
3. Mein Vorgesetzter gibt seine Anweisungen in Befehlsform. 5 4 3 2 1
4. Mein Vorgesetzter interessiert sich für das Wohlergehen seiner ihm unterstellten Mitarbeiter. 1 2 3 4 5

Dimension 2,
stimulierende Aktivität

1. Mein Vorgesetzter spricht seine Anerkennung aus, wenn einer von uns gute Arbeit geleistet hat. 1 2 3 4 5
2. Mein Vorgesetzter paßt die Arbeitsgebiete genau den Fähigkeiten seiner ihm unterstellten Mitarbeiter an. 1 2 3 4 5

Dimension 3,
Beteiligung des Mitarbeiters an der Entscheidungsbildung

1. Mein Vorgesetzter ändert die Aufgaben seiner ihm unterstellten Mitarbeiter, ohne es vorher mit ihnen besprochen zu haben. 1 2 3 4 5
2. Mein Vorgesetzter entscheidet und handelt, ohne es vorher mit seinen ihm unterstellten Mitarbeitern abzusprechen. 1 2 3 4 5
3. Bei wichtigen Entscheidungen holt mein Vorgesetzter erst die Zustimmung seiner ihm unterstellten Mitarbeiter ein. 5 4 3 2 1
4. Mein Vorgesetzter entscheidet bis in die Einzelheiten, was und wie etwas getan werden muß. 1 2 3 4 5

Dimension 4,
Ausmaß der Kontrolle

1. Mein Vorgesetzter achtet auf Pünktlichkeit. 1 2 3 4 5
2. Mein Vorgesetzter überläßt seine ihm unterstellten Mitarbeiter sich selbst, ohne sich nach dem Stand ihrer Arbeit zu erkundigen. 5 4 3 2 1

Diagramm 34 Antwortprofil der Probanden des Clusters 4 über die 12 Indikatoren hinweg (Gesamtstichprobe)

Dimension 1, Einstellung des Vorgesetzten zur partnerschaftlichen Zusammenarbeit

1. Mein Vorgesetzter kritisiert in Gegenwart anderer seine ihm unterstellten Mitarbeiter. 5 4 3 2 1
2. Mein Vorgesetzter behandelt seine ihm unterstellten Mitarbeiter als gleichberechtigte Partner. 1 2 3 4 5
3. Mein Vorgesetzter gibt seine Anweisungen in Befehlsform. 5 4 3 2 1
4. Mein Vorgesetzter interessiert sich für das Wohlergehen seiner ihm unterstellten Mitarbeiter. 1 2 3 4 5

Dimension 2, stimulierende Aktivität

1. Mein Vorgesetzter spricht seine Anerkennung aus, wenn einer von uns gute Arbeit geleistet hat. 1 2 3 4 5
2. Mein Vorgesetzter paßt die Arbeitsgebiete genau den Fähigkeiten seiner ihm unterstellten Mitarbeiter an. 1 2 3 4 5

Dimension 3, Beteiligung des Mitarbeiters an der Entscheidungsbildung

1. Mein Vorgesetzter ändert die Aufgaben seiner ihm unterstellten Mitarbeiter, ohne es vorher mit ihnen besprochen zu haben. 1 2 3 4 5
2. Mein Vorgesetzter entscheidet und handelt, ohne es vorher mit seinen ihm unterstellten Mitarbeitern abzusprechen. 1 2 3 4 5
3. Bei wichtigen Entscheidungen holt mein Vorgesetzter erst die Zustimmung seiner ihm unterstellten Mitarbeiter ein. 5 4 3 2 1
4. Mein Vorgesetzter entscheidet bis in die Einzelheiten, was und wie etwas getan werden muß. 1 2 3 4 5

Dimension 4, Ausmaß der Kontrolle

1. Mein Vorgesetzter achtet auf Pünktlichkeit. 1 2 3 4 5
2. Mein Vorgesetzter überläßt seine ihm unterstellten Mitarbeiter sich selbst, ohne sich nach dem Stand ihrer Arbeit zu erkundigen. 5 4 3 2 1

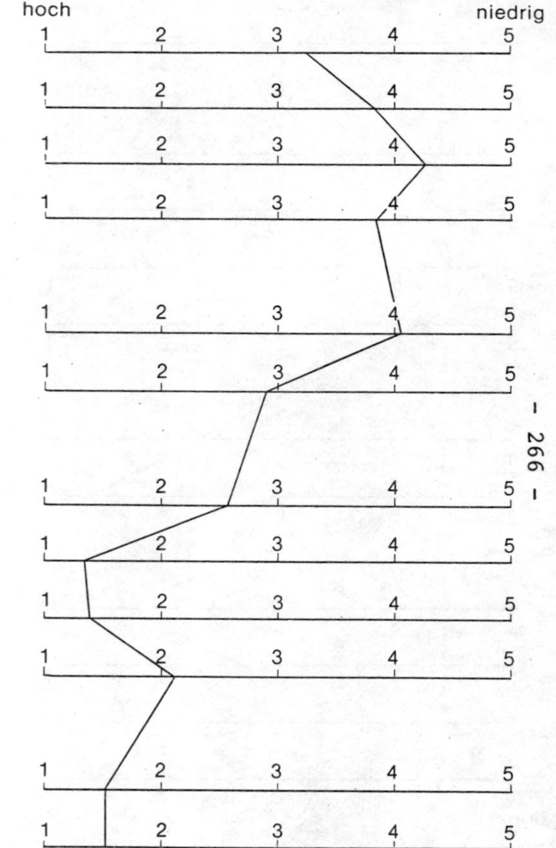

Führungsstil-Typ 1

Charakteristika des Führungsstil-Typs 1 sind: Zur Mitte tendierener Wert der Dimension 1 ("Einstellung des Vorgesetzten zur partnerschaftlichen Zuammenarbeit") sowie der 2. Dimension ("stimulierende Aktivität"), niedriges Ausmaß der Fremdkontrolle und starke Entscheidungszentralisation.

Durch die Profil-Cluster-Analyse läßt sich nachweisen, daß die Tendenz zur Mitte bei den 2 ersten Dimensionen dadurch bedingt ist, daß die Befehlsform häufig angewandt wird (Indikator 3, $\bar{x}$ = 4,13) und daß die Probanden in diesem Cluster mehr dazu neigen, ihren Vorgesetzten als wenig interessiert an ihrem Wohlergehen zu beurteilen ($\bar{x}$ = 3,56). Die Mittelwerte der Indikatoren 1 und 2 lassen eine positive Einstellung des Vorgesetzten zur partnerschaftlichen Zusammenarbeit, die durch das Item 1 ($\bar{x}$ = 2.36) dokumentiert ist, erkennen.

Das niedrige Ausmaß der durch den Vorgesetzten ausgeübten Kontrolle ist dadurch zu erklären, daß in den Klein- und Mittelbetrieben diese Kontrolle durch eine soziale Kontrolle ersetzt wird und sich in größeren Betrieben, durch die Herstellungsverfahren bedingt, eine stärkere Fremdkontrolle erübrigt.

Der Trend zu einer starken Entscheidungszentralisation, der schon bei der Item-Analyse festgestellt wurde, läßt sich hier bestätigen.

Führungsstil-Typ 2

Charakteristika des Führungsstil-Typs 2 sind: Positive Einstellung des Vorgesetzten zur partnerschaftlichen Zusammenarbeit, sehr hoher Wert der 2. Dimension ("stimulierende Aktivität"), starkes Ausmaß der Fremdkontrolle und starke Entscheidungszentralisation.

Hier wurde durch den Mittelwert des 3.Indikators ($\bar{x} = 4.16$) der Wert der 1. Dimension herabgesetzt. Berechnet auf der Basis der Indikatoren 1, 2 und 4 bekommt die 1. Dimension den Wert 2.12 und nähert sich dem Wert der 2. Dimension (Abweichung von 0.38) an.

Die Dimensionen 3 und 4 weichen nur 0.37 Punkte voneinander ab: eine starke Entscheidungszentralisation bringt ein hohes Ausmaß an von dem Vorgesetzten ausgeübter Kontrolle mit sich, wenn keine andere Kontrollart gegeben ist.

<u>Führungsstil-Typ 3</u>

Charakteristika des Führungsstil-Typs 3 sind: Positive Einstellung des Vorgesetzten zur partnerschaftlichen Zusammenarbeit, sehr hohe stimulierende Aktivität, hohes Ausmaß der Fremdkontrolle und niedrige Entscheidungszentralisation.

Der Führungsstil-Typ 3 läßt im Unterschied zu allen anderen Führungsstil Typen eine hohe Entscheidungszentralisation erkennen; nur 12.43% der Probanden sind im Cluster 3 einzuordnen.

Dieser Führungsstil überwiegt in 3 Betrieben der Gesamtstichprobe, während er in den anderen Betrieben sehr selten perzipiert worden ist. Die 3 Betriebe gehören den Klassen 1, 2 und 4 an. Die Entscheidungszentralisation beruht in dem Betrieb der Größe 1 auf einer niedrigen fachlichen Qualifikation des Vorgesetzten und auf der Abwesenheit des Betriebsleiters (welcher in der Agrarwirtschaft tätig ist) und in den anderen Betrieben auf einer klaren Abgrenzung der Kompetenz- und Aufgabenbereiche.

Führungsstil-Typ 4

Charakteristika des Führungsstil-Typs 4 sind: Niedriger Wert der 1. Dimension ("Einstellung des Vorgesetzten zur partnerschaftlichen Zusammenarbeit"), niedrige stimulierende Aktivität, sehr hohes Ausmaß der Fremdkontrolle und sehr starke Entscheidungszentralisation.

Der Führungsstil-Typ 4 unterscheidet sich vom Führungsstil-Typ 1 im wesentlichen nur im Ausmaß der Fremdkontrolle. Hier gewinnt die durch den Vorgesetzten ausgeübte Kontrolle an Bedeutung, was darauf hindeutet, daß andere Kontrollarten eine geringere Rolle spielen.

Schlußfolgerung

Es läßt sich feststellen, daß in tunesischen Industriebetrieben die beiden ersten Dimensionen des Führungsstiles miteinander gekopppelt sind, während die beiden letzten Dimensionen voneinander und von den ersten Dimensionen unabhängige Variable darstellen. Es wurde auch nachgewiesen, daß in einem Betrieb mehrere Führungsstile nebeneinander praktiziert werden. [27)]

---

27) Blank weist darauf hin, daß es keinen Führungsstil gibt, der für alle Probleme geeignet ist; für unterschiedliche Problemarten gibt es unterschiedliche optimale Führungsstile. Blank,W., Organisation komplexer Entscheidungen, Wiesbaden 1978, S. 229.

Die Frage stellt sich nun, inwieweit die hier dargestellten Führungsstile mit den im Kapitel 3 dargelegten Organisationsstrukturen harmonieren. Diese Frage wird im letzten Kapitel erörtert.

5. Beziehung zwischen Organisationsstruktur und Führungsstil in tunesischen Industriebetrieben - empirische Ergebnisse

Nachdem im 3. Kapitel die Organisationsstruktur in tunesischen Betrieben dargestellt und im 4. Kapitel Führungsstil-Typen für die 5 Betriebsgröße und für die Gesamtstichprobe erarbeitet worden sind, sollen in diesem letzten Teil der Arbeit die im theoretischen Abschnitt formulierten Beziehungen zwischen Führungsstil und Organisationsstruktur anhand des empirischen Materials überprüft werden.

Vor allem soll hier herausgearbeitet werden, inwieweit Komplementarität zwischen Organisationsstruktur und Führungsstil gegeben ist.

Wie bei der Betrachtung der Führungsstile werden wir in zwei Schritten vorgehen:

- im ersten Schritt sollen die Beziehungen zwischen den Strukturdimensionen und Führungsstil-Dimensionen in den 5 Betriebsgrößen überprüft werden,
- im zweiten Schritt erfolgt eine Beziehungsanalyse für die Gesamtstichprobe.

Da wir in der theoretischen Betrachtung des Zusammenhanges zwischen Organisationsstruktur und Führungsstil das Rollenkonzept und seine Perzeption herangezogen haben, erscheint es hier zweckmäßig, die Grundhaltung der Betriebsleiter und der Führungspersonen und die Erwartungen und Ziele der Mitarbeiter zu berücksichtigen.

Damit die Beziehungen zwischen den verschiedenen Strukturdimensionen und Führungsstilen erfaßt werden können, wird wie folgt vorgegangen: Jede Grunddimension wird zu den verschiedenen Führungsstil-Typen in Beziehung gesetzt und beide Merkmale werden auf ihre Kompatibilität hin überprüft. Die abgeleitete Strukturdimension 'Konfiguration' wird nicht gesondert in Beziehung zu den verschiedenen Führungsstil-Typen gesetzt. Stattdessen wird auf sie bei der Behandlung der Beziehungen zwischen der 'Koordination der Aufgabenerfüllung' und den Führungsstil-Typen noch Bezug genommen.

5.1 Beziehung zwischen Organisationsstruktur und Führungsstil-Typen in der Betriebsgröße 1

5.1.1 Zusammenhang zwischen arbeitsteiliger Aufgabengliederung und Führungsstil-Typen

Der Zusammenhang zwischen der arbeitsteiligen Aufgabengliederung und dem Führungsstil kann nicht untersucht werden, ohne daß vorher die Frage der Bereitschaft von Organisationsmitgliedern, Verantwortung zu tragen, geklärt wird; denn sollte diese Bereitschaft nicht vorhanden sein, können die Organisationsmitglieder versucht sein, andere Aufgabenträger in ihren Bereich einzubeziehen, um sich von einem Teil der Verantwortung zu befreien.

In bezug auf die drei ersten Cluster oder Führungsstil-Typen läßt sich bei den 33 Probanden (76.74%) eher eine Abneigung gegenüber der Verantwortung erkennen (Item 42, $\bar{x}$ = 2.94, $\bar{x}$ = 2.67 bzw. $\bar{x}$ = 2.67). Diese Haltung kann durch 2 Faktoren erklärt werden:

- die Verantwortung auf der untersten Hierarchie-Ebene ist mit Risiko behaftet: begangene Fehler können zu Sanktionen und sogar zum Ausschluß des Stelleninhabers aus der Organisation führen,

- eine Verantwortung ohne Delegation der dazu notwendigen Entscheidungskompetenz kann nur zur Frustration des Stelleninhabers führen.

In den beiden ersten Clustern ist eine solche Entscheidungsdelegation nicht gegeben.

Obwohl 75% der Führungspersonen (Item 51) und 64.71% der Betriebsleiter (Item 71) die Meinung vertreten, daß in einem Betrieb die Verantwortungsbereiche für jeden einzelnen klar abgegrenzt und Handlungsnormen vorgegeben werden müssen, scheint dies in den Betrieben der Klasse 1 nicht realisiert zu sein. Auf der einen Seite kann diese mangelnde arbeitsteilige Aufgabengliederung als positiv angesehen werden, denn sie ermöglicht eine Art von 'job rotation' zu verwirklichen und damit die Monotonie der Arbeit zu verringern, auf der anderen Seite kann sie Konflikte unter den Organisationsmitgliedern hervorrufen und negative Auswirkungen auf den Ablauf des Produktionsprozesses haben. Davon abgesehen verursacht das geringe Ausmaß an arbeitsteiliger Aufgabengliederung einen intensiven Kontakt zu den Vorgesetzten, welcher sich über den beruflichen Rahmen hinaus entwickeln und positive Auswirkungen auf die Verhältnisse zwischen Vorgesetzten und Mitarbeitern nach sich ziehen kann; dies wird bei den Führungsstil-Typen 1, 3 und 4 bestätigt (72% der Probanden sind in diese Cluster einzuordnen).

Das geringe Ausmaß an arbeitsteiliger Aufgabengliederung läßt eine Dezentralisation bei dem Entscheidungsprozeß nicht zu, denn diese kann zu nicht koordinierten Entscheidungen führen und dadurch würde die Identifikation der Entscheidungsträger erschwert. Für die beiden ersten Führungsstile scheint daher die hohe Entscheidungszentralisation mit dem Ausmaß der arbeitsteiligen Aufgabengliederung zu harmonieren.

Für die Cluster 3 und 4 kommen folgende Erklärungen in Betracht:

- Folgerichtig beschreibt ein Teil der Probanden die Führungsstile 1 und 2. Daneben tritt eine 2. Gruppe auf, die abweichend die Führungsstile 3 und 4 beschreibt. Es ist nun zu vermuten, daß bestimmten Arbeitern stillschweigend Entscheidungsbefugnisse zugeordnet sind, ohne daß dies in der Organisationsstruktur verankert ist.
- Es könnte auch möglich sein, daß diese Arbeitnehmer im Rahmen eines "laisser-faire" nach eigenem Ermessen entscheiden und handeln.

Es scheint so zu sein, daß der Vorgesetzte formal Kontrollfunktionen ausübt, aber nicht in der Lage bzw. nicht befugt ist, sich über die Opportunität der Entscheidungen und der Qualität der durchgeführten Arbeit zu äußern. Infolge dessen können Koordinationsprobleme nicht ausgeschlossen bleiben.

5.1.2 Zusammenhang zwischen Koordination der Aufgabenerfüllung und Führungsstil-Typen

Die Betrachtung der Verteilung von Entscheidungsbefugnissen ihm Rahmen der strukturorganisatorischen Regelungen hat eher eine Tendenz zur Entscheidungszentralisation in tunesischen Betrieben gezeigt. Die Führungsstil-Typen 1 und 2, welche 62.79% der Probanden der Betriebsgröße 1 umfassen, stützen sich dementsprechend auf eine starke Entscheidungszentralisation. In diesem Fall scheinen organisatorische Regelungen und Verhalten von Führungspersonen miteinander zu harmonieren.

Das Menschenbild, das sich die Führungspersonen von ihren ihnen unterstellen Mitarbeitern gemacht haben, beruht auf einer geringen Einschätzung der Mitarbeiter: 62.5% der Manager in dieser Betriebsgröße halten ihre Mitarbeiter "für selten fähig, selbständig zu handeln" (Item 39, Fragebogen II) und 37.5% berichten, daß ihre Mitarbeiter "selten schöpferisch denken können" (Item 40, Fragebogen II); dies veranlaßt sie, in 75% der Fälle (Item 47), ihre Mitarbeiter nie sich selbst zu überlassen und damit auch an sie keine Entscheidungen zu delegieren. Es kommt noch hinzu, daß die Manager in bezug auf die Auswirkungen einer Entscheidungsdelegation auf das Engagement der Mitarbeiter eher keine Förderung des Engagements erwarten. Auf einer Ordinalskala mit den Endpunkten 'sehr fördernd/gar nicht fördernd' verteilen sich die Antworten in Prozent wie folgt (Item 41):

Tab. 56 Häufigkeitsverteilung bei Item 41 (Fragebogen II) in der Betriebsgröße 1

sehr fördernd						gar nicht fördernd		
3	2	1	0	1	2	3	KA	Summe
0	12.5	25.0	12.5	12.5	0	37.5	0	100

Die Haltung der Manager und die Erwartungen der Mitarbeiter klaffen auseinander: die Mitarbeiter ziehen es vor, in einem Betrieb zu arbeiten, in dem bei wichtigen Entscheidungen ein Meinungsaustausch erfolgt; dies ist als der Anfang eines Lernprozesses, um Entscheidungsdelegation zu praktizieren, anzusehen. Für die 5 Cluster ergeben sich folgende Mittelwerte bei den Items 36 [1] und 37:

---

1) Bewertungsschlüssel 5 4 3 2 1.

Tab. 57 Mittelwerte bei den Items 37 und 36 in den 5 Clustern der Betriebsgröße 1

Cluster	1	2	3	4	5
$\bar{x}$ Item 37	1.94	3.22	1.77	1.29	1.65
$\bar{x}$ Item 36	2.06	3.11	1.17	1.00	2.67

Betrachtet man nun die Ziele der Mitarbeiter, so läßt sich feststellen, daß sie der Beteiligung an der Entscheidungsbildung einen geringen Wert beimessen: nur 9.30% der Probanden haben als ihr erstes Ziel die Beteiligung an der Entscheidungsbildung und nur 11.63% haben es als eines ihrer Ziele angegeben.

Die Zusammenhangsanalyse zwischen der Teildimension 'Kompetenzverteilung' und den Führungsstil-Typen soll noch das Merkmal 'Verteilung von Weisungsbefugnissen' einbeziehen.

Wendet man sich zuerst der Leitungsspanne zu, so läßt sich feststellen, daß in der Literatur die Meinung vertreten wird, daß eine breitere Leitungsspanne tendenziell zu einem geringer kontrollierenden Führungsstil führt, als wenn dem Vorgesetzten weniger Mitarbeiter unterstellt werden. [2)]

Im Hinblick auf die Betriebe, wo die Führungsstil-Typen 2 und 4 Anwendung finden, variiert die Leitungsspanne der obersten Instanz zwischen 1 und 5, dagegen schwankt sie auf der untersten Ebene zwischen 2 und 14. [3)] Diese Schwankung der Lei-

---

2) Vgl. Blau,P.M./Scott,W.R., Formal Organisations, San Francisco 1961, S. 168; Dale,E., Management, Theory and Pracitce, New York 1965, S. 241.

3) Ein Betrieb, in dem die Leitungsspanne 65 beträgt, stellt hier eine Ausnahme dar. Wenn L in der Betriebsgröße 1 > 9 ist, deutet dies darauf hin, daß saisonale Arbeiter angestellt werden.

tungsspanne läßt keinen Zusammenhang zwischen Leitungsspanne und Führungsstil in der Betriebsgröße 1 erkennen. Dies wird auch dadurch bestätigt, daß die Leitungsspanne in den Betrieben, wo die Führungsstil-Typen 3 und 5 (Dimension 4, $\bar{x}$ = 3.50 bzw. 4.16) perzipiert worden sind, zwischen 3 und 6 schwankt. [4] In der Betriebsgröße 1 scheint mehr das Leitungssystem die Determinante des Ausmaßes der Fremdkontrolle zu sein. Während für die Betriebe, wo die Führungsstil-Typen 2 und 4 perzipiert worden sind, das Mehrliniensystem häufiger Anwendung findet (in 77% der Fälle), wird das Einliniensystem in 60% der Betriebe, wo die Führungsstile Typ 3 und 5 perzipiert worden sind, angewandt. Die Tatsache, daß ein Mitarbeiter von 2 oder mehreren Vorgesetzten Anweisungen bekommt, verstärkt bei ihm das Ausmaß der empfundenen Fremdkontrolle. Hierbei muß die Art der ausgeübten Kontrolle erwähnt werden: 37.50% der befragten Führungspersonen in der Betriebsgröße 1 berichten, daß sie ihre Kontrolle durch Rundgänge ausüben, während 50% die direkte Kontrolle benutzen. [5] Ein Zusammenhang zwischen Leitungsspanne und Ausmaß der Kontrolle scheint hier nicht gegeben zu sein.

Bei der Beziehungsanalyse sollen die drei Komponenten Leitungssystem, Art der Kontrolle und Leitungsspanne nicht getrennt behandelt werden, da sie zusammen Auswirkungen auf die Koordination durch persönliche Weisungen haben.

Dieses Koordinationsinstrument scheint in der Betriebsgröße 1 unvermeidbar zu sein, um die Koordination zwischen den verschiedenen Bereichen zu gewährleisten, da:

---

4) Die Ausnahme bildet hier ein Betrieb, wo L = 28 ist.

5) Zu direkter bzw. indirekter Kontrolle vgl. Jacques,E., Measurement of Responsibility. A. Study of Work, Payment and Individual Capacity, London 1956, S. 35 ff.

- auf die Koordination durch mittelbare Beteiligung an Entscheidungsprozessen nicht zurückgegriffen wird, weil die Belegschaft in diesen Betrieben weniger als 20 Personen umfaßt,
- Programme sehr selten ausgearbeitet werden,
- 82% der Betriebe keine Planung durchführen.

Das Koordinationsinstrument 'Persönliche Weisungen', auch in Form von Improvisation, scheint daher notwendig. [6] Der Führungsstil bekommt dann eine zentrale Bedeutung als Lückenbüßer der fehlenden strukturorganisatorischen Koordinationsintrumente. Durch einen auf die Entscheidungszentralisation und auf ein hohes Ausmaß der durch den Vorgesetzten ausgeübten Kontrolle zu praktizierenden Führungsstil sollen die Handlungen in den verschiedenen Teilbereichen koordiniert werden.

Die Führungsstile Typ 1 und Typ 2 stützen sich auf Entscheidungszentralisation und teilweise auf ein hohes Ausmaß an Fremdkontrolle und können dadurch in bezug auf die 2 letzten Dimensionen als komplementär zu vorhandenen Organisationsstruktur angesehen werden. Die Führungsstile Typ 3, 4 und 5 lassen eine Tendenz zur Entscheidungsdezentralisation und teilweise zu einem geringen Ausmaß der Fremdkontrolle erkennen; hierbei läßt sich die Komplementarität des Führungsstiles mit der Organisationsstruktur nicht bestätigen. Es ist nicht auszuschließen, daß dadurch eine mangelnde Koordination in diesen Betrieben herrscht, welche negative Auswirkungen auf den Zielerreichungsgrad sowohl der Unternehmung als auch der Organisationsmitglieder nach sich zieht.

---

6) Die Notwendigkeit des Eingreifens oder Improvisierens ergibt sich aus dem Auseinanderklaffen von Ergebnissen in den verschiedenen Teilbereichen und wird nach Meier als aktive Form der Koordination angesehen. Vgl. Meier, A., Koordination, in/ HWO, Sp. 896.

Schließlich soll auf den Zusammehang zwischen den zwei Merkmalen 'Strukturformalisierung' und 'Formalisierung des Informationsflusses' und Führungsstil-Typen eingegangen werden. Lukatis formuliert die Hypothese, daß "... ein hoher Grad an formalen Regelungen mit einem Führungsstil korreliert, der durch ein geringes Maß an direkten Anweisungen des Vorgesetzten an seine Mitarbeiter gekennzeichnet ist." [7]

Diese Annahme ist dadurch begründet, daß - wenn Arbeitsgebiete des unterstellten Mitarbeiters durch formalisierte Bestimmungen geregelt sind - der Vorgesetzte weniger veranlaßt wird, direkt in das Arbeitsgebiet einzugreifen.

In bezug auf die Betriebe der Klasse 1, wo die Formalisierung der organisatorischen Regelungen sowie des Informationsflusses einen niedrigen Grad aufweisen, läßt sich die o.a. Annahme bestätigen: die hohe Häufigkeit der Anweisungen durch Vorgesetzte wirkt sich so aus, daß sich die Beziehungen zwischen unterstellten Mitarbeitern und Vorgesetzten über den beruflichen Rahmen hinaus entwickeln.

Es bleibt noch zu überprüfen, inwieweit Formalisierung und Entscheidungszentralisation negativ miteinander verknüpft sind. [8]

---

7) Lukatis,I., Organisationsstrukturen und Führungsstile in Wirtschaftsunternehmen, Hrsg. Roth,E., Forschungsergebnisse des sozialwissenschaftlichen Forschungszentrums der Universität Erlangen-Nürnberg, Bd. 6, Frankfurt 1972, S. 48.

8) Child leitet aus der Weber´schen Analyse ab, daß Aufgabenteilung, Programme und Formalisierung und eine ausgeprägte Hierarchie positiv miteinander verbunden sind und daß diese strukturorganisatorischen Merkmale mit der Entscheidungszentralisation negativ verknüpft sind. Child,J., Organization Structure and Strategies of Control: A Replication of the Aston Study, in: ASQ, XVII, 1972, S. 163-177.

Betrachtet man die beiden ersten Führungsstil-Typen, läßt sich die Schlußfolgerung von Child bestätigen: ein niedriger Grad an Formalisierung bringt einen hohen Grad an Entscheidungszentralisation mit sich.

Betrachtet man aber die Führungsstile Typ 3 und 4 wird die Interpretation von Child widerlegt, da ja diese beiden Führungsstil-Typen sich mehr auf Entscheidungszentralisation stützen. Hierbei muß in Erinnerung gebracht werden, daß diese beiden Führungsstil-Typen nur von 30.23% der Probanden perzipiert wurden, während die beiden ersten Führungsstil-Typen von 62.79% beschrieben wurden.

Die Interpretation von Child im Hinblick auf die zwei Dimensionen 'Formalisierung' und 'Entscheidungszentralisation' kann in der Betriebsgröße 1 nicht bedingungslos akzeptiert werden; die Entscheidungszentralisation kann auch durch andere Faktoren hervorgerufen werden. [9]

5.2 Beziehung zwischen Organisationsstruktur und Führungsstil-Typen in der Betriebsgröße 2

5.21 Zusammenhang zwischen arbeitsteiliger Aufgabengliederung und Führungsstil-Typen

Wie bei der Betriebsgröße 1 soll hier zuerst die Frage der Bereitschaft der befragten Organisationsmitglieder, Verantwortung zu tragen, geklärt werden. Vergleicht man die Mittelwerte auf Item 42 mit den Werten der Dimension 3 in den verschiedenen Führungsstil-Typen, so stellt man für fast alle Führungsstil-Typen fest, daß die 3. Dimension 'Entscheidungszentralisation' mit der Bereitschaft, Verantwortung zu tragen, verknüpft ist: je geringer die Bereitschaft der Organi-

---

9) S. Kapitel 5.14.

sationsmitglieder, Verantwortung zu tragen, desto mehr basiert der von ihnen perzipierte Führungsstil auf Entscheidungszentralisation. Die folgende Tabelle soll dies veranschaulichen:

Tab. 58 Mittelwerte der Variable 42 (Item 42) und der Dimension 3 in der Betriebsgröße 2

Cluster	1	2	3	4	5	6
$\bar{x}$ (Item 42)	3.44	3.15	2.27	2.50	1.67	4.0
$\bar{x}$ (Dim.3)	3.16	1.95	1.70	1.50	1.33	2.50

Es stellt sich nun die Frage, worauf diese Haltung der Mitarbeiter zurückzuführen ist. Hierbei scheint das Risiko, das die Verantwortung mit sich bringt, für die Einstellung der Mitarbeiter von Bedeutung zu sein; in einem Land, in dem die Arbeitslosenquote 12,4% beträgt [10], scheint es für den Mitarbeiter wichtiger zu sein, seine Stelle zu behalten, als Verantwortung zu tragen, besonders in Betrieben, in denen die notwendige Delegation von Entscheidungsbefugnissen nicht genügend strukturorganisatorisch geregelt ist und in denen die arbeitsteilige Aufgabengliederung nicht ausgereift ist. Nur in 29% der befragten Betriebe ist eine klare arbeitsteilige Aufgabengliederung auf allen Hierarchie-Ebenen vorgenommen worden. Diese mangelhafte arbeitsteilige Aufgabengliederung scheint nicht im Widerspruch zu einem Führungsstil zu stehen, der auf einer Entscheidungszentralisation beruht: 53% der Probanden haben einen Führungsstil perzipiert (Führungsstil-Typ 2,3,4 und 5), der sich auf eine sehr starke Entscheidungszentralisation stützt.

---

10) République Tunisienne: Ve Plan de développement économique et social 1977 - 1981, Tunis 1977, S. 154. Der Prozentsatz 12.4% berücksichtigt nur diejenigen, die sich bei dem Arbeitsamt registrieren ließen.

Darüber hinaus kann die geringe arbeitsteilige Aufgabengliederung und die Entscheidungszentralisation ein hohes Ausmaß an Fremdkontrolle induzieren, damit die Koordination zwischen den verschiedenen Teilaufgaben gewährleistet wird: Für alle Führungsstil-Typen in der Betriebsgröße 2 ist auch das Ausmaß der vom Vorgesetzten ausgeübten Kontrolle überdurchschnittlich hoch.

5.22 Zusammenhang zwischen Koordination der Aufgabenerfüllung und Führungsstil-Typen

Es soll nun überprüft werden, ob das Merkmal 'Verteilung der Entscheidungsbefugnisse' mit der 3.Dimension des Führungsstiles harmoniert.

Betrachtet man den Führungsstil-Typ 1 (40.90% der Probanden der Betriebsgröße 2 haben diesen Führungsstil beschrieben), stellt man eine Tendenz zur Mitte bei der Entscheidungszentralisation ($\bar{x}$ = 3.16) fest. Diese gemäßigte Entscheidungszentralisation ist mehr durch die arbeitsteilige Aufgabengliederung [11] in den Betrieben, in denen der Führungsstil-Typ 1 überwiegt, impliziert worden. Dagegen stützen sich alle anderen Führungsstil-Typen (59.10% der Probanden) auf eine starke bzw. sehr starke Entscheidungszentralisation und scheinen mit den organisatorischen Regelungen zu harmonieren.

Hierbei spielt die Einschätzung der Mitarbeiter durch die Vorgesetzten ein Rolle: 37.50% der Führungspersonen gehen davon aus, daß die Delegation von Entscheidungsbefugnissen das Engagement der Mitarbeiter überhaupt nicht fördert (Item 41, Fragebogen II), und 25% von ihnen berichten, daß die Delegation eine geringfügig positive Auswirkung haben kann. Darüber hinaus geben 37.50% der Führungspersonen an, daß ihre

---

11) S. Ausführungen zu Führungsstil-Typ 1, S. 207.

unterstellten Mitarbeiter selten dazu fähig sind, schöpferisch zu denken. Die geringe Einschätzung der Mitarbeiter drückt sich darin aus, daß 66.67% der Manager ihre Mitarbeiter nie sich selbst überlassen (Item 47, Fragebogen II).

Auch eine Koordination durch mittelbare Beteiligung der Mitarbeiter an dem Entscheidungsprozeß ist nicht gegeben, da diese Betriebe weniger als 20 festangestellte Mitarbeiter haben.

Wenn man die vorhandene Entscheidungszentralisation sowohl im Rahmen der Organisationsstruktur als auch des Führungsstiles mit den Erwartungen der unterstellten Mitarbeiter vergleicht, stellt man fest, daß die Mitarbeiter mehr dazu neigen, in einem Betrieb zu arbeiten, wo bei wichtigen Entscheidungen ein Meinungsaustausch erfolgt und nicht die obersten Instanzen allein die Entscheidungen treffen. Für die 6 Cluster ergeben sich folgende Mittelwerte auf die Items 37 und 36:

Tab. 59 Mittelwerte bei den Items 37 und 36 in den sechs Clustern der Betriebsgröße 2

Cluster	1	2	3	4	5	6
$\bar{x}$ (Item 37)	2.28	2.75	2.33	2.33	2.33	1.20
$\bar{x}$ (Item 36)[12)]	2.50	2.80	2.27	2.33	2.33	1.60

Trotz dieser Haltung der Mitarbeiter scheint ihre Beteiligung an Entscheidungsprozessen nicht vorrangig zu sein: weniger als 10% (9.09%) haben eine Beteiligung an der Entscheidungsbildung als 1. Ziel angegeben. Hier kommt die be-

---

12) Bewertungsschlüssel 5 4 3 2 1.

sondere Situation der tunesischen Arbeiter zum Ausdruck: da die bezahlten Löhne kaum ausreichen, um die Grundbedürfnisse einer kinderreichen Familie zu decken, rückt das Ziel des besseren Lohnes in den Vordergrund.

Es stellt sich nun die Frage, welche Auswirkungen die Verteilung der Entscheidungsbefugnisse und die personale Struktur der Entscheidungsbildung - beide Merkmale mit der Leitungsspanne und dem Leitungssystem verknüpft - auf die Fremdkontrolle haben können.

Für die Betriebsgröße 2 stützen sich alle 6 Führungsstil-Typen auf ein hohes bzw. sehr hohes Ausmaß der Fremdkontrolle. Betrachtet man die Leitungsspanne der obersten Instanz, so läßt sich der Zusammenhang zwischen kleiner Leitungsspanne (L_1) und kontrollierendem Führungsstil bestätigen: L_1 schwankt mit Ausnahme von 2 Betrieben (L_1 = 6 bzw. 8) zwischen 1 und 3.

Wenn man aber die Leitungsspanne der untersten Instanz analysiert, muß der o.g. Zusammenhang mit Vorbehalt betrachtet werden: eine empirisch gesicherte Aussage läßt sich nicht ableiten.

Wenn man noch das Leitungssystem betrachtet, stellt man fest, daß in den Betrieben, in denen ein Einliniensystem praktiziert wird (17,60%), 30 - 50% der Probanden dieser Betriebe die Führungsstile-Typ 2 und 4 beschrieben haben; die beiden Führungsstil-Typen weisen die niedrigsten bzw. drittniedrigsten Werte der 4.Dimension 'Ausmaß der Kontrolle' auf ($\bar{x}$ = 2.85 bzw. $\bar{x}$ = 2.50).

Es stellt sich nun die Frage, ob die beiden Variablen (Leitungsspanne und Leitungssystem) allein das Ausmaß der Fremdkontrolle bestimmen. Die Frage ist zu verneinen, da in fast allen Betrieben jeweils unterschiedliche Führungsstil-Typen perzipiert wurden. Hierbei wäre in der Richtung weiter zu forschen,welche Rolle andere Determinanten, wie Technologie, Arbeitsmethoden und Menschenbild, bei der Bestimmung des Ausmaßes der Fremdkontrolle spielen.

Untersucht man nun die Beziehungen zwischen 'Persönlichen Weisungen' und Führungsstil-Typen, so scheint dem Führungsstil in dieser Betriebsgröße eine wichtige Bedeutung als Koordinationsmittel zuzukommen, denn:

- 81,25% der befragten Betriebe führen keine Planung durch [13];
- Programme sind selten vorhanden.

Der Führungsstil ermöglicht es, durch ein hohes Ausmaß an Fremdkontrolle und an Entscheidungszentralisation die Koordination zwischen den verschiedenen Teilbereichen zu gewährleisten.

Alle in der Betriebsgröße 2 perzipierten Führungsstil-Typen stützen sich auf ein hohes bzw. sehr hohes Ausmaß der Kontrolle, welche der Vorgesetzte ausübt. Nach 20% der Angaben der Mananger nimmt die Kontrolle die Form der unmittelbaren Kontrolle an; 13% der Führungspersonen geben aber an, daß sie keine Kontrolle ausüben.

59.01% der Probanden haben einen Führungsstil beschrieben, der durch hohe bzw. sehr hohe Werte der 3. Dimension 'Entscheidungszentralisation' zu kennzeichnen ist. Daraus läßt sich ableiten, daß das Führungsverhalten der Vorgesetzten (Führungsstile 2,3,4,5 und 6) in einer gewissen Komplementarität zu den vorhandenen Organisationsstrukturen steht.

---

13) Nur 12.25% führen eine mittelfristige Planung durch.

Dieses Verhalten des Vorgesetzten, das durch intensives Eingreifen in das Arbeitsgebiet der unterstellten Mitarbeiter zu kennzeichnen ist, steht nicht im Widerspruch zu den nicht ausreichend angewandten formalen Regelungen. Wie dieses Eingreifen und seine Art von dem Geführten aufgefaßt wird, läßt sich in dem beschriebenen Führungsstil dokumentieren; besonders auffällig ist der Führungsstil-Typ 3, der einen niedrigen Wert der 1.Dimension 'Einstellung des Vorgesetzten zur partnerschaftlichen Zusammenarbeit' aufweist, dieser Wert ist mit einer als sehr hoch empfundenen Fremdkontrolle verbunden.

Untersucht man nun den Zusammenhang zwischen Entscheidungszentralisation und den beiden Merkmalen 'Strukturformalisierung' und 'Formalisierung des Informationsflusses', so läßt sich die Hypothese von Child [14] teilweise bestätigen: Der Führungsstil-Typ 1, der in 4 Betrieben überwiegt und von 40.90% der Probanden perzipiert worden ist, weist eine Tendenz zur Mitte im Hinblick auf die 3.Dimension auf. In 75% derjenigen Betriebe, in denen dieser Führungsstil-Typ überwiegt, sind Strukturformalisierung und Formalisierung des Informationsflusses mehr entwickelt als in den anderen Betrieben dieser Klasse.

Dagegen weisen die 5 übrigen Führungsstil-Typen ein hohes bzw. ein sehr hohes Ausmaß der Entscheidungszentralisation auf, welches mit einem niedrigen Formalisierungsgrad gekoppelt ist. Die Interpretation von Child läßt sich nur teilweise bestätigen, weil Betriebe, in denen die Formalisierung wenig entwickelt ist, auch in dem 1.Cluster repräsentiert sind.

---

14) S. S. 279.

5.3 Beziehung zwischen Organisationsstruktur und Führungsstil-Typen in der Betriebsgröße 3

5.31 Zusammenhang zwischen arbeitsteiliger Aufgabengliederung und Führungsstil-Typen

Hierbei soll wiederum zuerst die Bereitschaft von Organisationsmitgliedern, Verantwortung zu tragen, geklärt werden. Verglichen mit den Betriebsgrößen 1 und 2 scheint hier das Bestreben der unterstellten Mitarbeiter, Veranwortung zu tragen, größer zu sein: für alle Führungsstil-Typen ist der Mittelwert bei dem Item 42 überdurchschnittlich groß, doch läßt sich ein Zusammenhang mit der Dimension 3 des Führungsstiles 'Entscheidungszentralisation' wie in der Betriebsgröße 2 nicht erkennen.

Tab. 60 Mittelwerte der Variable 42 (Item 42) und der Dimension 3 in der Betriebsgröße 3

Cluster	1	2	3	4	5	6	7
$\bar{x}$ (Item 42)	3.16	3.54	3.57	3.81	3.54	3.00	3.67
$\bar{x}$ (Dim. 3)	2.38	1.90	3.84	1.24	2.14	3.00	3.15

Für 82.07% der Probanden (Cluster 1,2,4 und 5) ist die wahrgenommene Entscheidungszentralisation hoch bzw. sehr hoch. Dies steht nicht im Widerspruch zu der nur in 27.27% der befragten Betriebe auf allen Hierarchie-Ebenen vorgenommenen arbeitsteiligen Aufgabengliederung. Hier scheint die arbeitsteilige Aufgabengliederung in qualitativer Hinsicht eine Rolle zu spielen: Der am meisten entscheidungsdezentralisierte Führungsstil (Typ 3) wurde in den Betrieben registriert, in denen das Objektkriterium auf der 2. bzw. 3. Hierarchie-Ebene Anwendung findet.

Ein allgemeiner Schluß läßt sich trotzdem nicht ableiten, da in anderen Betrieben, in denen auch das Objektkriterium Anwendung findet, die Führungsstile-Typ 1,2,4 und 5 perzipiert wurden.

Obwohl 66.67% der Führungspersonen und 42.86% der Betriebsleiter im Hinblick auf die Unternehmungsorganisation der Ansicht sind, daß die Verantwortungsbereiche für jeden einzelnen klar abgegrenzt und Handlungsnormen vorgegeben werden müssen, scheint diese Meinung nicht vollständig in die Praxis umgesetzt worden zu sein. Das hohe Ausmaß an Fremdkontrolle (84% der Probanden haben den Eindruck, daß sie stark bzw. sehr stark vom Vorgesetzten kontrolliert werden) bestätigt auf der einen Seite die mangelhafte arbeitsteilige Aufgabengliederung und die Vorgabe von Handlungsnormen und weist auf der anderen Seite auf die wichtige Rolle, die der Vorgesetzte für die Koordination übernimmt und damit auch auf die geringe Anwendung von strukturorganisatorischen Koordinationsinstrumenten hin.

5.32 Zusammenhang zwischen Koordination der Aufgabenerfüllung und Führungsstil-Typen

Die Führungsstil-Typen 1,2,4 und 5 (86.07% der Probanden) weisen ein hohes bzw. sehr hohes Ausmaß an Entscheidungszentralisation auf und können somit im Einklang mit der Teildimension der Organisationsstruktur 'Kompetenzverteilung' gesehen werden. Dagegen ist der Führungsstil-Typ 3 wenig entscheidungszentralisiert; dies liegt in der arbeitsteiligen Aufgabengliederung der Betriebe begründet, in denen der Führungsstil-Typ 3 überwiegt: In diesen Betrieben wird "job rotation" praktiziert; die mit der Fertigung eines Objektes betrauten Mitarbeiter beteiligen sich mittelbar an der Entscheidungsbildung; diese Beteiligung ist eine de facto Beteiligung, weil sie nicht in der Organisationsstruktur verankert ist. Die Haltung der Vorgesetzten im Hinblick auf diesen Führungsstil-Typ deckt sich mit den Erwartungen der Probanden dieses Clusters: Die Mittelwerte bei den Items 37 und 36, ob die Mitarbeiter es vorziehen, in einem Betrieb zu arbeiten, in dem bei wichtigen Entscheidungen ein Meinungsaustausch erfolgt, und die Entscheidungen nicht von den oberen Instanzen allein getroffen werden, betragen jeweils 1.33 und 1.52 und stellen damit die höchsten Werte verglichen mit den übrigen berücksichtigten 4 Clustern dar. Die folgende Tabelle gibt die Mittelwerte bei den Items 37 und 36 wieder:

Tab. 61 Mittelwerte bei den Items 37 und 36 in den 5 ersten Clustern der Betriebsgröße 3

Cluster	1	2	3	4	5
$\bar{x}$ (Item 37)	2.0	2.34	1.33	1.68	2.0
$\bar{x}$ (Item 36) [15]	2.40	2.44	1.52	2.03	1.92

Aus der Tabelle 61 kann entnommen werden, daß die Mitarbeiter schon eine Beteiligung an der Entscheidungsbildung vorziehen, sie aber nicht in den Vordergrund stellen: nur 11.44% der 201 Probanden haben als eines ihrer Ziele die Beteiligung an der Entscheidungsbildung angegeben, und von diesen haben wiederum 7.46% dies als ihr erstes Ziel erklärt.

Betrachtet man nun die Erwartungen, die die Führungspersonen mit den Auswirkungen einer evtl. Entscheidungsdelegation verbinden, läßt sich eine Zurückhaltung erkennen; auf einer Ordinalskala mit den Endpunkten 'sehr fördernd/gar nicht för-

---

15) Bwertungsschlüssel: 5 4 3 2 1.

dernd' (Item 41, Fragebogen II) ergibt sich folgende Verteilung:

Tab. 62 Häufigkeitsverteilung bei Item 41 (Fragebogen II) in der Betriebsgröße 3

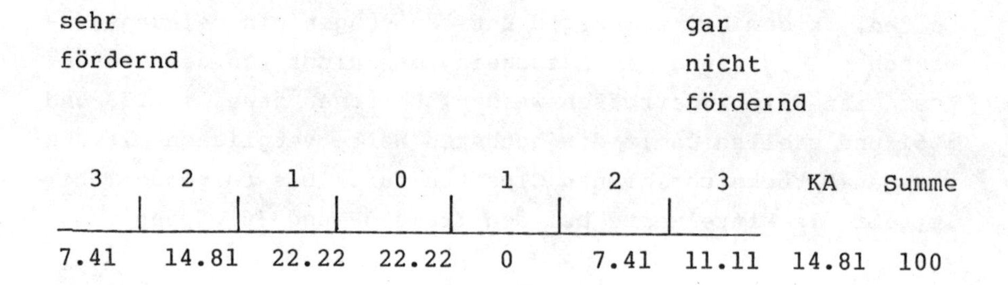

sehr fördernd						gar nicht fördernd		
3	2	1	0	1	2	3	KA	Summe
7.41	14.81	22.22	22.22	0	7.41	11.11	14.81	100

Diese Zurückhaltung beruht auf der geringen Einschätzung der Mitarbeiter: 40.74% der Vorgesetzten berichten, daß ihre Mitarbeiter kaum dazu fähig sind, selbständig zu handeln und schöpferisch zu denken. Dies veranlaßt sie in 77.78% der Fälle, ihre Unterstellten nie sich selbst zu überlassen.

Die vier ersten Führungsstil-Typen (83.50% der Probanden) sind stark bzw. sehr stark kontrollierend ($\bar{x}$ = 1.85, $\bar{x}$ = 2.28, $\bar{x}$ = 2.45 und $\bar{x}$ = 2.24). Der Führungsstil Typ 5 (12.9% der Probanden) weist die niedrigsten Werte der 4. Dimension "Ausmaß der Fremdkontrolle" ($\bar{x}$ = 3.40) auf.
Es stellt sich nun die Frage, ob sich ein Zusammenhang zwischen der Leitungsspanne und Leitungssystem der 3 Betriebe, in denen der Führungsstil-Typ 5 dominiert, und dem Ausmaß der Fremdkontrolle feststellen läßt.

Betrachtet man zuerst die Leitungsspanne der obersten Instanz (L_1), so läßt sich kein Zusammenhang erkennen, da L_1 zwischen

1 und 5 variiert. Wenn man aber die Leitungsspanne der untersten Instanz betrachtet, wird deutlich, daß ein Zusammenhang vorhanden ist: die 'span of control' beträgt für die 4 Betriebe 12, 30, 41 und 70; [16] die beiden letzten Leitungsspannen stellen die breitesten Leitungsspannen der Betriebe der Klasse 3 dar. Außerdem wird in drei der vier Betriebe das Einliniensystem praktiziert.

Trotz dieses Ergebnisses kann die Hypothese, daß das Ausmaß der Fremdkontrolle durch die Leitungsspanne und das Leitungssystem determiniert wird, nicht aufgestellt werden; in zwei anderen Betrieben, in denen die Leitungsspanne zwischen 20 und 22 schwankt und das Einliniensystem Anwendung findet, überwiegt der Führungsstil Typ 1 mit einem hohen Ausmaß an Fremdkontrolle. Hierbei scheinen die Eigenschaften des Betriebes und der Vorgesetzten eine wichtige Rolle bei der Bestimmung der Fremdkontrolle zu spielen.

Knüpft man nun an der festgestellten starken bzw. sehr starken Entscheidungszentralisation (Führungsstil-Typ 1,2,4 und 5) und an dem überwiegend hohen Ausmaß der Fremdkontrolle (Führungsstil-Typ 1,2,3 und 4) an, um die Beziehung zwischen 'Persönlichen Weisungen' und Führungsstil zu untersuchen, scheint dem Führungsstil im Rahmen der persönlichen Weisung eine wichtige Bedeutung zuzukommen. Dies ist darin begründet, daß:

- 57.14% der Betriebe der Klasse 3 auf das Steuerungsinstrument 'Planung' nicht zurückgreifen; nur in 9.52% der Betriebe wird eine mittel- und langfristige und in 33.33% der Betriebe eine kurzfristige Planung durchgeführt;

---

16) Die Zahl 70 deutet auf die Anstellung von saisonalen Arbeitern hin.

- keine ausreichenden Programme als Koordinationsinstrument ausgearbeitet worden sind;
- unipersonale Entscheidungsbildung vorherrscht.

Insofern weisen die praktizierten Führungsstile eine gewisse Komplementarität zu den in diesen Betrieben implementierten strukturorganisatorischen Regelungen auf.

Untersucht man weiterhin, welche Auswirkungen die o.g. strukturorganisatorischen Eigenschaften dieser Betriebe auf das Ausmaß des Eingreifens von Vorgesetzten in das Arbeitsgebiet ihrer unterstellten Mitarbeiter mit sich bringen, läßt das Ergebnis, daß die Mitarbeiter in 77.78% der Fälle (Item 47) nie sich selbst überlassen werden, Schlußfolgerungen auf ein häufiges Eingreifen zu. Dies läßt erkennen, daß diese Betriebe trotz ihrer Größe im Hinblick auf die Strukturformalisierung und die Formalisierung des Informationsflusses die Eigenschaften von Kleinbetrieben beibehalten haben: die schriftliche Fixierung von formalen Regelungen kann das Verhalten des tunesischen Mitarbeiters, der das informale bevorzugt, nicht von heute auf morgen verändern.

Das hohe Ausmaß an Entscheidungszentralisation (Führungsstil-Typ 1,2,4 und 5), interpretiert im Sinne von Child [17], wäre dann durch einen niedrigen Formalisierungsgrad hervorgerufen. Diese Interpretation trifft nicht vollkommen zu, da Betriebe, welche unterschiedliche Entwicklungsstadien der Formalisierung aufweisen, in demselben Cluster repräsentiert sind.

Die Interpretation von Child läßt sich in bezug auf den Führungsstil Typ 3 (Dimension 3, $\bar{x}$ = 3.84) sogar widerlegen: in den 3 Betrieben, wo eine niedrige Entscheidungszentralisation

---

17) S.S. 279.

perzipiert wurde, herrschen -obwohl formale Regelungen erarbeitet worden sind - freie Kommunikationsbeziehungen und es wird nicht so häufig auf die formalen Regelungen zurückgegriffen. [18)]

5.4 Beziehung zwischen Organisationsstruktur und Führungsstil-Typen in der Betriebsgröße 4

5.41 Zusammenhang zwischen arbeitsteiliger Aufgabengliederung und Führungsstil-Typen

Verglichen mit den Betriebsgrößen 1 und 2 läßt sich hier erkennen, daß die Bereitschaft von Organisationsmitgliedern, Verantwortung zu tragen, größer ist. Für alle Cluster (mit Ausnahme des Clusters 4, 9% der Probanden) sind die Mittelwerte bei dem Item 42 überdurchschnittlich groß und erreichen ein Maximum bei 4.50 (Führungsstil-Typ 5, 4% der Probanden) für die Gesamtstichprobe.

Tab. 63 Mittelwerte der Variable 42 (Item 42) und der Dimension 3 in der Betriebsgröße 4

Cluster	1	2	3	4	5	6
$\bar{x}$ (Item 42)	3.34	3.83	3.87	2.89	4.50	3.67
$\bar{x}$ (Dim. 3)	3.19	1.94	2.00	2.36	4.18	1.91

Für den Führungsstil-Typ 5 wurde die niedrigste Entscheidungszentralisation perzipiert und der höchste Wert der 1. Dimension 'Einstellung des Vorgesetzten zur partnerschaft-

18) Diese Aussage stützt sich auf Beobachtungen des Verf. während der Durchführung der Felduntersuchung.

lichen Zusammenarbeit' registriert. Da nur 4% der Probanden diesen Führungsstil-Typ beschrieben haben, kann keine allgemeine Schlußfolgerung in bezug auf die arbeitsteilige Aufgabengliederung gezogen werden.

Wie schon bei der Betriebsgröße 3 läßt sich erkennen, daß die qualitative arbeitsteilige Aufgabengliederung Einfluß auf den Führungsstil nehmen kann: In dem einzigen Betrieb der Klasse 4, in dem auf der 3.Hierarchie-Ebene die arbeitsteilige Aufgabengliederung nach dem Objektkriterium erfolgt, haben 54.54% der Probanden den Führungsstil-Typ 1 beschrieben, welcher sich überdurchschnittlich auf Entscheidungsdezentralisation und positive Einstellung des Vorgesetzten zur partnerschaftlichen Zusammenarbeit stützt. Trotzdem bleibt hier das Ausmaß an Fremdkontrolle sehr hoch; dies kann dadurch erklärt werden, daß die Vorgesetzten ihren unterstellten Mitarbeitern wenig Vertrauen schenken.

Obwohl 80% der Betriebsleiter die Meinung vertreten, daß in einem Betrieb die Verantwortungsbereiche für jeden einzelnen klar abgegrenzt und Handlungsnormen vorgegeben werden müssen, wurde dies nur in 40% der Betriebe auf der untersten Hierarchie-Ebene realisiert. Hierbei scheint ein Auseinanderklaffen zwischen der Auffassung der Betriebsleiter und der Auffassung der Führungspersonen gegeben zu sein, da nur 38.46% der Manager die erste Aussage über Unternehmungsorganisation teilen, während 38.46% von ihnen der Auffassung sind, daß man große Freiheit und Flexibilität haben muß, um je nach Erfordernis Veranwortung und Funktionen ändern zu können. Die letzte Ansicht kann insoweit die arbeitsteilige Aufgabengliederung beeinflussen, daß sich eine strukturorganisatorische arbeitsteilige Aufgabengliederung nicht erkennen läßt, wo Manager sie zu bestimmen haben. Es muß noch hinzugefügt werden, daß dadurch die Kontrolle durch den Vorgesetzten an Bedeutung gewinnt und die Koordination durch seine Weisungen eine wichtige Rolle spielt.

5.42 Zusammenhang zwischen Koordination der Aufgabenerfüllung und Führungsstil-Typen

Die Betrachtung der Kompetenzverteilung im Rahmen der Organisationsstruktur hat gezeigt, daß auch in der Betriebsgröße 4 eher eine Tendenz zur Entscheidungszentralisation und zur unipersonalen Entscheidungsbildung vorliegt; die gebildeten Gremien und Ausschüsse, die eine mittelbare Beteiligung an der Entscheidungsbildung ermöglichen sollten, verfügen über keine entsprechende Entscheidungsgewalt und spielen eher eine beratende Rolle.

Betrachtet man nun die Führungsstil-Typen, so stellt man fest, daß 35% bzw. 39% der Probanden (Cluster 1 und 5) einen überdurchschnittlichen dezentralisierten Führungsstil beschrieben haben. Diese Dezentralisation der Entscheidungsbildung findet ihren Niederschlag nicht in organisatorischen Regelungen, sondern ist mehr in dem technologischen Wissen der Mitarbeiter im Hinblick auf Funktionsweise der Anlagen und Herstellungsverfahren verankert; dieses Wissen übersteigt oft dasjenige der Vorgesetzten aus folgenden Gründen:

- es kommt häufig vor, daß Vorgesetzte unter dem Komplex "du col blanc" leiden und bei ausführenden Arbeiten nicht selbst eingreifen;
- die Arbeiter absolvieren Lehrgänge, bei den Maschinenherstellern im Ausland;
- ein Mitarbeiter der Lieferfirma (von den Anlagen)

hält sich während der Aufbauzeit in dem tunesischen Betrieb auf und bildet die Arbeiter aus.

Diese Tatsache hat Auswirkungen auf das Menschenbild, das sich die Vorgesetzten von ihren Mitarbeitern gemacht haben: 38.46% der Führungspersonen geben an, daß ihre Mitarbeiter oft fähig sind, allein zu handeln und 46.15% von ihnen berichten, daß ihre Mitarbeiter oft fähig sind, schöpferisch zu denken. Das Vertrauen der Führungspersonen in ihre Mitarbeiter wird dadurch beeinflußt: nur 53,85% von ihnen -und dies ist der niedrigste Prozentsatz verglichen mit den übrigen Betriebsgrößen - überlassen ihre Mitarbeiter nie sich selbst.

Wenn man nun die Erwartungen der Mitarbeiter im Hinblick auf ihre Beteiligung an dem Entscheidungsprozeß betrachtet, so geht aus ihren Antworten hervor, daß sie sich eine Beteiligung am Entscheidungsprozeß wünschen. Für die 6 Cluster ergeben sich folgende Mittelwerte bei den Items 37 und 36:

Tab. 64 Mittelwerte bei den Items 37 und 36 in den 6 Clustern der Betriebsgröße 4

Cluster	1	2	3	4	5	6
$\bar{x}$ (Item 37)	2.11	1.41	1.20	1.56	1.75	1.00
$\bar{x}$ (Item 36)[18a]	2.74	1.44	1.60	1.22	1.75	1.00

Trotzdem steht die Frage der Beteiligung an der Entscheidungsbildung für die Mehrheit der Mitarbeiter nicht im Vordergrund: 17% nennen die Beteiligung an der Entscheidungsbildung als eines ihrer Ziele und 13% stellen sie als 1. Ziel dar.

18a) Bewertungsschlüssel: 5 4 3 2 1.

Es stellt sich nun die Frage, welche Beziehung zwischen den Führungsstil-Typen und der Verteilung von Weisungsbefugnissen gegeben ist.

Da alle untersuchten Betriebe der Klasse 4 das Mehrliniensystem praktizieren, kann hier nur der Zusammenhang zwischen Leitungsspanne und Führungsstil-Typen überprüft werden.

Betrachtet man zuerst die Leitungsspanne der obersten Instanz, so stellt man fest, daß in den Betrieben, die die kleinsten Leitungsspannen aufweisen ($2 \leq L_1 \leq 4$), die Führungsstil-Typen 1 und 2 (Mittelwert der 4. Dimension $\bar{x} = 1.63$ bzw. $\bar{x} = 1.67$) überwiegen (87.87% bzw. 81.81% bzw. 83.33% der Probanden der drei Betriebe). Die Leitungsspanne der untersten Instanz läßt dagegen keinen Zusammenhang erkennen, da sie 9, 12 und 20 beträgt und sich von der Leitungsspanne der anderen Betriebe, in denen die Führungsstile Typ 3,4 und 5 dominieren, kaum unterscheidet; in den letzteren variiert die Leitungsspanne der untersten Instanz zwischen 12.25 und 13.6, dagegen schwankt die Leitungsspanne der obersten Instanz zwischen 5 und 6. Eine gesicherte Aussage über einen Zusammenhang zwischen Leitungsspanne und Führungsstil-Typ läßt sich für die Betriebe der Größe 4 nicht ableiten.

Der im Hinblick auf Item 47 (Fragebogen II) niedrigste Prozentsatz (53.85%) deutet auf ein geringeres Eingreifen von Vorgesetzten in das Arbeitsgebiet der unterstellten Mitarbeiter im Vergleich zu den drei ersten Betriebsgrößen hin. Trotzdem ist der Prozentsatz hoch, hat aber nicht dieselben Auswirkungen wie in der Betriebsgröße 1, da 49% der Probanden in die Cluster 2 und 3 einzuordnen sind (Dimension 1, $\bar{x} = 3.54$ bzw. $\bar{x} = 4.33$).

Darüber hinaus darf das Eingreifen von Vorgesetzten nicht bedingungslos in einen Zusammenhang mit dem Formalisierungsgrad gesetzt werden, weil dieselben Betriebe verschiedenen Clustern angehören. Dies läßt sich ferner bestätigen, wenn man die 3. Dimension des Führungsstiles 'Entscheidungszentralisation' betrachtet: in demselben Betrieb wird die Entscheidungszentralisation unterschiedlich perzipiert.[19)]

Es ist noch hinzuzufügen, daß in einem Betrieb der Textilindustrie, in dem organisatorische Regelungen formalisiert wurden, die Führungsstile Typ 3 und 4 (Dimension 3, $\bar{x} = 2.0$ bzw. $\bar{x} = 2.36$) überwiegen.

Obwohl 60% der Betriebe der Klasse 4 eine kurzfristige und/oder mittelfristige und 20% von ihnen eine langfristige Planung durchführen, wurde die Entscheidungszentralisation von 56% der Probanden (Führungsstile Typ 2,3,4 und 6) als hoch, bzw. sehr hoch empfunden. In bezug auf den Führungsstil-Typ 2, welcher neben dem Führungsstil-Typ 1 praktiziert wird, deutet die Entscheidungszentralisation auf zwei Umstände hin:

- es werden nicht alle Größen bis in die letzten Details geplant; die Planung bleibt dann ein grobes Koordinationsinstrument;

- die Vorgesetzten verlassen sich nicht auf ihre unterstellten Mitarbeiter bei der Durchführung der geplanten Entscheidungsgrößen und sehen sich deshalb veranlaßt, direkte Kontrolle auszuüben (23.08%, Item 50, Fragebogen II).

Diese Haltung zeigen sie aber nicht allen Mitarbeitern gegenüber, was das niedrige Ausmaß der Kontrolle im Fall des Führungsstil-Typs 3 erklärt. Wo die Anlagen die Kontrolle selbst übernehmen, läßt die Fremdkontrolle nach (Führungsstil-Typ 4).

---

19) S. Führungsstil-Typ 1 und Typ 2, S. 236 - 237.

Darüber hinaus wird in dieser Betriebsgröße häufiger als in den anderen auf die Berichterstattung, die in der Organisationsstruktur dokumentiert ist, (38.46%, Item 50, Fragebogen II) sowie auf vorgegebene Normen (15.38%) zurückgegriffen; dies erklärt wiederum das geringe Ausmaß an Fremdkontrolle für die Führungsstile-Typ 3 und 4.

Eine Komplementarität zwischen Führungsstil und der Teildimension 'Formalisierung' läßt sich in der Betriebsgröße 4 nicht bestätigen. Hier spielen kulturelle Eigenschaften der tunesischen Mitarbeiter eine Rolle; auf diese kulturellen Einflußfaktoren wird bei der Betrachtung der Beziehungen zwischen Führungsstil und Organisationsstruktur für die Gesamtstichprobe näher eingegangen.

5.5 Beziehung zwischen Organisationsstruktur und Führungsstil-Typen in der Betriebsgröße 5

5.51 Zusammenhang zwischen arbeitsteiliger Aufgabengliederung und Führungsstil-Typen

Die Bereitschaft von Organisationsmitgliedern, Veranwortung zu tragen, läßt sich mit derjenigen der Betriebsgröße 4 vergleichen: die Mittelwerte bei Item 42 sind für die 4 Cluster überdurchschnittlich groß, trotzdem bleibt das Ausmaß an Entscheidungszentralisation relativ hoch: 84.82% der Probanden sind in die Clustern 1,2 und 4 einzugliedern, wobei das Ausmaß an Entscheidungszentralisation hoch bzw. sehr hoch ist.

Tabl. 65 Mittelwerte der Variable 42 (Item 42) und der Dimension 3 in der Betriebsgröße 5

Cluster	1	2	3	4
$\bar{x}$ (Item 42)	3.59	3.29	3.70	4.27
$\bar{x}$ (Dim. 3)	2.53	1.62	3.07	1.72

Es läßt sich hieraus ableiten, daß die in den Betrieben der Betriebsgröße 5 praktizierten Führungsstile (Cluster des Types 1,2 und 4) mit den Erwartungen der unterstellten Mitarbeiter, die in diesen Betrieben einen betimmten Grad an Bereitschaft, Veranwortung zu tragen und am Entscheidungsprozeß beteiligt zu sein, aufweisen, nicht harmonieren.

Die Annahme eines Zusammenhanges zwischen der qualitativen arbeitsteiligen Aufgabengliederung und dem Führungsstil-Typ, wie er in der Betriebsgröße 3 und 4 festgestellt worden ist, läßt sich hier ebenfalls bestätigen: Der Führungsstil-Typ 1, der das zweitniedrigste Ausmaß an Entscheidungszentralisation aufweist, wurde in 66.66% der Betriebe, die schon das Objektkriterium oder eine Mischform angewandt haben, perzipiert. Dieselben Betriebe sind auch bei dem Führungsstil-Typ 3 (Dimension 3, $\bar{x}$ = 3.07) repräsentiert.

Darüber hinaus wurde eine arbeitsteilige Aufgabengliederung auf der untersten Hierarchie-Ebene in 66% der Betriebe, in denen der Führungsstil-Typ 1 perzipiert wurde, vorgenommen. Dagegen wurde auf der letzten Hierarchie-Ebene in 83.33% der Betriebe, die bei dem Führungsstil-Typ 2 hoch repräsentiert sind, keine arbeitsteilige Aufgabengliederung festgestellt; es ist insofern dann nicht erstaunlich, daß in diesen Betrieben sich der praktizierte Führungsstil (Typ 2) auf ein sehr hohes Ausmaß an Entscheidungszentralisation stützt.

Trotzdem ist das Ausmaß an Fremdkontrolle in den zwei Betriebsgruppen relativ hoch; die Kontrolle durch den Vorgesetzten basiert in 30.56% der Fälle auf Rundgängen. Dieser Prozentsatz deutet schon auf die Rolle der Koordination durch persönliche Weisungen hin.

5.52 Zusammenhang zwischen Koordination der Aufgabenerfüllung und Führungsstil-Typen

Die Untersuchung der Kompetenzverteilung im Abschnitt über die organisatorischen Regelungen hat gezeigt, daß eher in der Betriebsgröße 5 die Entscheidungsdelegation praktiziert werden könnte.

Betrachtet man nun die Führungsstil-Typen 1 und 2, die sich im Hinblick auf ihre 3. Dimension wesentlich unterscheiden, so lassen sich zwei Gruppen von staatlichen bzw. halbstaatlichen Betrieben unterscheiden:

Während der erste Führungsstil-Typ, der weniger zentralisiert als der zweite ist, oft in Betrieben praktiziert wird, welche nach der Unabhängigkeit gegründet worden sind, tritt der Führungsstil-Typ 2 in 66.66% der Betriebe auf, welche während der Kolonialzeit gegründet worden sind. In bezug auf die erste Gruppe sind die Führungspersonen durch ihr Alter und hohes Ausbildungsniveau zu kennzeichnen. Die zweite Betriebsgruppe ist dadurch zu kennzeichnen, daß ein zentralisiertes, durch französische Wertnormen geprägtes Bürokratiemodell übernommen worden ist. Es ist kein Zufall, daß die 2. Gruppe teilweise aus nationalisierten Betrieben und teilweise aus Privatunternehmungen (AGs) besteht, in denen noch Franzosen an der Unternehmungsspitze stehen. Während in der 1. Gruppe die Entscheidungszentralisation auf Fachwissen beruht, stützt sich die höhere Entscheidungszentralisation in der 2. Gruppe eher auf die traditionelle Einstellung der Führungspersonen. Verglichen mit den Einstellungen in den Betriebsgrößen 1,2 und 3 werden die Mitarbeiter hier wesentlich besser eingeschätzt: 47.22% bzw. 44.44% der Führungspersonen geben an, daß ihre Mitarbeiter fähig sind, selbständig zu handeln bzw. schöpferisch zu denken. Durch die Delegation von Entscheidungsbefugnissen versprechen sich die Führungspersonen positive Auswirkungen auf das Engagement der Mitarbeiter. Folgende Tabelle gibt die Verteilung der Antworten bei Item 41 wieder:

Tab. 66 Häufigkeitsverteilung bei Item 41 in der Betriebsgröße 5

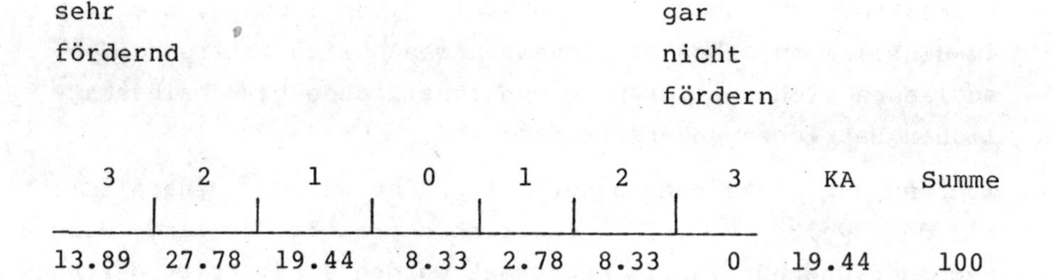

sehr fördernd						gar nicht fördern		
3	2	1	0	1	2	3	KA	Summe
13.89	27.78	19.44	8.33	2.78	8.33	0	19.44	100

Die Mitarbeiter zeigen auch in dieser Betriebsgröße ein größeres Interesse an ihrer Beteiligung an der Entscheidungsbildung, obwohl nur 14.10% von ihnen dies als eines ihrer Ziele und 7.59% als ihr erstes Ziel genannt haben.

Für die 4 Führungsstil-Typen nehmen die Mittelwerte bei den Items 36 und 37 sehr hohe Werte an:

Tab. 67 Mittelwerte bei den Items 37 und 36 in den 4 Clustern der Betriebsgröße 5

Cluster	1	2	3	4
$\bar{x}$ (Item 37)	1.92	1.83	1.91	1.36
$\bar{x}$ (Item 36)[20]	1.98	1.86	1.90	1.36

Es stellt sich die Frage, ob die im Rahmen der strukturellen mittelbaren Beteiligung an Entscheidungsprozessen gebildeten Gremien und Ausschüsse diesem Interesse der Mitarbeiter entgegenkommen. Der Führungsstil-Typ 1, der bei der Entscheidungszentralisation eine Tendenz zur Mitte aufweist ($\bar{x}$=2.53), wird in den Betrieben praktiziert, in denen ein Betriebsrat oder ein Gremium von Arbeitnehmervertretern gebildet worden ist. Eines der beiden Gremien ist auch in den Betrieben, in denen der Führungsstil-Typ 2 beschrieben wurde, vorhanden. Der Unterschied zwischen den beiden Betriebsgruppen liegt mehr in der Ausbildung des Führungspersonals: Das Ausbildungsniveau des Führungspersonals der ersten Gruppe ist, wie gesagt, wesentlich höher als dasjenige der zweiten Gruppe, in der die traditionelle Einstellung des Vorgesetzten eine wichtige Rolle bei der Bestimmung des Führungsstiles in bezug auf die Entscheidungszentralisation und das Ausmaß der Kontrolle spielt.

Es soll im folgenden überprüft werden, ob die 4.Dimension des Führungsstiles 'Ausmaß der Kontrolle' noch durch die Leitungsspanne und das Leitungssystem bestimmt wird. Betrachtet man die beiden ersten Führungsstil-Typen ($\bar{x}$ = 1.93 bzw. $\bar{x}$ = 2.03), so stellt man fest, daß die meisten Probanden aller Betriebe in diese beiden Cluster einzugliedern sind (82.42%),

---

20) Bewertungsschlüssel: 5 4 3 2 1.

obwohl Unterschiede sowohl im Hinblick auf die Leitungsspannen ($2 \leq L_1 \leq 7$; $4 \leq L_2 \leq 40$) als auch im Hinblick auf das Leitungssystem gegeben sind. Wenn man sich nun dem Führungsstil-Typ 3 zuwendet, welcher das zweitniedrigste Ausmaß an Fremdkontrolle aufweist, stellt man fest, daß in den zwei Betrieben, wo dieser Führungsstil-Typ zu 22.72% bzw. 36.36% Anwendung findet, das Einlinien- bzw. das Mehrliniensystem praktiziert wird. In den beiden Betrieben weisen auch die Leitungsspannen der obersten und der untersten Instanz Unterschiede auf; während für den Betrieb, in dem das Einliniensystem praktiziert wird, die Leitungsspanne der obersten Instanz (L_1) sowie die Leitungsspanne der untersten Instanz (L_2) 6 betragen, nehmen L_1 und L_2 in dem zweiten Betrieb jeweils die Werte 3 und 9 an.

Damit läßt sich für die Betriebsgröße 5 kein Zusammenhang zwischen Leitungsbeziehungen und Führungsstil-Typen erkennen.

Von den befragten Führungspersonen in dieser Betriebsklasse berichten 55.56%, daß sie ihre unterstellten Mitarbeiter nie sich selbst überlassen. Hier muß im Hinblick auf das Eingreifen von Vorgesetzten in das Arbeitsgebiet der Mitarbeiter zwischen 2 Betriebsgruppen unterschieden werden:

Die 1. Gruppe besteht aus den Betrieben, in denen der Führungsstil-Typ 1 überwiegt und die 2. aus denjenigen, in denen der Führungsstil-Typ 2 häufig auftritt. Es konnte während der Durchführung der Felduntersuchung festgestellt werden, daß das Ausmaß des Eingreifens von Vorgesetzten in der 2. Betriebsgruppe viel bedeutender als in der 1. Betriebsgruppe ist. Es konnte auch beobachtet werden, daß die Kommunikationsbeziehungen in der 1. Gruppe weniger formal als in der 2. Gruppe ablaufen, obwohl im Hinblick auf die Strukturformalisierung die 1. Betriebsgruppe einen höheren Formalisierungsgrad - im Sinne von schriftlicher Fixierung der Strukturdimensionen - aufweisen.

Betrachtet man das Ausmaß der Entscheidungszentralisation, so scheinen Formalisierung und Führungsstile miteinander gekoppelt zu sein. Tatsächlich ist das Ausmaß an Entscheidungsdezentralisation in der ersten Betriebsgruppe höher als in den Betrieben, in denen der Führungsstil-Typ 2 überwiegt. Hier läßt sich die Interpretation von Child [21] nur teilweise bestätigen, weil - trotz der Unterschiede im Hinblick auf die zwei Führungsstil-Typen in den beiden Betriebsgruppen - die Entscheidungszentralisation in den zwei Betriebsgruppen hoch bleibt und die zwei Führungsstil-Typen in den beiden Betriebsgruppen perzipiert worden sind.

Schließlich soll auf den Zusammenhang zwischen Führungsstil-Typen und dem Einsatz des Lenkungsinstrumentes 'Planung' eingegangen werden.

Während nur 7.69% der Betriebe der Klasse 5 keine Planung durchführen (46.15% führen mittel- bzw. kurzfristige und 38.46% langfristige Planung durch), stützen sich die Führungsstil-Typen 1, 2 und 4 auf Entscheidungszentralisation, deren Ausmaß unterschiedlich ist. [22]

Der Führungsstil-Typ 1 weist eine Tendenz zur Mitte bei der Entscheidungszentralisation auf ($\bar{x}$ = 2.53); er wird meist in den Betrieben praktiziert, in denen der Planungsprozeß in zwei Schritten erfolgt. Es läßt sich daraus ableiten, daß - trotz der Planung - dem Führungsstil auch in der Betriebs-

---

21) S. S. 279.

22) Hier muß noch darauf hingewiesen werden, daß in dieser Betriebsklasse Programme häufiger als in den Klein- und Mittelbetrieben Anwendung finden.

größe 5 durch die Ausprägung seiner 3. (Führungsstil-Typen 1 und 3) und 4. Dimension (Führungsstil-Typen 1 und 2) eine wichtige Rolle bei der Koordination beigemessen wird.

5.6 Überblick über die Beziehungen zwischen Organisationsstruktur und Führungsstil-Typen in bezug auf die Gesamtstichprobe

5.61 Zusammenhang zwischen arbeitsteiliger Aufgabengliederung und Führungsstil-Typen

Wie bei der Untersuchung des Zusammenhanges zwischen Führungsstil-Typen und arbeitsteiliger Aufgabengliederung in den verschiedenen Betriebsgrößen wird hier zuerst auf die Bereitschaft von Organisationsmitgliedern, Veranwortung zu tragen, eingegangen. Bei dem Item 42 nehmen die Mittelwerte in den vier Clustern folgende Werte ein:

Tab. 68 Mittelwerte bei Item 42 (Gesamtstichprobe)

Cluster	1	2	3	4
$\bar{x}$ (Item 42)	3.20	3.28	3.75	3.25

Die leicht überdurchschnittlichen Mittelwerte bei Item 42 deuten auf eine unsichere Haltung bei den 893 Probanden hin: auf der einen Seite ist die Verantwortung mit finanziellem Anreiz (höhere Lohnklasse) und größerer Selbstverwirklichung verbunden, auf der anderen Seite ist sie aber auch mit Risiko behaftet, da ja die Aufgabenbereiche auf der untersten Ebene selten klar abgegrenzt sind.

Darüber hinaus ist die Frage zu stellen, inwieweit religiöse Einflüsse Auswirkungen auf die Einstellung der Mitarbeiter haben: in der islamischen Ethik fühlt sich der Veranwortungsträger Allah gegenüber haftbar. In Tunesien kommt der islamischen Religion noch eine starke Bedeutung zu, was zu bewirken scheint, daß die Einstellung der Mitarbeiter hierdurch teilweise geprägt ist.

Betrachtet man nun die Einstellung der Betriebsleiter und Führungspersonen zur Abgrenzung von Aufgaben- und Veranwortungsbereichen, geben 50% der Betriebsleiter (Item 71, Fragebogen I) und 54.55% der Manager (Item 51, Fragebogen II) an, daß in einem Betrieb die Verantwortungsbereiche für jeden einzelnen klar abgegrenzt und Handlungsnormen vorgegeben werden müssen. Trotz dieses hohen Prozentsatzes scheint die Eingrenzung der Verantwortungsbereiche auf allen Hierarchie-Ebenen in tunesischen Betrieben selten vorgenommen worden zu sein. Das geringe Ausmaß an arbeitsteiliger Aufgabengliederung und Abgrenzung der Veranwortungsbereiche scheint eine kulturelle Eigenschaft der Tunesier zu sein, die strenge Regelungen eher verabscheuen und "face to face" - Beziehungen bevorzugen. Diese "face to face"-Beziehungen fördern den Kontakt zwischen Vorgesetzten und unterstellten Mitarbeitern und tragen sogar dazu bei, Freundschaft und Respektierung trotz der Größe des Betriebes zu festigen (besonders Führungsstil-Typ 2 und 3).

Darüber hinaus hat das geringe Ausmaß der arbeitsteiligen Aufgabengliederung auf der untersten Hierarchie-Ebene Auswirkungen auf die 3.Dimension 'Entscheidungszentralisation' des Führungsstiles: Tatsächlich beträgt der Wert der 3.Dimension für die Führungsstil-Typen 1, 2 und 3 2.08, 2.50 und 1.87 (87.57% der Probanden). Der Führungsstil-Typ 3, der durch seine verhältnismäßig geringe Entscheidungszentralisation ($\bar{x}$ = 3.86) gekennzeichnet ist, überwiegt in 66,66% der Fälle in Betrieben, in denen eine klare Abgrenzung der Kompetenz- und Aufgabenbereiche vorgenommen worden ist.

Es ist nicht auszuschließen, daß durch das herrschende Ausmaß an arbeitsteiliger Aufgabengliederung Koordinationsprobleme hervorgerufen werden.

5.62 Zusammenhang zwischen Koordination der Aufgabenerfüllung und Führungsstil-Typen

Die Untersuchung der Kompetenzverteilung im Rahmen der Organisationsstruktur hat eher eine Tendenz zur Entscheidungszentralisation in tunesischen Industriebetrieben gezeigt. Die Führungsstil-Typen 1, 2 und 4, welche von 87.57% der Probanden perzipiert worden sind, stützen sich auf eine starke bzw. sehr starke Entscheidungszentralisation und scheinen somit mit den vorhandenen strukturellen Regelungen zu harmonieren.

Auch die Untersuchung der Koordination durch unmittelbare Beteiligung an Entscheidungsprozessen, hat gezeigt, daß die Anzahl der gebildeten Gremien und Ausschüsse gering ist, und diese nur in größeren Betrieben eine beratende Rolle spielen.

Das Verhalten der Führungspersonen im Hinblick auf die Entscheidungsdelegation scheint hier im weiteren durch die tunesische Kultur geprägt zu sein: auf der einen Seite werden die Familienverhältnisse, wo dem Vater die Macht und die Entscheidungsgewalt obliegt, auf die Arbeitsverhältnisse übertragen und auf der anderen Seite wird der islamische "despotisme religieux" [23] beibehalten.

---

23) Vgl. Zghal,R., Culture, Individu et Organisation (unveröffentliches Work Paper), Sfax 1979.

Dieses tatsächliche Verhalten und die Einstellungen der Führungspersonen, die durch die westeuropäische Kultur beeinflußt sind, lassen eine unsichere Haltung erkennen; in bezug auf die Auswirkungen der Entscheidungsdelegation auf das Engagement der Mitarbeiter ergibt sich folgende Verteilung:

Tab. 69 Häufigkeitsverteilung bei Item 41
(Gesamtstichprobe)

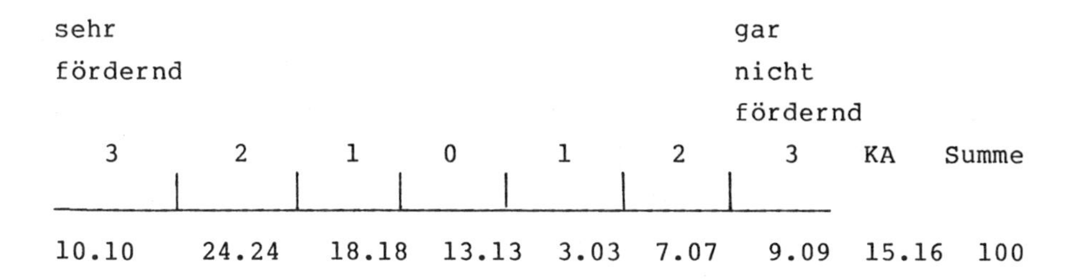

sehr fördernd						gar nicht fördernd		
3	2	1	0	1	2	3	KA	Summe
10.10	24.24	18.18	13.13	3.03	7.07	9.09	15.16	100

Trotz der positiven Erwartungen bezüglich einer evtl. Entscheidungsdelegation scheint das Menschenbild, das sich die Führungspersonen von ihren Geführten gemacht haben, für die Delegation von Entscheidungsbefugnissen nicht fördernd zu sein: 28.28% der Führungspersonen berichten, daß ihre Mitarbeiter "selten fähig sind, selbständig zu handeln" und 24.24% geben an, daß ihre Mitarbeiter "selten schöpferisch denken" können.

Das Verhalten der Führungspersonen und die Erwartungen der unterstellten Mitarbeiter klaffen auseinander; die Mitarbeiter ziehen es vor, in einem Betrieb zu arbeiten, in dem die obersten Instanzen nicht allein die Entscheidung treffen (Item 36) und in dem bei wichtigen Entscheidungen ein Meinungsaustausch erfolgt.

Tab. 70 Mittelwerte bei den Items 37 und 36 in den 4 Clustern der Gesamtstichprobe

Cluster	1	2	3	4
$\bar{x}$ (Item 37) [24]	1.86	2.17	1.61	1.93
$\bar{x}$ (Item 36)	2.04	2.71	1.59	1.90

Ihre Beteiligung an der Entscheidungsbildung stellen sie aber nicht in den Vordergrund ihrer Ziele: nur 12.64% von ihnen haben die Beteiligung an der Entscheidungsbildung als eines ihrer Ziele genannt und nur 8.39% von ihnen haben diese als erstes Ziel angegeben.

Diese Tendenz zur Entscheidungszentralisation hat Auswirkungen auf das Ausmaß an Fremdkontrolle, welches im folgenden in Beziehung zur Leitungsspanne und zum Leitungssystem gesetzt werden soll.

Wenn man den Führungsstil-Typ 1 untersucht, so läßt sich eine Tendenz erkennen, welche mit Vorbehalt konstatiert werden soll: Die Betriebe, in denen der Führungsstil-Typ 1 praktiziert wird, weisen die niedrigsten Leitungsspannen der untersten Instanz auf; dies gilt für die Betriebsklassen 3 und 4 und teilweise für die Betriebsklassen 1, 2 und 5. Da die Leitungsspanne der untersten Instanz (L_2) zwischen 4 und 7 schwankt, kann ein zwangsläufiger Zusammenhang zwischen dem Ausmaß an Fremdkontrolle und der Leitungsspanne nicht hergestellt werden; dieser Umstand kommt auch darin zum Ausdruck, daß die Leitungsspanne in den Betrieben, in denen die Führungsstil-Typen 2, 3 und 4 überwiegen, sehr unterschiedlich ist und auch sehr hohe Werte (20, 31, 51) erreicht.

---

24) Bewertungsschlüssel: 5 4 3 2 1.

Die Leitungsspanne der obersten Instanz läßt auch keine Schlußfolgerung zu, da sie zwischen 1 und 8 schwankt.

Knüpft man an dem Leitungssystem an, wird ebenfalls kein Zusammenhang erkennbar, denn das Mehrliniensystem überwiegt sowohl in den Betrieben, in denen der Führungsstil-Typ 1 perzipiert worden ist (68.43%), als auch in den Betrieben, in denen die Führungsstil-Typen 2, 3 und 4 häufiger praktiziert werden (72.54%).

Die Untersuchung des Ausmaßes an Fremdkontrolle soll noch deren Art einbeziehen: in tunesischen Industriebetrieben überwiegen Rundgänge und direkte Kontrolle (jeweils 29.07% und 26.74%); die auf schriftlichen Dokumenten basierende Kontrolle ist besonders in Klein- und Mittelbetrieben wenig verbreitet; nur in 18.18% der Fälle wurden Berichte als Kontrollinstrumente zitiert. Die Untersuchung der Beziehungen zwischen dem Ausmaß an Kontrolle und strukturorganisatorischen Regelungen sollte die drei Komponenten Leitungsspanne, -system und Art der Fremdkontrolle gleichzeitig berücksichtigen; sie läßt allerdings erst Schlußfolgerungen zu, wenn man noch die Betriebsgröße und Branche miteinbezieht.

Bezüglich der Art der Fremdkontrolle ist hier ergänzend zu berichten, daß während der Durchführung der Felduntersuchung ein häufiges Eingreifen von Vorgesetzten in das Arbeitsgebiet ihrer unterstellten Mitarbeiter beobachtet wurde. Dieses Eingreifen wird durch das Mehrliniensystem hervorgerufen und schien nicht nur von der schriftlichen Fixierung von organisatorischen Regelungen, sondern auch durch die Herstellungsverfahren und den Automatisierungsgrad bedingt zu sein.

Des weiteren spielen kulturelle Faktoren eine Rolle: Der Tunesier bevorzugt informelle Beziehungen, die über die formalen Regelungen hinausgehen und ihn veranlassen, in das Arbeitsgebiet der Mitarbeiter einzugreifen. Die Annahme, daß das Eingreifen der Vorgesetzten in das Arbeitsgebiet der unterstellten Mitarbeiter allein durch den Formalisierungsgrad bedingt ist, läßt sich insofern nur teilweise überprüfen; hier spielt noch die Kultur eine Rolle.

Was die Beziehungen zwischen Formalisierung und Entscheidungszentralisation angeht, so läßt nur der Führungsstil-Typ 3 eine geringe Entscheidungszentralisation erkennen; er überwiegt nur in 3 Betrieben, wobei die Formalisierung in dem einen Betrieb sehr niedrig ist. In den übrigen Betrieben wird, und zwar auch dort, wo die Formalisierung am weitesten fortgeschritten ist, [25] eine hohe bzw. sehr hohe Entscheidungszentralisation registriert (Führungsstil-Typen 1, 2 und 4). Dies widerlegt die Interpretation von Child, [26] daß die Formalisierung mit der Entscheidungszentralisation verknüpft ist.

Die erwähnte Entscheidungszentralisation (Führungsstil-Typen 1, 2 und 4) tritt in tunesischen Industriebetrieben nicht nur wegen der mangelnden arbeitsteiligen Aufgabengliederung, sondern auch als Lückenbüßer für fehlende Planung und Programme auf: 57.97% der befragten Betriebe führen keine Planung durch; Programme sind selten ausgearbeitet und liegen vorwiegend in größeren Betrieben vor. Der Führungsstil gewinnt infolgedessen im Hinblick auf die 3. und 4. Dimension als Koordinationsinstrument an Bedeutung.

Betrachtet man nun die beschriebenen Führungsstile, so lassen die Führungsstile-Typ 2 und 4, deren Ausmaß an Fremdkontrolle

---

25) Hier handelt es sich um Betriebe der Größe 5 und insbesondere staatliche und halbstaatliche Betriebe.

26) S. S. 279 ff.

und Entscheidungszentralisation hoch bzw. sehr hoch ist, eine Komplementarität mit der Organisationsstruktur erkennen; in diesem Fall soll der Führungsstil die Koordination zwischen den verschiedenen Teilbereichen gewährleisten.

Der Führungsstil-Typ 3, der durch geringe Entscheidungszentralisation gekennzeichnet ist, beruht auf einem hohen Maß an Fremdkontrolle. Dagegen ist das empfundene Ausmaß an Fremdkontrolle (30% der Probanden) im Falle des Führungsstil-Typs 1 gering; hierbei scheint eine Fremdkontrolle zwecks Koordination nicht notwendig, denn sie wird teilweise durch eine soziale Kontrolle und teilweise durch die technischen Produktionsanlagen ersetzt.

6. Schlußbetrachtung

Ein abschließendes Resümee aller Ergebnisse der vorliegenden Untersuchung ist angesichts der Vielzahl von Einzelaussagen schwerlich vorzunehmen.

Es erscheint daher sinnvoller, Ansatzpunkte zur Weiterforschung und besseren Gestaltung von Organisationsstruktur und Führungsstil in tunesischen Industriebetrieben zu formulieren. Folgende Aspekte wären zu beachten:

a) Wenn man an den situativen Ansatz anknüpft, müssen bei der Konzipierung künftiger Untersuchungen weitere Bedingungen, wie Charakteristika der Branche, Marktstellung, Betriebegröße [1] und Technologie eingeführt werden, damit man zu praxeologisch besseren Gestaltungsaussagen gelangen kann.

b) Es wäre noch in bezug auf tunesische Betriebe zu überprüfen, inwieweit sich eine Zusammenarbeit auf dem Gebiet der Organisation und Führung für Klein- und Mittelbetriebe durchführen ließe. Hier ist der institutionelle Rahmen - die UTICA [2] - schon gegeben. Diese Zusammenarbeit kann die Form der Verbreitung von Organisations- und Führungswissen in einer Fachzeitschrift annehmen, um den Informationsstand der Betriebsleiter und Führungspersonen zu erweitern.

c) Die Zusammenarbeit könnte noch zwischen der UTICA und

---

1) Hierbei sollte man ein Konzept entwickeln, bei dem die Betriebsgröße nicht nur nach der Gesamtanzahl der Belegschaft, sondern auch nach struktur-organisatorischen Merkmalen gemessen wird.

2) Union Tunisienne de l´Industrie, du Commerce et de l'Artisanat (Tunesischer Arbeitgeberverband).

der Universität, welche mit Forschungsarbeiten beauftragt werden kann, erweitert werden. Eine solche Zusammenarbeit kann die wechselseitigen Beziehungen zwischen Wissenschaft und Praxis intensivieren.

d) Ein vierter Ansatzpunkt ist in der Verbesserung des beruflichen Ausbildungssystems auf nationaler Ebene zu sehen.

e) Ferner sollte die Fortbildung von Führungspersonen durch die UTICA ermöglicht werden, da die Klein- und Mittelbetriebe nicht in der Lage sind, diese selbst durchzuführen.

Verzeichnis der Abkürzungen:

ASQ	=	Administrative Science Quarterly
CCT	=	Code de Commerce Tunisien
Diss.	=	Dissertation
HWB	=	Handwörterbuch der Betriebswirtschaft
HWO	=	Handwörterbuch der Organisation
ZfB	=	Zeitschrift für Betriebswirtschaft
ZfbF	=	Zeitschrift für betriebswirtschaftliche Forschung
ZO	=	Zeitschrift für Organisation

Literaturverzeichnis:

Ansoff,H.I./Brandenburg,R.G., A Language for Organization Design, in: Management Science, Part I, Vol. 17, 1971

Aschauer,E., Führung - Eine soziologische Analyse anhand kleiner Gruppen, Stuttgart 1970

Bartram,P., Die innerbetriebliche Kommunikation - Ihre organisatorische Gestaltung und ihre ungeregelte Entwicklung im Betriebsgeschehen, Berlin 1969

Baumgarten,R., Führungsstile und Führungstechniken, Berlin-New York 1977

Ben Cheikh,M., Code de Commerce - Lois Usuelles et Codes Tunisiens, Tunis, 1975

Beyme,K., Organisationsgewalt, Patronage und Ressorteinteilung im Bereich der Regierung, in: Die Verwaltung, Heft 3, 1969, S. 279-293

Blake,R.R./Mouton,J.S., Verhaltenspsychologie im Betrieb, Düsseldorf-Wien 1968

Blank,W., Organisation komplexer Entscheidungen, Wiesbaden 1978

Blau,P.M./Scott,W.R., Formal Organizations, San Francisco 1961

Bleicher,K., Span of Control, in: HWO, Grochla,E. (Hrsg.), Sp. 1531-1536, Stuttgart 1973

Bleicher,K., Führungsstile, Führungsformen und Organisationsformen, in: ZO, 2/1969 S. 31-40

Bleicher,K., Perspektiven von Organisation und Führung von Unternehmungen, Baden-Baden 1971

Bleicher,K./Meyer,E., Führung in der Unternehmung - Formen und Modelle, Reinbek bei Hamburg 1976

Bleicher,K., Ein systemorientiertes Organisations- und Führungsmodell, in: ZO, 4/1970, S. 166-175

Bornemann,E., Betriebspsychologie, Wiesbaden 1974

Budäos,D./Dobler,C., Theoretische Konzepte und Kriterien zur Beurteilung der Effektivität von Organisationen, in: Management International Review, 3/1977, S. 61-75

Bühner,R., Zum Situationsansatz in der Organisationsforschung, in: ZO, 2/1977, S. 67-74

Bürgin,U.O., Der kooperative Führungsstil - Ansatz zu einem Führungsmodell, Bern 1972

Caussain,J., Administration des sociétés. Directoire et conseil de surveillance, Paris 1972

Child,J., Organization Structure and Strategies of Control: A Replication of the Aston Study, in: ASQ, XVII, 1972, S. 163-177

Convention Collective Nationale des Pâtes Alimentaires et du Couscous, Tunis 1975

Cyert,R.M./March,J.G., A Bahavioral Theory of the Firm, Englewood Cliffs/N.J. 1963

Dahrendorf,R., Sozialstruktur des Betriebes, Wiesbaden 1972

Dale,E., Planning and Developing the Company, American Management Associtation, Report No. 20, New York 1952

Dale,E., Management - Theory and Practice, New York 1965

Dale,E., Organization, American Management Association, New York 1967

Dülfer,E., Zum Problem der Umweltberücksichtigung im -Internationalen Management-, Marburg 1979, unveröffentliches Manuskript

Dülfer,E., Nouvelles Formes de l´Organisation de Travail dans l`Entreprise Industrielle, Sfax 1977, unveröffentliches Manuskript

Dülfer,E., Die Aktienunternehmung - Eine betriebswirtschaftlich-morphologische Betrachtung der Aktiengesellschaft und ihre Ordnungsprobleme im Hinblick auf eine Reform des Aktienrechtes, Göttingen 1962

Dülfer,E., Produktionswirtschaft in Entwicklungsländern, Marburg 1978, unveröffentliches Manuskript

Dülfer,E., Zielsysteme, Entscheidungsprozeß und Organisationsstruktur im kooperativen Betriebsverbund, in: Weisser,G. (Hrsg.), Genossenschaften und Genossenschaftsforschung, Göttingen 1968, S. 171-195

Fiedler,F.E., A Theory of Leadership Effectiveness, New York, 1967

Fiedler,F.E., Situational Facotrs Related to Leadership, in: Fleishman,E.A., Studies in Personal and Industrial Psychology, Rev.Ed., New York 1967

Fittkau-Garthe,H., Die Dimensionen des Vorgesetztenverhaltens und ihre Bedeutung für die emotionalen Einstellungsreaktionen des unterstellen Mitarbeiters, Diss., Hamburg 1970

Fleishman,E.A., The Measurement of Leadership Attitudes in Industry, in: Journal of Applied Psychology, Vol. 37, No. 3, 1953, S. 153-158

Fleishman,E.A., The Description of Supervisory Behavior, in: Journal of Applied Psychology, Vol. 37, No. 1 1953, S. 1-6

Fayol,H., Administration industrielle et générale, deutsche Übersetzung: Allgemeine und industrielle Verwaltung, Berlin 1929

Frese,E., Ziele als Führungsinstrumente - Kritische Anmerkungen zum Management by Objectives, in: ZO 5/1971, S. 227-237

Frese,E., Kontrolle und Unternehmungsführung - Entscheidungs- und organisationstheoretische Grundfragen, Wiesbaden 1968

Fröbel,F./Heinrichs,J./Krey,O., Die neue internationale Arbeitsteilung, Reinbek bei Hamburg 1977

Fuchs-Wegner,G./Welge,M.K., Kriterien für die Beurteilung und Auswahl von Organisationskonzeptionen, in: ZO, 2/1974, S. 71-82 und 3/1974, S. 163-170

Gauger,E., Führungsstile und Unternehmungspolitik, in: Die informierte Unternehmung, Berlin 1972

Gebert,D., Organisationsentwicklung, Stuttgart,Berlin,Köln Mainz 1974

Grochla,E., Einführung in die Organisationstheorie, Stuttgart 1978

Grochla,E., Organisation und Organisationsstruktur, in: HWB Stuttgart 1975, Bd. 2, Sp. 2846-2868

Grochla,E., Unternehmungsorganisation, Reinbek bei Hamburg 1972

Grochla,E./Welge,M.K., Zur Problematik der Effizienzbestimmung von Organisationsstrukturen, in: Elemente der organisatorischen Gestaltung, Hrsg. Grochla,E., Reinbek bei Hamburg 1978

Gursel,R./Hofmann,M., Das Harzburger Modell - Idee und Wirklichkeit und Alternative zum Harzburger Modell, Wiesbaden 1976

Gutenberg,E., Einführung in die Betriebswirtschaftslehre, Wiesbaden 1958

Gutenberg,E., Grundlage der Betriebswirtschaftslehre, Bd. 1, Die Produktion, 18.Aufl., Heidelberg-New York 1971

Hax,K., Wachstum und Organisation, in: HWO, Hrsg. Grochla,E., Stuttgart 1973, Sp. 1755-1764

Häusler,J., Der Führungsprozeß in der industriellen Unternehmung, in: Unternehmungsführung auf neuen Wegen, Hrsg. Stöhr,R.W., Wiesbaden 1967, S. 19-86

Heinen,E., Grundfragen der entscheidungsorientierten Betriebswirtschaftlehre, München 1976

Hill,W./Fehlbaum,R./Ulrich,P., Organisationslehre, Bd. 1, 2.Aufl., Bern-Stuttgart 1976

Hoffmann,F., Entwicklung der Organisationsforschung, 2.Aufl., Wiesbaden 1976

Hogentobler,W., Personalführung im Klein- und Mittelbetrieb - Personalplanung, Stellenbeschreibung, Qualifikationssysteme, Lohnpolitik, Bern 1977

Institut National de la Statistique, Recensement des activités industrielles - Résultats 1973, Tableaux Statistiques, No. 5 Août 1975, Tunis

Jacques,E., Measurement of Responsibility - A Study of Work, Payment and Individual Capacity, London 1956

Kellerer,H., Theorie und Technik des Stichprobenverfahrens - Eine Einführung unter besonderer Berücksichtigung der Anwendung auf soziale und wirtschaftliche Massenerscheinungen, 3.Aufl., München 1963

Kieser,A., Zur wissenschaftlichen Begründbarkeit von Organisationsstruktur, in: ZO 5/1971, S. 239-249

Kieser,A./Kubicek,H., Organisation, Berlin-New York 1977

Kieser,A./Kubicek,H., Organisationstheorien, Bd. 1 und Bd. 2, Stuttgart 1978

Kirsch,W., Entscheidungsprozesse, Bd. 3, Entscheidungen in Organisationen, Wiesbaden 1971

Kirsch,W., Betriebswirtschaftslehre: Systeme, Entscheidungen, Methoden, Wiesbaden 1974

Kirsch,W./Meffert,H., Organisationstheorien und Betriebswirtschaftslehre, Schriftenreihe der Zeitschrift für Betriebswirtschaft, Bd. 1, Wiesbaden 1970

Kosiol,E., Organisation der Unternehmung, Wiesbaden 1962

Kosiol,E., Zum Stand der Systemforschung im Rahmen der Wissenschaft, in: ZfbF 1965, S. 337-378

Kosiol,E., Grundlagen und Methoden der Organisationsforschung, 2.Aufl., Berlin 1968

Kosiol,E., Die Unternehmung als wirtschaftliches Aktions zentrum, Hamburg 1972

Kosiol,E., Aufbauorganisation, in: HWO, Sp. 172-191

Krüger,W., Organisationsstruktur und Machtstruktur, in: ZO, 3/1977, S. 126 - 132

Kunczik,M., Der Stand der Führungsforschung, in: Kunczik,M., Führungstheorien und Ergebnisse, Hrsg. Silbermann, A., Düsseldorf-Wien 1972, S. 260-291

Lacoentre,J., Tout sur les Sociétés Anonymes, Paris 1972

Ladhari,N., Traité de droit du travail et de la sécurité sociale, Tunis 1971

Lehmann,H., Leitungssyteme. in: HWO, Hrsg. Grochla, E., Stuttgart 1973, Sp. 928-939

Lewin,K./Lippit,R./White,R.K., Patterns of aggressive behavior in experimentally created social climates, in: Journal of social psychology, 1939, No. 10, S. S. 271-299

Lienert,G.A., Testaufbau und Testanalyse, 2.Aufl., Weinheim-Berlin 1967

Likert,R., Neue Ansätze der Unternehmungsführung (New patterns of management), Bern-Stuttgart 1972

Lukatis,I., Organisationsstrukturen und Führungsstile in Wirtschaftsunternehmen, Roth,E.(Hrsg.), Bd. 6, Frankfurt 1972

Macharzina,K., Neuere Entwicklung in der Führungsforschung - Eine kritische Bestandsaufnahme und Vorschläge zur Blickänderung, in: ZO, 2/1977, 2. Teil, S. 101 - 108

March,J.G./Simon,H.A., Organisation und Individuum, Wiesbaden 1976

Mayntz,R., Soziologie der Organisation, Reinbek bei Hamburg 1963

Mayo,E., The human problems of an industrial civilization, Harvard Business School, Division of Research, 1946

Mc Gregor,D., The human side of enterprise, New-York-London-Toronto, 1960

Meier,A., Koordination, in: HWO, Hrsg. Grochla,E., Stuttgart 1973, Sp. 893-899

Mellerowicz,K., Betriebswirtschaftslehre der Industrie, 6.Aufl., Freiburg i.B., 1968

Mendelsohn,D., Tout sur les SARL, Paris 1972

Ministére des Affaires Sociales, Législation du travail et de la sécurité sociale, Tunis 1977

Neuberger,O., Führungsverhalten und Führungserfolg, Berlin 1976

Neuberger,O., Organisation und Führung, Stuttgart 1977

Neuberger,O., Experimentelle Untersuchungen von Führungsstilen, in: Gruppendynamik, 2/1972, S. 192-219

Oppetit,B./Sayag,A., Les structures juridiques de l´entreprise - Collection droit et gestion, Paris 1972

Pfohl,H.C., Problemorientierte Entscheidungsfindung in Organisationen, Berlin-New York 1977

Pugh,D.S./Hickson,D.J., Eine dimensionale Analyse bürokratischer Strukturen, in: Bürokratische Organisation, Hrsg. v.Mayntz, 2.Aufl., Köln-Berlin 1971, S. 82-93

Pugh,D.S./Hickson,D.J., Organizational Structure in its Context, Westmead, Farnborough, Hants, 1976

Pugh,D.S./Hickson,D.J./Hinings,C.R./Turner,C., Dimensions of Organization Structure, in: ASQ Vol. 13, 1968, S. 65-105

République Tunsienne, "Ve Plan de développement économique et social", 1977-1981, Tunis 1977

Rosenstiel,L., Die motivationalen Grundlagen des Verhaltens in Organisationen, Leistung und Zufriedenheit, Berlin 1975

Roethlisberger,F./Dickson,W.J., Management and the Worker, Harvard University Press, Science Ed., New York 1964

Scheibler,A., Entscheidungsformen und Führungsstile, in: ZfB, 12/1975, S. 776

Scheibler,A., Unternehmungsorganisation, Wiesbaden 1974

Schloßer,O., Einführung in die sozial-wissenschaftliche Zusammenhangsanalyse, Reinbek bei Hamburg 1976

Schwarz,H., Arbeitsplatzbeschreibungen, 3.Aufl., Freiburg 1970

Seidel,E., Betriebliche Führungsformen, Stuttgart 1978

Seiwert,L., Mitbestimmung und Zielsystem der Unternehmung, Diss. Göttingen 1979

Seubert,R., Aus der Praxis des Taylor-Systems, 4.Aufl., Berlin 1924

Simon,H.A., Administrative Behavior, 2.Aufl., New York 1957

Staehle,W.H., Organisation und Führung sozio-technischer Systeme - Grundlagen einer Situationstheorie, Stuttgart 1973

Steiner,J., unter Mitwirkung von Reske,W., Aufgaben und Bedeutung von Führungspersonen in mittelständischen Betrieben, in: Beiträge zur Mittelstandsforschung, Heft 36, Göttingen 1978

Steinle,C., Führung - Grundlagen, Prozesse und Modelle der Führung in der Unternehmung, Stuttgart 1978

Steinle,C., Führungsstilforschung in der Sackgasse, Konzepte und ein alternativer Lösungsweg für hohe Mitarbeiter-Leistung und -Zufriedenheit, Diskussionspapier 41, Berlin 1978

Szyperski,N., Unternehmungsführung als Objekt und Adressat der Betriebswirtschaftslehre, in: Wild,J.(Hrsg.), Unternehmungsführung - Festschrift für Erich Kosiol zu seinem 75-Geburtstag, Berlin 1974

Szyperski,N./Winand,U., Entscheidungstheorie - Eine Einführung unter besonderer Berücksichtigung spieltheoretischer Konzepte, Stuttgart 1974

Taylor,F.W., The Principles of Scientific Management, deutsche Übersetzung: Die Grundzüge wissenschaftlicher Betriebsführung, München-Berlin 1922

Taylor,F.W., Die Betriebsleitung insbesondere der Werkstätten, 3.Aufl., Berlin 1914

Thürbach,R.P. unter Mitwirkung von Hutter,E., Zum Stand der Organisation in mittelständischen Betrieben, in: Beiträge zur Mittelstandsforschung, Heft 11, 2.Aufl., Göttingen 1976

Überla,K., Faktorenanalyse - Eine systematische Einführung für Psychologen, Mediziner, Wirtschafts- und Sozialwissenschaftler, Berlin-Heidelberg-New York 1968

Ulrich,W., Kreativitätsförderung in der Unternehmung - Ansatzpunkte eines Gesamtkonzeptes, Schriftenreihe des Institutes für betriebswirtschaftliche Forschung, Bd. 13, Bern-Stuttgart 1977

Ulrich,H., Führungskonzeptionen und Unternehmungsorganisation, in: Beiträge zur Lehre von der Unternehmung, Festschrift für Käfer,K. Hrsg. Angehrn,O./Künzi,H.R., Zürich 1968

Ulrich,H., Delegation, in: HWO, Hrsg. Grochla,E., Stuttgart 1973, Sp. 433 - 437

Vroom, V.H., Work and Motivation, New York-London-Sidney 1967

Wild,J., Führung als Prozeß der Informationsverarbeitung, in: Macharzina (Hrsg.), Führungswandel in Unternehmung und Verwaltung, Wiesbaden 1974

Weber,M., Wirtschaft und Gesellschaft, 4.Aufl., Tübingen 1956

Wolf,W./Zöfel.P., Programmsystem zur Auswertung von Datensammlungen (auf Fragebogen und anderen Dokumenten) mit Hilfe elektronischer Rechenanlagen, Weinheim-Basel 1974

Zepf,G., Kooperativer Führungsstil und Organisation, Wiesbaden 1972

Zghal,R., Culture, Individu et Organisation (unveröffentliches Work Paper) Sfax 1979

Zghal,R., Modes de Gestion du Personnel et Conscience ouvriére dans l´Industrie á Sfax, Thése de doctorat de 3e Cycle, Aix-en-Provence 1974 (unveröffentlichte Arbeit)

1. Anhang
1.1 Anhang zu Fragebogen I

Tab. 71
Häufigkeitsverteilung bei Item 15 (Haben Sie vorher in anderen Betrieben gearbeitet), aufgegliedert nach Betriebsgrößen (in v.H.)

Betriebsgröße	1	2	3	4	5	GSP[1]
in einem Betrieb	70.52	50.00	33.33	20.00	30.77	44.44
in zwei	11.76	18.75	28.57	20.00		16.67
in drei		12.50	14.29	60.00	7.69	15.28
in vier u. mehr		6.25	9.52			4.17
in keinem	5.88	12.50	14.28		53.85	18.06
KA					7.69	1.39
Summe	100	100	100	100	100	100

Tab. 72
Häufigkeitsverteilung bei Item 16 (Mit welchen Funktionen waren Sie in den anderen Betrieben betraut?), aufgegliedert nach Betriebsgrößen (in v.H.)

Betriebsgröße	1	2	3	4	5	GSP
Handwerker			4.76			1.39
Arbeiter	23.53	12.50	9.52	20.00	7.69	13.89
Beamter	11.76		14.29		23.08	11.69
Lehrer	5.88	12.50	9.52			6.94
Middle-Management	11.76	18.75	23.81	40.00	7.69	18.06
Top-Management	11.76	18.75	38.10	80.00		23.61
Händler	29.41	43.75	38.10	40.00		30.56
Bauer	5.88		4.76			2.78
sonstiges	5.88	12.50	9.52			6.94
KA	5.88	12.50	9.52		61.54	18.06

1) GSP = Gesamtstichprobe

Tab. 73
Häufigkeitsverteilung bei Item 19 (Haben Sie früher in dem Betrieb, in dem Sie zur Zeit tätig sind, andere Funktionen ausgeübt?), aufgegliedert nach Betriebsgrößen (in v.H.)

Betriebs-größe	1	2	3	4	5	GSP
Arbeiter	5.88					1.39
Low-Management		6.25			15.38	4.17
Middle-Management					30.77	5.56
Top-Management		6.25	4.76	20.00	38.46	11.11
keine andere Funktion	88.24	87.50	90.48	80.00	46.15	80.56
KA	5.88		4.76		7.69	4.17
Summe	100	100	100	100	138.46	106.94

Tab. 74
Häufigkeitsverteilung bei Item 21 (Bitte geben Sie an, welche Schulausbildung für Sie zutrifft), aufgegliedert nach Betriebsgrößen (in v.H.)

Betriebs-größe	1	2	3	4	5	GSP
Universität	5.88	12.50	23.81	20.00	46.15	20.83
Fachhochschule	11.76	6.25	9.52	20.00	23.08	12.50
Volksschule	47.06	37.50	23.81	20.00		27.78
Berufsschule	5.88		9.52			4.17
Gymnasium (1er cycle)	5.88	12.50	9.52	20.00	7.69	9.72
Gymnasium (2e cycle)	17.65	18.75	19.05		15.38	16.67
Lycée technique		6.25				1.39
Koranschule	5.88			20.00		2.78
sonstiges		6.25	4.76			2.78
KA					7.69	1.39
Summe	100	100	100	100	100	100

Tab. 75
Häufigkeitsverteilung bei Item 30 (In welcher Sprache verständigen Sie sich schriftlich mit Ihren Ihnen unterstellten Mitarbeitern?), aufgegliedert nach Betriebsgrößen (in v.H.)

Betriebs-größe	1	2	3	4	5	GSP
in Arabisch	29.41	18.75	23.81	20.00		19.44
in Französisch	58.82	62.50	57.14	80.00	84.62	65.28
in Arab.u.Franz.	5.88	6.25	14.29		7.69	8.33
KA	5.88	12.50	4.76		7.69	6.94
Summe	100	100	100	100	100	100

Tab. 76
Häufigkeitsverteilung bei Item 37 (Darf Ihr Vertreter die während Ihrer Abwesenheit notwendigen Entscheidungen fällen), aufgegliedert nach Betriebsgrößen (in v.H.)

Betriebs-größe	1	2	3	4	5	GSP
immer	47.06	37.50	33.33	40.00	61.54	43.06
häufig	11.76	25.00	19.05	40.00	23.08	20.83
manchmal	11.76	12.50	14.29		7.69	11.11
selten	11.76	6.25	4.76	20.00		6.94
nie	17.64	12.50	19.05			12.50
KA		6.25	9.52		7.69	5.56
Summe	100	100	100	100	100	100

Tab. 76 a
Häufigkeitsverteilung bei Item 55 (Dürfen Ihre Mitarbeiter Entscheidungen fällen, ohne Sie vorher zu konsultieren?), aufgegliedert nach Betriebsgrößen (in v.H.)

Betriebs-größe	1	2	3	4	5	GSP
immer			9.52		7.62	4.17
häufig	35.29	12.50	4.76	20.00	38.46	20.83
manchmal	11.76	12.50	38.10	40.00	23.08	23.61
selten	11.76	12.50	4.76			6.94
nie	35.29	56.26	33.33	40.00	23.08	37.50
KA	5.88	6.25	9.52		7.69	6.94
Summe	100	100	100	100	100	100

Tab. 77
Häufigkeitsverteilung bei Item 58 (Geben Sie bitte an, wie Sie zur Delegation von Entscheidungsbefugnissen stehen), aufgegliedert nach Betriebsgrößen (in v.H.)

Betriebs-größe		1	2	3	4	5	GSP
starke Zustimmung	3	29.41	25.00	19.05		38.46	25.00
	2	17.65	12.50	14.29	20.00	23.08	16.67
	1	17.65	6.25	23.81	40.00	15.38	18.06
	0	5.88	18.75	9.52			8.33
	1		12.50	4.76		7.69	5.56
	2	17.65		4.76			5.56
keine Zustimmung	3	11.76	18.75	4.76	20.00	7.69	11.11
KA			6.25	19.05	20.00	7.69	9.72
Summe		100	100	100	100	100	100

Tab. 78
Häufigkeitsverteilung bei Item 59 (Sind Ihre Mitarbeiter fähig, selbständig zu handeln?), aufgegliedert nach Betriebsgrößen (in v.H.)

Betriebs-größe	1	2	3	4	5	GSP
die meisten		6.25	4.76		15.38	5.56
einige	11.76	18.75	28.57	60.00	38.46	26.39
wenige	52.94	25.00	23.81	40.00	15.38	30.56
fast keine	35.29	37.50	28.57		15.38	27.78
KA		12.50	14.29		15.38	9.72
Summe	100	100	100	100	100	100

Tab. 79
Häufigkeitsverteilung bei Item 60 (Geben Sie bitte an, wie Sie das kreative Denken und die Motivation Ihrer Mitarbeiter fördern), aufgegliedert nach Betriebsgrößen (in v.H.)

Betriebs-größe	1	2	3	4	5	GSP
Sonderprämie	58.52	50.00	28.57	40.00	46.15	47.76
Lohnerhöhung	23.53	31.25	19.05	40.00	15.38	25.37
mehr Vertrauen zeigen	17.52	37.50	28.57	80.00	38.46	35.82
mehr Verantwortung gewähren	29.41	6.25	33.33	40.00	38.46	29.85
weitere Ausbildung ermöglichen	5.88	6.25	4.76		38.46	11.95
verbal ermutigen u. loben	58.82	56.25	61.90	80.00	61.54	65.67
Sonderurlaub						
Beförderung in kurzer Zeit	5.88	12.50	9.52	20.00	23.08	13.43
materielle Anreize 1)	17.65	37.50	28.57	44.00	23.08	29.85
Beteiligung am Gewinn	5.88		4.76			2.99
Entscheidungsbefugnisse gewähren			4.76		7.69	2.99
moralische Anreize	11.76	6.25	4.76	20.00		7.46
Respektierung	5.88	12.50	4.76			5.97
negative Anreize 2)		12.50	4.76			4.48
sonstiges	29.41	6.25	4.76			10.45
KA	5.88	6.25	9.52		7.69	6.95

---

1) avances sur salaire, prêts, qualifications, aide financière.
2) Drohung mit Entlassung, Sanktionen.

Tab. 80
Häufigkeitsverteilung bei Item 61 (Sind Ihre Mitarbeiter fähig, schöpferisch mitzudenken?), aufgegliedert nach Betriebsgrößen (in v.H.)

Betriebs-größe	1	2	3	4	5	GSP
die meisten		6.25			15.38	4.17
einige	17.65	25.00	28.57	40.00	30.77	26.39
wenige	41.38		23.81	20.00	46.15	26.39
fast keiner	41.38	50.00	38.10	20.00		33.33
KA		18.75	9.52	20.00	7.69	9.72
Summe	100	100	100	100	100	100

1.2 Anhang zu Fragebogen II

Tab. 81
Häufigkeitsverteilung bei Item 16 (Wie pflegt Ihr Vorgesetzter mit Ihnen zu verkehren?), aufgegliedert nach Betriebsgrößen (in v.H.)

Betriebsgröße	1	2	3	4	5	GSP
eher mündlich	87.50	80.00	85.19	46.15	63.89	71.72
eher schriftlich		6.67	3.70	7.69	2.78	4.04
mündlich sowie schriftlich	12.50	13.33	7.41	38.46	33.33	22.22
KA			3.70	7.69		2.02
Summe	100	100	100	100	100	100

Tab. 82
Häufigkeitsverteilung bei Item 17 (Wenn Ihr Vorgesetzter wichtige Entscheidungen zu fällen hat, holt er Ihre Zustimmung ein?), aufgegliedert nach Betriebsgrößen (in v.H.)

Betriebsgröße	1	2	3	4	5	GSP
immer	37.50	46.67	18.52	23.08	36.11	31.31
häufig	12.50	13.33	33.33	30.77	44.44	32.32
manchmal	37.50	26.67	18.52	23.08	11.11	19.19
selten	12.50		18.52	7.69	5.56	9.09
nie		13.33	7.41	15.38		6.06
KA			3.70		2.78	2.02
Summe	100	100	100	100	100	100

Tab. 83
Häufigkeitsverteilung bei Item 19 (Wie pflegen Sie mit Ihren Kollegen gleicher Position zu verkehren?), aufgegliedert nach Betriebsgrößen (in v.H.)

Betriebsgröße	1	2	3	4	5	GSP
eher mündlich	37.50	86.67	40.74	46.15	41.67	48.48
eher schriftlich			7.41	30.77	8.33	9.09
mündlich sowie schriftlich	12.50		14.81	23.08	41.67	23.23
KA	50.00	13.33	37.04		8.33	19.19
Summe	100	100	100	100	100	100

Tab. 84
Häufigkeitsverteilung bei Item 22 (Wenn Ihre Kollegen wichtige Entscheidungen zu treffen haben, holen sie vorher Ihre Zustimmung ein?), aufgegliedert nach Betriebsgrößen (in v.H.)

Betriebs-größe	1	2	3	4	5	GSP
immer	25.00	33.33	22.22		13.89	18.18
häufig		33.33	29.63	46.15	30.56	30.30
manchmal	12.50	13.33	3.70	30.77	16.67	14.14
selten	12.50		3.70	15.38	13.89	9.09
nie		6.67	3.70	7.69	11.11	7.07
KA	50.00	13.33	37.04		13.89	21.21
Summe	100	100	100	100	100	100

Tab. 85
Häufigkeitsverteilung bei Item 25 (Geben Sie bitte an, in welcher Art Sie mit Ihren Ihnen unterstellten Mitarbeitern zu verkehren pflegen), aufgegliedert nach Betriebsgrößen (in v.H.)

Betriebs-größe	1	2	3	4	5	GSP
in Arabisch	100	86.67	88.89	30.77	55.56	69.70
in Französisch				15.38	2.78	3.03
in Arab.u.Franz.		13.33	11.11	38.46	38.89	24.24
KA				15.38	2.78	3.03
Summe	100	100	100	100	100	100

Tab. 86
Häufigkeitsverteilung bei Item 35 (Wie würden Sie den Handlungsspielraum Ihrer unterstellten Mitarbeiter beurteilen?), aufgegliedert nach Betriebsgrößen (in v.H.)

Betriebs-größe	1	2	3	4	5	GSP
sehr groß 3		20.00			5.56	5.05
2	12.50	33.33	14.81	15.38	33.33	24.24
1	25.00		3.70	23.08	13.89	11.11
0	25.00	20.00	18.52		13.89	15.15
1			11.11	15.38	2.78	6.06
2	12.50					1.01
sehr klein 3	12.50		7.41	23.08		6.06
KA	12.50	26.46	44.44	23.08	30.56	31.31
Summe	100	100	100	100	100	100

Tab. 87
Häufigkeitsverteilung bei Item 36 (Dürfen Ihre Mitarbeiter Entscheidungen fällen, ohne Sie vorher zu konsultieren?), aufgegliedert nach Betriebsgrößen (in v.H.)

Betriebsgröße	1	2	3	4	5	GSP
sehr oft			3.70			1.01
häufig				7.69	16.67	7.07
manchmal	25.00	26.67	14.81	23.08	30.56	24.24
selten		13.33	18.52	30.77	13.89	16.16
nie	75.00	53.33	55.56	30.77	27.78	43.43
KA		6.67	7.41	7.69	11.11	8.08
Summe	100	100	100	100	100	100

Tab. 88
Häufigkeitsverteilung bei Item 37 (Sind Sie auch der Meinung, daß ein Manager bei wichtigen Entscheidungen erst die Zustimmung seiner ihm unterstellten Mitarbeiter einholen soll?), aufgegliedert nach Betriebsgrößen (in v.H.)

Betriebsgröße	1	2	3	4	5	GSP
immer		20.00	18.52	23.08	22.22	19.19
häufig	37.50	20.00	14.81	15.38	44.44	28.28
manchmal	12.50	6.67	33.33	23.08	8.33	17.17
selten	12.50	26.67	11.11	7.69		9.09
nie	25.00	13.33	18.52	23.08	16.67	18.18
KA	12.50	13.33	3.70	7.69	8.33	8.08
Summe	100	100	100	100	100	100

Tab. 89
Häufigkeitsverteilung bei Item 38 (Geben Sie bitte an, wie Sie zur Delegation von Entscheidungsbefugnissen stehen), aufgegliedert nach Betriebsgrößen (in v.H.)

Betriebsgröße		1	2	3	4	5	GSP
starke Zustimmung	3		20.00	3.70	7.69	25.00	14.14
	2	25.00	13.33	18.52	23.08	38.89	26.26
	1		13.33	14.81	15.38	16.67	14.14
	0	25.00	6.67	7.41		8.33	8.08
	1		6.67	8.70	15.38	2.78	5.05
	2	12.50	6.67	7.41	7.69		5.05
keine Zustimmung	3	25.00	6.67	29.63	15.38		13.13
KA		12.50	26.67	14.81	15.38	8.33	14.14
Summe		100	100	100	100	100	100

1.3 Anhang zu Fragebogen III

Tab. 90
Häufigkeitsverteilung bei Item 1 (Mein Vorgesetzter ist freundlich), aufgegliedert nach Betriebsgröpen (in v.H.)

Betriebs-größe	immer	häufig	manchmal	selten	nie	KA	Summe
1	55.81	30.23	9.30	2.33	2.33		100
2	37.50	35.23	18.18	3.41	4.55	1.14	100
3	38.31	39.30	16.42	2.99	1.99	1.00	100
4	44.00	20.00	20.00	7.00	7.00	2.00	100
5	26.90	41.81	21.04	3.04	5.86	1.30	100
GSP	33.82	37.63	19.04	3.47	4.82	1.23	100

Tab. 91
Häufigkeitsverteilung bei Item 2 (Er schafft, wenn wir mit ihm reden, eine gelöste Stimmung, so daß wir uns frei und entspannt fühlen), aufgegliedert nach Betriebsgrößen (in v.H.)

Betriebs-größe	immer	häufig	manchmal	selten	nie	KA	Summe
1	79.07	6.98	13.94				100
2	44.32	26.14	13.64	4.55	10.23	1.14	100
3	55.72	16.92	12.94	2.99	8.46	2.99	100
4	43.00	19.00	21.00	6.00	10.00	1.00	100
5	37.96	20.39	18.22	6.07	15.18	2.17	100
GSP	45.13	19.37	16.69	4.93	11.87	2.02	100

Tab. 92
Häufigkeitsverteilung bei Item 3 (Mein Vorgsetzter kritisiert in Gegenwart anderer seine ihm unterstellen Mitarbeiter), aufgegliedert nach Betriebsgrößen (in v.H.)

Betriebs-größe	immer	häufig	manchmal	selten	nie	KA	Summe
1	11.63	9.30	2.33		74.42	2.33	100
2	7.95	7.95	13.64	14.77	54.55	1.14	100
3	13.93	7.46	13.43	5.47	57.71	1.99	100
4	24.00	8.00	20.00	12.00	36.00		100
5	18.44	5.42	14.10	9.98	50.76	1.30	100
GSP	16.69	6.61	14.00	9.18	52.18	1.34	100

Tab. 93

Häufigkeitsverteilung bei Item 4 (Mein Vorgesetzter behandelt seine ihm unterstellten Mitarbeiter als gleichberechtigte Partner), aufgegliedert nach Betriebsgrößen (in v.H.)

Betriebs- größe	immer	häufig	manchmal	selten	nie	KA	Summe
1	55.81	9.30	6.98	2.33	25.58		100
2	44.32	14.77	9.09	2.27	28.41	1.14	100
3	39.80	7.96	11.94	8.46	28.86	2.99	100
4	29.00	15.00	13.00	8.00	31.00	4.00	100
5	29.72	16.92	9.98	5.86	36.66	0.87	100
GSP	34.60	14.11	10.53	6.16	32.92	1.68	100

Tab. 94

Häufigkeitsverteilung bei Item 12 (Mein Vorgesetzter paßt die Arbeitsgebiete genau den Fähigkeiten seiner ihm unterstellten Mitarbeiter an), aufgegliedert nach Betriebsgrößen (in v.H.)

Betriebs- größe	immer	häufig	manchmal	selten	nie	KA	Summe
1	27.91	23.26	9.30	2.33		37.21	100
2	23.86	21.59	11.36	7.95	7.95	27.27	100
3	31.84	22.39	11.44	9.45	5.97	18.91	100
4	30.00	12.00	22.00	15.00	16.00	5.00	100
5	28.20	22.13	14.53	8.68	10.20	16.27	100
GSP	28.78	21.05	14.11	9.18	9.07	17.69	100

Tab. 95

Häufigkeitsverteilung bei Item 23 (Mein Vorgesetzter entscheidet bis in die Einzelheiten, was und wie etwas getan werden muß), aufgegliedert nach Betriebsgrößen (in v.H.)

Betriebs- größe	immer	häufig	manchmal	selten	nie	KA	Summe
1	25.58	34.88	9.30	18.60	6.98	4.65	100
2	34.09	39.77	13.64	6.82		5.68	100
3	32.34	27.36	10.95	10.95	3.48	14.93	100
4	37.00	26.00	17.00	11.00	7.00	2.00	100
5	37.96	39.26	9.33	8.89	3.69	0.87	100

Anhang 1.4 Antwortprofile der Probanden

- Diagramm 5 - 7 (Betriebsgröße 1)
- Diagramm 11-13 (Betriebsgröße 2)
- Diagramm 16,18-20 (Betriebsgröße 3)
- Diagramm 24-26 (Betriebsgröße 4)
- Diagramm 29-30 (Betriebsgröße 5)

Diagramm 5 — Antwortprofil der Probanden des Clusters 3 über die 12 Indikatoren hinweg (Betriebsgröße 1)

Dimension 1,
Einstellung des Vorgesetzten zur partnerschaftlichen Zusammenarbeit

1. Mein Vorgesetzter kritisiert in Gegenwart anderer seine ihm unterstellten Mitarbeiter. 5 4 3 2 1
2. Mein Vorgesetzter behandelt seine ihm unterstellten Mitarbeiter als gleichberechtigte Partner. 1 2 3 4 5
3. Mein Vorgesetzter gibt seine Anweisungen in Befehlsform. 5 4 3 2 1
4. Mein Vorgesetzter interessiert sich für das Wohlergehen seiner ihm unterstellten Mitarbeiter. 1 2 3 4 5

Dimension 2,
stimulierende Aktivität

1. Mein Vorgesetzter spricht seine Anerkennung aus, wenn einer von uns gute Arbeit geleistet hat. 1 2 3 4 5
2. Mein Vorgesetzter paßt die Arbeitsgebiete genau den Fähigkeiten seiner ihm unterstellten Mitarbeiter an. 1 2 3 4 5

Dimension 3,
Beteiligung des Mitarbeiters an der Entscheidungsbildung

1. Mein Vorgesetzter ändert die Aufgaben seiner ihm unterstellten Mitarbeiter, ohne es vorher mit ihnen besprochen zu haben. 1 2 3 4 5
2. Mein Vorgesetzter entscheidet und handelt, ohne es vorher mit seinen ihm unterstellten Mitarbeitern abzusprechen. 1 2 3 4 5
3. Bei wichtigen Entscheidungen holt mein Vorgesetzter erst die Zustimmung seiner ihm unterstellten Mitarbeiter ein. 5 4 3 2 1
4. Mein Vorgesetzter entscheidet bis in die Einzelheiten, was und wie etwas getan werden muß. 1 2 3 4 5

Dimension 4,
Ausmaß der Kontrolle

1. Mein Vorgesetzter achtet auf Pünktlichkeit. 1 2 3 4 5
2. Mein Vorgesetzter überläßt seine ihm unterstellten Mitarbeiter sich selbst, ohne sich nach dem Stand ihrer Arbeit zu erkundigen. 5 4 3 2 1

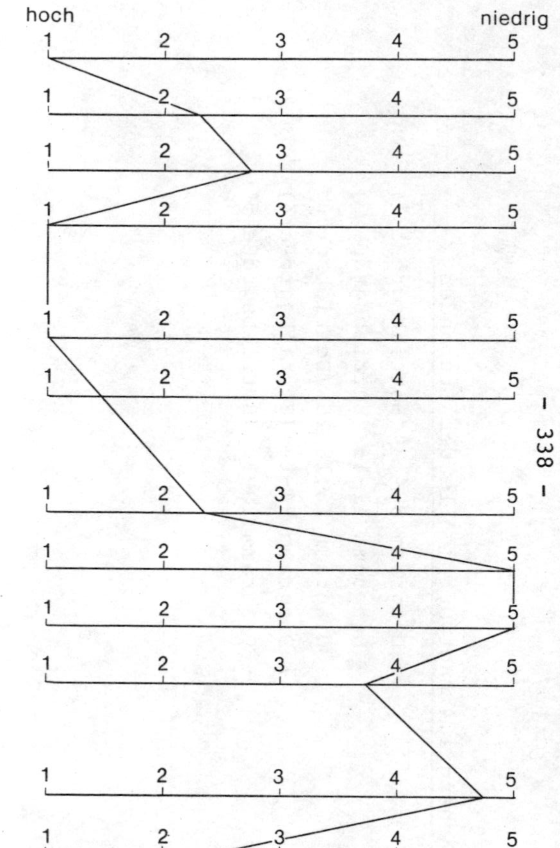

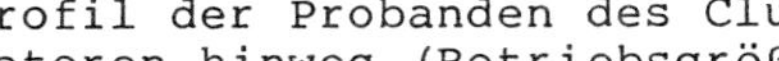

<u>Diagramm 6</u> Antwortprofil der Probanden des Clusters 4 über die 12 Indikatoren hinweg (Betriebsgröße 1)

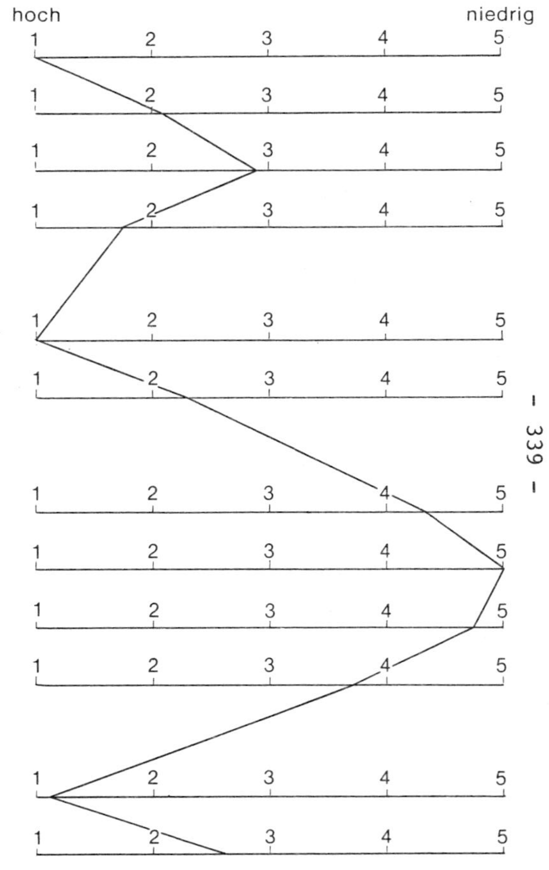

Dimension 1, Einstellung des Vorgesetzten zur partnerschaftlichen Zusammenarbeit

1. Mein Vorgesetzter kritisiert in Gegenwart anderer seine ihm unterstellten Mitarbeiter. 5 4 3 2 1
2. Mein Vorgesetzter behandelt seine ihm unterstellten Mitarbeiter als gleichberechtigte Partner. 1 2 3 4 5
3. Mein Vorgesetzter gibt seine Anweisungen in Befehlsform. 5 4 3 2 1
4. Mein Vorgesetzter interessiert sich für das Wohlergehen seiner ihm unterstellten Mitarbeiter. 1 2 3 4 5

Dimension 2, stimulierende Aktivität

1. Mein Vorgesetzter spricht seine Anerkennung aus, wenn einer von uns gute Arbeit geleistet hat. 1 2 3 4 5
2. Mein Vorgesetzter paßt die Arbeitsgebiete genau den Fähigkeiten seiner ihm unterstellten Mitarbeiter an. 1 2 3 4 5

Dimension 3, Beteiligung des Mitarbeiters an der Entscheidungsbildung

1. Mein Vorgesetzter ändert die Aufgaben seiner ihm unterstellten Mitarbeiter, ohne es vorher mit ihnen besprochen zu haben. 1 2 3 4 5
2. Mein Vorgesetzter entscheidet und handelt, ohne es vorher mit seinen ihm unterstellten Mitarbeitern abzusprechen. 1 2 3 4 5
3. Bei wichtigen Entscheidungen holt mein Vorgesetzter erst die Zustimmung seiner ihm unterstellten Mitarbeiter ein. 5 4 3 2 1
4. Mein Vorgesetzter entscheidet bis in die Einzelheiten, was und wie etwas getan werden muß. 1 2 3 4 5

Dimension 4, Ausmaß der Kontrolle

1. Mein Vorgesetzter achtet auf Pünktlichkeit. 1 2 3 4 5
2. Mein Vorgesetzter überläßt seine ihm unterstellten Mitarbeiter sich selbst, ohne sich nach dem Stand ihrer Arbeit zu erkundigen. 5 4 3 2 1

Diagramm 7 Antwortprofil der Probanden des Clusters 5 über die 12 Indikatoren hinweg (Betriebsgröße 1)

Dimension 1,
Einstellung des Vorgesetzten zur partnerschaftlichen Zusammenarbeit

1. Mein Vorgesetzter kritisiert in Gegenwart anderer seine ihm unterstellten Mitarbeiter. 5 4 3 2 1
2. Mein Vorgesetzter behandelt seine ihm unterstellten Mitarbeiter als gleichberechtigte Partner. 1 2 3 4 5
3. Mein Vorgesetzter gibt seine Anweisungen in Befehlsform. 5 4 3 2 1
4. Mein Vorgesetzter interessiert sich für das Wohlergehen seiner ihm unterstellten Mitarbeiter. 1 2 3 4 5

Dimension 2,
stimulierende Aktivität

1. Mein Vorgesetzter spricht seine Anerkennung aus, wenn einer von uns gute Arbeit geleistet hat. 1 2 3 4 5
2. Mein Vorgesetzter paßt die Arbeitsgebiete genau den Fähigkeiten seiner ihm unterstellten Mitarbeiter an. 1 2 3 4 5

Dimension 3,
Beteiligung des Mitarbeiters an der Entscheidungsbildung

1. Mein Vorgesetzter ändert die Aufgaben seiner ihm unterstellten Mitarbeiter, ohne es vorher mit ihnen besprochen zu haben. 1 2 3 4 5
2. Mein Vorgesetzter entscheidet und handelt, ohne es vorher mit seinen ihm unterstellten Mitarbeitern abzusprechen. 1 2 3 4 5
3. Bei wichtigen Entscheidungen holt mein Vorgesetzter erst die Zustimmung seiner ihm unterstellten Mitarbeiter ein. 5 4 3 2 1
4. Mein Vorgesetzter entscheidet bis in die Einzelheiten, was und wie etwas getan werden muß. 1 2 3 4 5

Dimension 4,
Ausmaß der Kontrolle

1. Mein Vorgesetzter achtet auf Pünktlichkeit. 1 2 3 4 5
2. Mein Vorgesetzter überläßt seine ihm unterstellten Mitarbeiter sich selbst, ohne sich nach dem Stand ihrer Arbeit zu erkundigen. 5 4 3 2 1

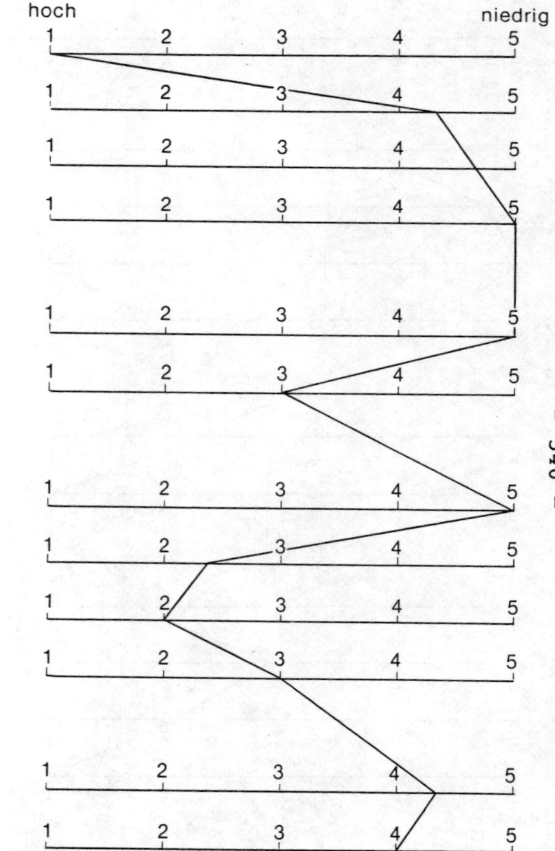

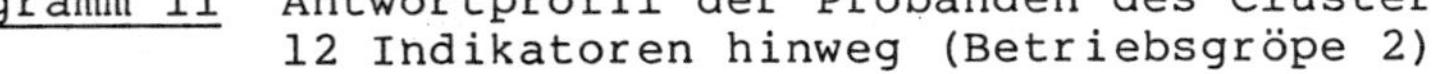

Diagramm 11 Antwortprofil der Probanden des Clusters 4 über die 12 Indikatoren hinweg (Betriebsgröpe 2)

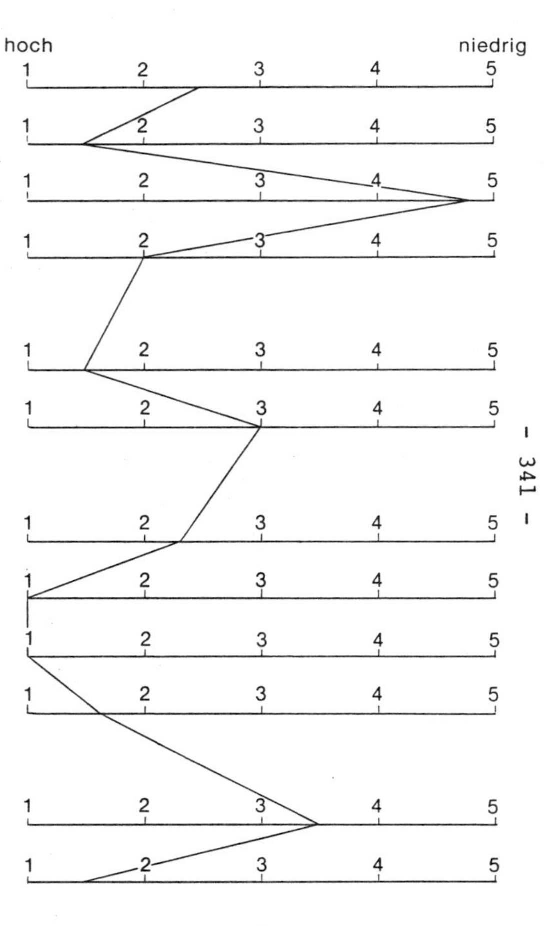

Dimension	Indikator
Dimension 1, Einstellung des Vorgesetzten zur partnerschaftlichen Zusammenarbeit	1. Mein Vorgesetzter kritisiert in Gegenwart anderer seine ihm unterstellten Mitarbeiter. 5 4 3 2 1
	2. Mein Vorgesetzter behandelt seine ihm unterstellten Mitarbeiter als gleichberechtigte Partner. 1 2 3 4 5
	3. Mein Vorgesetzter gibt seine Anweisungen in Befehlsform. 5 4 3 2 1
	4. Mein Vorgesetzter interessiert sich für das Wohlergehen seiner ihm unterstellten Mitarbeiter. 1 2 3 4 5
Dimension 2, stimulierende Aktivität	1. Mein Vorgesetzter spricht seine Anerkennung aus, wenn einer von uns gute Arbeit geleistet hat. 1 2 3 4 5
	2. Mein Vorgesetzter paßt die Arbeitsgebiete genau den Fähigkeiten seiner ihm unterstellten Mitarbeiter an. 1 2 3 4 5
Dimension 3, Beteiligung des Mitarbeiters an der Entscheidungsbildung	1. Mein Vorgesetzter ändert die Aufgaben seiner ihm unterstellten Mitarbeiter, ohne es vorher mit ihnen besprochen zu haben. 1 2 3 4 5
	2. Mein Vorgesetzter entscheidet und handelt, ohne es vorher mit seinen ihm unterstellten Mitarbeitern abzusprechen. 1 2 3 4 5
	3. Bei wichtigen Entscheidungen holt mein Vorgesetzter erst die Zustimmung seiner ihm unterstellten Mitarbeiter ein. 5 4 3 2 1
	4. Mein Vorgesetzter entscheidet bis in die Einzelheiten, was und wie etwas getan werden muß. 1 2 3 4 5
Dimension 4, Ausmaß der Kontrolle	1. Mein Vorgesetzter achtet auf Pünktlichkeit. 1 2 3 4 5
	2. Mein Vorgesetzter überläßt seine ihm unterstellten Mitarbeiter sich selbst, ohne sich nach dem Stand ihrer Arbeit zu erkundigen. 5 4 3 2 1

Diagramm 12 Antwortprofil der Probanden des Clusters 5 über die 12 Indikatoren hinweg (Betriebsgröße 2)

Dimension 1,
Einstellung des Vorgesetzten zur partnerschaftlichen Zusammenarbeit

1. Mein Vorgesetzter kritisiert in Gegenwart anderer seine ihm unterstellten Mitarbeiter. 5 4 3 2 1
2. Mein Vorgesetzter behandelt seine ihm unterstellten Mitarbeiter als gleichberechtigte Partner. 1 2 3 4 5
3. Mein Vorgesetzter gibt seine Anweisungen in Befehlsform. 5 4 3 2 1
4. Mein Vorgesetzter interessiert sich für das Wohlergehen seiner ihm unterstellten Mitarbeiter. 1 2 3 4 5

Dimension 2,
stimulierende Aktivität

1. Mein Vorgesetzter spricht seine Anerkennung aus, wenn einer von uns gute Arbeit geleistet hat. 1 2 3 4 5
2. Mein Vorgesetzter paßt die Arbeitsgebiete genau den Fähigkeiten seiner ihm unterstellten Mitarbeiter an. 1 2 3 4 5

Dimension 3,
Beteiligung des Mitarbeiters an der Entscheidungsbildung

1. Mein Vorgesetzter ändert die Aufgaben seiner ihm unterstellten Mitarbeiter, ohne es vorher mit ihnen besprochen zu haben. 1 2 3 4 5
2. Mein Vorgesetzter entscheidet und handelt, ohne es vorher mit seinen ihm unterstellten Mitarbeitern abzusprechen. 1 2 3 4 5
3. Bei wichtigen Entscheidungen holt mein Vorgesetzter erst die Zustimmung seiner ihm unterstellten Mitarbeiter ein. 5 4 3 2 1
4. Mein Vorgesetzter entscheidet bis in die Einzelheiten, was und wie etwas getan werden muß. 1 2 3 4 5

Dimension 4,
Ausmaß der Kontrolle

1. Mein Vorgesetzter achtet auf Pünktlichkeit. 1 2 3 4 5
2. Mein Vorgesetzter überläßt seine ihm unterstellten Mitarbeiter sich selbst, ohne sich nach dem Stand ihrer Arbeit zu erkundigen. 5 4 3 2 1

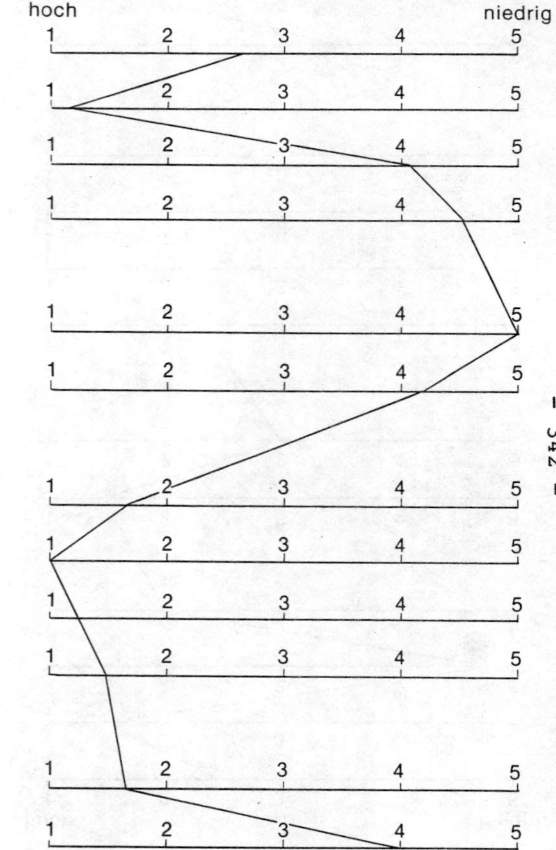

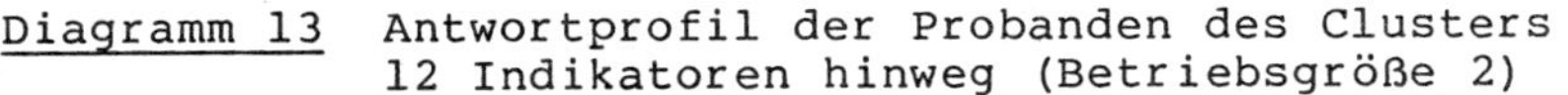

Diagramm 13 Antwortprofil der Probanden des Clusters 6 über die 12 Indikatoren hinweg (Betriebsgröße 2)

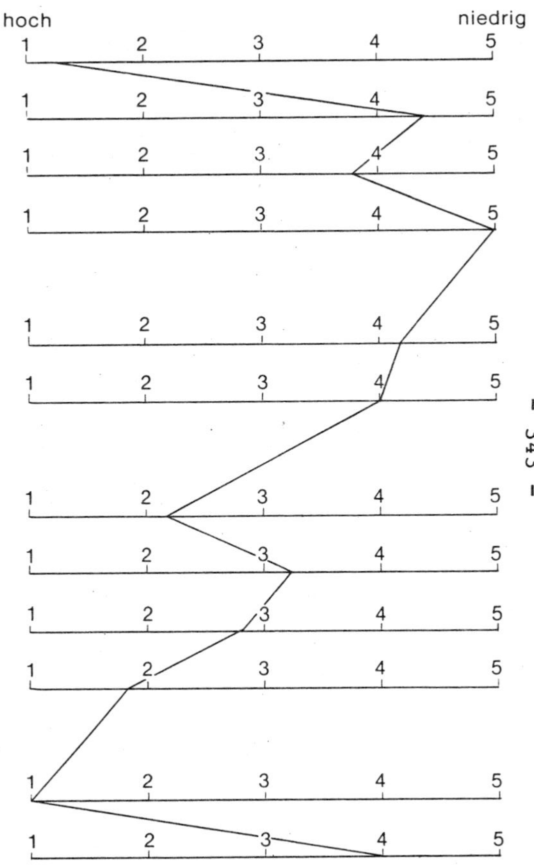

Dimension 1,
Einstellung des Vorgesetzten zur partnerschaftlichen Zusammenarbeit

1. Mein Vorgesetzter kritisiert in Gegenwart anderer seine ihm unterstellten Mitarbeiter. 5 4 3 2 1
2. Mein Vorgesetzter behandelt seine ihm unterstellten Mitarbeiter als gleichberechtigte Partner. 1 2 3 4 5
3. Mein Vorgesetzter gibt seine Anweisungen in Befehlsform. 5 4 3 2 1
4. Mein Vorgesetzter interessiert sich für das Wohlergehen seiner ihm unterstellten Mitarbeiter. 1 2 3 4 5

Dimension 2,
stimulierende Aktivität

1. Mein Vorgesetzter spricht seine Anerkennung aus, wenn einer von uns gute Arbeit geleistet hat. 1 2 3 4 5
2. Mein Vorgesetzter paßt die Arbeitsgebiete genau den Fähigkeiten seiner ihm unterstellten Mitarbeiter an. 1 2 3 4 5

Dimension 3,
Beteiligung des Mitarbeiters an der Entscheidungsbildung

1. Mein Vorgesetzter ändert die Aufgaben seiner ihm unterstellten Mitarbeiter, ohne es vorher mit ihnen besprochen zu haben. 1 2 3 4 5
2. Mein Vorgesetzter entscheidet und handelt, ohne es vorher mit seinen ihm unterstellten Mitarbeitern abzusprechen. 1 2 3 4 5
3. Bei wichtigen Entscheidungen holt mein Vorgesetzter erst die Zustimmung seiner ihm unterstellten Mitarbeiter ein. 5 4 3 2 1
4. Mein Vorgesetzter entscheidet bis in die Einzelheiten, was und wie etwas getan werden muß. 1 2 3 4 5

Dimension 4,
Ausmaß der Kontrolle

1. Mein Vorgesetzter achtet auf Pünktlichkeit. 1 2 3 4 5
2. Mein Vorgesetzter überläßt seine ihm unterstellten Mitarbeiter sich selbst, ohne sich nach dem Stand ihrer Arbeit zu erkundigen. 5 4 3 2 1

Diagramm 16 Antwortprofil der Probanden des Clusters 3 über die 12 Indikatoren hinweg (Betriebsgröpe 3)

Dimension 1, Einstellung des Vorgesetzten zur partnerschaftlichen Zusammenarbeit

1. Mein Vorgesetzter kritisiert in Gegenwart anderer seine ihm unterstellten Mitarbeiter. 5 4 3 2 1
2. Mein Vorgesetzter behandelt seine ihm unterstellten Mitarbeiter als gleichberechtigte Partner. 1 2 3 4 5
3. Mein Vorgesetzter gibt seine Anweisungen in Befehlsform. 5 4 3 2 1
4. Mein Vorgesetzter interessiert sich für das Wohlergehen seiner ihm unterstellten Mitarbeiter. 1 2 3 4 5

Dimension 2, stimulierende Aktivität

1. Mein Vorgesetzter spricht seine Anerkennung aus, wenn einer von uns gute Arbeit geleistet hat. 1 2 3 4 5
2. Mein Vorgesetzter paßt die Arbeitsgebiete genau den Fähigkeiten seiner ihm unterstellten Mitarbeiter an. 1 2 3 4 5

Dimension 3, Beteiligung des Mitarbeiters an der Entscheidungsbildung

1. Mein Vorgesetzter ändert die Aufgaben seiner ihm unterstellten Mitarbeiter, ohne es vorher mit ihnen besprochen zu haben. 1 2 3 4 5
2. Mein Vorgesetzter entscheidet und handelt, ohne es vorher mit seinen ihm unterstellten Mitarbeitern abzusprechen. 1 2 3 4 5
3. Bei wichtigen Entscheidungen holt mein Vorgesetzter erst die Zustimmung seiner ihm unterstellten Mitarbeiter ein. 5 4 3 2 1
4. Mein Vorgesetzter entscheidet bis in die Einzelheiten, was und wie etwas getan werden muß. 1 2 3 4 5

Dimension 4, Ausmaß der Kontrolle

1. Mein Vorgesetzter achtet auf Pünktlichkeit. 1 2 3 4 5
2. Mein Vorgesetzter überläßt seine ihm unterstellten Mitarbeiter sich selbst, ohne sich nach dem Stand ihrer Arbeit zu erkundigen. 5 4 3 2 1

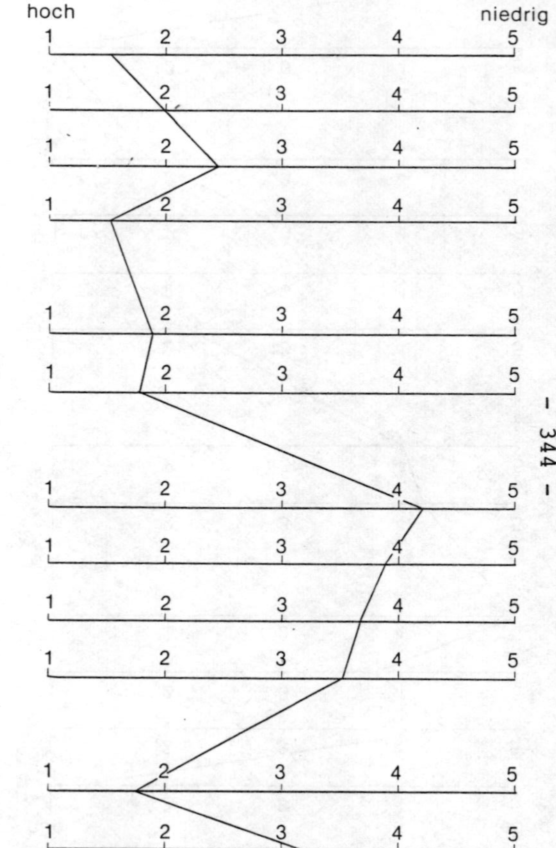

Diagramm 18 Antwortprofil der Probanden des Clusters 5 über die 12 Indikatoren hinweg (Betriebsgröße 3)

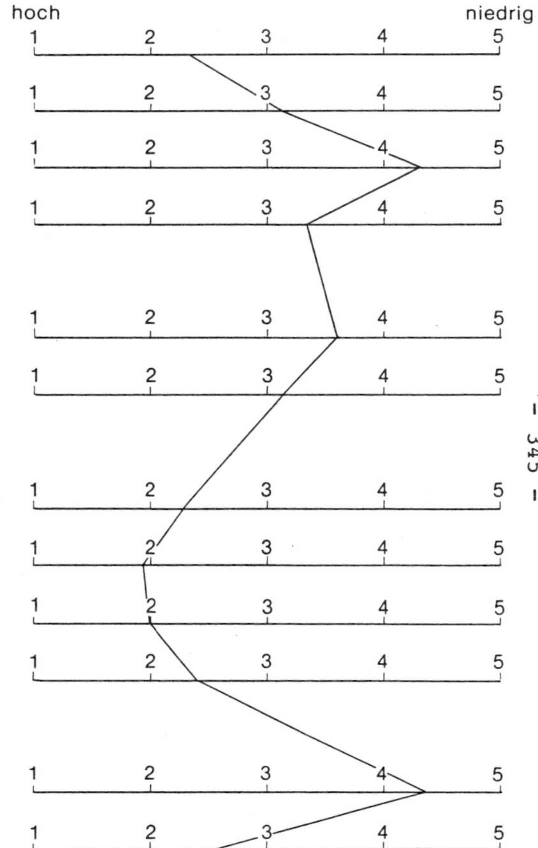

Dimension 1, Einstellung des Vorgesetzten zur partnerschaftlichen Zusammenarbeit

1. Mein Vorgesetzter kritisiert in Gegenwart anderer seine ihm unterstellten Mitarbeiter. 5 4 3 2 1
2. Mein Vorgesetzter behandelt seine ihm unterstellten Mitarbeiter als gleichberechtigte Partner. 1 2 3 4 5
3. Mein Vorgesetzter gibt seine Anweisungen in Befehlsform. 5 4 3 2 1
4. Mein Vorgesetzter interessiert sich für das Wohlergehen seiner ihm unterstellten Mitarbeiter. 1 2 3 4 5

Dimension 2, stimulierende Aktivität

1. Mein Vorgesetzter spricht seine Anerkennung aus, wenn einer von uns gute Arbeit geleistet hat. 1 2 3 4 5
2. Mein Vorgesetzter paßt die Arbeitsgebiete genau den Fähigkeiten seiner ihm unterstellten Mitarbeiter an. 1 2 3 4 5

Dimension 3, Beteiligung des Mitarbeiters an der Entscheidungsbildung

1. Mein Vorgesetzter ändert die Aufgaben seiner ihm unterstellten Mitarbeiter, ohne es vorher mit ihnen besprochen zu haben. 1 2 3 4 5
2. Mein Vorgesetzter entscheidet und handelt, ohne es vorher mit seinen ihm unterstellten Mitarbeitern abzusprechen. 1 2 3 4 5
3. Bei wichtigen Entscheidungen holt mein Vorgesetzter erst die Zustimmung seiner ihm unterstellten Mitarbeiter ein. 5 4 3 2 1
4. Mein Vorgesetzter entscheidet bis in die Einzelheiten, was und wie etwas getan werden muß. 1 2 3 4 5

Dimension 4, Ausmaß der Kontrolle

1. Mein Vorgesetzter achtet auf Pünktlichkeit. 1 2 3 4 5
2. Mein Vorgesetzter überläßt seine ihm unterstellten Mitarbeiter sich selbst, ohne sich nach dem Stand ihrer Arbeit zu erkundigen. 5 4 3 2 1

Diagramm 19 Antwortprofil der Probanden des Clusters 6 über die 12 Indikatoren hinweg (Betriebsgröße 3)

Dimension 1, Einstellung des Vorgesetzten zur partnerschaftlichen Zusammenarbeit

1. Mein Vorgesetzter kritisiert in Gegenwart anderer seine ihm unterstellten Mitarbeiter. 5 4 3 2 1
2. Mein Vorgesetzter behandelt seine ihm unterstellten Mitarbeiter als gleichberechtigte Partner. 1 2 3 4 5
3. Mein Vorgesetzter gibt seine Anweisungen in Befehlsform. 5 4 3 2 1
4. Mein Vorgesetzter interessiert sich für das Wohlergehen seiner ihm unterstellten Mitarbeiter. 1 2 3 4 5

Dimension 2, stimulierende Aktivität

1. Mein Vorgesetzter spricht seine Anerkennung aus, wenn einer von uns gute Arbeit geleistet hat. 1 2 3 4 5
2. Mein Vorgesetzter paßt die Arbeitsgebiete genau den Fähigkeiten seiner ihm unterstellten Mitarbeiter an. 1 2 3 4 5

Dimension 3, Beteiligung des Mitarbeiters an der Entscheidungsbildung

1. Mein Vorgesetzter ändert die Aufgaben seiner ihm unterstellten Mitarbeiter, ohne es vorher mit ihnen besprochen zu haben. 1 2 3 4 5
2. Mein Vorgesetzter entscheidet und handelt, ohne es vorher mit seinen ihm unterstellten Mitarbeitern abzusprechen. 1 2 3 4 5
3. Bei wichtigen Entscheidungen holt mein Vorgesetzter erst die Zustimmung seiner ihm unterstellten Mitarbeiter ein. 5 4 3 2 1
4. Mein Vorgesetzter entscheidet bis in die Einzelheiten, was und wie etwas getan werden muß. 1 2 3 4 5

Dimension 4, Ausmaß der Kontrolle

1. Mein Vorgesetzter achtet auf Pünktlichkeit. 1 2 3 4 5
2. Mein Vorgesetzter überläßt seine ihm unterstellten Mitarbeiter sich selbst, ohne sich nach dem Stand ihrer Arbeit zu erkundigen. 5 4 3 2 1

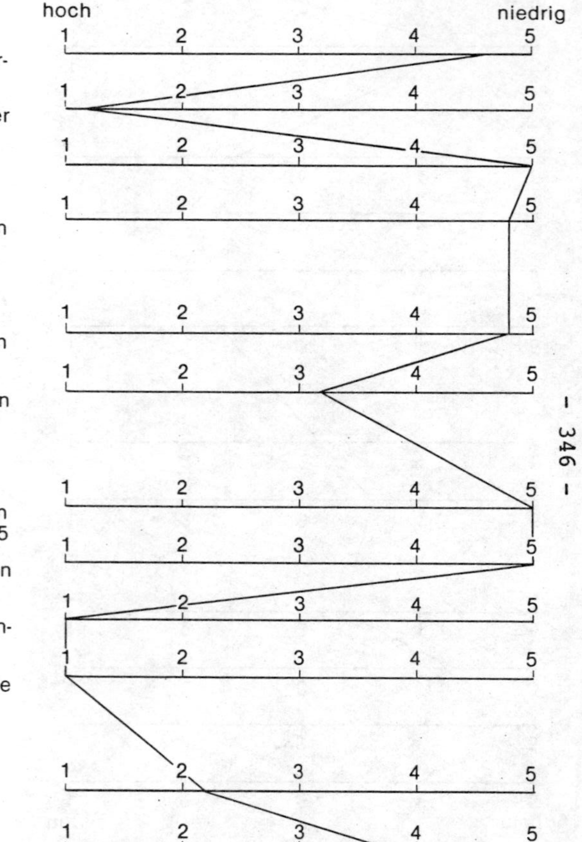

Diagramm 20 Antwortprofil der Probanden des Clusters 7 über die 12 Indikatoren hinweg (Betriebsgröße 3)

Dimension 1,
Einstellung des Vorgesetzten zur partnerschaftlichen Zusammenarbeit

1. Mein Vorgesetzter kritisiert in Gegenwart anderer seine ihm unterstellten Mitarbeiter. 5 4 3 2 1
2. Mein Vorgesetzter behandelt seine ihm unterstellten Mitarbeiter als gleichberechtigte Partner. 1 2 3 4 5
3. Mein Vorgesetzter gibt seine Anweisungen in Befehlsform. 5 4 3 2 1
4. Mein Vorgesetzter interessiert sich für das Wohlergehen seiner ihm unterstellten Mitarbeiter. 1 2 3 4 5

Dimension 2,
stimulierende Aktivität

1. Mein Vorgesetzter spricht seine Anerkennung aus, wenn einer von uns gute Arbeit geleistet hat. 1 2 3 4 5
2. Mein Vorgesetzter paßt die Arbeitsgebiete genau den Fähigkeiten seiner ihm unterstellten Mitarbeiter an. 1 2 3 4 5

Dimension 3,
Beteiligung des Mitarbeiters an der Entscheidungsbildung

1. Mein Vorgesetzter ändert die Aufgaben seiner ihm unterstellten Mitarbeiter, ohne es vorher mit ihnen besprochen zu haben. 1 2 3 4 5
2. Mein Vorgesetzter entscheidet und handelt, ohne es vorher mit seinen ihm unterstellten Mitarbeitern abzusprechen. 1 2 3 4 5
3. Bei wichtigen Entscheidungen holt mein Vorgesetzter erst die Zustimmung seiner ihm unterstellten Mitarbeiter ein. 5 4 3 2 1
4. Mein Vorgesetzter entscheidet bis in die Einzelheiten, was und wie etwas getan werden muß. 1 2 3 4 5

Dimension 4,
Ausmaß der Kontrolle

1. Mein Vorgesetzter achtet auf Pünktlichkeit. 1 2 3 4 5
2. Mein Vorgesetzter überläßt seine ihm unterstellten Mitarbeiter sich selbst, ohne sich nach dem Stand ihrer Arbeit zu erkundigen. 5 4 3 2 1

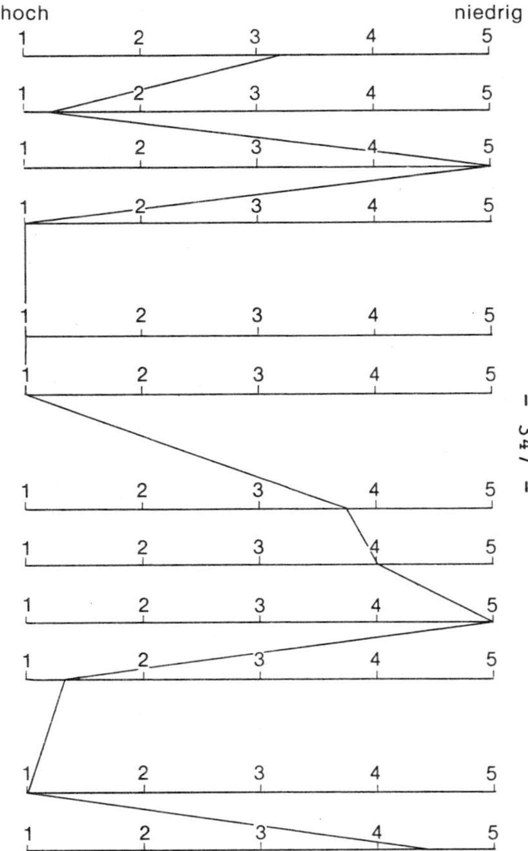

Diagramm 24 Antwortprofil der Probanden des Clusters 4 über die 12 Indikatoren hinweg (Betriebsgröße 4)

Dimension 1, Einstellung des Vorgesetzten zur partnerschaftlichen Zusammenarbeit

1. Mein Vorgesetzter kritisiert in Gegenwart anderer seine ihm unterstellten Mitarbeiter. 5 4 3 2 1
2. Mein Vorgesetzter behandelt seine ihm unterstellten Mitarbeiter als gleichberechtigte Partner. 1 2 3 4 5
3. Mein Vorgesetzter gibt seine Anweisungen in Befehlsform. 5 4 3 2 1
4. Mein Vorgesetzter interessiert sich für das Wohlergehen seiner ihm unterstellten Mitarbeiter. 1 2 3 4 5

Dimension 2, stimulierende Aktivität

1. Mein Vorgesetzter spricht seine Anerkennung aus, wenn einer von uns gute Arbeit geleistet hat. 1 2 3 4 5
2. Mein Vorgesetzter paßt die Arbeitsgebiete genau den Fähigkeiten seiner ihm unterstellten Mitarbeiter an. 1 2 3 4 5

Dimension 3, Beteiligung des Mitarbeiters an der Entscheidungsbildung

1. Mein Vorgesetzter ändert die Aufgaben seiner ihm unterstellten Mitarbeiter, ohne es vorher mit ihnen besprochen zu haben. 1 2 3 4 5
2. Mein Vorgesetzter entscheidet und handelt, ohne es vorher mit seinen ihm unterstellten Mitarbeitern abzusprechen. 1 2 3 4 5
3. Bei wichtigen Entscheidungen holt mein Vorgesetzter erst die Zustimmung seiner ihm unterstellten Mitarbeiter ein. 5 4 3 2 1
4. Mein Vorgesetzter entscheidet bis in die Einzelheiten, was und wie etwas getan werden muß. 1 2 3 4 5

Dimension 4, Ausmaß der Kontrolle

1. Mein Vorgesetzter achtet auf Pünktlichkeit. 1 2 3 4 5
2. Mein Vorgesetzter überläßt seine ihm unterstellten Mitarbeiter sich selbst, ohne sich nach dem Stand ihrer Arbeit zu erkundigen. 5 4 3 2 1

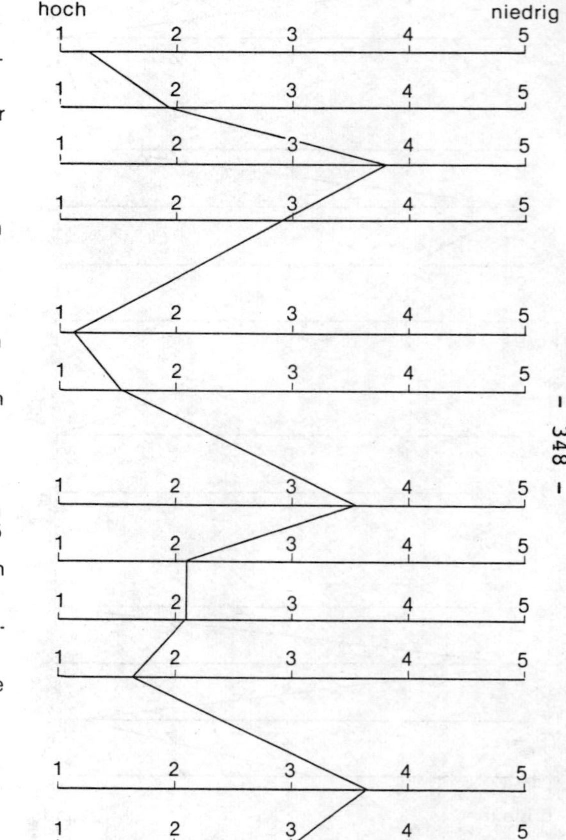

Diagramm 25 Antwortprofil der Probanden des Clusters 5 über die 12 Indikatoren hinweg (Betriebsgröße 4)

Dimension 1,
Einstellung des Vorgesetzten zur partnerschaftlichen Zusammenarbeit

1. Mein Vorgesetzter kritisiert in Gegenwart anderer seine ihm unterstellten Mitarbeiter. 5 4 3 2 1
2. Mein Vorgesetzter behandelt seine ihm unterstellten Mitarbeiter als gleichberechtigte Partner. 1 2 3 4 5
3. Mein Vorgesetzter gibt seine Anweisungen in Befehlsform. 5 4 3 2 1
4. Mein Vorgesetzter interessiert sich für das Wohlergehen seiner ihm unterstellten Mitarbeiter. 1 2 3 4 5

Dimension 2,
stimulierende Aktivität

1. Mein Vorgesetzter spricht seine Anerkennung aus, wenn einer von uns gute Arbeit geleistet hat. 1 2 3 4 5
2. Mein Vorgesetzter paßt die Arbeitsgebiete genau den Fähigkeiten seiner ihm unterstellten Mitarbeiter an. 1 2 3 4 5

Dimension 3,
Beteiligung des Mitarbeiters an der Entscheidungsbildung

1. Mein Vorgesetzter ändert die Aufgaben seiner ihm unterstellten Mitarbeiter, ohne es vorher mit ihnen besprochen zu haben. 1 2 3 4 5
2. Mein Vorgesetzter entscheidet und handelt, ohne es vorher mit seinen ihm unterstellten Mitarbeitern abzusprechen. 1 2 3 4 5
3. Bei wichtigen Entscheidungen holt mein Vorgesetzter erst die Zustimmung seiner ihm unterstellten Mitarbeiter ein. 5 4 3 2 1
4. Mein Vorgesetzter entscheidet bis in die Einzelheiten, was und wie etwas getan werden muß. 1 2 3 4 5

Dimension 4,
Ausmaß der Kontrolle

1. Mein Vorgesetzter achtet auf Pünktlichkeit. 1 2 3 4 5
2. Mein Vorgesetzter überläßt seine ihm unterstellten Mitarbeiter sich selbst, ohne sich nach dem Stand ihrer Arbeit zu erkundigen. 5 4 3 2 1

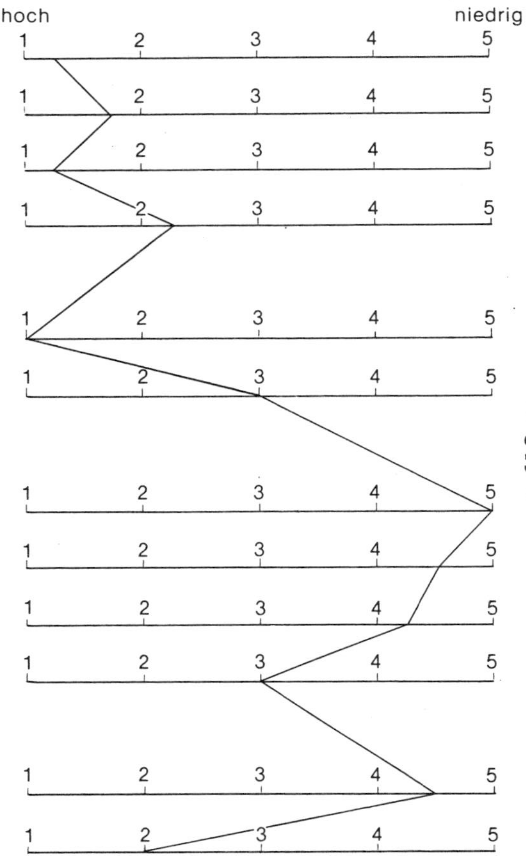

Diagramm 26 Antwortprofil der Probanden des Clusters 6 über die 12 Indikatoren hinweg (Betriebsgröße 4)

Dimension 1,
Einstellung des Vorgesetzten zur partnerschaftlichen Zusammenarbeit

1. Mein Vorgesetzter kritisiert in Gegenwart anderer seine ihm unterstellten Mitarbeiter. 5 4 3 2 1
2. Mein Vorgesetzter behandelt seine ihm unterstellten Mitarbeiter als gleichberechtigte Partner. 1 2 3 4 5
3. Mein Vorgesetzter gibt seine Anweisungen in Befehlsform. 5 4 3 2 1
4. Mein Vorgesetzter interessiert sich für das Wohlergehen seiner ihm unterstellten Mitarbeiter. 1 2 3 4 5

Dimension 2,
stimulierende Aktivität

1. Mein Vorgesetzter spricht seine Anerkennung aus, wenn einer von uns gute Arbeit geleistet hat. 1 2 3 4 5
2. Mein Vorgesetzter paßt die Arbeitsgebiete genau den Fähigkeiten seiner ihm unterstellten Mitarbeiter an. 1 2 3 4 5

Dimension 3,
Beteiligung des Mitarbeiters an der Entscheidungsbildung

1. Mein Vorgesetzter ändert die Aufgaben seiner ihm unterstellten Mitarbeiter, ohne es vorher mit ihnen besprochen zu haben. 1 2 3 4 5
2. Mein Vorgesetzter entscheidet und handelt, ohne es vorher mit seinen ihm unterstellten Mitarbeitern abzusprechen. 1 2 3 4 5
3. Bei wichtigen Entscheidungen holt mein Vorgesetzter erst die Zustimmung seiner ihm unterstellten Mitarbeiter ein. 5 4 3 2 1
4. Mein Vorgesetzter entscheidet bis in die Einzelheiten, was und wie etwas getan werden muß. 1 2 3 4 5

Dimension 4,
Ausmaß der Kontrolle

1. Mein Vorgesetzter achtet auf Pünktlichkeit. 1 2 3 4 5
2. Mein Vorgesetzter überläßt seine ihm unterstellten Mitarbeiter sich selbst, ohne sich nach dem Stand ihrer Arbeit zu erkundigen. 5 4 3 2 1

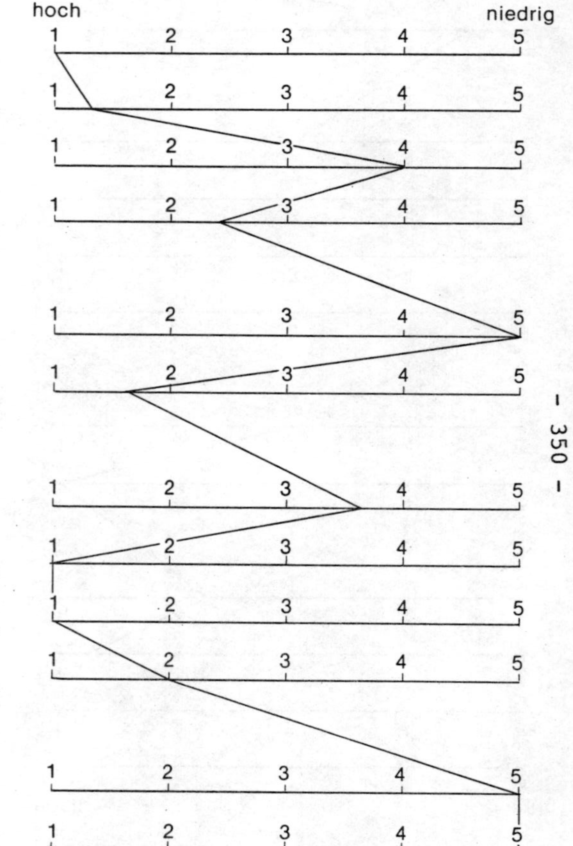

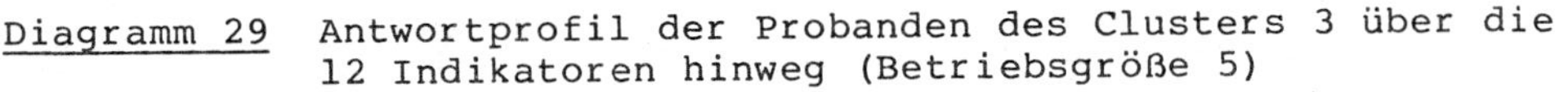

Diagramm 29 Antwortprofil der Probanden des Clusters 3 über die 12 Indikatoren hinweg (Betriebsgröße 5)

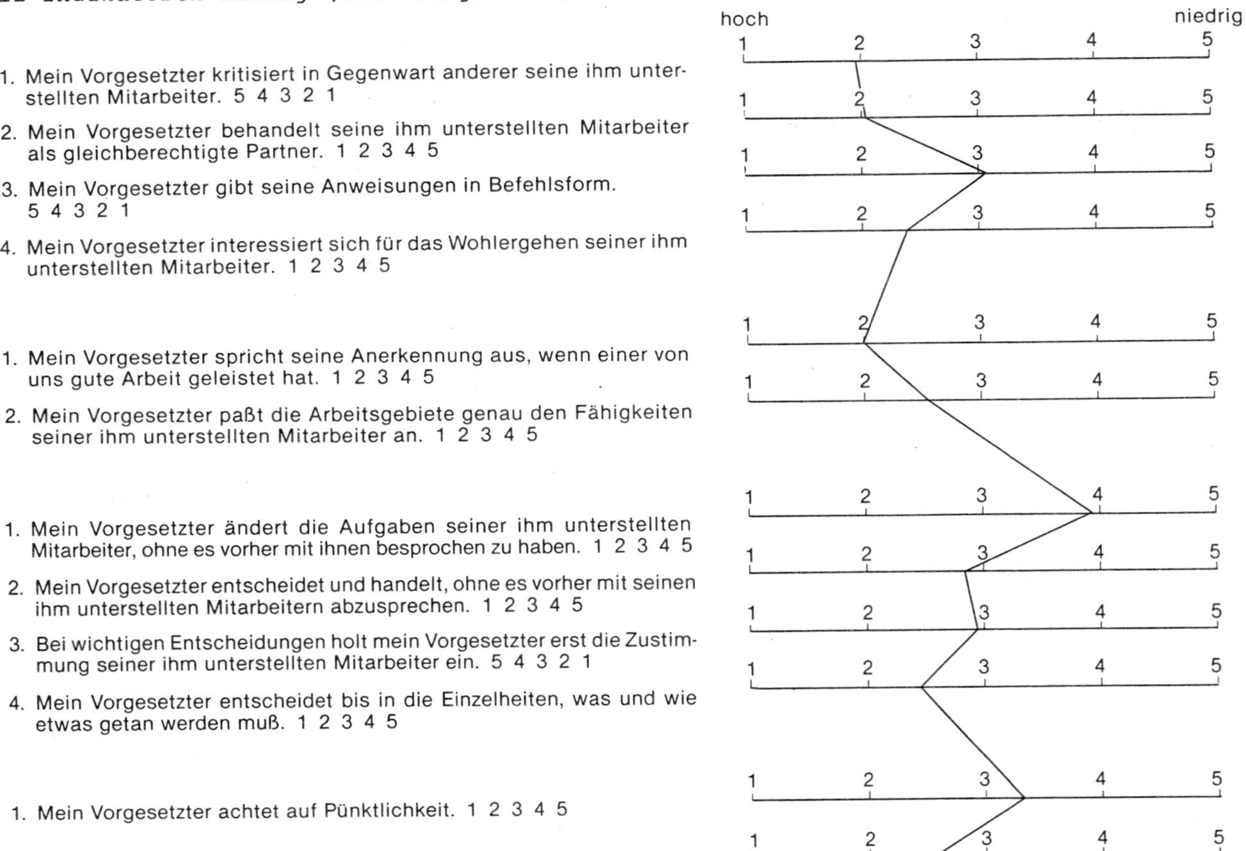

Dimension 1,
Einstellung des Vorgesetzten zur partnerschaftlichen Zusammenarbeit

1. Mein Vorgesetzter kritisiert in Gegenwart anderer seine ihm unterstellten Mitarbeiter. 5 4 3 2 1
2. Mein Vorgesetzter behandelt seine ihm unterstellten Mitarbeiter als gleichberechtigte Partner. 1 2 3 4 5
3. Mein Vorgesetzter gibt seine Anweisungen in Befehlsform. 5 4 3 2 1
4. Mein Vorgesetzter interessiert sich für das Wohlergehen seiner ihm unterstellten Mitarbeiter. 1 2 3 4 5

Dimension 2,
stimulierende Aktivität

1. Mein Vorgesetzter spricht seine Anerkennung aus, wenn einer von uns gute Arbeit geleistet hat. 1 2 3 4 5
2. Mein Vorgesetzter paßt die Arbeitsgebiete genau den Fähigkeiten seiner ihm unterstellten Mitarbeiter an. 1 2 3 4 5

Dimension 3,
Beteiligung des Mitarbeiters an der Entscheidungsbildung

1. Mein Vorgesetzter ändert die Aufgaben seiner ihm unterstellten Mitarbeiter, ohne es vorher mit ihnen besprochen zu haben. 1 2 3 4 5
2. Mein Vorgesetzter entscheidet und handelt, ohne es vorher mit seinen ihm unterstellten Mitarbeitern abzusprechen. 1 2 3 4 5
3. Bei wichtigen Entscheidungen holt mein Vorgesetzter erst die Zustimmung seiner ihm unterstellten Mitarbeiter ein. 5 4 3 2 1
4. Mein Vorgesetzter entscheidet bis in die Einzelheiten, was und wie etwas getan werden muß. 1 2 3 4 5

Dimension 4,
Ausmaß der Kontrolle

1. Mein Vorgesetzter achtet auf Pünktlichkeit. 1 2 3 4 5
2. Mein Vorgesetzter überläßt seine ihm unterstellten Mitarbeiter sich selbst, ohne sich nach dem Stand ihrer Arbeit zu erkundigen. 5 4 3 2 1

Diagramm 30 Antwortprofil der Probanden des Clusters 4 über die 12 Indikatoren hinweg (Betriebsgröße 5)

Dimension 1, Einstellung des Vorgesetzten zur partnerschaftlichen Zusammenarbeit

1. Mein Vorgesetzter kritisiert in Gegenwart anderer seine ihm unterstellten Mitarbeiter. 5 4 3 2 1
2. Mein Vorgesetzter behandelt seine ihm unterstellten Mitarbeiter als gleichberechtigte Partner. 1 2 3 4 5
3. Mein Vorgesetzter gibt seine Anweisungen in Befehlsform. 5 4 3 2 1
4. Mein Vorgesetzter interessiert sich für das Wohlergehen seiner ihm unterstellten Mitarbeiter. 1 2 3 4 5

Dimension 2, stimulierende Aktivität

1. Mein Vorgesetzter spricht seine Anerkennung aus, wenn einer von uns gute Arbeit geleistet hat. 1 2 3 4 5
2. Mein Vorgesetzter paßt die Arbeitsgebiete genau den Fähigkeiten seiner ihm unterstellten Mitarbeiter an. 1 2 3 4 5

Dimension 3, Beteiligung des Mitarbeiters an der Entscheidungsbildung

1. Mein Vorgesetzter ändert die Aufgaben seiner ihm unterstellten Mitarbeiter, ohne es vorher mit ihnen besprochen zu haben. 1 2 3 4 5
2. Mein Vorgesetzter entscheidet und handelt, ohne es vorher mit seinen ihm unterstellten Mitarbeitern abzusprechen. 1 2 3 4 5
3. Bei wichtigen Entscheidungen holt mein Vorgesetzter erst die Zustimmung seiner ihm unterstellten Mitarbeiter ein. 5 4 3 2 1
4. Mein Vorgesetzter entscheidet bis in die Einzelheiten, was und wie etwas getan werden muß. 1 2 3 4 5

Dimension 4, Ausmaß der Kontrolle

1. Mein Vorgesetzter achtet auf Pünktlichkeit. 1 2 3 4 5
2. Mein Vorgesetzter überläßt seine ihm unterstellten Mitarbeiter sich selbst, ohne sich nach dem Stand ihrer Arbeit zu erkundigen. 5 4 3 2 1

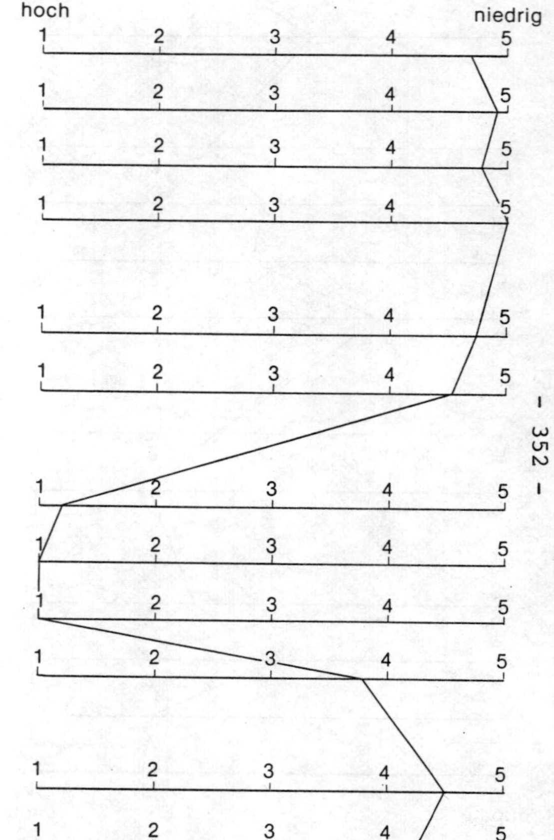

2. Anhang

2.1 Übersetzung des Schreibens von Prof.Dülfer an die Betriebsleiter

Sehr geehrter Herr Direktor,

im Rahmen eines Forschungsprogrammes, das in meinem Institut durchgeführt wird, hat Herr Dipl.Kaufmann Jamil Chaabouni eine Teiluntersuchung übernommen. Sein Forschungsprojekt betrifft Fragen der organisatorischen Struktur der Managementsysteme und des Führungsstiles sowie Probleme der Beziehungen zwischen Management und Mitarbeitern und deren Arbeitszufriedenheit. Er wird darüber eine Erhebung durchführen, in deren Rahmen Betriebsleiter, Führungspersonen und Mitarbeiter bestimmter, nach dem Stichproben-Verfahren ausgewählter Unternehmungen, befragt werden sollen. Die Befragung wird von Herrn Chaabouni selbst auf der Grundlage eines vorgefertigten Fragebogens durchgeführt.

Die zufallsbestimmte Auswahl der Stichprobe hat auch Ihr Unternehmen einbezogen. Ich möchte Sie bitten, diese wissenschaftliche Arbeit durch Ihre Mitwirkung zu unterstützen. Es ist selbstverständlich, daß die von Ihnen gemachten Angaben anonym verwertet werden, so daß aus den später mit Hilfe von Computern ermittelten Verteilungen und Korrelationen keine Beziehungen zu dem einzelnen beteiligten Unternehmen hergestellt werden können. Ich versichere Ihnen ausdrücklich, daß die Untersuchung rein wissenschaftlichen Zwecken dient und daß das erhobene Informationsmaterial keiner anderen Stelle als dem von mir geleiteten Institut an der Universität Marburg zugänglich sein wird.

Die Ergebnisse der Untersuchung werden Ihnen nach Abschluß mitgeteilt werden. Sie werden daraus interessante Vergleiche zwischen Ihrem Betrieb und den entsprechenden Daten für die Gesamtheit der Betriebe der Stichprobe ziehen können.

Herr Chaabouni wird sich in den nächsten Tagen mit Ihnen in Verbindung setzen, um einen geeigneten und Ihnen genehmen Termin für das Gespräch zu vereinbaren.

Ich bitte Sie, ihm auch die Erlaubnis zu erteilen, die in der Stichprobe ausgewählten Mitarbeiter Ihres Betriebes zu befragen.

Für Ihre Mitwirkung möchte ich Ihnen im voraus aufrichtig danken.

Mit freundlichen Grüßen

(Prof.Dr.E.Dülfer)

Anhang 2.2

Fragebogen für die Betriebsleiter
(Fragebogen I)

1. Juristische Form
   a) Aktiengesellschaft ☐
   b) GmbH ☐
   c) Einzelunternehmen ☐
   d) Kommanditgesellschaft ☐
   e) Genossenschaft ☐
   f) oder ------------------------------------ ☐

2. Verwaltungssitz
   a) in Tunis ☐
   b) oder ------------------------------ ☐
   ------------------------------------ ☐

3. Produktionszentrum
   a) in Tunis ☐
   b) oder ------------------------------ ☐
   ------------------------------------ ☐

4. Bitte geben Sie an, wie hoch in Ihrem Betrieb die folgenden Posten sind:
   a) eingesetztes Kapital [D]
   b) Eigenkapital [D]
   c) Fremdkapital [D]
   d) Umsatz 1976 [D]
   e) Gewinn 1976 [D]
   f) Anlagevermögen [D]
   g) Finanzkosten 1976 [D]

5. Geben Sie bitte an, wieviel Mitglieder Ihre Belegschaft hat. ☐

6. Gliedern Sie bitte Ihre Belegschaft in:
   a) Hochschulabsolventen ☐
      davon in der Verwaltung ☐
   b) Meister ☐
   c) Facharbeiter ☐
   d) einfache Arbeiter ☐

7. Wieviel Mitglieder sind in der Verwaltung tätig? ☐

10. Nicht in jedem Betrieb sind Mitarbeiter mit Universitäts- oder Hochschulexamen tätig. Sollte dies bei Ihnen der Fall sein, geben Sie bitte an, welche Gründe hierbei eine Rolle gespielt haben!
(Mehrere Antworten sind möglich.)
a) zu hohe Gehaltsforderungen ☐
b) zu wenig Bewerber ☐
c) Gehalt und/oder Leistung lassen zu wünschen übrig ☐
d) von der Struktur des Betriebes her nicht notwendig ☐
e) oder ------------------------------------ ☐

11. Haben Sie in der Zukunft die Absicht, unter Umständen Mitarbeiter mit Universitäts- oder Hochschulexamen einzustellen?
a) ja ☐
b) nein ☐

12. Wenn Sie die Frage 11 mit ja beantwortet haben, geben Sie bitte an, in welchem Bereich Sie diesen Mitarbeiter einsetzen möchten!
a) im Produktionsbereich ☐
b) im Absatzbereich ☐
c) im Beschaffungsbereich ☐
d) in der Verwaltung allgemein ☐
e) oder ------------------------------------ ☐
-- ☐

13. Sollten Sie die Frage 11 mit nein beantwortet haben, welche Gründe sind für Sie zutreffend?
a) kein vorher abzusehender Bedarf ☐
b) ungünstige konjunkturelle Lage ☐
c) nicht unserem Betrieb entsprechende Ausbildung ☐
d) zu kleiner Betrieb ☐
e) keine Bewerber für unsere speziellen Anforderungen ☐
f) schlechte Erfahrungen ☐
g) ich komme allein zurecht ☐
h) oder ------------------------------------ ☐

15. Haben Sie vorher in anderen Betrieben gearbeitet?
a) in keinem ☐
b) in einem ☐
c) in zwei ☐
d) in drei ☐
e) in mehreren (Anzahl ......) ☐

16. Mit welchen Funktionen waren Sie in den anderen Betrieben betraut?
    a) --
    b) --
    c) --
    d) --
    e) --

17. Seit wann arbeiten Sie in diesem Betrieb?
    a) seit einigen Monaten ☐
    b) seit einem Jahr ☐
    c) seit zwei Jahren ☐
    d) seit drei Jahren ☐
    e) seit vier Jahren ☐
    f) seit fünf Jahren und länger ☐

18. Sind Sie an dem Kapital beteiligt?
    a) ja ☐
    b) nein ☐

19. Haben Sie früher in dem Betrieb, in dem Sie zur Zeit tätig sind, andere Funktionen ausgeübt?
    a) ja ☐
    b) nein ☐

    welche?

    ----

20. Welche Zeitungen und Zeitschriften lesen Sie? (Kreuzen Sie bitte die zutreffenden Antworten an. Mehrere Antworten sind möglich.)

    a) inländische (arabische Sprache) ☐ ☐

    oder ---------------------------------- ☐
    -- ☐

    b) inländische (französische Sprache)
    La Presse ☐
    L´Action ☐
    Le Temps ☐
    oder ------------------------------------ ☐
    -- ☐

c) ausländische (arabische Sprache)

----

d) ausländische (französische Sprache)

----

e) ausländische (andere Sprachen)

----

21. Bitte geben Sie an, welche Schulausbildung für Sie zutrifft.
a) Universität ☐
b) Fachhochschule ☐
c) Volksschule ☐
d) Berufsschule ☐
e) Gymnasium ☐
f) Lycée technique ☐
g) oder -- ☐

22. Geben Sie bitte an, aus welchen Quellen Sie Ihre Informationen über Neuerungen erhalten. (Mehrere Antworten sind möglich).
a) Bücher ☐
b) Fachzeitschriften ☐
c) Kongresse ☐
d) Messen ☐
e) oder -- ☐

25. Stehen Ihnen in Ihrem Betrieb Mitarbeiter zur Verfügung, die Ihnen Informationen über das Betriebsgeschehen auch einmal unter der Hand zukommen lassen?
a) mehrere ☐
b) einige ☐
c) keine ☐

Welche Funktionen üben Ihre Informanten aus?
a) als Arbeiter tätig ☐
b) als Meister tätig ☐
c) in der Verwaltung tätig ☐
d) oder ------------------------------------- ☐
------------------------------------- ☐

Können Sie bitte angeben, welche Art von Informationen Sie auf diese Weise öfters erhalten?
(Mehrere Antworten sind möglich.)

a) Informationen über die Leistung von Arbeitern, die die gleiche Position wie der Informant haben ☐
b) Informationen über Mitarbeiter, denen der Informant untergeordnet ist ☐
c) Informationen über die allgemeine Arbeitsmoral ☐
d) auf die Arbeitsdisziplin bezogene Informationen ☐
e) Informationen über die Abwicklung der Arbeit ☐
f) oder .-- ☐

----

27. Welche Arten von Informationen pflegen Sie Ihrer Belegschaft gewöhnlich zu geben?
(Mehrere Antworten sind möglich?)
a) Informationen in Form von Anordnungen ☐
b) Informationen als Korrekturen der Entscheidungen von Ihnen unterstellten Mitarbeitern ☐
c) Informationen, die stimulieren sollen ☐
d) Informationen, die über innerbetriebliche Vorgänge unterrichten sollen ☐
e) oder -- ☐

----

28. Bringen Sie bitte die von Ihnen gewählten Arten von Informationen nach ihrer Häufigkeit in eine Rangordnung

Rang	1	2	3	4	5	6	7
Art d. Information							

29. Sind Sie der Meinung, daß ein Betriebsleiter mit seinen Mitarbeitern deren private Probleme besprechen sollte, wenn diese es wünschen?
a) immer ☐
b) manchmal ☐
c) häufig ☐
d) selten ☐
e) nie ☐

30. In welcher Sprache verständigen Sie sich schriftlich mit Ihren Ihnen unterstellten Mitarbeitern?
a) in arabisch ☐
b) in französisch ☐
c) in französisch und arabisch ☐

31. Haben Sie den Eindruck daß die Informationen, die Sie Ihren Ihnen unterstellten Mitarbeitern mitteilen, verstanden werden?
    a) immer ☐
    b) häufig ☐
    c) manchmal ☐
    d) selten ☐
    e) nie ☐

32. Werden Rückfragen zur zusätzlichen Klärung gestellt?
    a) sehr oft ☐
    b) häufig ☐
    c) manchmal ☐
    d) selten ☐
    e) nie ☐

33. Erfolgt die Reaktion auf die Informationen, wie Sie sie erwartet haben?
    a) immer ☐
    b) häufig ☐
    c) manchmal ☐
    d) selten ☐
    e) nie ☐

34. Werden bei Ihnen Betriebsversammlungen einberufen?
    a) sehr oft ☐
    b) häufig ☐
    c) manchmal ☐
    d) selten ☐
    e) nie ☐

    Welche Themen werden in diesen Versammlungen in der Regel behandelt?
    a) Arbeitsbedingungen der im Produktionsprozeß tätigen Arbeitnehmer ☐
    b) Berichte über die vorhergehende Arbeitsperiode ☐
    c) Bekanntmachung und Erläuterungen von Entscheidungen, die die Betriebsleitung getroffen hat ☐
    d) Ursachenanalyse von speziellen Problemen, die in der letzten Zeit aufgetreten sind ☐
    e) gewerkschaftlich bezogene Themen ☐
    f) Lohn- und Gehaltserhöhungen ☐
    g) oder -- ☐
    ----

36. Machen Sie Ihre Buchhaltung
    a) selbst ☐
    b) im Betrieb ☐
    c) durch ein Buchhaltungsbüro ☐
    d) nicht notwendig ☐

38. Ist der Bedarf an Rohstoffen abgeschätzt worden?
    a) für den nächsten Monat ☐
    b) für das nächste Vierteljahr ☐
    c) für dieses Jahr ☐
    d) für mehr als ein Jahr ☐
    e) nicht abgeschätzt ☐

39. Wie wird der benötigte Lagerbestand geschätzt?
    a) intuitiv ☐
    b) nach Erfahrung ☐
    c) mit Hilfe von Modellen ☐
    d) oder ---------------------------- ☐

    ----

40. Von wem wird der benötigte Lagerbestand geschätzt?
    a) von mir ☐
    b) von dem Buchhalter ☐
    c) von einem Meister ☐
    d) von dem Produktionsleiter ☐
    e) oder --------------------------------- ☐

    ----

41. Wer entscheidet über die Anstellung eines neuen Mitarbeiters, der in der Verwaltung arbeiten soll?
    a) ich ☐
    b) der Personalabteilungsleiter ☐
    c) der betroffene Abteilungsleiter ☐
    d) der Betriebsrat ☐
    e) oder ------------------------------------ ☐
    ----

42. Wer entscheidet über die Anstellung eines neuen Mitarbeiters, der im Produktionsprozeß tätig sein soll?
    a) ich ☐
    b) der Personalabteilungsleiter ☐
    c) der Produktionsleiter ☐
    d) der Meister ☐
    e) der Betriebsrat ☐
    f) oder ------------------------------------- ☐
    ----

43. Wie gehen Sie bei der Anstellung eines neuen Mitarbeiters vor?
    a) Arbeitsamt ☐
    b) persönliche Beziehungen ☐
    c) direkte Bewerbung ☐
    d) Vorschlag eines Mitarbeiters ☐
    e) oder --------------------------------- ☐
    ----

44. Wird der Bewerber vor seiner Anstellung getestet, um seine Fähigkeiten abzuschätzen?
   a) ja ☐
   b) nein ☐

45. Welche von den u.g. Faktoren sind bei der Anstellung eines neuen Mitarbeiters in der Verwaltung für Sie ausschlaggebend?
   a) Alter ☐
   b) Erfahrung ☐
   c) Ausbildungsniveau ☐
   d) Einschaltung eines Freundes ☐
   e) Einschaltung eines Verwandten ☐
   f) Einschaltung einer politischen Instanz ☐
   g) Einschaltung der Gewerkschaft ☐
   h) oder -- ☐
   --- ☐

   Ordnen Sie bitte die genannten Faktoren ihrer Rangreihe nach!

Rangreihe	1	2	3	4	5	6	7	8
Faktoren								

46. Welche von den u.g. Faktoren sind bei der Anstellung eines neuen Mitarbeiters, der im Produktionsprozeß tätig sein soll, ausschlaggebend?
   a) Einschaltung eines Freundes ☐
   b) Alter ☐
   c) Erfahrung ☐
   d) Einschaltung der Gewerkschaft ☐
   e) Ausbildungsniveau ☐
   f) Einschaltung eines Verwandten ☐
   g) Einschaltung einer politischen Instanz ☐
   h) oder -- ☐
   --- ☐

   Ordnen Sie bitte die für Sie relevanten Gründe Ihrer Rangreihe nach!

Rangreihe	1	2	3	4	5	6	7	8
Gründe								

55. Dürfen Ihre Mitarbeiter Entscheidungen fällen, ohne Sie vorher zu konsultieren?
   a) sehr oft ☐
   b) häufig ☐
   c) manchmal ☐
   d) selten ☐
   e) nie ☐

56. Nennen Sie bitte für jeden Fall einige Beispiele von Entscheidungen, die Ihre Mitarbeiter fällen dürfen, ohne Sie vorher zu konsultieren!

im Beschaffungs- und Lagerhaltungsbereich

----

im Produktionsbereich

----

im Finanzierungsbereich

----

im Absatzbereich

----

57. Darf Ihr Vertreter die während Ihrer Abwesenheit notwendigen Entscheidungen fällen?
   a) immer ☐
   b) häufig ☐
   c) manchmal ☐
   d) selten ☐
   e) nie ☐

58. Geben Sie bitte an, wie Sie zur Delegation von Entscheidungsbefugnissen stehen?

starke Zusimmung							keine Zustimmung
3	2	1	0	0	1	2	3
☐	☐	☐	☐	☐	☐	☐	☐

59. Sind Ihre Mitarbeiter fähig, selbständig zu handeln?
   a) die meisten ☐
   b) einige ☐
   c) wenige ☐
   d) fast keiner ☐

60. Geben Sie bitte an, wie Sie das kreative Denken und die Motivation der Mitarbeiter fördern! (Mehrere Antworten sind möglich.)
    a) Sonderprämie ☐
    b) Lohnerhöhung ☐
    c) mehr Verantwortung gewähren ☐
    d) mehr Vertrauen zeigen ☐
    e) weitere Ausbildung ermöglichen ☐
    f) verbal ermutigen und loben ☐
    g) Sonderurlaub ☐
    h) Beförderung in kurzer Zeit ☐
    i) oder -- ☐

    ----

61. Sind Ihre Mitarbeiter fähig, schöpferisch zu denken?
    a) die meisten ☐
    b) einige ☐
    c) wenige ☐
    d) fast keiner ☐

62. Glauben Sie, daß durch die Delegation von Entscheidungs- und Verantwortungsbefugnissen das Engagement Ihrer Mitarbeiter gefördert wird? (Tragen Sie bitte Ihre Einschätzung auf der nachfolgenden Skala ein.)

sehr stark							gar nicht
3	2	1	0	0	1	2	3
☐	☐	☐	☐	☐	☐	☐	☐

66. Welche Maßstäbe haben Sie gewählt, um Ihre Kontrolle auszuüben?

    im Produktionsbereich
    a) Realisation der geplanten Größen ☐
    b) Entwicklung der Herstellkosten ☐
    c) Einhaltung der Termine ☐
    d) anfallender Rohstoffverbrauch pro Mengeneinheit ☐
    e) Qualität des hergestellten Produktes ☐
    f) Produktionsausstoß pro Zeiteinheit ☐
    g) anfallende Kosten pro Einheit ☐
    h) Ausschußquote ☐
    i) nicht nötig ☐
    j) oder -- ☐

    ----

im Finanzierungsbereich
a) kurzfristige Liquidität ☐
b) langfristige Liquidität ☐
c) Kennzahlensystem (tableau de bord) ☐
d) nicht nötig ☐
e) oder ------------------------------------ ☐

----

im Absatzbereich
a) Entwicklung des Umsatzes pro Region ☐
b) allgemeine Entwicklung des Umsatzes ☐
c) Entwicklung der Kundenaufträge ☐
d) Entwicklung des Verhältnisses zwischen Umsatz und Vertriebskosten ☐
e) Entwicklung des Betriebsergebnisses ☐
f) nicht notwendig ☐
g) oder -- ☐
----

70. Nach welchen Kriterien werden Ihre Mitarbeiter gefördert?
a) nach Leistung ☐
b) nach Dienstalter ☐
c) nach Disziplin ☐
d) nach Alter ☐
e) nach dem Tätigkeitsbereich ☐
f) oder ------------------------------------ ☐

----

71. In der Diskussion über Unternehmungsorganisation werden gegensätzliche Meinungen vertreten. Welche der folgenden Aussagen trifft Ihrer Meinung nach zu? (Eine Möglichkeit nennen.)
a) In einem Betrieb müssen die Verantwortungsbereiche für jeden Einzelnen klar abgegrenzt sein und Handlungsnormen gegeben werden. ☐
b) Man muß große Freiheit und Flexibilität haben, um je nach Notwendigkeit, Verantwortung und Funktionen ändern zu können. ☐
c) Es ist angebracht, allgemeine Normen vorzugeben, die für alle Fälle außer Ausnahmen gelten, um zu verhindern, im Einzelfall Entscheidungen zu fällen. ☐

d) Zwei Situationen sind nie hinreichend so gleich, daher muß man volle Freiheit für die Entscheidung im Einzelfall haben. ☐
e) oder -- ☐

----

72. Welche Form der Planung wird bei Ihnen durchgeführt?
    a) eine kurzfristige ☐
    b) eine mittelfristige ☐
    c) eine langfristige ☐
    d) keine Planung ☐

73. Die Planung erfolgt durch
    a) außerbetriebliche Organisation ☐
    b) Sie selbst ☐
    c) in Zusammenarbeit mit dem Produktionsleiter ☐
    d) in Zusammenarbeit mit allen Abteilungsleitern ☐
    e) in Zusammenarbeit mit der ganzen Belegschaft ☐
    f) oder -- ☐
    ----

74. Sollten Sie in Ihrem Betrieb auf die Planung verzichten, geben Sie bitte an, welche der folgenden Aussagen zutreffen!
    a) hoher Kostenaufwand ☐
    b) Unfähigkeit der Mitarbeiter ☐
    c) große Abhängigkeit von der Marktlage ☐
    d) oder ----------------------------------- ☐
    ----

80. Welche Strategie praktizieren Sie, um die Konflikte zwischen Betriebsleitung und Realisationsstellen zu lösen?
    a) mit den in den Realisationsstellen tätigen Meistern und Arbeitern die Ursachen der Konflikte besprechen und einen Kompromiß zwischen den verschiedenen Meinungen finden ☐
    b) die Betriebsleitung gibt den Forderungen der Realisationsstellen nach ☐
    c) dominierende Arbeitnehmer werden entlassen ☐
    d) durch Sanktionen wird der Willen der Betriebsleitung durchgesetzt ☐
    e) mit dem Meister werden die Ursachen der Konflikte analysiert und eine gemeinsame Lösung wird erarbeitet ☐
    f) mit dem Produktionsleiter werden die Ursachen der Konflikte analysiert und eine gemeinsame Lösung wird erarbeitet ☐
    g) mit dem Betriebsrat wird das Problem analysiert und eine Lösung gefunden ☐
    h) mit Gewerkschaftsvertretern verhandeln ☐
    i) oder -- ☐

    ----

84. Wie würden Sie die Konflikte zwischen Realisationsstellen lösen?
    a) die Arbeit der verschiedenen Stellen besser koordinieren ☐
    b) mit den im Konflikt stehenden Stellen die Ursachen der Konflikte besprechen und eine gemeinsame Lösung erarbeiten ☐
    c) mit den Meistern eine gemeinsame Lösung erarbeiten ☐
    d) mit dem Produktionsleiter eine gemeinsame Lösung erarbeiten ☐
    e) mit dem Betriebsrat eine gemeinsame Lösung erarbeiten ☐
    f) Sanktionen anordnen ☐
    g) mit den Gewerkschaftsvertretern verhandeln ☐
    h) oder -- ☐

    ----

90. Im Vergleich zu den Industrieländern sind die Löhne und Gehälter in Tunesien niedrig. Glauben Sie, daß höhere Löhne und Gehälter für Ihre Mitarbeiter das Hauptziel sind?
    a) für alle ☐
    b) für die meisten ☐
    c) für viele ☐
    d) für einige ☐
    e) für wenige ☐

91. Welche Ziele sind Ihrer Meinung nach für die Arbeitnehmer relevant (Mehrere Antworten sind möglich.)
    a) Sicherheit des Arbeitsplatzes ☐
    b) hoher Lohn ☐
    c) Zufriedenheit am Arbeitsplatz ☐
    d) Selbstverwirklichung bei der Arbeit ☐
    e) gute Zusammenarbeit mit den Kollegen ☐
    f) gute Zusammenarbeit mit der Betriebsleitung ☐
    g) mehr Beteiligung an der Entscheidungsbildung ☐
    h) mehr Verantwortung ☐
    i) mehr Urlaub ☐
    j) oder ------------------------------------ ☐

    ----

95. Sind Sie oder ist der Betrieb an anderen Gesellschaften beteiligt?
    a) an einer ☐
    b) an zwei ☐
    c) an drei ☐
    d) an mehreren (Anzahl ....) ☐
    e) an keiner ☐

Anhang 2.3

Fragebogen für die Führungspersonen
(Fragebogen II)

1. Haben Sie vorher in anderen Betrieben gearbeitet?
   a) in keinem ☐
   b) in einem ☐
   c) in zwei ☐
   d) in drei ☐
   e) in mehreren (Anzahl ....) ☐

2. Mit welchen Funktionen waren Sie in den anderen Betrieben betraut?
   a) ....
   b) ....
   c) ....
   d) ....
   e) ....
   f) ....

3. Welche Funktionen üben Sie z.Zt. in diesem Betrieb aus? (Kreuzen Sie bitte die zutreffende Antwort an!)
   a) Directeur adjoint ☐
   b) Chef de service ☐
   c) Sous-chef de service ☐
   d) Directeur adjoint ☐
   e) Attaché de Direction ☐
   f) Contremaître ☐
   g) oder .... ☐

4. Seit wann arbeiten Sie in diesem Betrieb? (Kreuzen Sie bitte die zutreffende Antwort an!)
   a) seit einigen Monaten ☐
   b) seit einem Jahr ☐
   c) seit zwei Jahren ☐
   d) seit drei Jahren ☐
   e) seit vier Jahren ☐
   f) seit fünf Jahren und länger ☐

5. Haben Sie vorher in diesem Betrieb andere Funktionen ausgeübt?
   a) ja ☐
   b) nein ☐

   Welche?
   ....
   ....
   ....

6. Sind Sie an dem Kapital beteiligt?
   a) ja ☐
   b) nein ☐

7. Geben Sie bitte an, mit welchem Prozentsatz Sie an dem Kapital beteiligt sind! ☐%

8. Sind Sie dem Betriebsleiter
   a) verwandt ☐
   b) Nachbar ☐
   c) Freund ☐
   d) oder .... ☐

9. Welche Zeitungen und Zeitschriften lesen Sie? (Kreuzen Sie bitte die zutreffende Antworten an! Mehrere Antworten sind möglich.)

   a) inländische (arabische Sprache)
   ☐
   ☐
   oder .... ☐
   ....

   b) inländische (französische Sprache)
   La Presse ☐
   L´Action ☐
   Le Temps ☐
   oder .... ☐
   ....

   c) ausländische (arabische Sprache)

   ----

   d) ausländische (französische Sprache)

   ----

   e) ausländische (andere Sprachen)

   ----

10. Geben Sie bitte an, aus welchen Quellen Sie Ihre Informationen über "Neuerungen" erhalten! (Mehrere Antworten sind möglich.)
   a) Bücher ☐
   b) Fachzeitschriften ☐
   c) Kongresse ☐
   d) Messen ☐
   e) oder ------------------------------ ☐
   ----

11. Besitzen Sie ein Abschlußexamen einer Hochschule oder Universität?
    a) ja ☐
    b) nein ☐

    Wenn ja: was für ein Abschlußexamen:

    In welchem Land wurde das Examen abgelegt?
    a) Tunesien ☐
    b) Frankreich ☐
    c) Belgien ☐
    d) BRD ☐
    e) USA ☐
    f) oder ------------------------------------ ☐
    ----

12. Sollten Sie die Frage 11 mit 'nein' beantwortet haben, geben Sie bitte an, welche Schulausbildung für Sie zutrifft!
    a) Volksschule ☐
    b) Gymnasium (premier cycle) ☐
    c) Gymnasium (deuxiéme cycle) ☐
    d) Berufsschule ☐
    e) oder ------------------------------------ ☐
    ----

13. Wie würden Sie Ihr Verhältnis mit Ihrem Vorgesetzten beurteilen? (Tragen Sie bitte Ihre Einschätzung auf der nachfolgenden Skala ein!)

sehr gut							sehr schlecht
3	2	1	0	0	1	2	3
☐	☐	☐	☐	☐	☐	☐	☐

14. Versucht Ihr Vorgesetzter zu zeigen, daß er der "Chef" ist und daß sie "unter ihm" arbeiten?
    a) immer ☐
    b) häufig ☐
    c) manchmal ☐
    d) selten ☐
    e) nie ☐

15. Versucht Ihr Vorgesetzter die Arbeitsgebiete genau den Fähigkeiten seiner ihm unterstellten Mitarbeiter anzupassen?
    a) immer ☐
    b) häufig ☐
    c) manchmal ☐
    d) selten ☐
    e) nie ☐

16. Wie pflegt Ihr Vorgesetzter mit Ihnen zu verkehren?
    a) eher mündlich ☐
    b) eher schriftlich ☐
    c) mündlich sowie schriftlich ☐

17. Wenn Ihr Vorgesetzter wichtige Entscheidungen zu fällen hat, holt er Ihre Zustimmung ein?
    a) immer ☐
    b) häufig ☐
    c) manchmal ☐
    d) selten ☐
    e) nie ☐

18. Geben Sie bitte an, wie Sie Ihr Verhältnis mit anderen Kollegen gleicher Position beurteilen würden? (Tragen Sie bitte Ihre Einschätzung auf der nachfolgenden Skala ein!)

    sehr befriedigend   sehr unbefriedigend

    3 2 1 0 0 1 2 3
    ☐ ☐ ☐ ☐ ☐ ☐ ☐ ☐

19. Wie pflegen Sie mit Ihren Kollegen gleicher Position zu verkehren?
    a) eher mündlich ☐
    b) eher schriftlich ☐
    c) mündlich sowie schriftlich ☐

22. Wenn Ihre Kollegen wichtige Entscheidungen zu treffen haben, holen sie dann vorher Ihre Zustimmung ein?
    a) immer ☐
    b) häufig ☐
    c) manchmal ☐
    d) selten ☐
    e) nie ☐

23. In welcher Sprache verständigen Sie sich <u>mündlich</u> mit Ihren Ihnen unterstellten Mitarbeitern?
    a) in Arabisch ☐
    b) in Französisch ☐
    c) in Arabisch und Französisch ☐

24. In welcher Sprache verständigen Sie sich <u>schriftlich</u> mit Ihren Ihnen unterstellten Mitarbeitern?
    a) in Arabisch ☐
    b) in Französisch ☐
    c) in Arabisch und Französisch ☐

25. Geben Sie bitte an, in welcher Art Sie mit Ihren Ihnen unterstellten Mitarbeitern zu verkehren pflegen.
    a) eher mündlich ☐
    b) eher schriftlich ☐
    c) mündlich sowie schriftlich ☐

26. Haben Sie den Eindruck, daß die Informationen, die Sie Ihren Ihnen unterstellten Mitarbeitern mitteilen, verstanden werden?
    a) immer ☐
    b) häufig ☐
    c) manchmal ☐
    d) selten ☐
    e) sehr selten ☐

27. Werden Rückfragen zur zusätzlichen Klärung gestellt?
    a) immer ☐
    b) häufig ☐
    c) manchmal ☐
    d) selten ☐
    e) nie ☐

28. Erfolgt die Reaktion auf die Information wie Sie sie erwartet haben?
    a) immer ☐
    b) häufig ☐
    c) manchmal ☐
    d) selten ☐
    e) nie ☐

29. Welche Art von Informationen pflegen Sie gewöhnlich Ihren Ihnen unterstellten Mitarbeitern zu geben? (Mehrere Antworten sind möglich.)
    a) Informationen in Form von Anordnungen ☐
    b) Informationen als Korrekturen von Entscheidungen Ihrer Ihnen unterstellten Mitarbeiter ☐
    c) Informationen , die stimulieren sollen ☐
    d) Informationen, die über innerbetriebliche Vorgänge unterrichten sollen ☐
    e) oder -- ☐

30. Bringen Sie bitte die von Ihnen gewählten Arten von Informationen nach ihrer Häufigkeit in eine Rangordnung!

Rang	1	2	3	4	5	6
Arten von Informationen						

32. Geben Sie bitte an, wie Sie Ihr Verhältnis zu den Ihnen unterstellten Mitarbeitern beurteilen würden!

sehr gut							sehr schlecht
3	2	1	0	0	1	2	3
☐	☐	☐	☐	☐	☐	☐	☐

34. Stehen Ihnen unterstellte Mitarbeiter zur Verfügung, die Ihnen Informationen auch einmal unter der Hand zukommen lassen?
a) mehrere ☐
b) einige ☐
c) keine ☐

35. Wie würden Sie den Handlungsspielraum Ihrer unterstellten Mitarbeiter beurteilen?

sehr groß							sehr klein
3	2	1	0	0	1	2	3
☐	☐	☐	☐	☐	☐	☐	☐

36. Dürfen Ihre Mitarbeiter Entscheidungen fällen, ohne Sie vorher zu konsultieren?
a) sehr oft ☐
b) häufig ☐
c) manchmal ☐
d) selten ☐
e) nie ☐

Geben Sie, wenn möglich, Beispiele an:

----

37. Sind Sie auch der Meinung, daß ein Manager bei wichtigen Entscheidungen erst die Zustimmung seiner ihm unterstellten Mitarbeiter einholen soll?
a) immer ☐
b) häufig ☐
c) manchmal ☐
d) selten ☐
e) nie ☐

38. Geben Sie bitte an, wie Sie zur Delegation von Entscheidungsbefugnissen stehen!

starke Zustimmung							keine Zustimmung
3	2	1	0	0	1	2	3
☐	☐	☐	☐	☐	☐	☐	☐

39. Sind Ihre Mitarbeiter fähig, selbständig zu handeln?
    a) die meisten ☐
    b) einige ☐
    c) wenige ☐
    d) keine ☐

40. Sind Ihre Mitarbeiter fähig, schöpferisch zu denken?
    a) die meisten ☐
    b) einige ☐
    c) wenige ☐
    d) keine ☐

41. Glauben Sie, daß durch die Delegation von Entscheidungs- und Verantwortungsbefugnissen das Engagement Ihrer unterstellten Mitarbeiter gefördert wird?

sehr stark							gar nicht
3	2	1	0	0	1	2	3
☐	☐	☐	☐	☐	☐	☐	☐

46. Sind Sie der Meinung, daß ein Manager seinen ihm unterstellten Mitarbeitern Aufgaben geben soll, ohne ihnen zu sagen, wie sie sie auszuführen haben?
    a) immer ☐
    b) häufig ☐
    c) manchmal ☐
    d) selten ☐
    e) nie ☐

47. Würden Sie Ihre Ihnen unterstellten Mitarbeiter sich selbst überlassen, ohne daß Sie sich nach dem Stand ihrer Arbeiten erkundigen?
    a) immer ☐
    b) häufig ☐
    c) manchmal ☐
    d) selten ☐
    e) nie ☐

48. Bestehen Sie darauf, über Entscheidungen Ihrer Ihnen unterstellten Mitarbeiter unterrichtet zu werden?
    a) immer ☐
    b) häufig ☐
    c) manchmal ☐
    d) selten ☐
    e) nie ☐

49. Legen Sie Wert auf Pünktlichkeit?

großen Wert							keinen Wert
3	2	1	0	0	1	2	3
☐	☐	☐	☐	☐	☐	☐	☐

50. Geben Sie bitte kurz an, welche Maßstäbe Sie in Ihrem Bereich gewählt haben, um Ihre Kontrolle auszuüben?

----

51. In der Diskussion über Unternehmungsorganisation werden gegensätzliche Meinungen vertreten. Welche von den folgenden Aussagen trifft Ihrer Meinung nach zu?
   a) In einem Betrieb müssen die Verantwortungsbereiche für jeden Einzelnen klar abgegrenzt sein und Handlungsnormen gegeben werden. ☐
   b) Man muß große Freiheit und Flexibilität haben, um je nach Notwendigkeit, Verantwortung und Funktionen ändern zu können. ☐
   c) Es ist angebracht, allgemeine Normen vorzugeben, die für alle Fälle gelten, um zu verhindern, im Einzelfall -außer Ausnahmen- Entscheidungen zu fällen ☐
   d) Zwei Situationen sind nie hinreichend so gleich, daher muß man volle Freiheit für die Entscheidung im Einzelfall haben. ☐
   e) oder ------------------------------------ ☐

54. Was ist Ihr Vorgesetzter?
----

55. Wie alt sind Sie?
   ----------- Jahre

56. Sind Sie
   a) ledig ☐
   b) verheiratet ☐
   c) verwitwet ☐

57. Welchen Geschlechts sind Sie?
   a) männlich ☐
   b) weiblich ☐

Anhang 2.4

Fragebogen für die unterstellten Mitarbeiter
(Fragebogen III)

I. Einstellung des Vorgesetzten zur partnerschaftlichen Zusammenarbeit

1. Mein Vorgesetzter ist freundlich

immer	häufig	manchmal	selten	nie	1	2	3	4	5
☐	☐	☐	☐	☐					

2. Er schafft, wenn wir mit ihm reden, eine gelöste Stimmung, so daß wir uns frei und entspannt fühlen.

immer	häufig	manchmal	selten	nie	1	2	3	4	5
☐	☐	☐	☐	☐					

3. Mein Vorgesetzter kritisiert in Gegenwart anderer seine ihm unterstellten Mitarbeiter.

immer	häufig	manchmal	selten	nie	1	2	3	4	5
☐	☐	☐	☐	☐					

4. Mein Vorgesetzter behandelt seine ihm unterstellten Mitarbeiter als gleichberechtigte Partner.

immer	häufig	manchmal	selten	nie	1	2	3	4	5
☐	☐	☐	☐	☐					

5. Mein Vorgesetzter gibt seine Anweisungen in Befehlsform.

immer	häufig	manchmal	selten	nie	1	2	3	4	5
☐	☐	☐	☐	☐					

6. Mein Vorgesetzter versucht, seinen ihm unterstellten Mitarbeitern zu zeigen, daß er der "Chef" ist und daß sie unter ihm stehen.

immer	häufig	manchmal	selten	nie	1	2	3	4	5
☐	☐	☐	☐	☐					

7. Entdeckt mein Vorgesetzter Fehler, so tadelt er.

immer	häufig	manchmal	selten	nie	1	2	3	4	5
☐	☐	☐	☐	☐					

8. Mein Vorgesetzter hilft, wenn man persönliche Probleme hat.

immer häufig manchmal selten nie 1 2 3 4 5

☐ ☐ ☐ ☐ ☐

9. Mein Vorgesetzter interessiert sich für das Wohlergehen seiner ihm unterstellten Mitarbeiter.

immer häufig manchmal selten nie 1 2 3 4 5

☐ ☐ ☐ ☐ ☐

II. stimulierende Aktivität

10. Mein Vorgesetzter freut sich über fleißige Mitarbeiter.

immer häufig manchmal selten nie 1 2 3 4 5

☐ ☐ ☐ ☐ ☐

11. Mein Vorgesetzter spricht seine Anerkennung aus, wenn einer von uns gute Arbeit geleistet hat.

immer häufig manchmal selten nie 1 2 3 4 5

☐ ☐ ☐ ☐ ☐

12. Mein Vorgesetzter paßt die Arbeitsgebiete genau den Fähigkeiten seiner ihm unterstellten Mitarbeiter an.

immer häufig manchmal selten nie 1 2 3 4 5

☐ ☐ ☐ ☐ ☐

III. Ausmaß der Kontrolle

14. Er gibt seinen ihm unterstellen Mitarbeitern Aufgaben, ohne ihnen zu sagen, wie sie sie ausführen sollen.

immer häufig manchmal selten nie 1 2 3 4 5

☐ ☐ ☐ ☐ ☐

15. Mein Vorgesetzter achtet auf Pünktlichkeit.

immer häufig manchmal selten nie 1 2 3 4 5

☐ ☐ ☐ ☐ ☐

16. Mein Vorgesetzter überläßt seine ihm unterstellten Mitarbeiter sich selbst, ohne sich nach dem Stand ihrer Arbeit zu erkundigen.

immer häufig manchmal selten nie 1 2 3 4 5

☐ ☐ ☐ ☐ ☐

17. Mein Vorgesetzter besteht darauf, von seinen ihm unterstellten Mitarbeitern über Entscheidungen unterrichtet zu werden.

immer	häufig	manchmal	selten	nie	1	2	3	4	5
☐	☐	☐	☐	☐					

IV. Beteiligung des Mitarbeiters an der Entscheidungsbildung

18. Die Anordnungen meines Vorgesetzten sind leicht zu verstehen.

immer	häufig	manchmal	selten	nie	1	2	3	4	5
☐	☐	☐	☐	☐					

19. Mein Vorgesetzter weist Änderungsvorschläge seiner ihm unterstellten Mitarbeiter zurück.

immer	häufig	manchmal	selten	nie	1	2	3	4	5
☐	☐	☐	☐	☐					

20. Mein Vorgesetzter ändert die Aufgaben seiner ihm unterstellten Mitarbeiter, ohne es vorher mit ihnen besprochen zu haben.

immer	häufig	manchmal	selten	nie	1	2	3	4	5
☐	☐	☐	☐	☐					

21. Mein Vorgesetzter entscheidet und handelt, ohne es vorher mit seinen ihm unterstellten Mitarbeitern abzusprechen.

immer	häufig	manchmal	selten	nie	1	2	3	4	5
☐	☐	☐	☐	☐					

22. Bei wichtigen Entscheidungen holt mein Vorgesetzter erst die Zustimmung seiner ihm unterstellten Mitarbeiter ein.

immer	häufig	manchmal	selten	nie	1	2	3	4	5
☐	☐	☐	☐	☐					

23. Mein Vorgesetzter entscheidet bis in die Einzelheiten, was und wie etwas getan werden muß.

immer	häufig	manchmal	selten	nie	1	2	3	4	5
☐	☐	☐	☐	☐					

V. Zufriedenheit mit der Entlohnung und Beförderung

29. Mit der Bezahlung meiner Arbeit bin ich zufrieden.

immer	häufig	manchmal	selten	nie	1	2	3	4	5
☐	☐	☐	☐	☐					

30. Ich bin mit meinen Aufstiegsmöglichkeiten zufrieden.

immer	häufig	manchmal	selten	nie	1	2	3	4	5
☐	☐	☐	☐	☐					

VI. Zielsystem der Arbeitnehmer

36. Ich arbeite am liebsten in einem Betrieb, in dem die oberen Instanzen die Entscheidung allein treffen.

immer	häufig	manchmal	selten	nie	1	2	3	4	5
☐	☐	☐	☐	☐					

37. Ich arbeite am liebsten in einem Betrieb, in dem ein Meinungsaustausch erfolgt, bevor eine wichtige Entscheidung getroffen wird.

immer	häufig	manchmal	selten	nie	1	2	3	4	5
☐	☐	☐	☐	☐					

38. Ich arbeite am liebsten in einem Betrieb, in dem die Entscheidungen nach der Meinung der Mehrheit getroffen werden.

immer	häufig	manchmal	selten	nie	1	2	3	4	5
☐	☐	☐	☐	☐					

42. Ich arbeite am liebsten in einem Betrieb, in dem ich keine Verantwortung zu tragen habe.

immer	häufig	manchmal	selten	nie	1	2	3	4	5
☐	☐	☐	☐	☐					

43. Kreuzen Sie bitte alle Aussagen an, die Ihrer Meinung nach erfüllt sein müssen, damit ein Arbeiter mit seiner Arbeitssituation zufrieden ist.

kein Stress	☐
Beteiligung an der Entscheidungsbildung	☐
gutes Arbeitsklima	☐
mehr Verantwortung	☐
weniger körperliche Belastung	☐
gute Entlohnung	☐
längerer Urlaub	☐
und/oder ------------------------------------	☐

44. Welche von den unten genannten Aussagen halten Sie für am ehesten wichtig?
(Bitte nur eine Möglichkeit nennen!)

weniger körperliche Belastung ☐
kein Stress ☐
Beteiligung an der Entscheidungsbildung ☐
gute Entlohnung ☐
längerer Urlaub ☐
gutes Arbeitsklima ☐
oder -- ☐

46. Was ist Ihr Chef?

Meister ☐
Abteilungsleiter ☐
Direktor ☐
oder --- ☐

47. Wo arbeiten Sie?

In der Verwaltung ☐ Im Produktionsprozeß ☐

VII. Soziale Daten

48. Wie alt sind Sie?
--------- Jahre

49. Bitte geben Sie an, welche Schule Sie zuletzt besucht haben.
Volksschule ☐
Berufsschule ☐
Gymnasium (premier cycle) ☐
Gymnaisum (deuxième cycle) ☐
oder -- ☐

50. Sind Sie:
ledig ☐
verwitwet ☐
geschieden ☐
verheiratet ☐

51. Welchen Geschlechts sind Sie?
männlich ☐
weiblich ☐

Bisher erschienen in dieser Schriftenreihe des Instituts für Kooperation in Entwicklungsländern der Universität Marburg:

"Marburger Schriften zum Genossenschaftswesen, Reihe B"

Band 1:
Weber, Wilhelm: "Absatzgenossenschaften in Entwicklungsländern", Marburg 1966

Band 2:
Geer, Thomas: "Die Preisbildung im internationalen Handel mit Rohstoffen", Marburg 1967

Band 3:
Hanel, Alfred: "Genossenschaften in Nigeria", Marburg 1967

Band 4:
Kuhn, Johannes: "Agrarverfassung und landwirtschaftliche Siedlungsprojekte in Nigeria", Marburg 1967

Band 5:
Münkner, Hans-H.: "Die Organisation der eingetragenen Genossenschaft in den zum englischen Rechtskreis gehörenden Ländern Schwarzafrikas, dargestellt am Beispiel Ghanas", Marburg 1971

Band 6:
Metzger, Günter: "Das Genossenschaftswesen in Peru und sein Einfluß auf die wirtschaftliche und soziale Entwicklung des Landes", Marburg 1970

Band 7:
Gabelmann, Ekkehart: "Die Genossenschaften in Kamerun", Marburg 1971

Band 8:
Iwu, Eugene: "Die Bedeutung ursprünglicher sozio-ökonomischer Organisationsformen in Afrika für die Industrialisierung", Marburg 1973

Band 9:
Schäfer, Ursula: "Der Beitrag der deutschen Genossenschaften zur Entwicklungspolitik der Bundesrepublik Deutschland", Göttingen 1974

Band 10:
Dülfer, Eberhard: "Zur Krise der Genossenschaften in der Entwicklungspolitik" (mit Beiträgen von Samuel C. Chukwu, Eberhard Dülfer, Alfred Hanel, Johannes Kuhn, Hans-H. Münkner, Bernd Schiemenz, Heinz Stoffregen), Göttingen 1975

Band 11:
Müller, Julius-Otto: "Voraussetzungen und Verfahrensweisen bei der Errichtung von Genossenschaften in Europa vor 1900 (Analyse der Strategien des Genossenschaftsaufbaus in den Frühstadien industriewirtschaftlicher Entwicklung)", Göttingen 1976

Band 12:
Chukwu, Samuel C.: "Moderne Kreditsicherung im Rahmen afrikanischer Gesellschaftsordnungen", Göttingen 1976

Band 13:
Baldus, Rolf D.: "Zur operationalen Effizienz der Ujamaa Kooperative Tansanias", Göttingen 1976

Band 14:
Kirberger, Petra: "Registrar und Genossenschaftsregisterrichter (Rechtsstellung und Aufgabenbereich nach englischem, tansanischem und deutschem Recht)", Göttingen 1976

Band 15:
Hanel, Alfred und Müller, Julius O.: "On the Evaluation of Rural Cooperatives with Reference to Governmental Development Policies - Case Study Iran", Göttingen 1976

Band 16:
Adeyeye, S. O.: "The Co-operative Movement in Nigeria, Yesterday Today and Tomorrow", Göttingen 1978

Reihe ist fortgesetzt unter dem Titel:

"Organisation und Kooperation in Entwicklungsländern"

Band 17:
Dülfer, Eberhard: "Leitfaden für die Evaluierung kooperativer Organisationen in Entwicklungsländern", Göttingen 1978

Band 18:
Ullrich, Gabriele: "Monetäre Wirtschaftspolitik in Entwicklungsländern und Weltwährungsordnung - Eine Untersuchung über Länder Schwarzafrikas -", Göttingen 1979